Reinhard Ens | Bernd-Michael Hümer | Jörg Knies | Tobias Scheel

Unternehmensrecht

Zivilrecht, Arbeits-, Steuer- und Handwerksrecht

Reinhard Ens | Bernd-Michael Hümer | Jörg Knies | Tobias Scheel

Unternehmensrecht

Zivilrecht, Arbeits-, Steuer- und Handwerksrecht

HOLZMANN. MEDIEN

Aus Gründen der Vereinfachung und der Lesbarkeit wird auf die Wiedergabe männlicher und weiblicher Bezeichnungen verzichtet. Wo also zum Beispiel „Arbeitnehmer“ oder „Arbeitgeber“, „Meister“ oder „Geselle“ geschrieben steht, ist stets auch „Arbeitnehmerin“ und „Arbeitgeberin“, „Meisterin“ und „Gesellin“ zu lesen.

5., überarbeitete Auflage 2022

Lektorat: Achim Sacher, Holzmann Medien | Buchverlag
Herstellung: Markus Kratofil, Holzmann Medien | Buchverlag
Druck: Druckerei Steinmeier | Deiningen

ISBN (Print): 978-3-7783-1625-2 | Artikel-Nr. 1812.05
ISBN (E-Book): 978-3-7783-1626-9 | Artikel-Nr. 1812.95

Vorwort der Herausgeber

Am 1. April 2011 ist die nach § 42 des Gesetzes zur Ordnung des Handwerks (HwO) erlassene bundesweite Verordnung über die Prüfung zum anerkannten Fortbildungsabschluss „Geprüfter Betriebswirt/Geprüfte Betriebswirtin nach der Handwerksordnung“ in Kraft getreten. Damit werden die bisherigen Regelungen bei den einzelnen Handwerkskammern durch eine bundeseinheitliche Rechtsverordnung ersetzt.

Gemäß den Intensionen des Zentralverbands des Deutschen Handwerks liegt das Ziel der neuen, bundeseinheitlichen Fortbildungsmaßnahme „... in der Vertiefung des betriebswirtschaftlich-strategischen Verständnisses der Unternehmensführung. Im Vergleich zu den bisherigen Kammerregelungen ist die bundeseinheitliche Verordnung stärker auf eine Reflexion komplexer wirtschaftlicher Zusammenhänge und auf die Entwicklung konkreter Unternehmensstrategien ausgerichtet“. Das heißt: Die Fortbildungsteilnehmer sollen vor allem noch besser befähigt werden,

- das Unternehmen als ein vernetztes System von kundenorientierten Geschäftsprozessen zu verstehen, zu gestalten, zu planen und zu steuern;
- ganzheitlich kundenorientierte Unternehmensstrategien zu entwickeln und
- diese in operativ erfolgreiche Produkte, Dienstleistungen und Maßnahmen innerhalb und außerhalb des Unternehmens gewinnwirksam umzusetzen.

Die hierzu erforderlichen Methoden-, Führungs- und Sozialkompetenzen sind Gegenstand dieser Fortbildungsmaßnahme und prägen Inhalt und Struktur des neuen Rahmenlehrplans, der unter Federführung des Zentralverbandes des Deutschen Handwerks (ZDH), Berlin, erarbeitet wurde. Dem Expertengremium gehörten Vertreter von Handwerkskammern und dem Bundesinstitut für Berufsbildung (BIBB) an. Der neue Rahmenlehrplan sichert bei der Fortbildung zum/r „Geprüfte/n Betriebswirt/in nach der HwO“ bundesweit vergleichbare Standards. Dies ist ein wichtiger Beitrag, die hohe Qualität der beruflichen Aufstiegsfortbildung in Handwerk und Mittelstand zu gewährleisten.

Die Prüfung zum „Geprüfter Betriebswirt/Geprüfte Betriebswirtin nach der HwO“ ist in die vier handlungsorientierten Prüfungsteile Unternehmensstrategie, Unternehmensführung, Personalmanagement und Innovationsmanagement gegliedert, deren Prüfungsinhalte von der Zentralstelle für die Weiterbildung im Handwerk e. V. (ZWH) in der „Information zur Umsetzung der Verordnung“ (November 2011) wie folgt umschrieben werden:

„Im Prüfungsteil **Unternehmensstrategie** geht es darum, dass die Prüfungsteilnehmer zeigen, dass sie volkswirtschaftliche und gesellschaftliche Rahmenbedingungen im Hinblick auf die eigene Unternehmensstrategie erfassen und bewerten können. Außerdem sollen die künftigen Betriebswirte/-innen befähigt sein, rechtliche Rahmenbedingungen für unternehmerisches Handeln und strategische Entscheidungen zu bewerten und zu berücksichtigen sowie eine geeignete Unternehmensstrategie zu entwickeln und zu planen.

Im Prüfungsteil **Unternehmensführung** soll die Unternehmensstrategie durch Maßnahmen der Unternehmensführung und -organisation sowie der Markt- und Kundenorientierung nachhaltig umgesetzt und durch die Gestaltung des Rechnungswesens die Finanzierung und Liquidität gesichert werden. Zudem soll die Wertschöpfung durch kontinuierliche Verbesserung der Geschäftsprozesse optimiert werden.

Die Prüfungsteilnehmer sollen im Prüfungsteil **Personalmanagement** nachweisen, dass sie mit Blick auf die Unternehmensstrategie eine nachhaltige und ethisch verantwortungsvolle Personalplanung und -gewinnungspolitik realisieren sowie Personalführung und -entwicklung entsprechend den individuellen und den Unternehmensinteressen motivierend gestalten können.

Eine komplexe betriebswirtschaftliche Problemstellung eines Unternehmens soll im Prüfungsteil **Innovationsmanagement** mit einem Lösungsentwurf (Projektarbeit) erarbeitet und präsentiert werden. Dabei sind Bezüge zur Unternehmensstrategie, die Auswirkungen auf die operative Unternehmensführung haben und einen Innovationsbedarf zur Umsetzung der Unternehmensstrategie beinhalten, darzustellen.

Damit wird deutlich, dass im Vergleich zur bisherigen Verordnung im bundesweiten Fortbildungsabschluss die **Ausrichtung auf strategisches Handeln** einen besonderen Stellenwert einnimmt, der in allen Prüfungsteilen zum Tragen kommt."

Auf diese neuen, verstärkt handlungsorientierten Anforderungen sind auch die Lehr- und Lernunterlagen auszurichten. Daher haben Herausgeber und Verlag die vorliegende Schriftenreihe „Kompetenzen zum Erfolg" konzipiert. Aufbau und Inhalt entsprechen den Vorgaben des Rahmenlehrplans und den oben dargestellten Prüfungsinhalten.

Die Lehr- und Lernbuchreihe **„Kompetenzen zum Erfolg"** besteht aus zehn inhaltlich abgestimmten Bänden entsprechend den vier Prüfungsteilen der neuen Verordnung:

Band 1: **Volkswirtschaft** – Rahmenbedingungen für eine Unternehmensstrategie

Band 2: **Unternehmensrecht** – Zivilrecht, Arbeits-, Steuer- und Handwerksrecht

Band 3: **Unternehmensstrategie** – Instrumente und Methoden zur Strategieentwicklung

Band 4: **Unternehmensführung und -organisation** – Betriebliche Abläufe erfolgreich gestalten

Band 5: **Unternehmensrechnung** - Finanzwirtschaft, Jahresabschluss, Kostenrechnung

Band 6: **Marketing und Kundenmanagement** - Strategien und Instrumente erfolgreicher Kundengewinnung und Kundenpflege

Band 7: **Wertschöpfung** - Instrumente, Methoden und Analysen zur Prozessoptimierung

Band 8: **Personalmanagement (Teil I)** - Personal planen und gewinnen

Band 9: **Personalmanagement (Teil II)** - Personal führen und entwickeln

Band 10: **Innovationsmanagement** - Betriebliche Probleme strategisch lösen

Bei der inhaltlichen Gestaltung der einzelnen Bände wurde auf eine handlungsorientierte Wissensvermittlung sehr großer Wert gelegt. Daher ist fast ausnahmslos jedem Kapitel eine Handlungssituation (Fallbeispiel) vorangestellt, deren Probleme vom Lernenden anhand der darauffolgenden Ausführungen im Selbststudium oder unter Anleitung eines/r Dozenten/Dozentin gelöst werden können. Auch im Text sind zahlreiche problemorientierte Handlungssituationen eingebaut, zu deren Lösung sich der/die Lernende das erforderliche Problemlösungswissen erwerben und seine/ihre (Fach-)Kompetenz einsetzen muss. Zur Überprüfung der erworbenen Kompetenz wird jedes Kapitel mit einer umfassenden Handlungssituation/Fallstudie abgeschlossen, wobei auch hier die unternehmensstrategischen Aspekte besonders berücksichtigt wurden.

Ergänzend zu den Lehr- und Lernbüchern der Schriftenreihe werden den Dozenten/Dozentinnen in den Handwerksakademien zusätzlich fachspezifische Unterlagen zur handlungsorientierten Unterrichtsgestaltung, zur Vertiefung der Wissensvermittlung und zur Verwendung in der Managementpraxis zur Verfügung gestellt. Das erleichtert die buchbezogene Vorbereitung und Gestaltung des Unterrichts, ohne die individuelle Schwerpunktbildung bei der Wissensvermittlung einzuschränken.

Die vorliegende Lehr- und Lernschriftenreihe **„Kompetenzen zum Erfolg“** dient nicht nur einer bestmöglichen Vorbereitung auf die Prüfung „Geprüfter Betriebswirt/Geprüfte Betriebswirtin nach der Handwerksordnung“. Sie ist auch ein sehr hilfreiches Handbuch und Nachschlagewerk für die täglichen Entscheidungssituationen in der Unternehmensführung - sei es als Unternehmer, Geschäftsführer oder als leitende Führungskraft in einem Handwerksunternehmen. Dabei sind die praxisbezogene Gestaltung der Abbildungen und Checklisten, Hervorhebungen und Marginalien sowie ein ausführliches Stichwortverzeichnis am Ende eines jeden Buches eine große Hilfe.

Bei der Arbeit mit der Lehrbuchreihe „Kompetenzen zum Erfolg“, bei der Vorbereitung auf die Prüfung und nicht zuletzt bei der Ablegung der Prüfung wünschen wir Ihnen viel Erfolg!

Die Herausgeber und
Holzmann Medien | Buchverlag

Vorwort der Autoren

Die Inhaber und Führungskräfte handwerklicher Betriebe sind ständig und in vielfältiger Weise gefordert, „ihren Mann bzw. ihre Frau zu stehen“. Dies ist umso herausfordernder, als die durchschnittliche Betriebsgröße bei unter zehn Mitarbeitern liegt. In größeren Unternehmen gibt es Spezialisten für unterschiedliche Fachbereiche. Im Handwerk ist das in der Regel anders. Hier müssen sich die Verantwortlichen als Generalisten im Wirtschaftsleben täglich behaupten, um die Anforderungen an das Unternehmen zu bewältigen. Wie ist das zu schaffen?

Lebenslanges Lernen wird heutzutage vorausgesetzt. Hierbei darf den Inhabern und Führungskräften handwerklicher Betriebe auch das Recht „kein Buch mit sieben Siegeln“ mehr sein. Folglich hat das Bundesministerium für Bildung und Forschung in seiner Verordnung zum/r „Geprüften Betriebswirt/in nach der Handwerksordnung“ das Erfassen und Bewerten rechtlicher Rahmenbedingungen mit an die erste Stelle gesetzt. Hierdurch soll die Kompetenz erworben werden, die Entwicklung des Unternehmens strategisch zu planen, den Betrieb zu führen und die Unternehmensziele operativ umzusetzen. Der bundeseinheitliche Rahmenlehrplan hat dabei das Recht dem Prüfungsteil Unternehmensstrategie zugeordnet und so ein klares Zeichen gesetzt.

Die drei Kompetenzvorgaben des Rahmenlehrplans zur Bewertung rechtlicher Rahmenbedingungen sind:

1. geltendes nationales und europäische Recht erfassen und bewerten,
2. Möglichkeiten der Rechtsanwendung für strategische Entscheidungen aufzeigen und bewerten,
3. Auswirkungen von Veränderungen der rechtlichen Rahmenbedingungen für die Unternehmensstrategie berücksichtigen.

In den vier Teilen „Zivilrecht“, „Arbeitsrecht“, „Steuerrecht“ sowie „Handwerks- und Gewerberecht“ sind in diesem Lehrbuch zahlreiche praktische Fallbeispiele („Handlungssituationen“) mit eingebaut. Diese bilden die Brücke zwischen dem zu vermittelnden theoretischen Wissen und der betrieblichen Praxis. Auf diese Weise werden die Absolventinnen und Absolventen des anerkannten Fortbildungsabschlusses zum/r „Geprüften Betriebswirt/in nach der Handwerksordnung“ befähigt, ihre vielfältigen Aufgaben im Unternehmen mit fachlichem Wissen sowie mit Methoden-, Führungs- und Sozialkompetenz wahrzunehmen.

Wir wünschen allen Leserinnen und Lesern dieses Buches viel Freude bei der Lektüre und einen möglichst großen Erkenntnisgewinn. Möge dieser die Basis für den erfolgreichen Abschluss zum „Geprüfte/n Betriebswirt/in nach der Handwerksordnung“ werden.

Stuttgart, im Juli 2022

Reinhard Ens | Bernd-Michael Hümer | Jörg Knies | Tobias Scheel

I. Zivilrecht

Verf.: Tobias Scheel

1. Grundsätzliches zum Zivilrecht

1.1 Lernziele und Kompetenzen

Grundlagen des Zivilrechts

Die nachfolgenden Ausführungen haben zum Ziel, angehenden „Geprüften Betriebswirten/-innen nach der Handwerksordnung" ein **Grundwissen** im **Zivilrecht** zu vermitteln. Der Prüfling soll dadurch in die Lage versetzt werden, privatrechtliche Sachverhalte für das unternehmerische Handeln bewerten und ihre Konsequenzen in die unternehmerische Entscheidungsfindung mit einbeziehen zu können.

Die maßgeblichen theoretischen **Qualifikationsinhalte** bestehen im Schwerpunkt aus dem Bürgerlichen Recht (Allgemeiner Teil des BGB, vertragliche und gesetzliche Schuldverhältnisse, Sachenrecht), daneben dem Familien- und Erbrecht, dem Handels- und Gesellschaftsrecht sowie dem Zivilprozessrecht (einschließlich der Insolvenz des Schuldners). Diese Qualifikationsinhalte werden durch zahlreiche **Handlungssituationen** (Fallbeispiele) veranschaulicht, in denen die häufig abstrakten Darstellungen auf konkrete Lebenssachverhalte zugeschnitten sind. Hierdurch wird der Praxisbezug rechtlicher Rahmenbedingungen für das unternehmerische Handeln deutlich.

1.2 Juristische Falllösungstechnik

Technik der Falllösung

Bevor die Ausführungen zu den rechtlichen Qualifikationsinhalten beginnen können, bedarf es zunächst einer Einführung in die juristische **Falllösungsmethode**. Denn die Aufgabe des Prüfungskandidaten besteht nicht darin, theoretisches Wissen auswendig zu lernen, sondern vielmehr, konkrete **Fälle** zu lösen. Hierfür ist das **Gesetz** aber das notwendige „Handwerkzeug", weshalb die Lektüre der angegebenen Rechtsvorschriften zwingend ist.

Juristische Falllösungsmethode bedeutet, dass ein Lebenssachverhalt nicht vom Resultat her, sondern zunächst ergebnisoffen geprüft wird. Hierbei wird der sog. **Gutachtenstil** angewandt. Bei diesem nähert man sich dem Ergebnis einer Falllösung durch eine im Fragenstil gehaltene Formulierungstechnik („Fraglich ist, ob ...", „Problematisch ist, inwieweit ...").

Bei der Lösung zivilrechtlicher Fälle geht es inhaltlich i. d. R. um **Anspruchsverhältnisse**, also um die Frage, ob eine Person von einer anderen ein bestimmtes Tun oder Unterlassen verlangen kann (vgl. § 194 Abs. 1 BGB). Die Lösung eines Falles beginnt mit der Formulierung des **Obersatzes**, an dessen Ende eine Rechtsnorm steht, die die gewünschte Rechtsfolge in einer abstrakten Formulierung enthält (sog. **Anspruchsgrundlage**).

Beispiel: Zu prüfen ist der Anspruch des A gegen B auf Zahlung des Kaufpreises gemäß § 433 Abs. 2 BGB.

> **Kurzformel**
>
> **Wer** (Anspruchssteller) von **wem** (Anspruchsgegner) **was** (Rechtsfolge) **woraus** (Anspruchsgrundlage)?

Für eine juristische Falllösung bietet sich damit folgende **Vorgehensweise** an:

- Ermitteln der gewünschten Rechtsfolge und Auffinden der **Rechtsnorm**, die sie anordnet (Obersatzbildung)
- Herausarbeiten der **Voraussetzungen** der Rechtsnorm (ggf. mit Definitionen)
- **Subsumtion** (= Unterordnung) des Sachverhalts unter die Voraussetzungen der Rechtsnorm.

Diese juristische Falllösungstechnik wird nachfolgend bei den Lösungen der verschiedenen **Handlungssituationen** verdeutlicht.

1.3 Methodische Grundlagen für den Umgang mit Gesetzen

Auslegung von Gesetzen

Ein Problem beim Umgang mit Rechtsnormen ist der hohe **Abstraktionsgrad** vieler Gesetze und die zum Teil veraltete Rechtssprache (das BGB ist in seiner Ursprungsfassung bereits im Jahre 1900 in Kraft getreten). Die vom Gesetzgeber verwendeten Rechtsbegriffe erschließen sich deshalb häufig nicht auf Anhieb. Sie sind vielmehr auslegungsfähig und **auslegungsbedürftig**. Dies führt oft zu einer gewissen Ergebnisunsicherheit bei der Rechtsanwendung.

Beispiel

- „Treu und Glauben“ (§ 242 BGB); „gute Sitten“ (§ 138 BGB).

Bei der Auslegung von Gesetzesbegriffen helfen vereinzelt sog. **Legaldefinitionen** weiter. Hierbei handelt es sich um besonders wichtige Rechtsbegriffe, die der Gesetzgeber selbst definiert hat. Zu erkennen sind Legaldefinitionen daran, dass der maßgebliche Gesetzesbegriff in **Klammern** steht. Die Worte vor der Klammer sind dann seine Definition.

Beispiel

- „Unverzüglich“ (§ 121 Abs. 1 S. 1 BGB) bedeutet in der Rechtssprache „ohne schuldhaftes Zögern“ (und nicht „sofort“).

Ferner ist bei der Gesetzanwendung die sog. **Klammertechnik** zu beachten. Dies bedeutet, dass generelle Bestimmungen „vor die Klammer" gezogen und damit allgemein verbindlich geregelt werden. So erspart sich der Gesetzgeber unnötige Mehrfachregelungen (Gesetzesökonomie). Dies ist der Grund dafür, dass die klassischen Gesetze des deutschen Privatrechts (BGB, HGB) - gemessen an ihrem Inhalt - eher kurz sind.

Beispiel

- Die Vorschriften über das Zustandekommen von Verträgen im 1. Buch des BGB gelten auch für Verträge im Familien-, Erb- und Gesellschaftsrecht.

Des Weiteren verwendet der Gesetzgeber oftmals die **Verweisungstechnik**, indem er in einer Rechtsvorschrift auf die Voraussetzungen bzw. Rechtsfolgen einer anderen Norm verweist. Dies dient ebenfalls der Gesetzesökonomie.

Beispiel

- § 437 BGB (bitte lesen - wenngleich bei erster Lektüre kaum verständlich). Die Rechte des Käufers bei Mängeln der Kaufsache (Nacherfüllung, Rücktritt, Minderung, Schadensersatz, Aufwendungsersatz) ergeben sich also nicht aus der Anspruchsgrundlage des § 437 BGB selbst, sondern aus den zahlreichen Normen, auf die verwiesen wird (§§ 439, 440, 323, 326 Abs. 5, 441, 280, 281, 283, 311a, 284 BGB).

1.4 Stellung des Privatrechts in der Gesamtrechtsordnung

Privatrecht und Öffentliches Recht

Das **Privatrecht** ist nur ein Teil der Gesamtrechtsordnung in Deutschland. Es ist derjenige Teil, der die Rechtsbeziehungen von gleichgeordneten Rechtssubjekten zueinander regelt. Es bestimmt also darüber, wie und in welchem Verhältnis privatrechtliche Personen zueinander stehen und welche Rechte und Pflichten ihnen gegenseitig zugewiesen sind.

Beispiel

- Abschluss eines Kaufvertrags zwischen zwei Privatleuten.

Das öffentliche Recht behandelt hingegen die Rechtsverhältnisse staatlicher Einrichtungen untereinander bzw. die Rechtsbeziehungen des Staates zum Bürger. Es wird also i. d. R. von einem Über-/Unterordnungsverhältnis geprägt.

Beispiel

- Erteilung einer Baugenehmigung durch die Baubehörde.

1.5 Prinzipien des Privatrechts

Privatautonomie und Vertragsfreiheit

Das Privatrecht basiert auf dem Grundsatz der **Privatautonomie**. Diese bedeutet die Freiheit des Einzelnen, seine Rechtsverhältnisse nach eigenem Willen gestalten zu können. Hierzu zählt die prinzipielle Freiheit, Verträge abzuschließen **(Vertragsfreiheit)** – und zwar mit wem man will (Abschlussfreiheit) und worüber man will (Inhaltsfreiheit).

Nur ausnahmsweise **beschränkt** der Gesetzgeber die vertragliche Abschlussfreiheit. So gibt es vereinzelt bei marktbeherrschenden Anbietern im Bereich der Daseinsvorsorge einen sog. **Kontrahierungszwang**, durch den ein Unternehmen gesetzlich verpflichtet wird, mit potenziellen Kunden einen Vertrag abzuschließen.

Beispiel

- § 36 Energiewirtschaftsgesetz für die Elektrizitäts- und Gasversorgung der Bevölkerung.

Häufiger wird hingegen die Inhaltsfreiheit vom Gesetzgeber beschränkt. Insbesondere wird solchen Verträgen die Rechtsgültigkeit versagt, die gegen **gesetzliche Verbote** (§ 134 BGB) oder die **guten Sitten** verstoßen (§ 138 BGB).

Beispiele

- Drogenkauf, Wucherzinsen.

2. Bürgerliches Recht

Aufbau des BGB

Das Bürgerliche Recht nach dem BGB stellt den **Kern des Privatrechts** dar. Nahezu alle anderen Gebiete des Privatrechts schließen sich an das Bürgerliche Recht an und bauen auf dessen Grundregeln auf. Das BGB ist in **fünf Bücher** gegliedert: Allgemeiner Teil (1. Buch), Recht der Schuldverhältnisse (2. Buch), Sachenrecht (3. Buch), Familienrecht (4. Buch) und Erbrecht (5. Buch). Diese Rechtsgebiete werden im Folgenden in ihren Grundzügen handlungsorientiert dargestellt.

2.1 Allgemeiner Teil des BGB

Im Allgemeinen Teil des BGB befinden sich v. a. Regelungen über **Rechtsgeschäfte** sowie zum Zustandekommen von **Verträgen**.

Handlungssituation (Fallbeispiel 1)

Der 23-jährige Heinrich (H) möchte den Titel „Geprüfte/r Betriebswirt/in nach der Handwerksordnung“ erlangen. Zu Beginn seiner Fortbildung überlegt er, sich die erforderlichen Lehrbücher aus dem Verlag „Handwerkswissen“ anzuschaffen. H füllt deshalb schon einmal die Bestellpostkarte des Verlags aus, wartet aber noch mit dem Absenden, da er erst seine Eltern fragen will, ob sie eventuell einen Teil der Kosten übernehmen. Sein WG-Mitbewohner sieht die Karte auf dem Küchentisch liegen, will H einen Gefallen tun und schickt sie ab.

Muss H die vom Verlag „Handwerkswissen“ angelieferten Bücher abnehmen und bezahlen? (Lösung Seite 23)

2.1.1 Das Rechtsgeschäft

Rechtsgeschäfte und Willenserklärungen

Eine privatrechtliche Person gestaltet ihre Rechtsbeziehungen zu anderen Privatrechtssubjekten durch sog. **Rechtsgeschäfte**. Rechtsgeschäfte können **einseitig** (z. B. Testament, Kündigung), aber auch **mehrseitig** (v. a. Verträge) sein. Die Basis eines Rechtsgeschäfts ist in jedem Fall eine sog. **Willenserklärung**. Hierunter versteht man eine Äußerung, die auf die Herbeiführung eines rechtlichen Erfolges gerichtet ist.

2.1.2 Elemente einer Willenserklärung

Tatbestand einer Willenserklärung

Eine Willenserklärung setzt sich aus einem **äußeren** (objektiven) Tatbestand und einem **inneren** (subjektiven) Tatbestand zusammen. Der **objektive** Tatbestand der Willenserklärung ist das Kundtun einer Erklärung nach außen. Diese erfolgt im Idealfall **ausdrücklich** und damit eindeutig.

Beispiel: „Hiermit mache ich Ihnen den Antrag auf Abschluss eines Kaufvertrags.“

Ebenso rechtswirksam wie eine ausdrückliche ist aber auch eine nur durch schlüssiges Verhalten **(konkludent)** abgegebene Willenserklärung.

Beispiel: Zeigen mit dem Finger auf einen Gegenstand, Nicken mit dem Kopf.

Bei Unklarheiten, wie eine konkludent abgegebene Erklärung zu verstehen ist, kommt es für die **Auslegung** grundsätzlich nicht auf den inneren Willen des Erklärenden, sondern auf den **objektiven Empfängerhorizont** unter Beachtung der jeweiligen Verkehrssitten an (§§ 133, 157 BGB). Dies dient der Rechtssicherheit und damit dem Schutz des Rechtsverkehrs.

Beispiel: Das Heben der Hand bedeutet nach der Verkehrssitte bei einer Versteigerung die Abgabe eines Vertragsangebots. Dies gilt auch dann, wenn der Betroffene nur seinem Freund zuwinken wollte („Trierer Weinversteigerungsfall“, siehe unten).

Bloßes **Schweigen** hat i. d. R. keinen rechtsgeschäftlichen Erklärungswert. Etwas anderes gilt nur, wenn Abweichendes vereinbart wurde (Vertragsfreiheit), eine gesetzlicher Ausnahmefall greift (z. B. § 108 Abs. 2 S. 2 BGB) oder eine Sonderregelung des Handelsrechts einschlägig ist (z. B. § 346 HGB beim sog. Kaufmännischen Bestätigungsschreiben).

Der **subjektive** Tatbestand einer Willenserklärung meint das Wollen der Erklärung. Notwendiger subjektiver Bestandteil einer Willenserklärung ist aber nur der **Handlungswille**. Hierunter versteht man den Willen, überhaupt etwas bewusst zu machen. Der Handlungswille fehlt z. B. bei Erklärungen unter Hypnose. Mangelt es hingegen nur am **Geschäftswillen** – also dem Willen, das Geschäft so durchzuführen, wie es der Erklärungsempfänger nach dem objektiven Empfängerhorizont verstehen musste –, liegt dennoch eine Willenserklärung vor. Möglicherweise kann der Erklärende seine Willenserklärung dann aber nach den §§ 119 ff. BGB wegen Irrtums anfechten.

Beispiel: Beim „Trierer Weinversteigerungsfall" liegt ein wirksames Vertragsangebot vor, das aber analog § 119 Abs. 1 BGB angefochten werden kann.

Abgrenzung: Gefälligkeitsverhältnisse

Keine Willenserklärung ist bei bloßen **Gefälligkeitsverhältnissen** gegeben. Hierbei handelt es sich um Erklärungen im rein gesellschaftlichen Bereich, bei denen es am sog. **Rechtsbindungswillen** fehlt. Sie erfolgen i. d. R. aus persönlicher oder freundschaftlicher Verbundenheit. Es kann aus solchen Erklärungen also nicht mit Erfolg auf die Erfüllung des Versprechens geklagt werden.

Beispiel: A sagt seinem Freund B zu, mit ihm ins Kino zu gehen. Wenn A den B nun versetzt, kann B den A nicht auf Erfüllung seines Versprechens in Anspruch nehmen.

2.1.3 Wirksamwerden von Willenserklärungen

Abgabe und Zugang von Willenserklärungen

Eine Willenserklärung muss für ihre Wirksamkeit **abgegeben** werden. Unter der Abgabe einer Willenserklärung versteht man ihre willentliche Entäußerung in den Rechtsverkehr. Hieran fehlt es etwa beim bloßen **Entwurf** einer Willenserklärung.

Beispiel: A überlegt sich, wen er einmal zu seinen Erben machen könnte. Dafür schreibt er mehrere Namen auf einen Zettel. Dies stellt noch kein Testament dar, sondern nur einen Entwurf.

Des Weiteren ist zwischen **empfangsbedürftigen** und **nicht empfangsbedürftigen** Willenserklärungen zu unterscheiden. Nicht empfangsbedürftige Willenserklärungen werden bereits mit ihrer Abgabe rechtswirksam (z. B. ein formwirksames Testament). I. d. R. sind Willenserklärungen aber empfangsbedürftig (z. B. Vertragserklärungen, aber auch Kündigungen). Dann muss die Willenserklärung dem Empfänger zugehen. Der **Zugang** erfolgt bei mündlichen Äußerungen unter **Anwesenden** mit der akustischen Wahrnehmbarkeit der Erklärung, also grundsätzlich sofort.

Unter **Abwesenden** tritt der Zugang einer Willenserklärung ein, sobald sie in den **Machtbereich** des Erklärungsempfängers gelangt ist, sodass die **Möglichkeit** zur **Kenntnisnahme** unter gewöhnlichen Umständen besteht (§ 130 Abs. 1 S. 1 BGB). Auf die tatsächliche Kenntnisnahme des Empfängers kommt es zum Schutz des Erklärenden hingegen nicht an.

Beispiel: Wenn A dem B am 31.03. um 23.00 Uhr eine Kündigung in den Briefkasten wirft, geht diese erst am 01.04. zu, da ein Briefkasten unter gewöhnlichen Umständen nicht zur Nachtzeit geleert wird. Sollte B allerdings im Urlaub sein, hindert das den Zugang (am 01.04.) nicht, da Urlaubsabwesenheit kein gewöhnlicher Umstand ist.

Lösung zur Handlungssituation (Fallbeispiel 1)

Zu prüfen ist der Anspruch des Verlags „Handwerkswissen" gegen H auf Abnahme und Bezahlung der angelieferten Bücher gemäß § 433 Abs. 2 BGB.

Voraussetzung für diesen Anspruch ist ein wirksamer Kaufvertrag zwischen dem Verlag und H. Hierzu müssten zwei übereinstimmende Willenserklärungen abgegeben worden sein.

Fraglich ist bereits, ob H ein Angebot gemacht hat. Zwar hat er die Bestellkarte ausgefüllt, doch hat er sie nicht abgeschickt. Bei der Frage, ob H seine Willenserklärung wirksam abgegeben hat, ist aber darauf abzustellen, ob er die Erklärung bewusst in Richtung auf den Verlag geäußert hat. Das ist hier nicht der Fall, weil nicht H, sondern sein WG-Mitbewohner die Postkarte in den Briefkasten geworfen hat. Weil H demnach keine Willenserklärung abgegeben hat, ist auch kein Vertrag mit dem Verlag zustande gekommen.

Ergebnis: H muss die angelieferten Lehrbücher nicht abnehmen und bezahlen.

2.1.4 Der Vertrag

Zustandekommen eines Vertrages

Unter einem Vertrag versteht man die erklärte Willensübereinstimmung zweier oder mehrerer Personen, einen bestimmten Rechtserfolg herbeiführen zu wollen. Es sind daher mindestens zwei übereinstimmende Willenserklärungen für einen wirksamen Vertragsschluss erforderlich. Diese beiden Willenserklärungen heißen **Angebot** (bzw. Antrag, § 145 BGB) und **Annahme** (§ 147 BGB).

Handlungssituation (Fallbeispiel 2)

Heinrich (H) entdeckt im Schaufenster von „Katjas Handwerksmoden" einen schicken Overall, ausgezeichnet für 99,- €. H ist begeistert und erklärt im Laden, er wolle den Overall aus dem Schaufenster kaufen. Katja (K) holt daraufhin den Overall - und verlangt 299,- €. Auf die Entrüstung des H hin erklärt K, der Overall sei falsch ausgezeichnet gewesen. H steht auf dem Standpunkt: „Vertrag ist Vertrag".

Ist ein Vertrag zustande gekommen? Wenn ja, mit welchem Inhalt?
(Lösung Seite 26)

2.1.4.1 Angebot

Vertrags-angebot

Das Vertragsangebot ist eine **empfangsbedürftige** Willenserklärung. Sie muss so eindeutig formuliert sein, dass der andere Teil das Angebot mit einem einfachen „Ja" annehmen kann. Das ist dann der Fall, wenn die **wesentlichen Vertragsbestandteile** im Angebot enthalten sind.

Beispiel: Beim Kaufvertrag sind die wesentlichen Vertragsbestandteile der Kaufpreis und die Kaufsache.

Ein Vertragsangebot liegt nur vor, wenn der Erklärende mit **Rechtsbindungswillen** handelt. An diesem fehlt es, wenn die Auslegung ergibt, dass ein potenzieller Empfänger nur **aufgefordert** werden soll, seinerseits ein Vertragsangebot zu machen (sog. invitatio ad offerendum).

Beispiel: Auslegen der Ware im Supermarkt bzw. generell Werbung (auch im Internet). Hier möchte sich der Erklärende noch nicht rechtsverbindlich äußern, da er evtl. noch die Zahlungsfähigkeit seiner Kunden überprüfen möchte bzw. gar nicht genügend Ware auf Lager hat, um alle Interessenten zu bedienen.

2.1.4.2 Annahme

Vertrags-annahme

Durch die Annahmeerklärung gibt der andere Teil sein **Einverständnis** mit dem Angebot des ersten kund. Daher muss die Annahme auf das Angebot bezogen sein und diesem inhaltlich entsprechen (Übereinstimmen der Willenserklärungen). Hierbei schadet eine **Falschbezeichnung** nicht, wenn der andere Teil sie genauso versteht.

Beispiel: A bestellt bei Fischhändler B 1 kg „Haakjöringsköd" im Glauben, hierbei handele es sich um Walfischfleisch. B, der genauso denkt, erklärt sich hiermit einverstanden. In Wahrheit bedeutet „Haakjöringsköd" im Norwegischen aber Haifischfleisch. Da B jedoch dem gleichen Irrtum wie A unterliegt, kommt ein Vertrag über (das beiderseits gewollte) Walfischfleisch zustande.

Eine Annahme ist nur so lange möglich, wie es der Anbietende zulässt. Deshalb kann der Antragende dem Annehmenden eine (frei bestimmbare) **Annahmefrist** setzen (§ 148 BGB). Soweit der Anbietende keine Annahmefrist gesetzt hat, kommt es für die Dauer der Annahmemöglichkeit darauf an, ob das Angebot unter Anwesenden oder unter Abwesenden erfolgt. Der einem **Anwesenden** gemachte Antrag kann nämlich nur sofort angenommen werden (§ 147 Abs. 1 S. 1 BGB). Dies gilt auch bei einem telefonischen Angebot (§ 147 Abs. 1 S. 2 BGB). Der einem **Abwesenden** gemachte Antrag kann hingegen so lange angenommen werden, wie es den regelmäßigen Umständen entspricht (§ 147 Abs. 2 BGB). Damit hängt hier die Länge der Annahmemöglichkeit von den Umständen des Einzelfalles ab.

Beispiel: Bei einer Vertragskommunikation per E-Mail beträgt die Annahmefrist grundsätzlich nur wenige Tage, bei einem Briefversand ins Ausland evtl. mehrere Wochen.

Wenn die Annahme zu spät erfolgt, **erlischt** das Angebot (§ 146 BGB). Allerdings gilt die verspätete Annahme als ein **neues** Angebot (§ 150 Abs. 1 BGB). Das Gleiche gilt, wenn eine Annahme unter Erweiterungen, Einschränkungen oder sonstigen Änderungen erfolgt („ja, aber…"), § 150 Abs. 2 BGB. I. d. R. ist auch die Annahme eine empfangsbedürftige Willenserklärung. Vom **Zugangserfordernis** (§ 130 Abs. 1 S. 1 BGB) macht § 151 S. 1 BGB jedoch eine Ausnahme, wenn der Zugang der Annahmeerklärung nach der Verkehrssitte nicht zu erwarten ist.

Beispiel: Klassischer Katalog-Versandhandel. Hier kommt der Vertrag grundsätzlich mit dem Einpflegen der Daten des Kunden beim Versandhändler zustande. Dieses stellt eine konkludente Annahmeerklärung dar, die dem Kunden nicht zugeht.

Achtung: § 151 S. 1 BGB sagt nicht, dass die Annahme an sich entbehrlich wäre.

2.1.4.3 Bindungswirkung

Verbindlichkeit von Vertragserklärungen

Bereits das Vertragsangebot ist eine **rechtsverbindliche** Willenserklärung. Etwas anderes gilt nur, wenn der Antragende die Bindungswirkung ausgeschlossen hat (z. B. durch die Formulierung „freibleibend"). Das Gleiche gilt für die Annahmeerklärung. Wenn diese erfolgt, ist ein Vertrag wirksam und rechtsverbindlich abgeschlossen. Es gibt dann grundsätzlich keine Möglichkeit mehr, die Willenserklärung ohne Grund einseitig zu **widerrufen**. Verträge sind vielmehr zu erfüllen („pacta sunt servanda").

Anmerkung: Ein Widerruf der Willenserklärung ist nur möglich, wenn dies vereinbart wurde (z. B. die von einem Kaufhaus eingeräumte „Umtauschmöglichkeit" aus Kulanz), oder aus Gründen des Verbraucherschutzes bei außerhalb von Geschäftsräumen geschlossenen Verträgen (§ 312b BGB) bzw. Fernabsatzverträgen (§ 312c BGB).

Lösung zur Handlungssituation (Fallbeispiel 2)

Es könnte ein Vertrag zwischen H und K über den Kauf der Jacke für 299,- € zustande gekommen sein. Dann hätte K gegen H einen entsprechenden Zahlungsanspruch aus § 433 Abs. 2 BGB. Es müssten also Angebot und Annahme (§§ 145, 147 BGB) vorliegen und übereinstimmen.

Ein Angebot der K könnte schon darin zu sehen sein, dass sie den Overall in ihrem Schaufenster ausgestellt hat. Allerdings liegt eine Willenserklärung nur dann vor, wenn sich der Erklärende erkennbar rechtlich binden will. Dies ist beim Ausstellen von Waren nicht der Fall. Denn ein Ladenbesitzer will es sich grundsätzlich vorbehalten, die Bonität der Kunden zu prüfen. Ferner kann und will er evtl. auch nicht an alle Kunden verkaufen (und ihnen also ein Angebot machen), die an dem Schaufenster vorbeilaufen. Insoweit handelt es sich bloß um eine sog. invitatio ad offerendum.

Es könnte aber ein Angebot durch den H im Laden der K vorliegen. Dies ist der Fall. Bei der Frage nach dem Inhalt des Angebots kommt es auf den objektiven Empfängerhorizont, d. h. einen objektiven Dritten, an (§§ 133, 157 BGB). Dieser muss das Angebot hier so verstehen, dass H das Preisetikett im Schaufenster seiner Erklärung zugrunde gelegt hat. Folglich liegt ein Angebot i. H. v. 99,- € vor.

Dieses Angebot hat K aber nicht angenommen, weil sie den Overall für 299,- € verkaufen will. Dies ist auch möglich, da Vertragsfreiheit herrscht. Die Erklärung der K ist als Ablehnung mit einem neuen Angebot zu sehen (§ 150 Abs. 2 BGB). Das Angebot der K hat H aber nicht angenommen.

Ergebnis: Ein Vertrag zwischen H und K besteht nicht.

2.1.4.4 Formerfordernisse

Formfreiheit und Ausnahmen

Im Zivilrecht gilt infolge der Privatautonomie der Grundsatz der **Formfreiheit**. Daher können Willenserklärungen i. d. R. auch mündlich bzw. sogar nur konkludent wirksam und rechtsverbindlich abgegeben werden. Dies dient der Leichtigkeit des Vertragsschlusses. Allerdings enthält das BGB vom Grundsatz der Formfreiheit einige Ausnahmen.

Nach § 126 Abs. 1 BGB kann durch Gesetz **Schriftform** vorgeschrieben werden. Diese hat Warnfunktion und soll vor übereilten Vertragsschlüssen schützen. Damit gilt die Schriftform v. a. bei risikoreichen Verträgen.

Beispiel: Gemäß § 766 S. 1 BGB ist zur Gültigkeit des Bürgschaftsvertrags die schriftliche Erteilung der Bürgschaftserklärung erforderlich.

Schriftform bedeutet, dass die Urkunde von dem Aussteller grundsätzlich **eigenhändig** durch Namensunterschrift unterzeichnet werden muss. Erforderlich ist demnach ein persönlicher Namensschriftzug am Ende des Dokuments, der zwar nicht leserlich sein muss, aber doch den Aussteller zu erkennen gibt (Echtheitsgewähr). Der Text der Urkunde darf freilich in Computerschrift erfolgen.

Von der Schriftform zu unterscheiden ist die **Textform** nach § 126b BGB. Diese dient v. a. Nachweiszwecken.

Beispiel: Gemäß § 613a Abs. 5 BGB muss bei einem Betriebsübergang der bisherige Arbeitgeber den Arbeitnehmer über den Übergang in Textform unterrichten.

Bei der Textform muss die Erklärung auf einem dauerhaften Datenträger (z. B. einer Festplatte oder einem USB-Stick) abgegeben werden und die Person des Erklärenden genannt sein. Damit genügt zur Wahrung der Textform auch eine E-Mail oder SMS, da eine eigenhändige Unterschrift nicht erforderlich ist.

Bei der **öffentlichen Beglaubigung** muss die Erklärung schriftlich abgefasst und die Unterschrift des Erklärenden von einem Notar beglaubigt werden (§ 129 Abs. 1 BGB BGB). Öffentliche Beglaubigungen kommen häufig im Rechtsverkehr mit öffentlichen Registern vor.

Beispiel: Nach § 77 BGB sind Anmeldungen zum Vereinsregister mittels öffentlich beglaubigter Erklärungen abzugeben.

Die strengste gesetzliche Form ist die **notarielle Beurkundung** gemäß § 128 BGB i. V. m. den Vorschriften des BeurkG. Bei dieser tritt neben einer Nachweis- und Warnfunktion der Beratungszweck in den Vordergrund. Damit ordnet der Gesetzgeber diese (aufwendige und kostspielige) Form v. a. bei besonders werthaltigen Vertragsgegenständen an.

Beispiel: Nach § 311b BGB bedarf ein Vertrag, durch den sich der eine Teil verpflichtet, das Eigentum an einem Grundstück zu übertragen oder zu erwerben, der notariellen Beurkundung.

Bei der notariellen Beurkundung klärt der Notar die Vertragsparteien über den Inhalt des Vertrages auf (§ 17 BeurkG). Ferner liest der Notar den Parteien die Niederschrift vor, bevor diese das Schriftstück eigenhändig unterschreiben (§ 13 BeurkG).

Folgen bei Formverstößen

Wenn die Vertragsparteien eine gesetzlich vorgeschriebene Form nicht beachten, hat dies grundsätzlich die Unwirksamkeit des Vertragsschlusses zur Folge (sog. **Formnichtigkeit**, § 125 S. 1 BGB). Das Gleiche gilt i. d. R., wenn eine vertraglich vereinbarte Form (§ 127 Abs. 1 BGB) außer Acht gelassen wird (§ 125 S. 2 BGB). Allerdings kann der Parteiwille hier auch ein anderes Ergebnis ergeben, da es sich insoweit nur um eine Auslegungsregel handelt („im Zweifel").

Soweit sich eine Partei auf die Formnichtigkeit eines Vertrages beruft, verstößt sie in aller Regel auch nicht gegen **Treu und Glauben** (§ 242 BGB). Denn für den Gesetzgeber sind die Formvorschriften als Ausnahme vom Grundsatz der Vertragsfreiheit nicht nur reiner Formalismus. Vielmehr verfolgen sie die oben genannten Schutzzwecke.

Beispiel: Selbst wenn der Verkäufer den Käufer von der notariellen Beurkundung eines Grundstückkaufvertrags mit den Worten abhält, dieser bedürfe es nicht, weil es sich beim Verkäufer um einen Ehrenmann handele, auf dessen Wort sich der Käufer verlassen könne, ist der Vertrag ohne notarielle Beurkundung formnichtig und die Geltendmachung dieser Rechtsfolge durch den Verkäufer auch nicht treuwidrig.

Nur ausnahmsweise kommt eine **Heilung** eines formnichtigen Vertrages in Betracht. Dies ist grundsätzlich der Fall, wenn die Parteien den Vertrag trotz seiner Formnichtigkeit **erfüllen**. Denn dann dokumentieren sie, dass für sie die Einhaltung der Form keine Bedeutung (mehr) hat und damit auch eine Rückabwicklung des Vertrages wegen Formunwirksamkeit über § 812 Abs. 1 BGB unangemessen wäre.

Beispiel: Der formnichtige Kaufvertrag über ein Grundstück wird gemäß § 311b Abs. 1 S. 2 BGB dadurch geheilt, dass die Auflassung und die Eintragung in das Grundbuch erfolgen.

2.1.4.5 Abstraktionsprinzip

Trennung von Verpflichtungs- und Verfügungsgeschäften

Zum Verständnis des deutschen Privatrechts ist ferner die Beherrschung des **Abstraktionsprinzips** erforderlich. Demnach unterscheidet das BGB zwischen dem Schuldrecht (2. Buch) und dem Sachenrecht (3. Buch). Während im Schuldrecht die Verpflichtungsgeschäfte geregelt sind, geht es im Sachenrecht um die Verfügungsgeschäfte. Auch wenn diese Aspekte in den Alltagsgeschäften des täglichen Lebens zeitlich zusammenfallen, sind sie in rechtlicher Hinsicht streng zu trennen und in ihren Rechtswirkungen voneinander zu unterscheiden.

Beispiel: Beim täglichen Brötchenkauf werden i.d.R. drei Verträge (und nicht nur einer) abgeschlossen: ein Verpflichtungsgeschäft (Kaufvertrag, § 433 BGB) sowie zwei Verfügungsgeschäfte (Übereignung von Brötchen und Geld, § 929 BGB).

Bei einem **Verpflichtungsgeschäft** verpflichtet sich der eine Teil zur Erbringung einer Leistung, während der andere Teil einen Anspruch hierauf erhält. Die Verpflichtungsgeschäfte bilden damit die Grundlage für die spätere Erfüllung, also den Austausch der Leistungen. Man nennt sie daher auch „Kausalgeschäfte" (causa = Grund).

Ein **Verfügungsgeschäft** ist ebenfalls ein Rechtsgeschäft und erfolgt auch durch Abschluss eines Vertrags. Bei einer sachenrechtlichen Verfügung heißt dieser Vertrag „Einigung". Durch das Verfügungsgeschäft wird unmittelbar auf ein Recht (z.B. das Eigentum) eingewirkt. Das Verfügungsgeschäft erfolgt i.d.R. auf eine Leistungsverpflichtung hin, stellt also die Erfüllung des Verpflichtungsgeschäftes dar.

Da Verpflichtungs- und Verfügungsgeschäft voneinander **unabhängig** sind, führt ein Mangel des Verpflichtungsgeschäfts nicht notwendig zur rechtlichen Unwirksamkeit des Verfügungsgeschäfts.

Beispiel: Der Kaufvertrag zwischen A und B ist nichtig, weil A seine Willenserklärung erfolgreich angefochten hat. Dies führt nicht automatisch zur Unwirksamkeit der Übereignung der Kaufsache bzw. der Zahlung des Kaufpreises, weil es sich um getrennte und voneinander unabhängige Rechtsgeschäfte handelt.

Allerdings kann das BGB die Unwirksamkeit des schuldrechtlichen Verpflichtungsgeschäftes nicht ohne Konsequenzen für das sachenrechtliche Verfügungsgeschäft lassen. In einem solchen Fall besteht dann für beide Vertragsparteien ein Anspruch auf **Herausgabe** – also auf Rückübereignung – bereits ausgetauschter Leistungen nach § 812 Abs. 1 BGB, da beide Vertragsparteien die Leistung des jeweils anderen ohne rechtlichen Grund erhalten haben.

2.1.5 Die Stellvertretung

2.1.5.1 Überblick

Zurechnung von Willenserklärungen durch Stellvertretung

Die **Stellvertretung** bietet die Möglichkeit, beim Abschluss von Verträgen **arbeitsteilig** vorzugehen, da so auch durch eine andere Person rechtsgeschäftlich gehandelt werden kann. Sie ist demnach Grundvoraussetzung für ein funktionierendes Wirtschaftsleben.

Stellvertretung ist die Abgabe einer Willenserklärung für einen anderen in dessen Namen mit Vertretungsmacht, was zur Folge hat, dass die Wirkungen des Rechtsgeschäfts nicht den Vertreter, sondern den Vertretenen treffen (§ 164 Abs. 1 S. 1 BGB). Demnach wird nicht der Handelnde, sondern der **„Hintermann"** aus einem solchen Rechtsgeschäft berechtigt und verpflichtet.

Eine wirksame Stellvertretung hat drei **Voraussetzungen:**

- Abgabe einer eigenen Willenserklärung
- Handeln im Namen des Vertretenen
- Handeln im Rahmen der Vertretungsmacht.

Handlungssituation (Fallbeispiel 3)

Heinrich (H) benötigt zur Finanzierung seiner Fortbildung zum „Geprüften Betriebswirt nach der Handwerksordnung" dringend Bargeld. Da er die Kurse gut mit öffentlichen Verkehrsmitteln erreichen kann, beschließt er, sein Auto zu verkaufen. Weil sich H allerdings gerade auf die Recht-Klausur vorbereitet und deshalb keine Zeit hat, sich selbst nach Interessenten umzusehen, erteilt er seinem Freund Bernd (B) eine schriftliche Vollmacht: „Hiermit bevollmächtige ich B zum Verkauf meines Pkw ..., Fahrgestellnummer 15151515". Dabei sagt H dem B, dass der Verkauf „bestmöglich" erfolgen, mindestens jedoch 3.000,- € erlösen soll. B lässt sich am Folgetag auf einer Gebrauchtwagenmesse allerdings von der charmanten Carla (C) bezirzen und verkauft ihr das Auto im Namen des H für 2.500,- €.

Hat C gegen H einen Anspruch auf Übereignung des Pkw? (Lösung Seiten 33, 34)

2.1.5.2 Eigene Willenserklärung

Abgrenzung: Vertreter ≠ Bote

Der Vertreter gibt eine **eigene** Willenserklärung ab (§ 164 Abs. 1 S. 1 BGB). Das unterscheidet ihn vom Boten. Dieser transportiert nämlich nur eine fremde Willenserklärung. Ob eine Person Vertreter oder Bote ist, hängt davon ab, ob der Erklärende über einen gewissen - nicht notwendig großen - **Entscheidungsspielraum** verfügt. Ist dies der Fall, ist er Vertreter, wenn nicht, dann Bote.

Beispiel: Ein Verkäufer im Supermarkt ist Vertreter und nicht Bote, da er hinreichenden Entscheidungsspielraum hat (Auswahl des Vertragspartners, Umtausch mangelhafter Ware etc.).

2.1.5.3 Handeln in fremdem Namen

Wahrung des Offenkundigkeitsprinzips

Das Vertreterhandeln muss der Erklärende dem Dritten gegenüber offenlegen **(Offenkundigkeitsprinzip)**. Dieser muss nämlich wissen, mit wem der Vertrag zustande kommt. Hierbei genügt es aber, wenn sich nur aus den Umständen ergibt, dass man nicht für sich, sondern für einen anderen handelt, § 164 Abs. 1 S. 2 BGB (z. B. Verkäufer an der Kasse). Wird das Offenkundigkeitsprinzip nicht gewahrt, so wird der Vertreter behandelt, als hätte er das Rechtsgeschäft im eigenen Namen getätigt (§ 164 Abs. 2 BGB). Dann wird er aus dem Vertrag berechtigt und verpflichtet.

Eine (ungeschriebene) **Ausnahme** vom Offenkundigkeitsprinzip besteht bei den sog. **Bargeschäften** des täglichen Lebens. In diesen Fällen, in denen die geschuldeten Leistungen sofort ausgetauscht werden, ist es dem Vertragspartner nämlich gleichgültig, mit wem der Vertrag zustande kommt. Deshalb wird hier der Vertretene auch dann Vertragspartner, wenn der Vertreter nicht in fremdem Namen handelt („Geschäft für den, den es angeht").

Beispiel: Eine Haushälterin kauft für ihren Arbeitgeber Lebensmittel ein und bezahlt sie sogleich. Hier wird der Arbeitgeber auch dann Vertragspartner des Supermarktes, wenn die Haushälterin nicht offenlegt, dass der Einkauf nicht für sie, sondern für ihren Arbeitgeber ist.

2.1.5.4 Handeln im Rahmen der Vertretungsmacht

Vertretungsmacht, insbesondere Vollmacht

Die letzte Voraussetzung für ein wirksames Vertreterhandeln ist das Vorhandensein einer **Vertretungsmacht**, in deren Rahmen sich der Vertreter bewegen muss. Eine Vertretungsmacht besteht entweder aufgrund **Gesetz** (z. B. Eltern für ihre Kinder, §§ 1629, 1626 BGB) oder aufgrund eines **Rechtsgeschäfts** (dann heißt sie Vollmacht, § 166 Abs. 2 BGB). Die Erteilung einer Vollmacht erfolgt entweder gegenüber dem zu Bevollmächtigenden (dann **Innenvollmacht**, § 167 Abs. 1, 1. Var. BGB) oder gegenüber dem Dritten, demgegenüber die Vertretung stattfinden soll (dann **Außenvollmacht**, § 167 Abs. 1, 2. Var. BGB).

Die Erteilung der Vollmacht unterliegt **keinem** Formzwang. Sie kann also auch mündlich erfolgen. Dies gilt grundsätzlich sogar dann, wenn das Rechtsgeschäft, für das die Vollmacht erteilt wird, seinerseits formbedürftig ist (§ 167 Abs. 2 BGB).

Ferner muss die Vollmacht nicht ausdrücklich erteilt werden, so dass auch im bloßen Dulden des Vertreterhandelns eines anderen die konkludente Bevollmächtigung durch den Vertretenen gesehen werden kann (sog. **Duldungsvollmacht**). Sogar dann, wenn der Vertretene das Vertreterhandeln eines anderen nicht erkannt hat, bei Wahrung der verkehrsüblichen Sorgfalt jedoch hätte erkennen können, kann eine Vollmacht vorliegen (sog. **Anscheinsvollmacht**).

Trennung von Innen- und Außenverhältnis

Die Vollmacht ist von dem der Vollmachterteilung zugrunde liegenden Rechtsgeschäft im Innenverhältnis - z. B. einen Arbeitsvertrag (§ 611 BGB) - strikt zu **trennen**. Folglich können sich das rechtliche **Können** des Bevollmächtigten im Außenverhältnis und das rechtliche **Dürfen** im Innenverhältnis, etwa infolge einer

Weisung aus dem Arbeitsverhältnis, unterscheiden (auch im Vollmachtrecht gibt es also ein Abstraktionsprinzip).

Beispiel: Ein Kaufmann erteilt seinem Mitarbeiter Prokura (§ 48 Abs. 1 HGB), sagt ihm aber, bei Vertragsschlüssen über 10.000,- € müsse er zunächst die Zustimmung der Geschäftsleitung einholen. Hier reicht das rechtliche Können weiter als das rechtliche Dürfen, weil die Prokura zu fast allen betrieblichen Geschäften ermächtigt. Intern ist der Mitarbeiter jedoch an die Weisung seines Arbeitgebers gebunden, sodass bei einem Verstoß Schadensersatzansprüche oder eine Abmahnung in Betracht kommen.

Erlöschen der Vollmacht

Die Vollmacht **erlischt** durch jederzeit möglichen Widerruf des Vollmachtgebers. Der Widerruf kann infolge des Abstraktionsprinzips auch erfolgen, wenn das der Vollmachterteilung zugrunde liegende Rechtsverhältnis fortbesteht (z. B. weil der Arbeitsvertrag des bevollmächtigten Arbeitnehmers nicht wirksam gekündigt werden kann), § 168 S. 2 BGB. Die Vollmacht erlischt aber dann automatisch, wenn das ihrer Erteilung zugrunde liegende Rechtsverhältnis endet (insoweit wird das Abstraktionsprinzip durchbrochen), § 168 S. 1 BGB.

Der **Widerruf** der Vollmacht erfolgt nach §§ 168 S. 3, 167 Abs. 1 BGB durch Erklärung des Vollmachtgebers entweder gegenüber dem Bevollmächtigten oder gegenüber dem Dritten. Wenn die Vollmacht allerdings als Außenvollmacht erteilt oder eine Innenvollmacht nach außen kundgetan wurde, bleibt sie dem Dritten gegenüber so lange **in Kraft**, bis dieser über das Erlöschen der Vollmacht in Kenntnis gesetzt wird (§§ 170, 171 BGB). Dies gebietet hier der **Vertrauensschutz**, da in einem solchen Fall der Dritte vom Widerruf der Vollmacht nichts wissen kann und deshalb schutzwürdig ist (vgl. § 173 BGB).

Beispiel: Teilt der Inhaber eines Supermarktes seinen Geschäftspartnern mit, dass er einen seiner Mitarbeiter zum Ankauf von Waren bevollmächtigt hat, und widerruft er später die Vollmacht, so gilt die Vertretungsmacht des Mitarbeiters den Geschäftspartnern gegenüber so lange fort, bis diese vom Widerruf der Vollmacht unterrichtet werden.

2.1.5.5 Vertretung ohne Vertretungsmacht

Vertragsschluss durch Vertreter ohne Vertretungsmacht

Handelt der Vertreter ohne oder außerhalb seiner Vertretungsmacht, so wird der Vertretene durch die Willenserklärung des Vertreters nicht gebunden. Dieser Vertreter ist ein **Vertreter ohne Vertretungsmacht** (sog. falsus procurator).

Wenn der Vertreter ohne Vertretungsmacht im Namen des Vertretenen einen **Vertrag** abgeschlossen hat, hängt dessen Wirksamkeit nach § 177 Abs. 1 BGB von der **Genehmigung** (also der nachträglichen Zustimmung, § 184 Abs. 1 BGB) des

Vertretenen ab. Ob der Vertretene die Genehmigung erteilt, entscheidet er allein; der Vertragspartner kann lediglich eine Entscheidung von ihm verlangen, wobei sein Schweigen als Verweigerung der Genehmigung gilt (§ 177 Abs. 2 BGB). Bis zur Genehmigung kann aber auch der Vertragspartner seine Willenserklärung ausnahmsweise widerrufen und so den Schwebezustand beenden, es sei denn, er kannte bei Vertragsschluss den Mangel der Vertretungsmacht (§ 178 S. 1 BGB). Demnach ist der Vertrag zwischen dem Vertretenen und dem Vertragspartner zunächst **schwebend unwirksam**.

Haftung des Vertreters ohne Vertretungsmacht

Wenn der Vertretene seine Genehmigung **verweigert**, kommt der Vertrag zwischen dem Vertretenen und dem Dritten endgültig nicht zustande. Dann **haftet** der Vertreter ohne Vertretungsmacht dem Vertragspartner gemäß § 179 Abs. 1 BGB nach dessen Wahl und unabhängig von einem Verschulden auf Erfüllung oder Schadensersatz (sog. Garantiehaftung).

Der **Umfang** der Haftung richtet sich danach, ob der Vertreter ohne Vertretungsmacht den Mangel der Vertretungsmacht kannte oder nicht. Hat er den Mangel der Vertretungsmacht nicht gekannt, so schuldet er dem Vertragspartner nur einen eingeschränkten Schadensersatz - den sog. Vertrauensschaden.

Beispiel: Fahrtkosten zum Ort des Vertragsschlusses.

Die Haftung des Vertreters ohne Vertretungsmacht **entfällt** nach § 179 Abs. 3 S. 1 BGB sogar ganz, wenn der Vertragspartner den Mangel der Vertretungsmacht kannte oder zumindest kennen musste (d. h. infolge von Fahrlässigkeit nicht kannte, § 122 Abs. 2 BGB). Denn dann ist dieser nicht schutzwürdig.

Lösung zur Handlungssituation (Fallbeispiel 3)

Zu prüfen ist der Anspruch der C gegen H auf Übereignung des Pkws gemäß § 433 Abs. 1 S. 1 BGB.

Voraussetzung für den Übereignungsanspruch der C gegen H ist ein wirksamer Kaufvertrag. Dieser benötigt zwei übereinstimmende Willenserklärungen.

C hat eine Willenserklärung, gerichtet auf den Kauf des Pkws des H abgegeben. H hingegen hat selbst keine Willenserklärung abgegeben. Er könnte indes wirksam von B vertreten worden sein (§ 164 Abs. 1 S. 1 BGB). B hat eine eigene Willenserklärung, gerichtet auf den Verkauf des Wagens des H, abgegeben. Dabei hat B auch kundgetan, dass er für den H agiert. Fraglich ist aber, ob B innerhalb seiner Vertretungsmacht agiert hat.

In diesem Zusammenhang ist zu beachten, dass B von H eine schriftliche Vollmacht zum Verkauf des Pkw erhalten hat (§ 167 Abs. 1 BGB). Diese war inhaltlich nicht beschränkt. Zwar sollte B möglichst viel (mindestens 3.000,- €) für das Auto erlösen. Hierbei handelt es sich jedoch nur um eine interne Weisung, die lediglich das Auftragsverhältnis zwischen H und B und nicht das Außenverhältnis zu C berührt (anders wäre es, wenn auf der Vollmacht stünde, dass sie nur für einen Verkauf ab 3.000,- € gilt). Folglich handelte B mit Vertretungsmacht und seine Willenserklärung entfaltet Rechtswirkung gegenüber H (§ 164 Abs. 1 S. 1 BGB). Damit liegt ein wirksamer Kaufvertrag zwischen H und C vor.

Ergebnis: C hat gegen H einen Anspruch auf Übereignung des Pkw.

Anmerkung: Evtl. hat H gegen B im Innenverhältnis einen Anspruch auf Schadensersatz (§ 280 Abs. 1 BGB).

2.1.6. Anfechtung von Willenserklärungen

2.1.6.1 Überblick

Willens-mängel

Grundsätzlich soll der Erklärende an seiner abgegebenen Willenserklärung **festgehalten** werden. Dies verlangt der Schutz des Rechtsverkehrs, der auf die Gültigkeit von Willenserklärungen und die Bindungswirkung von Verträgen vertrauen darf. Daher ist es nur in Ausnahmefällen möglich, dass eine Willenserklärung von dem Erklärenden rückwirkend - durch Anfechtung - beseitigt werden kann. Voraussetzung hierfür ist ein rechtlich relevanter **Willensmangel** des Erklärenden. In einem solchen Fall steht der subjektive Wille des Erklärenden über dem Schutz des Rechtsverkehrs an der Verbindlichkeit der Erklärung.

Auch anfechtbare Willenserklärungen sind zunächst rechtsgültig, jedoch kann sich der Anfechtungsberechtigte durch eine **Erklärung** innerhalb einer bestimmten Frist von seiner Willenserklärung wieder lösen (sog. Gestaltungsrecht). Den Interessen des Rechtsverkehrs wird in manchen Fällen durch eine **Schadensersatzpflicht** des Anfechtenden Rechnung getragen.

Anfechtungs-voraussetzungen

Für eine wirksame **Anfechtung** müssen drei **Voraussetzungen** gegeben sein:

- Anfechtungserklärung
- Anfechtungsgrund
- Anfechtungsfrist.

Handlungssituation (Fallbeispiel 4)

Nachdem H seine Prüfung zum „Geprüfte/r Betriebswirt/in nach der Handwerksordnung“ erfolgreich absolviert hat, möchte er sich nun wieder ein Auto anschaffen. Er geht deshalb zum Autohaus des Schlau (S). Als H den S wegen eines schicken Gebrauchtwagens anspricht, erzählt ihm S, das Auto sei unfallfrei - ohne dass er dies geprüft hat. H kauft daraufhin den Pkw. Später stellt sich heraus, dass der Wagen vor zwei Jahren einen schweren Unfall hatte.

Kann sich H vom Vertrag mit S wieder lösen?
(Lösung Seiten 39, 40)

2.1.6.2 Anfechtungserklärung

Erklärung der Anfechtung

Da eine Anfechtung nicht automatisch erfolgt, bedarf es zunächst einer **Anfechtungserklärung** des Anfechtungsberechtigten gegenüber dem Anfechtungsgegner (§ 143 Abs. 1 BGB). Anfechtungsgegner ist bei einem Vertrag der andere Teil (§ 143 Abs. 2 BGB). Sollte dieser beim Vertragsschluss vertreten worden sein, so ist der Vertretene (und nicht der Vertreter) der richtige Anfechtungsgegner.

2.1.6.3 Anfechtungsgrund

Gründe der Anfechtbarkeit

Bei den Anfechtungsgründen wird zwischen der **Irrtumsanfechtung** (§§ 119, 120 BGB) und der Anfechtung wegen arglistiger **Täuschung** bzw. widerrechtlicher **Drohung** (§ 123 Abs. 1 BGB) unterschieden.

Anfechtung wegen Irrtums

Der Erklärende kann **nicht** in allen Fällen seine Willenserklärung anfechten, in denen er sich bei deren Abgabe geirrt hat. Der Gesetzgeber erklärt vielmehr nur **bestimmte** Irrtümer - also Fehlvorstellungen über die Wirklichkeit - zu rechtlich beachtlichen Anfechtungsgründen.

- **Inhaltsirrtum**

  Inhaltsirrtum

  Beim **Inhaltsirrtum** (§ 119 Abs. 1, 1. Var. BGB) weiß der Erklärende, was er sagt, er irrt sich aber über den objektiven **Bedeutungsgehalt** seiner Erklärung.

  Beispiel: A bestellt bei B ein „Gros" Toilettenpapier. A geht davon aus, dass es sich hierbei um eine große Rolle Toilettenpapier handelt, während ein Gros bei objektiv richtigem Verständnis als altertümliche Maßeinheit zwölf Dutzend (normale) Rollen Toilettenpapier bedeutet.

  In solchen Fällen ist jedoch zu beachten, dass die **Auslegung** einer Willenserklärung der Anfechtung vorgeht. Deshalb gilt bei einem **beiderseitigen** Inhaltsirrtum das beiderseits Gewollte als Vertragsinhalt. Dann scheidet eine Anfechtung aus.

  Beispiel: „Haakjöringsköd" (siehe Abschnitt 2.1.4.2).

- **Erklärungsirrtum**

Erklärungsirrtum

Beim **Erklärungsirrtum** (§ 119 Abs. 1, 2. Var. BGB) äußert der Erklärende etwas anderes, als er eigentlich erklären möchte. Anders als der Inhaltsirrtum vollzieht sich der Erklärungsirrtum also nicht bereits bei der Willensbildung, sondern - zeitlich später - bei der **Erklärungshandlung** selbst.

Beispiel: Versprechen, Verschreiben (Zahlendreher).

- **Eigenschaftsirrtum**

Eigenschaftsirrtum

Beim **Eigenschaftsirrtum** (§ 119 Abs. 2 BGB) irrt der Erklärende über **Eigenschaften** der Person oder Sache, die im Verkehr als **wesentlich** angesehen werden. Verkehrswesentliche Eigenschaften einer Sache sind alle tatsächlichen und rechtlichen Verhältnisse, die nach der Verkehrssitte auf deren Wert Einfluss haben (wertbildende Faktoren).

Beispiel: PS-Zahl beim Pkw, Goldgehalt bei einem Ring.

Nicht zu den verkehrswesentlichen Eigenschaften einer Sache zählt hingegen der **Wert** der Sache an sich, da es sich insoweit nicht um einen wertbildenden Faktor handelt.

- **Übermittlungsirrtum**

Übermittlungsirrtum

Beim Übermittlungsirrtum überbringt die zur Übermittlung einer Willenserklärung verwendete Person oder Einrichtung diese unrichtig (§ 120 BGB). Gemeint ist hier also der Fall, dass ein **Bote** versehentlich eine Willenserklärung falsch überbringt oder sich bei der technischen Übertragung der Erklärung ein Fehler einschleicht. Diese Fälle sind denen des Erklärungsirrtums vergleichbar mit dem Unterschied, dass dem Boten der Fehler unterläuft.

Beispiel: A beauftragt B, für ihn zwei Brötchen zu kaufen. Beim Bäcker verspricht sich B und verlangt drei Brötchen.

Zu beachten ist, dass § 120 BGB nur für den Boten, nicht hingegen für den Vertreter gilt. Denn der Vertreter gibt eine **eigene** Willenserklärung ab und überbringt nicht nur eine fremde.

Bei einer **absichtlichen** Falschübermittlung durch den Boten gelten die §§ 177 ff BGB analog, sodass der Bote haften muss, wenn der „Hintermann" die Genehmigung des Vertrages verweigert.

- **Abgrenzung: Bloßer Motivirrtum**

Motivirrtum

Neben den zur Anfechtung berechtigenden Irrtümern der §§ 119, 120 BGB gibt es auch noch Irrtümer, bei denen der Erklärende kein Anfechtungsrecht hat. Diese Irrtümer werden unter dem Oberbegriff **Motivirrtum** zusammengefasst.

Der Motivirrtum erfolgt - ähnlich wie der Inhalts- und Eigenschaftsirrtum - bereits bei der Willensbildung und nicht erst bei der Abgabe der Willenserklärung. Das Risiko der fehlerhaften Willensbildung trägt hier aber der Erklärende.

Beispiel: A kauft einen Anzug, den er bei der geplanten Hochzeit seines besten Freundes anziehen möchte. Nun wird die Hochzeit abgesagt. In diesem Fall kann A seine Willenserklärung nicht anfechten, weil kein nach §§ 119, 120 BGB beachtlicher Irrtum vorliegt.

Kalkulationsirrtum

Einen Grenzfall der Irrtumsanfechtung stellt schließlich der sog. **Kalkulationsirrtum** dar. Hierbei wird zwischen dem **offenen** und dem **versteckten** Kalkulationsirrtum unterschieden. Während beim offenen Kalkulationsirrtum ein Anfechtungsrecht bestehen kann, scheidet ein solches beim versteckten aus.

Beispiel: A bietet dem B seine Handwerkerleistungen für 5.000,- € an. Soweit sich im Angebot des A ein offensichtlicher Rechenfehler verbirgt, kann A anfechten (Erklärungsirrtum nach § 119 Abs. 1, 2. Var. BGB; offener Kalkulationsirrtum). Wenn das Angebot indes falsch ist, weil sich A bei der Bewertung der Rechenposten (etwa Höhe des Stundenlohns seiner Mitarbeiter) getäuscht hat, liegt ein unbeachtlicher Motivirrtum vor (versteckter Kalkulationsirrtum).

Schadensersatzpflicht des Anfechtenden

Schadensersatz nach Anfechtung

Soweit der Erklärende seine Willenserklärung nach §§ 119, 120 BGB anfechten kann, bevorteilt ihn dies gegenüber seinem Vertragspartner. Dies ist bedenklich, da der Vertragspartner i. d. R. für den Irrtum des Erklärenden nichts kann. Zum Ausgleich dafür hat der Gesetzgeber in § 122 Abs. 1 BGB eine Ersatzpflicht des **Vertrauensschadens** durch den Anfechtenden angeordnet.

Praxistipp: Vor diesem Hintergrund sollte ein Anfechtungsberechtigter vor Abgabe seiner Anfechtungserklärung (§ 143 Abs. 1 BGB) genau prüfen, ob sich eine Anfechtung wirtschaftlich auch „lohnt".

Die Schadensersatzpflicht tritt allerdings gemäß § 122 Abs. 2 BGB **nicht** ein, wenn der Vertragspartner den Grund der Anfechtbarkeit kannte oder kennen musste (also infolge von Fahrlässigkeit nicht kannte). Denn dann ist er nicht schutzwürdig.

Beispiel: B hat den offensichtlichen Rechenfehler im Angebot des A (und damit dessen Erklärungsirrtum nach § 119 Abs. 1, 2. Var. BGB) selbst erkannt.

Anfechtung wegen Willensbeeinflussung

Die Anfechtungsgründe des § 123 Abs. 1 dienen dem Schutz der **freien Willensbildung** des Erklärenden gegen eine unangemessene Beeinflussung von außen.

Anders als bei der Irrtumsanfechtung nimmt hier i. d. R. der Vertragspartner in unzulässiger Weise Einfluss auf die Vorstellungen des anderen Teils, sodass das Bestehen eines Anfechtungsrechtes an sich selbstverständlich ist. Aus diesem Grund gibt es in diesen Fällen auch **keine Schadensersatzpflicht** nach § 122 Abs. 1 BGB, wenn der Anfechtungsberechtigte sein Anfechtungsrecht ausübt.

Arglistige Täuschung

- **Arglistige Täuschung**
  Eine **Täuschung** i. S. v. § 123 Abs. 1 BGB stellt das Vorspiegeln falscher Tatsachen dar. Subjektiv muss der Täuschende mit **Arglist** handeln. Hierunter versteht man ein Handeln mit Wissen und Wollen (Vorsatz). Arglist liegt also auf jeden Fall dann vor, wenn der Täuschende von der Unwahrheit seiner Äußerung weiß. Sie ist aber auch gegeben, wenn nur Angaben „ins Blaue" hinein gemacht werden.

  Beispiel: Der Verkäufer eines Gebrauchtwagens behauptet gegenüber einem Verkaufsinteressenten, das Auto sei unfallfrei – ohne dies vorher geprüft zu haben.

Widerrechtliche Drohung

- **Widerrechtliche Drohung**
  Unter einer **Drohung** versteht man das Inaussichtstellen eines empfindlichen Übels. Anfechtbar ist eine Willenserklärung aber nur dann, wenn die Drohung des anderen auch **widerrechtlich** ist. Dies ist der Fall, wenn sie gegen das Gesetz oder die guten Sitten verstößt. Dafür muss entweder das eingesetzte Mittel oder der verfolgte Zweck bzw. die Verknüpfung von Mittel und Zweck widerrechtlich sein.

  Beispiel: A sagt dem B, dass er ihn wegen einer Trunkenheitsfahrt anzeigen werde, wenn B den Vertrag mit ihm nicht abschließt. Zwar ist weder eine Strafanzeige noch ein Vertragsschluss für sich widerrechtlich, doch verstößt die Verknüpfung beider Aspekte gegen die guten Sitten.

2.1.6.4 Anfechtungsfrist

Frist für Anfechtung

Die Anfechtung kann von dem Berechtigten nur binnen einer bestimmten **Frist** erklärt werden. Dies dient dem Schutz des Vertragspartners sowie der Rechtssicherheit. Die **Länge** der Anfechtungsfrist ist davon abhängig, auf welchen Grund das Anfechtungsrecht gestützt werden kann.

Soweit nur eine **Irrtumsanfechtung** nach §§ 119, 120 BGB möglich ist, muss sich der Anfechtungsberechtigte schnell entscheiden, ob er von seinem Gestaltungsrecht Gebrauch machen will oder nicht. Denn die Anfechtung kann in diesen Fällen gemäß § 121 Abs. 1 BGB nur **unverzüglich** nach Kenntniserlangung vom Anfechtungsgrund erfolgen. Zwar bedeutet unverzüglich nach der Legaldefinition des § 121 Abs. 1 BGB „ohne schuldhaftes Zögern“ (und nicht sofort), dennoch bleiben als Überlegungsfrist i. d. R. nur ein paar Tage. Wurde der Anfechtungsberechtigte hingegen arglistig **getäuscht** oder widerrechtlich **bedroht**, beträgt die Anfechtungsfrist nach § 124 Abs. 1, 2 BGB **ein Jahr** ab Entdeckung der Täuschung bzw. ab Beendigung der Zwangslage. Diese deutlich längere Anfechtungsfrist nimmt Rücksicht darauf, dass das Anfechtungsrecht hier die Folge einer unzulässigen Willensbeeinflussung des Erklärenden ist.

Ausschluss der Anfechtung

Ausgeschlossen ist das Anfechtungsrecht in allen Fällen spätestens zehn Jahre nach Abgabe der Willenserklärung (§§ 121 Abs. 2, 124 Abs. 3 BGB). Diese Maximalfrist ist dann relevant, wenn der Berechtigte von dem Anfechtungsgrund innerhalb dieses Zeitraums keine Kenntnis erlangt.

2.1.6.5 Rechtsfolgen der Anfechtung

Unwirksamkeit der Willenserklärung

Die Ausübung des Anfechtungsrechts führt dazu, dass die Willenserklärung des Anfechtenden als von Anfang **unwirksam** anzusehen ist (§ 142 Abs. 1 BGB). Durch den Wegfall dieser Willenserklärung scheitert dann auch ein abgeschlossener Vertrag. Sollten also z. B. bei einem Kaufvertrag die Leistungen bereits ausgetauscht worden sein, so erfolgten diese Verfügungsgeschäfte ohne rechtlichen Grund. Sie sind dann nach § 812 Abs. 1 BGB rückabzuwickeln.

Lösung zur Handlungssituation (Fallbeispiel 4)

H könnte sich vom Vertrag mit S evtl. durch die Anfechtung seiner Willenserklärung wieder lösen (§ 142 Abs. 1 BGB). Neben einer Anfechtungserklärung (§ 143 Abs. 1, 2 BGB) und der Einhaltung der Anfechtungsfrist ist hierfür Voraussetzung, dass ein Anfechtungsgrund besteht.

Ein Anfechtungsgrund könnte zum einen sein, dass dem gekauften Wagen die Eigenschaft „unfallfrei“ fehlt. Die Unfallfreiheit ist bei einem Auto grundsätzlich ein Faktor, der auf die Wertbildung Einfluss hat und damit eine Eigenschaft i. S. d. § 119 Abs. 2 BGB darstellt. Allerdings müsste H dem C dann Schadensersatz nach § 122 Abs. 1 BGB leisten. Ferner könnte dieser Anfechtungsgrund duch die vorrangigen kaufrechtlichen Mängelvorschriften (§§ 434 ff. BGB) verdrängt sein.

Ein besserer Anfechtungsgrund könnte hier deshalb die arglistige Täuschung des S gemäß § 123 Abs. 1, 1. Var. BGB sein. Eine Täuschung setzt voraus, dass eine falsche Tatsache vorgespiegelt wird. Dies ist hier der Fall, weil S behauptet, der Wagen sei unfallfrei. Allerdings scheint fraglich, ob S auch arglistig ist. Arglistig handelt nämlich grundsätzlich nur derjenige, der Täuschungsvorsatz hat. Dabei genügt es aber, dass der Täuschende mit der Möglichkeit rechnet, dass seine Aussage falsch ist (Angabe „ins Blaue“ hinein). So liegt es hier. Folglich hat S den H arglistig getäuscht. Damit liegt der Anfechtungsgrund des § 123 Abs. 1 BGB vor. Dieser hat für H auf jeden Fall den Vorteil, dass er dem S keinen Schadensersatz zahlen muss.

Ergebnis: H kann sich vom Vertrag mit S wieder lösen.

2.2 Allgemeines Schuldrecht

2.2.1 Das Schuldverhältnis

Schuldverhältnis als Sonderverbindung

Unter einem **Schuldverhältnis** versteht man ein Rechtsverhältnis, das eine Verpflichtung einer Person gegenüber einer anderen enthält. Der Anspruchsinhaber heißt **Gläubiger**, der Anspruchsgegner **Schuldner** (§ 241 Abs. 1 BGB). Bei einem gegenseitigen Vertrag ist die Gläubiger- bzw. Schuldnerstellung im Hinblick auf die **jeweilige** Leistungspflicht zu sehen.

Beispiel: Bei einem Kaufvertrag sind beide Vertragsparteien Gläubiger und Schuldner - der Verkäufer ist Gläubiger des Zahlungsanspruchs und Schuldner der Übereignungspflicht, der Käufer Gläubiger des Übereignungsanspruchs und Schuldner der Zahlungspflicht.

2.2.1.1 Inhalt und Pflichten beim Vertrag

Typische Pflichten bei Verträgen

Den Kern des Vertrages begründen die sog. **Hauptleistungspflichten**. Sie sind für die Charakterisierung des jeweiligen Vertragstyps entscheidend und bilden seinen Hauptzweck ab.

Beispiel: Beim Kaufvertrag bestehen die Hauptleistungspflichten in der Übereignung der Kaufsache und der Bezahlung des Kaufpreises.

Ein Vertrag wird grundsätzlich nicht wegen möglicher **Nebenleistungspflichten** abgeschlossen. Diese begleiten aber die Hauptleistungspflichten und sichern deren ordnungsgemäße Erfüllung.

Beispiel: Verpackung von Waren, Beratung über technische Details.

Die **Rücksichtnahmepflichten** (§ 241 Abs. 2 BGB) resultieren aus Treu und Glauben (§ 242 BGB). Wer mit einem anderen einen Vertrag schließt, ist in besonderer Weise - also mehr als ein unbeteiligter Dritter - gehalten, dem Vertragspartner keinen Schaden zuzufügen. Entscheidend dafür, welche Rücksichtnahmepflichten die Vertragsparteien konkret treffen, ist das jeweilige Vertragsverhältnis.

Beispiel: Bei einem Arbeitsvertrag als Dauerschuldverhältnis mit personalem Bezug bestehen weitergehende Rücksichtnahmepflichten (etwa Verschwiegenheitspflicht des Arbeitnehmers, Arbeitsschutzpflicht des Arbeitgebers) als bei einem auf schnellen Leistungsaustausch ausgerichteten Kaufvertrag.

2.2.1.2 Die richtige Leistungserbringung

Bei einem Streit zwischen den Vertragsparteien geht es regelmäßig darum, dass eine Partei behauptet, die andere habe ihre Leistung nicht ordnungsgemäß erfüllt. Um also Ansprüche aus einer etwaigen **Pflichtverletzung** beurteilen zu können, ist es entscheidend, wie die jeweilige Leistung vertragsgemäß zu erbringen ist. Man unterscheidet insoweit zwischen der Leistungsart, der Leistungszeit und dem Leistungsort.

- **Leistungsart**

Stückschuld ≠ Gattungsschuld

Die Frage, **was** der Schuldner leisten muss, bereitet keine Probleme, wenn es im Vertrag z. B. um eine bestimmte Sache geht **(Stückschuld)**. Dann ist klar, dass der Verkäufer diese eine Sache übereignen muss. Anders ist dies aber bei einer nur nach allgemeinen Merkmalen bestimmten Leistung **(Gattungsschuld)**.

Beispiel: Ein Pfund Mehl.

Im Falle einer Gattungsschuld bestimmt § 243 Abs. 1 BGB, dass die geleistete Sache von mittlerer Art und Güte sein muss. Den Schuldner trifft insoweit eine **Beschaffungspflicht**.

Beispiel: Der Schuldner muss das Pfund Mehl besorgen, solange es noch (irgendwo) Mehl gibt.

Konkretisierung

Diese hohen Anforderungen treffen den Schuldner allerdings nicht dauerhaft. Denn eine Gattungsschuld **verwandelt** sich in eine Stückschuld, sobald der Schuldner das zur Leistung seinerseits Erforderliche getan hat (§ 243 Abs. 2 BGB). Dieser Vorgang nennt sich **Konkretisierung**. Erforderlich ist dabei, dass die Leistung dem Gläubiger zur richtigen Zeit und am richtigen Ort angeboten wird. Ist dies der Fall, beschränkt sich die Leistungspflicht des Schuldners auf das konkrete Stück. Dies hat entscheidende Bedeutung dafür, ob sich der Schuldner bei einer Zerstörung der Sache darauf berufen kann, dass die Leistung unmöglich geworden ist und er deshalb nicht mehr zu leisten braucht (§ 275 BGB).

- **Leistungszeit**

Fälligkeit der Leistung

Bei der richtigen Leistungszeit geht es um die Frage, **wann** der Schuldner seine Leistung gegenüber dem Gläubiger erbringen muss (sog. **Fälligkeit**). Hierzu regelt § 271 Abs. 1 BGB, dass der Schuldner grundsätzlich **sofort** leisten muss. Wenn ein späterer Zeitpunkt vereinbart ist, muss der Schuldner nicht vorher leisten - er darf dies aber im Zweifel tun (§ 271 Abs. 2 BGB).

- **Leistungsort**

Richtiger Leistungsort

Der richtige Leistungsort beantwortet schließlich die Frage, **wo** der Schuldner seine Leistung an den Gläubiger zu erfüllen hat. Dieser Ort liegt nach § 269 Abs. 1, 2 BGB - wenn nichts anderes vereinbart wurde - am Wohn- bzw. Gewerbesitz des **Schuldners**. Der Gläubiger muss also grundsätzlich den geschuldeten Gegenstand beim Schuldner abholen (**Holschuld**). Bei einer Holschuld besteht die Leistung des Schuldners dann darin, die Sache aus dem Bestand auszusondern und den Gläubiger zum Abholen aufzufordern.

Wenn die Vertragsparteien abweichend von § 269 Abs. 1, 2 BGB vereinbaren, dass der Schuldner die Leistung dem Gläubiger bringen muss, spricht man von einer **Bringschuld**. Die erforderliche Leistungshandlung des Schuldners besteht dann darin, die Sache nicht nur auszusondern, sondern sie auch beim Gläubiger anzudienen.

Zwischen Hol- und Bringschuld liegt die **Schickschuld**. Bei ihr fallen der Leistungsort (= Erfüllungsort), und der Ort, an dem der Erfolg des Rechtsgeschäfts eintritt (= Erfolgsort), auseinander. Die erforderliche Leistungshandlung des Schuldners besteht dann darin, die Sache ordnungsgemäß zu verpacken und einer Versandperson zu übergeben (vgl. § 447 BGB zum Versendungskauf).

Sonderfall: Geld

Eine Sonderstellung beim Leistungsort nimmt **Geld** ein. Dieses ist nach § 270 Abs. 1 BGB grundsätzlich als Schickschuld ausgestaltet - der Leistungsort ist also beim Schuldner (§ 270 Abs. 4 BGB i. V .m. § 269 Abs. 1, 2 BGB). Allerdings trägt der Schuldner abweichend vom Normalfall einer Schickschuld das Risiko des zufälligen Untergangs während der Übermittlung (§ 270 Abs. 1 BGB; deshalb **„qualifizierte Schickschuld“)**. Alle anderen Gefahren (v. a. die Verzögerung der Leistung) trägt der Gläubiger.

2.2.2 Einwendungen und Einreden

Gegenrechte des Schuldners

Bei **Einwendungen** und **Einreden** handelt es sich um **Gegenrechte** des Schuldners. Auch wenn der Anspruch des Gläubigers zunächst besteht, kann es Geschehnisse geben, wegen derer der Schuldner nicht mehr leisten muss. Der Unterschied zwischen Einwendungen und Einreden besteht dann darin, dass Einwendungen automatisch wirken, während Einreden vom Schuldner geltend gemacht werden müssen.

Erfüllung und Erfüllungssurrogate

Eine zentrale Einwendung des Schuldners ist das **Bewirken** – also das ordnungsgemäße Erfüllen – der geschuldeten Leistung (§ 362 Abs. 1 BGB). Hierdurch erlischt das Schuldverhältnis und damit auch der Anspruch des Gläubigers auf die Leistung. Erfüllen kann der Schuldner seine Leistungspflicht aber auch durch **Aufrechnung** (§ 387 BGB). Hat der Schuldner einen gleichartigen Anspruch gegen den Gläubiger, so kann er durch Aufrechnungserklärung (§ 388 BGB) die Leistungswege abkürzen und sich auch gegen einen leistungsunwilligen Schuldner Befriedigung verschaffen (sog. Privatvollstreckung). Dies kommt v. a. bei gegenseitigen **Geldforderungen** in Betracht. Die Aufrechnung bewirkt dann ebenfalls, dass die gegenseitigen Forderungen erlöschen (§ 389 BGB).

Ein Schuldverhältnis kann ferner durch **Rücktritt** vom Vertrag beendet werden (wobei bei Dauerschuldverhältnissen an die Stelle des Rücktritts die Kündigung tritt). Durch den Rücktritt wird der Vertrag durch einseitige Erklärung eines Vertragspartners mit Wirkung für die Zukunft aufgelöst. Ein Rücktritt ist aber nur rechtswirksam, wenn ein vertraglicher oder gesetzlicher **Grund** hierfür vorliegt, § 346 Abs. 1 BGB.

Einreden des Schuldners

Neben diesen Beendigungstatbeständen für das Schuldverhältnis gibt es auch Situationen, in denen der Schuldner die Leistung durch **Einreden verweigern** kann. Der Schuldner kann also – obwohl der Anspruch des Gläubigers noch besteht – seine Leistung zurückbehalten.

Relevant ist in diesem Zusammenhang die **Einrede des nicht erfüllten Vertrages** (§§ 320, 322 BGB). Grundgedanke dieser Regelungen ist, dass nicht eine Partei zur Vorleistung gezwungen sein soll, wenn eine solche Vorleistung nicht vertraglich vereinbart ist. Erhebt der Schuldner diese Einrede, kommt es in einem Gerichtsprozess ggf. zu einer Verurteilung des Schuldners **Zug um Zug** gegen Erfüllung der Gegenleistungspflicht durch den Gläubiger.

Verjährung der Forderung

Eine weitere wichtige Einrede des Schuldners ist die **Verjährung** (§ 194 Abs. 1 BGB). Aus Gründen des Rechtsfriedens ordnet das BGB nach Ablauf einer bestimmten Frist an, dass ein Anspruch vom Gläubiger nicht mehr durchgesetzt werden kann, wenn der Schuldner sich auf Verjährung beruft (§ 214 Abs. 1 BGB).

Die regelmäßige **Verjährungsfrist** beträgt drei Jahre (§ 195 BGB). Sie beginnt mit Ablauf des Jahres, in dem der Anspruch entstanden ist und der Gläubiger Kenntnis von den anspruchsbegründenden Umständen und der Person des Schuldners erlangt hat (§ 199 Abs. 1 BGB). In manchen Fällen gilt allerdings eine längere Verjährungsfrist, so etwa bei rechtskräftig festgestellten Ansprüchen aus Gerichtsurteilen (§ 197 Abs. 1 Nr. 3 BGB: 30 Jahre).

Durch bestimmte Maßnahmen kann der Gläubiger eine **Hemmung** der Verjährung herbeiführen. Dies hat zur Folge, dass die Verjährungsuhr zwar nicht zurückgedreht, der gehemmte Zeitraum in die Verjährungsfrist aber nicht eingerechnet wird, § 209 BGB (die Uhr kommt also zum Stillstand). Wichtige Fälle der Verjährungshemmung sind die **Klageerhebung** nach § 204 Abs.1 Nr. 1 BGB sowie die Zustellung des **Mahnbescheids** im Mahnverfahren gemäß § 204 Abs. 1 Nr. 3 BGB.

Praxistipp: Erforderlich zur Verjährungshemmung ist grundsätzlich die Einleitung gerichtlicher Schritte. Eine bloße Mahnung des Schuldners durch den Gläubiger reicht hierfür nicht.

2.2.3 Leistungsstörungen

2.2.3.1 Überblick

Aufbau des Leistungsstörungsrechts

Normalerweise wird ein Vertrag von den Parteien so durchgeführt, wie es zwischen ihnen vereinbart wurde. Gelegentlich treten in der Vertragsabwicklung aber Probleme auf. Das sind die rechtlich interessanteren Fälle. Die Arten solcher **Leistungsstörungen** unterteilt man in:

- Unmöglichkeit der Leistung
- Verspätung der Leistung
- Verletzung von Rücksichtnahmepflichten
- Mangelhaftigkeit der Leistung.

Während die Voraussetzungen und Rechtsfolgen von Unmöglichkeit, Verspätung und Rücksichtnahmepflichtverletzungen nach dem Klammerprinzip des BGB im **Allgemeinen** Schuldrecht geregelt werden (§§ 275ff., 323ff. BGB), ist die Mangelhaftigkeit der Leistung abhängig vom jeweiligen Vertragstyp (z.B. Kaufvertrag, Werkvertrag). Diese wird deshalb im **Besonderen** Schuldrecht (z.B. §§ 433ff. BGB, 631 ff. BGB) normiert.

2.2.3.2 Unmöglichkeit der Leistung

Handlungssituation (Fallbeispiel 5)

Heinrich (H) bestellt nach dem missglückten Autokauf beim unseriösen Schlau nun beim angesehen Autohaus des Bertram (B) einen neuen VW Golf mit katalogmäßiger Zusatzausstattung. Als der Wagen bei B eintrifft, stellt er ihn auf seinem Autohof für H bereit, informiert den H darüber und sagt ihm, er möge den Wagen abholen. H kümmert sich darum aber nicht, weil er meint, der Pkw müsse ihm gebracht werden. Als es in der Nacht zu einem Feuer bei

B kommt, brennt der für H vorgesehene Wagen komplett aus. H verlangt von B, dass dieser nochmals einen Wagen besorgt.

Zu Recht? (Lösung Seite 50)

- **Begriff**

Arten von Unmöglichkeit

Die **Unmöglichkeit** der Leistung ist die **schwerste** aller Leistungsstörungen. Bei ihr kann der Schuldner grundsätzlich nicht mehr leisten, selbst wenn er dies noch wollte. Es werden aber verschiedene **Arten** der Unmöglichkeit unterschieden:

Bei der **objektiven** Unmöglichkeit kann niemand mehr die Leistung erbringen (§ 275 Abs. 1, 2. Var. BGB).

Beispiel: Die verkaufte Sache wird vor der Übereignung an den Gläubiger zerstört.

Bei der **subjektiven** Unmöglichkeit (§ 275 Abs. 1, 1. Var. BGB) kann nur der Schuldner nicht mehr leisten.

Beispiel: Die verkaufte Sache gehört nicht dem Verkäufer, sondern einem Dritten, dem sie gestohlen wurde.

Bei der **wirtschaftlichen** Unmöglichkeit (§ 275 Abs. 2 BGB) kann der Schuldner die Leistung verweigern, wenn sie nur mit unverhältnismäßigem Aufwand erbracht werden kann. Im Hinblick auf das Prinzip „pacta sunt servanda" sind hierbei aber strenge Anforderungen zu stellen.

Beispiel: Der verkaufte Ohrring fällt vor der Übereignung in einen Abwasserkanal.

Bei der **psychischen** Unmöglichkeit (§ 275 Abs. 3 BGB) kann der Schuldner die Leistung verweigern, wenn er sie persönlich zu erbringen hat, sie ihm aber unzumutbar geworden ist. Auch in diesem Fall sind nur gravierende Gründe beachtlich.

Beispiel: Ein berühmter Rockstar erfährt kurz vor seinem Auftritt, dass seine Freundin einen Autounfall hatte und schwer verletzt im Krankenhaus liegt.

Nachträgliche ≠ anfängliche Unmöglichkeit

Ferner können die Fälle von Unmöglichkeit nach dem **zeitlichen** Eintritt des Leistungshindernisses eingeteilt werden. Im Normallfall tritt dieses erst nach Abschluss des Vertrags auf (**nachträgliche** Unmöglichkeit).

Beispiel: Zunächst wurde der Kaufvertrag abgeschlossen und dann erst die Sache zerstört.

Es ist aber auch denkbar, dass das Leistungshindernis bereits bei Vertragsschluss vorliegt (**anfängliche** Unmöglichkeit). Auch in einem solchen Fall ist der Vertrag gültig (§ 311a Abs. 1 BGB).

Beispiel: A will dem B seine Katze verkaufen. Zwei Stunden, bevor die beiden in der Wohnung des A den Kaufvertrag abschließen, ist das Tier aber von einem Auto überfahren worden.

- **Rechtsfolgen für den Schuldner**

Ausschluss der Leistungspflicht

Wenn dem Schuldner seine Leistungspflicht objektiv oder subjektiv unmöglich geworden ist, wird der Anspruch des Gläubigers auf die Leistung **ausgeschlossen** (§ 275 Abs. 1 BGB). Denn es gilt der Grundsatz, dass niemand zu leisten verpflichtet ist, wenn die Leistung nicht erbracht werden kann. Der Schuldner wird also von seiner Hauptleistungspflicht - etwa der Pflicht zur Übereignung der Kaufsache - frei (Einwendung).

In den Fällen einer wirtschaftlichen oder psychischen Unmöglichkeit (§ 275 Abs. 2, 3 BGB) ist die Leistung zumindest theoretisch noch erbringbar. Deshalb entfällt der Anspruch des Gläubigers hierauf auch nicht. Allerdings hat der Schuldner ein **Leistungsverweigerungsrecht**, sodass er entscheiden kann, ob er die Leistung ablehnt (Einrede) oder auch unter wirtschaftlich oder psychisch unzumutbaren Bedingungen erbringen möchte.

Beispiel: Der Verkäufer des Ohrringes kann die Kanalisation absuchen, der Rocksänger trotz der schweren Verletzung seiner Freundin auftreten.

- **Rechtsfolgen für den Gläubiger**

  - **Gegenleistung**

Entfallen der Gegenleistung

Da der Gläubiger seine ihm vertraglich versprochene Leistung vom Schuldner nicht erhält, stellt sich für ihn die Frage, ob er selbst zur Gegenleistung verpflichtet bleibt. Dies ist gemäß § 326 Abs. 1 BGB grundsätzlich nicht der Fall; der Anspruch auf die Gegenleistung **entfällt** vielmehr. Sollte der Gläubiger seine Gegenleistung - z.B. die Kaufpreiszahlung - bereits erbracht haben, so kann er diese nach § 326 Abs. 4 vom Schuldner über §§ 346ff. BGB (Rücktrittsrecht) **zurückverlangen**.

Von dem Grundsatz, dass bei Unmöglichkeit des Schuldners auch der Gläubiger nicht mehr zu leisten braucht, gibt es aber nach § 326 Abs. 2 S. 1 BGB **Ausnahmen**. So muss der Gläubiger seine Gegenleistung weiterhin erbringen, wenn **er** für die Unmöglichkeit **verantwortlich** ist (§ 326 Abs. 2 S. 1, 1. Var. BGB).

Beispiel: Nach Vertragsschluss (aber noch vor der Übereignung) will der Käufer eines Autos mit dem Verkäufer noch eine Probefahrt machen, um sich einige technische Details zeigen zu lassen. Wenn der Käufer nun aus Unachtsamkeit einen Unfall mit Totalschaden verursacht, muss er den Kaufpreis bezahlen, obwohl er den Wagen nicht mehr übereignet bekommen kann.

Ausnahme: Annahmeverzug

Häufiger als der eben genannte Fall ist die Ausnahme nach § 326 Abs. 2 S. 1, 2. Var. BGB. Hiernach muss der Gläubiger seine Gegenleistung auch dann erbringen, wenn das Leistungshindernis von keiner Vertragspartei zu vertreten ist (**zufällige** Unmöglichkeit) und sich der Gläubiger zu dieser Zeit im **Annahmeverzug** befindet. Annahmeverzug bedeutet, dass der Gläubiger die ihm ordnungsgemäß angebotene Leistung nicht annimmt (§ 293 BGB). Sollte es sich um eine Holschuld handeln, genügt für den Annahmeverzug ein wörtliches Angebot des Schuldners (§ 295 BGB).

Beispiel: Zum vereinbarten Termin holt der Käufer den gekauften Wagen nicht beim Verkäufer ab. Nun wird der Wagen trotz ordnungsgemäßer Absicherung durch den Verkäufer von einem unbekannten Dieb gestohlen. Hier muss der Käufer den Kaufpreis bezahlen, obwohl er den Wagen nicht mehr übereignet bekommt.

- **Schadensersatz**

Anspruch auf Schadensersatz

Unter Umständen genügt es dem Gläubiger nicht, lediglich von seiner Leistungspflicht befreit zu werden. Denn evtl. ist ihm durch die Unmöglichkeit der Leistung des Schuldners ein **Schaden** entstanden. Dann stellt sich für den Gläubiger die Frage, ob er diesen vom Schuldner ersetzt bekommt. Das richtet sich nach den §§ 280ff. BGB. Diese Normen enthalten ein komplexes Haftungssystem für die verschiedenen Arten von Leistungsstörungen.

§ 280 BGB ist die **zentrale** Haftungsnorm für Leistungsstörungen in Vertragsbeziehungen. Die §§ 281 bis 283 BGB enthalten zusätzliche Voraussetzungen, wenn es um einen Schadensersatz **statt** der Leistung geht, § 280 Abs. 3 BGB.

Die vier **Grundvoraussetzungen** des § 280 Abs. 1 BGB sind:

- Schuldverhältnis
- Pflichtverletzung
- Verschulden
- Schaden.

Unter einem **Schuldverhältnis** (§ 241 Abs. 1 BGB) versteht man eine Sonderbeziehung zwischen zwei Personen. Es kommt insbesondere durch einen **Vertrag** zustande.

Eine **Pflichtverletzung** besteht in der nicht ordnungsgemäßen Leistungserbringung. Da die **nachträgliche** Unmöglichkeit eine Leistungsstörung ist, stellt sie eine Pflichtverletzung aus dem Schuldverhältnis dar.

Verschulden des Schuldners

Problematisch ist häufig das **Verschulden** (= Vertretenmüssen) des Schuldners. Wann ein Verschulden vorliegt, bestimmt § 276 BGB. Demnach muss der Schuldner entweder vorsätzlich (= mit Wissen und Wollen) oder fahrlässig (= unter Außerachtlassung der im Verkehr erforderlichen Sorgfalt, § 276 Abs. 2 BGB) handeln. Bei § 280 Abs. 1 BGB wird das Verschulden allerdings **vermutet**, was sich aus der Negativformulierung in § 280 Abs. 1 S. 2 BGB („gilt nicht, wenn ... nicht zu vertreten") ergibt. Demnach muss nicht der Gläubiger - wie an sich üblich - die Voraussetzungen der Anspruchsgrundlage und damit hier des Verschuldens durch den Schuldner beweisen. Vielmehr muss umgekehrt der Schuldner sein fehlendes Verschulden im Streitfall nachweisen.

Praxistipp: Diese Umkehr der Beweislast spielt in Gerichtsprozessen eine große Rolle, wenn die Frage des Verschuldens trotz einer Beweisaufnahme nicht aufgeklärt werden kann.

Verschuldenszunehmung bei Erfüllungsgehilfen

In diesem Zusammenhang ist ferner zu beachten, dass der Schuldner gemäß § 278 BGB für das Verschulden von Personen, die mit seinem Willen in seinem Pflichtenkreis tätig werden (sog. **Erfüllungsgehilfen**), wie für eigenes Verschulden haften muss. Der Grund für diese Verschuldenszurechnung liegt in der rechtlichen **Sonderverbindung** zwischen den Vertragsparteien. Denn wenn es dem Schuldner erlaubt ist, für die Erfüllung seiner Vertragsverbindlichkeiten Hilfspersonen einzusetzen, ist es gerecht, dass er für diese auch haftet.

Beispiel: Der Inhaber einer Autowerkstatt kann sich gegenüber einem Kunden nicht darauf berufen, dass nicht er den reparierten Wagen bei einer Kontrollfahrt zu Schrott gefahren hat, sondern sein Angestellter.

Schließlich muss für eine Haftung nach § 280 Abs. 1 BGB dem Gläubiger ein **Schaden** entstanden sein. Unter einem Schaden versteht man ein **unfreiwilliges Vermögensopfer**.

Beispiel: Mehrkosten für ein wegen der Unmöglichkeit erforderliches Deckungsgeschäft (etwa Kauf einer gleichwertigen Ersatzsache); entgangener Gewinn wegen eines gescheiterten Weiterverkaufs der zerstörten Kaufsache (vgl. § 252 BGB).

Schadensersatz statt ≠ neben der Leistung

Bei der Frage, unter welchen **Voraussetzungen** der Schuldner im Falle von Unmöglichkeit auf Schadensersatz haftet, ist maßgeblich, ob es sich bei dem Schaden um einen solchen **„statt"** oder **„neben"** der Leistung handelt. Denn nach § 280 Abs. 3 BGB kann der Gläubiger Schadensersatz **statt** der Leistung nur unter den **zusätzlichen** Voraussetzungen der §§ 281 bis 283 BGB verlangen. Schadensersatz statt der Leistung bedeutet, dass der Anspruch ein Äquivalent für die Leistung ist, der Schadensersatz also an die Stelle der untergegangenen Leistung tritt.

Zusatzvoraussetzungen bei Schadensersatz statt der Leistung

In einem weiteren Schritt muss dann gemäß § 280 Abs. 3 BGB geprüft werden, **welche** Zusatznorm der §§ 281 bis 283 BGB im Falle von Unmöglichkeit gilt. Dies ist § 283 BGB, da nur diese Vorschrift - und nicht § 281 BGB oder § 282 BGB - auf § 275 BGB und damit die Leistungsstörung Unmöglichkeit zurückverweist. Nach § 283 S. 1 BGB gibt es für den Schadensersatz statt der Leistung bei Unmöglichkeit aber **keine** Zusatzvoraussetzungen, da lediglich auf die allgemeine Haftungsnorm des § 280 Abs. 1 BGB zurückverwiesen wird.

Neben diesen Fällen der nachträglichen Unmöglichkeit ist noch der Schadensersatz bei **anfänglicher** Unmöglichkeit zu erörtern. Bei ihr liegen - wie dargestellt - zunächst das Leistungshindernis und dann erst der (gleichwohl wirksame) Vertragsschluss vor, § 311a Abs. 1 BGB. In einer solchen Situation ergibt sich der Anspruch auf Schadensersatz statt der Leistung aus der **Sondervorschrift** des § 311a Abs. 2 BGB.

Nach § 311a Abs. 2 S. 2 BGB kommt es für die Haftung des Schuldners darauf an, ob er das Leistungshindernis bei Vertragsschluss kannte bzw. seine Unkenntnis zu vertreten hat (sog. **Informationsverschulden**). Auch hier wird - erkennbar an der Negativformulierung („gilt nicht, wenn ... nicht kannte") - das Verschulden des Schuldners vermutet. Der Schuldner muss zu seiner Entlastung also beweisen, dass er bei Vertragsschluss das Leistungshindernis nicht kannte und diese Unkenntnis auch nicht fahrlässig (§ 276 Abs. 2 BGB) ist.

Beispiel: Im „Katzenfall" wusste der Verkäufer vom Tod des Tiers wohl nichts, da er andernfalls den Kaufvertrag kaum abgeschlossen hätte. Es dürfte ihm aber Fahrlässigkeit hinsichtlich seiner Unkenntnis vorzuwerfen sein, weil er sich immerhin zwei Stunden vor Vertragsschluss nicht über den Zustand der verkauften Katze informiert hat (zumindest wird dieses Informationsverschulden vermutet).

Lösung zur Handlungssituation (Fallbeispiel 5)

Zu prüfen ist der Anspruch des H gegen B auf Lieferung eines VW Golf mit Zusatzausstattung gemäß § 433 Abs. 1 S. 1 BGB.

Ein wirksamer Kaufvertrag wurde zwischen H und B abgeschlossen. Damit ist der Übereignungsanspruch des H grundsätzlich gegeben. Der Anspruch könnte aber gemäß § 275 Abs. 1 BGB erloschen sein. Demnach ist der Schuldner zur Leistung nicht verpflichtet, wenn sie unmöglich ist. Fraglich ist hier also, ob Unmöglichkeit vorliegt.

Objektive Unmöglichkeit ist gegeben, wenn die Kaufsache zerstört ist. Dies scheint hier der Fall zu sein. Allerdings ist zu beachten, dass es um eine Gattungsschuld (§ 243 Abs. 1 BGB) geht. Denn H hat einen Golf mit katalogmäßiger Zusatzausstattung bestellt, nicht hingegen ein Einzelstück. Unmöglichkeit wäre also erst gegeben, wenn die gesamte Gattung (d. h. alle Golf mit dieser Zusatzausstattung) untergegangen wäre. Das ist hier offensichtlich nicht der Fall.

Möglicherweise beschränkt sich aber die Gattungsschuld auf den einen bei B stehenden Golf. Dies ist nach § 243 Abs. 2 BGB der Fall, wenn der Schuldner alles zur Leistung seinerseits Erforderliche getan hat (Konkretisierung). Was das ist, hängt von der Art der Leistung ab. Hier wurde keine Vereinbarung zum Leistungsort getroffen. Daher ist vom gesetzlichen Regelfall der Holschuld auszugehen (§ 269 Abs. 1 BGB). Insoweit genügt es für § 243 Abs. 2 BGB, dass der Schuldner aus der Gattung ein Stück aussondert, es bereitstellt und den Gläubiger zur Abholung auffordert. Das hat B getan. Damit beschränkte sich seine Leistungspflicht auf den auf seinem Hof stehenden Golf. Mit dessen Untergang ist Unmöglichkeit eingetreten.

Ergebnis: B muss nicht nochmals einen Wagen besorgen.

Anmerkung: Grundsätzlich muss H dann auch den Kaufpreis nicht bezahlen, § 326 Abs. 1 S. 1 BGB. Etwas anderes gilt aber hier, weil H im Annahmeverzug ist (§§ 293, 295 BGB). In diesem Fall trägt er die Gefahr des zufälligen Untergangs - sprich: er muss zahlen, obwohl er den Wagen nicht bekommt (§ 326 Abs. 2 S. 1, 2. Var. BGB).

2.2.3.3 Verspätung der Leistung

Verzug des Schuldners

Die **Verspätung** der Leistung ist im Vergleich zur Unmöglichkeit eine weniger gravierende Leistungsstörung. Sie tritt in der Praxis jedoch wesentlich **häufiger** auf. Bei der Verspätung der Leistung geht es darum, dass der Schuldner zwar leisten kann, dies aber nicht pünktlich macht. Dann stellt sich die Frage, welche Rechte der Gläubiger gegen den Schuldner hat.

Handlungssituation (Fallbeispiel 6)

Ein guter Freund des Heinrich, der Anton (A), will am Abend des 12.10. eine Kneipe eröffnen. Hierzu benötigt er eine Zapfanlage, die er beim Zapf (Z) bestellt und die im Hinblick auf den besprochenen Eröffnungstermin am 11.10. installiert werden soll. Als am Morgen des 12.10. aber immer noch kein Z in Sicht ist, lässt sich A eine Anlage vom Konkurrenten des Z, dem Bräu (B), liefern. Am 13.10. erklärt A dem Z, dass er vom Vertrag zurücktrete. Z verlangt jedoch Zahlung Zug um Zug gegen Lieferung der Zapfanlage.

Zu Recht? (Lösung Seite 54)

- **Ersatz des Verzögerungsschadens**

Vorraussetzungen für Ersatz des Verzugsschadens

Der Ersatz des Verzögerungsschadens stellt einen **Schadensersatz neben der Leistung** dar. Denn in diesen Fällen beansprucht der Gläubiger die Leistung vom Schuldner trotz der Verspätung auch weiterhin und er will nur zusätzlich den eingetretenen Verzögerungsschaden ersetzt bekommen. Damit der Anspruch besteht, muss der Schuldner in **Verzug** sein (§§ 280 Abs. 1, 2, 286 BGB).

Die **Voraussetzungen** hierfür sind:

- Möglichkeit der Leistung
- Durchsetzbarkeit der Forderung
- Fälligkeit der Forderung
- Mahnung durch den Gläubiger, soweit nicht entbehrlich
- Verschulden
- Verzögerungsschaden.

Der Schuldnerverzug setzt zunächst die **Möglichkeit** der Leistung voraus. Dies grenzt diese Leistungsstörung von der Unmöglichkeit ab. Wenn der Schuldner also zwar leisten will, aber nicht kann, handelt es sich nicht um Schuldnerverzug.

Die Forderung des Gläubigers muss ferner bestehen und auch **durchsetzbar** sein. Ihr dürfen also keine Einwendungen (z. B. Erfüllung) oder Einreden (z. B. Verjährung) entgegenstehen.

Die Forderung des Gläubigers muss des Weiteren **fällig** sein. Soweit zwischen den Parteien eine Leistungszeit nicht vereinbart wurde, ist eine Forderung - wie bereits ausgeführt - sofort fällig (§ 271 Abs. 1 BGB).

Mahnung des Schuldners

Zentrale Voraussetzung des Schuldnerverzugs ist grundsätzlich die **Mahnung** des Schuldners durch den Gläubiger (§ 286 Abs. 1 BGB). Unter einer Mahnung versteht man eine ernsthafte Aufforderung zur Leistung. Sie unterliegt keinem gesetzlichen Formzwang und kann deshalb auch mündlich erfolgen.

Praxistipp: Aus Gründen der Beweisbarkeit sollte eine Mahnung jedoch besser schriftlich sein.

Einer Mahnung gleichgesetzt sind nach § 286 Abs. 1 S. 2 BGB die Erhebung der **Klage** auf die Leistung sowie die Zustellung eines **Mahnbescheids** im Mahnverfahren. Die Einleitung gerichtlicher Schritte durch den Gläubiger ist nämlich eine besonders ernsthafte Leistungsaufforderung an den Schuldner.

Ausnahmen von Mahnungserfordernis

Vom grundsätzlichen Erfordernis einer Mahnung zum Eintritt des Schuldnerverzugs gibt es aber auch Ausnahmen. Nach § 286 Abs. 2 BGB ist eine Mahnung **entbehrlich**, wenn die Leistungszeit nach dem **Kalender** bestimmt oder zumindest bestimmbar ist. Denn in diesen Fällen mahnt das Datum den Schuldner zur pünktlichen Leistung. Eine Mahnung ist ferner entbehrlich, wenn der Schuldner die Leistung ernsthaft und endgültig **verweigert**, da eine Mahnung bei einem erklärtermaßen leistungsunwilligen Schuldner reine Förmelei wäre. Des Weiteren bedarf es keiner Mahnung, wenn **besondere Umstände** einen sofortigen Verzugseintritt rechtfertigen. Hierzu zählt etwa eine sog. **Selbstmahnung**, also wenn der Schuldner dem Gläubiger eine alsbaldige Leistung ankündigt und sich dann nicht daran hält. Schließlich kommt der Schuldner einer **Entgeltforderung** gemäß § 286 Abs. 3 BGB spätestens – also ohne vorherige Mahnung – in Verzug, wenn er nicht innerhalb von 30 Tagen nach Fälligkeit und Zugang einer **Rechnung** leistet; bei einem Schuldner, der Verbraucher ist (§ 13 BGB), bedarf es hierfür aber eines entsprechenden Hinweises in der Rechnung.

Weitere Voraussetzung für den Verzug ist das **Verschulden** des Schuldners hinsichtlich der Leistungsverzögerung. Wie bei der Unmöglichkeit wird dieses aber vermutet, §§ 280 Abs. 1 S. 2, 286 Abs. 4 BGB (Negativformulierung).

Zuletzt muss beim Gläubiger ein **Verzögerungsschaden** eingetreten sein. Das ist ein Schaden, der dem Gläubiger aufgrund der Verspätung der Leistung unabhängig von der fortbestehenden Leistungspflicht des Schuldners entstanden ist.

Beispiel: Kosten der Rechtsverfolgung (Inkassobüro, Rechtsanwaltsgebühren).

Ersatz der Verzugszinsen

Bei Geldschulden muss der Schuldner dem Gläubiger nach § 288 Abs. 1 S. 1 BGB als Mindestverzögerungsschaden (vgl. § 288 Abs. 4 BGB) die **Verzugszinsen** ersetzen. Der Verzugszinssatz beträgt fünf Prozentpunkte über dem Basiszinssatz (§ 288 Abs. 1 S. 2 BGB), bei Entgeltforderungen aus Rechtsgeschäften ohne Verbraucherbeteiligung (§ 13 BGB) sogar neun Prozentpunkte über dem Basiszinssatz (§ 288 Abs. 2

BGB). Der (variable) Basiszinssatz ergibt sich aus § 247 Abs. 1 BGB i. V. m. der Bekanntmachung der Deutschen Bundesbank im Bundesanzeiger (§ 247 Abs. 2 BGB).

- **Rücktritt vom Vertrag**

Rücktritt wegen Verzögerung der Leistung

Unabhängig vom Ersatz des Verzugsschadens stellt sich für den Gläubiger die Frage, ob er wegen der Verzögerung der Leistung durch den Schuldner vom Vertrag **zurücktreten** kann. Dann müsste er noch offene Vertragspflichten nicht mehr erfüllen und könnte bereits erbrachte Leistungen zurückfordern (§ 346 Abs. 1 BGB).

Die **Voraussetzungen** für den Rücktritt wegen Verzögerung der Leistung regelt § 323 BGB. Nach § 323 Abs. 1 BGB muss der Schuldner zunächst eine fällige Leistung nicht oder nicht vertragsgemäß erbringen. Dies ist der Fall, wenn der Schuldner nicht pünktlich leistet. Ferner muss der Gläubiger dem Schuldner grundsätzlich eine **angemessene Frist** zur Leistung setzen, und diese Frist muss erfolglos verstrichen sein. Die Länge der Frist hängt vom Einzelfall, insbesondere von der Art und dem Gegenstand des Vertrages, ab. Grundsätzlich kann die Frist eher knapp bemessen werden, da der Schuldner wegen der Verspätung bereits eine Pflichtverletzung begangen hat. Im Normalfall ist daher eine Frist von ein bis zwei Wochen, im Einzelfall auch kürzer (z. B. bei verderblichen Lebensmitteln), angemessen.

Nach § 323 Abs. 2 BGB ist eine Fristsetzung **entbehrlich**, wenn der Schuldner die Leistung ernsthaft und endgültig **verweigert**, der Schuldner die Leistung zu einem im Vertrag bestimmten Termin nicht bewirkt und das Leistungsinteresse des Gläubigers - wie im Vertrag vereinbart - von der Termineinhaltung abhängt (sog. **Fixgeschäft**) oder wenn ausnahmsweise **besondere Umstände** für einen sofortigen Rücktritt vorliegen.

Beachte: Ein Verschulden des Schuldners für die Verzögerung der Leistung ist keine Rücktrittsvoraussetzung.

- **Schadensersatz statt der Leistung**

Leistungsverzögerung und Schadensersatz statt der Leistung

Auch bei der Verzögerung der Leistung durch den Schuldner kann dem Gläubiger ein Anspruch auf **Schadensersatz statt der Leistung** zustehen. Typische Schäden sind hier etwaige Mehrkosten für ein Deckungsgeschäft sowie ein entgangener Gewinn wegen eines gescheiterten Folgevertrages. Diese Ansprüche können **auch** dann geltend gemacht werden, wenn der Gläubiger vom Vertrag mit dem Schuldner wirksam zurückgetreten ist (§ 325 BGB).

Die Ersatzfähigkeit eines Schadens statt der Leistung ergibt sich wiederum aus § 280 Abs. 1, 3 BGB. Als Zusatznorm ist hier **§ 281 BGB** einschlägig (§ 283 BGB scheidet aus, weil er die Fälle der Unmöglichkeit der Leistung nach § 275 BGB regelt, § 282 BGB, da er von Rücksichtnahmepflichtverletzungen gemäß § 241 Abs. 2 BGB ausgeht). Demnach bedarf es – ebenso wie beim Rücktritt – neben der nicht vertragsgemäßen Leistungserbringung grundsätzlich einer vorangegangenen **Fristsetzung** an den Schuldner, bevor der Schadensersatz statt der Leistung geltend gemacht werden kann (§ 281 Abs. 1 S. 1 BGB). Auch hier ist die Fristsetzung aber entbehrlich, wenn der Schuldner die Leistung ernsthaft und endgültig verweigert oder wenn besondere Umstände für eine sofortige Geltendmachung des Schadensersatzanspruchs vorliegen (§ 281 Abs. 2 BGB).

Beachte: Wegen des Verweises auf § 280 Abs. 1 BGB in § 281 Abs. 1 S. 1 BGB ist ein Verschulden des Schuldners an der Verzögerung Voraussetzung für den Schadensersatzanspruch statt der Leistung.

Lösung zur Handlungssituation (Fallbeispiel 6)

Zu prüfen ist der Anspruch des Z gegen A auf Zahlung des Kaufpreises gemäß § 433 Abs. 2 BGB.

Ein wirksamer Kaufvertrag wurde zwischen Z und A geschlossen. Damit besteht auch grundsätzlich der Zahlungsanspruch des Z. Möglicherweise ist A aber wirksam vom Vertrag zurückgetreten. Dann wären die bis dahin erbrachten Leistungen zurückzugewähren und noch nicht erbrachte Leistungen müssten nicht mehr erfolgen (§ 346 BGB). Als Rechtsgrundlage für den Rücktritt kommt hier § 323 Abs. 1 BGB in Betracht.

Voraussetzung ist zunächst, dass die Leistung durch den Schuldner nicht oder nicht vertragsgemäß erbracht wurde. Hier hat Z die vereinbarte Lieferzeit nicht eingehalten. Dies stellt eine Pflichtverletzung dar. Allerdings ist nach § 323 Abs. 1 BGB grundsätzlich eine weitere Anforderung, dass eine Frist zur Leistung gesetzt wird. Denn der Vertrag soll nicht gleich bei jeder Störung aufgelöst werden können. Der Schuldner erhält vielmehr ein Recht, seinen Fehler zu korrigieren. Eine Frist wurde hier von A aber nicht gesetzt.

Andererseits sind die Ausnahmen des § 323 Abs. 2 BGB zu beachten. Nach dessen Nr. 2 ist eine Fristsetzung entbehrlich, wenn zur Leistung ein bestimmter Termin vereinbart wurde und dem Schuldner die besondere Bedeutung des Termins für den Gläubiger bewusst war (Fixgeschäft). Dies ist hier der Fall, weil A – wie Z wusste – am 12.10. seine Gaststätte eröffnen wollte. Damit ist A wirksam vom Vertrag zurückgetreten.

Ergebnis: A muss die Zapfanlage nicht abnehmen und bezahlen.

2.2.3.4 Verletzung von Rücksichtnahmepflichten

Bei der Verletzung von **Rücksichtnahmepflichten** nach § 241 Abs. 2 BGB ist nicht die Hauptleistungspflicht gestört. Vielmehr werden Nebenpflichten verletzt, die die Rechtsgüter der Vertragsparteien vor Schädigungen durch den jeweils anderen Teil schützen sollen. Kommt es gleichwohl zu einer Schutzpflichtverletzung, ist zwischen einem eingetretenen Verletzungsschaden und einem möglichen Schadensersatz statt der Leistung zu unterscheiden.

Schutzpflichtverletzung

Handlungssituation (Fallbeispiel 7)

Heinrich (H) hat von Erwin (E) einen lukrativen Auftrag erhalten: Er soll in der Wohnung des E eine neue Küche einbauen. Voller Elan schreitet H zur Tat. Beim Sägen einer Holzplatte vergisst er dann allerdings, die Tür zur Küche zu schließen, und auch, die Absaugvorrichtung für die Holzspäne anzuschalten. Als E in die Küche kommt, um dem H etwas zu trinken zu bringen, trifft den E ein Holzspan direkt ins Auge. E verlangt deshalb von H Schadensersatz wegen der Arztkosten.

Zu Recht? (Lösung Seite 57)

- **Ersatz des Verletzungsschadens**

Ein **Verletzungsschaden** ist der Schaden, der sich unmittelbar aus der verletzten Rücksichtnahmepflicht ergibt. Es handelt sich hierbei also um einen Schadensersatz **neben** der Leistung, da dieser Schaden unabhängig von der eventuell mangelfrei erbrachten Hauptleistung eingetreten ist.

Erstattungsfähigkeit von Verletzungsschäden

Beispiel: Der Mechaniker, der das Auto des Kunden reparieren soll, setzt sich mit seinem ölverschmierten Blaumann auf die weißen Ledersitze des Wagens. Die Reinigungskosten sind dann ein Verletzungsschaden.

Die Voraussetzungen für den Ersatz von Verletzungsschäden regelt **allein** § 280 Abs. 1 BGB (die §§ 281 bis 283 BGB sind nicht zusätzlich zu prüfen, da es sich beim Verletzungsschaden nicht um einen Schadensersatz statt, sondern neben der Leistung handelt). Zu den Voraussetzungen dieser zentralen Anspruchsgrundlage bei vertraglichen Pflichtverletzungen siehe Seite 47.

Problematisch bei der Verletzung von Rücksichtnahmepflichten ist jedoch häufig, dass zum Zeitpunkt der Pflichtverletzung des Schuldners noch gar **kein Vertrag** abgeschlossen wurde. Dann liegt ein Schuldverhältnis als erster Voraussetzung von § 280 Abs. 1 BGB an sich nicht vor.

Vorvertragliche Schutzpflichtverletzungen

Beispiel: A betritt einen Supermarkt in der Absicht, dort einzukaufen. Beim Durchlaufen der Gänge fällt ihm von einer hochgestapelten Palette eine Konservendose auf den Kopf, die vom Inhaber des Supermarktes nicht ordnungsgemäß abgesichert worden ist.

In diesen Fällen darf es letztlich **keinen Unterschied** machen, ob die Pflichtverletzung schon vor Vertragsschluss (an der Kasse) oder erst danach erfolgte. Folglich ordnet § 311 Abs. 2 BGB an, dass ein Schuldverhältnis mit Pflichten nach § 241 Abs. 2 BGB auch schon durch die Aufnahme von Vertragsverhandlungen, die Anbahnung eines Vertrages oder durch ähnliche geschäftliche Kontakte entsteht. Demnach wird das Tatbestandsmerkmal „Schuldverhältnis" aus § 280 Abs. 1 BGB durch eine solche **vorvertragliche** Sonderverbindung ersetzt. Im Ergebnis ist der Schuldner dem Gläubiger dann vertragsrechtlich zum Ersatz des Verletzungsschadens verpflichtet, wenn auch die weiteren Voraussetzungen des § 280 Abs. 1 BGB erfüllt sind.

Beachte: Mindestvoraussetzung für eine Vorverlagerung der vertraglichen Haftung sind nach § 311 Abs. 2 Nr. 3 BGB „geschäftliche" Kontakte. Betritt also z. B. ein Obdachloser einen Supermarkt, um sich aufzuwärmen (und nicht um einzukaufen), fehlt es an einem geschäftlichen Kontakt. Dann scheidet eine Haftung des Inhabers des Supermarktes nach § 280 Abs. 1 BGB aus.

- **Rücktritt vom Vertrag**

Vertragsrücktritt bei Unzumutbarkeit

Neben dem Ersatz des Verletzungsschadens stellt sich dem Gläubiger evtl. die Frage, ob er infolge einer Rücksichtnahmepflichtverletzung des Schuldners vom Vertrag zurücktreten kann. Die Voraussetzungen hierfür regelt § 324 BGB. Demnach ist ein Rücktritt nur möglich, wenn dem Gläubiger ein Festhalten am Vertrag nicht mehr **zuzumuten** ist. Bei der Prüfung der „Unzumutbarkeit" sind alle Umstände des Einzelfalles zu berücksichtigen, insbesondere die Schwere und Häufigkeit der Rücksichtnahmepflichtverletzung. Vor dem Hintergrund des Prinzips „pacta sunt servanda" dürfen an die Unzumutbarkeit jedenfalls nicht zu geringe Anforderungen gestellt werden. Oftmals wird deshalb vor dem Rücktritt eine Abmahnung durch den Gläubiger erforderlich sein (vgl. § 314 Abs. 2 BGB).

Beispiel: Frau F beauftragt einen Handwerker damit, ihre Wohnung zu renovieren. Verstößt der Handwerker gegen ein von F ausgesprochenes Rauchverbot in ihrer Wohnung, kann sie nicht gleich vom Vertrag zurücktreten. Anders verhält es sich aber bei einer gravierenden Rücksichtnahmepflichtverletzung des Handwerkers, etwa einer sexuellen Belästigung der F.

Soweit der Gläubiger vom Vertrag mit dem Schuldner nach § 324 BGB zurücktreten kann, führt dies zur **Rückabwicklung** bereits ausgetauschter Leistungen nach §§ 346 ff. BGB.

- **Schadensersatz statt der Leistung**

Voraussetzungen für Schadensersatz statt der Leistung

Auch bei einer Rücksichtnahmepflichtverletzung durch den Schuldner kann dem Gläubiger ein Anspruch auf **Schadensersatz statt der Leistung** zustehen. Dieser ergibt sich auch in diesem Fall aus § 280 Abs. 1, 3 BGB. Als Zusatznorm ist hier **§ 282 BGB** einschlägig, der von einer Pflichtverletzung des Schuldners nach § 241 Abs. 2 BGB ausgeht. Für den Schadensersatz statt der Leistung bedarf es damit auch hier der **Unzumutbarkeit** der Vertragsfortführung für den Gläubiger. Insofern sind die Voraussetzungen die gleichen wie für den Rücktritt. Im Unterschied zum Rücktritt bedarf es beim Schadensersatz statt der Leistung aber eines **Verschuldens** des Schuldners, wie sich aus dem Rückverweis in § 282 BGB auf die Voraussetzungen des § 280 Abs. 1 BGB ergibt.

Merke: Schadensersatz ist grundsätzlich verschuldensabhängig, der Rücktritt nicht.

Lösung zur Handlungssituation (Fallbeispiel 7)

Zu prüfen ist der Anspruch des E gegen H auf Zahlung von Schadensersatz aus § 280 Abs. 1 BGB.

Voraussetzung für eine Haftung aus § 280 Abs. 1 BGB ist zunächst eine schuldhafte Pflichtverletzung des H aus einem Schuldverhältnis. Das Schuldverhältnis zwischen E und H ist hier ein Werkvertrag (§ 631 BGB). Eine Hauptleistungspflicht hat H nicht verletzt. Denn dass die Arbeit des H mangelhaft oder verspätet ist, wird von E nicht behauptet. H hat allerdings die allgemeinen Schutzpflichten nach § 241 Abs. 2 BGB verletzt. Danach muss der Schuldner auf Eigentum und Gesundheit des Vertragspartners Rücksicht nehmen. Dies hat H hier nicht getan, weil er vor dem Sägen der Holzplatte die Küchentür nicht geschlossen und seine Absaugvorrichtung nicht eingeschaltet hat. Das Unterlassen des H ist schuldhaft i. S. d. § 276 BGB, nämlich zumindest fahrlässig. Die angefallenen Arztkosten stellen schließlich einen ersatzfähigen Verletzungsschaden des E dar.

Ergebnis: E kann von H Schadensersatz (neben der Leistung) verlangen.

2.3 Verschiedene Vertragsarten

2.3.1 Der Kaufvertrag

2.3.1.1 Wesen und vertragstypische Leistungen

Kaufvertrag als Prototyp des Austauschvertrags

Der wichtigste Vertragstyp des BGB ist der **Kaufvertrag** gemäß § 433 BGB. Er ist die rechtliche Grundlage für den **entgeltlichen Warenaustausch** sowohl zwischen Privaten als auch im Geschäftsverkehr. Das Kaufrecht befasst sich mit den Rechten und Pflichten der Parteien aus diesem Vertragsverhältnis.

Die **Hauptleistungspflicht** des Verkäufers besteht in der – mangelfreien – Übereignung der Kaufsache, die des Käufers in der Bezahlung des Kaufpreises. Diese vertraglichen Pflichten werden bei beweglichen Sachen nach §§ 929 ff. BGB, also durch Einigung und Übergabe, bei Grundstücken gemäß §§ 873, 925 BGB, also durch Auflassung und Eintragung in das Grundbuch, **erfüllt**.

2.3.1.2 Vertrag über die Lieferung herzustellender beweglicher Sachen

Erweiterung des Kaufrechts

Einen Spezialfall des Kaufrechts stellt gemäß § 650 Abs. 1 BGB ein Vertrag dar, der die Lieferung **herzustellender** oder zu erzeugender **beweglicher** Sachen zum Gegenstand hat (Werklieferungsvertrag). Auf ihn sind gemäß § 650 Abs. 1 S. 1 BGB die Vorschriften über den **Kauf** anwendbar, obwohl es sich bei einem solchen Vertrag seinem Gepräge nach eher um einen **Werkvertrag** i. S. v. § 631 BGB handelt. Denn bei diesem schuldet der Werkunternehmer die Herstellung des versprochenen Werks (§ 631 Abs. 2 BGB) und damit einen Erfolg (in Abgrenzung zum **Dienstvertrag** nach § 611 BGB, bei dem lediglich die Tätigkeit geschuldet wird).

Die Folge des § 650 Abs. 1 BGB ist eine **Aufwertung** des Kaufrechts gegenüber dem Werkvertrag. Letztlich gilt Werkvertragsrecht im Wesentlichen nur bei der Errichtung von **Bauwerken** (dann keine „bewegliche“ Sache; vgl. §§ 650a ff. BGB), bei der Herstellung **nicht körperlicher** Werke wie z. B. Planungen von Architekten (dann auch keine „bewegliche“ Sache; vgl. §§ 650p ff. BGB) sowie bei **Reparaturarbeiten** (dann keine „Herstellung“ bzw. „Erzeugung“) – in allen anderen Fällen gilt Kaufrecht.

2.3.1.3 Mängel der Kaufsache

Handlungssituation (Fallbeispiel 8)

Heinrich (H) erwirbt für seinen kleinen Handwerksbetrieb im Fachgeschäft des Mies (M) ein fabrikneues Heißluftgebläse. Obwohl H das Gebläse bei einem Testlauf in seiner Werkstatt ordnungsgemäß bedient, erhitzt es sich aufgrund eines internen Steuerungsfehlers so stark, dass es Funken schlägt und dadurch die Vorhänge in der Werkstatt Feuer fangen. Auf Anfrage bei M stellt sich heraus, dass der Hersteller des Gebläses alle Fachgeschäfte auf den vereinzelt auftretenden Defekt des Modells aufmerksam gemacht hatte. M hielt diesen Hinweis aber für nicht so wichtig, da er der Meinung war, ein solch kleiner Fehler werde schon nichts ausmachen.

Welche Ansprüche bzw. Rechte hat H gegen M? (Lösung Seiten 68–70)

- **Eingliederung in das allgemeine Leistungsstörungsrecht**

Mangel der Kaufsache als Pflichverletzung

Im Kaufrecht erfolgt eine Verknüpfung bei Mängeln der Kaufsache mit dem allgemeinen Schuldrecht über § 433 Abs. 1 S. 2 BGB. Demgemäß hat der Verkäufer dem Käufer die Sache **frei** von **Sach- und Rechtsmängeln** zu verschaffen. Die Mangelfreiheit der Kaufsache ist demnach eine Hauptleistungspflicht des Verkäufers; ein Mangel also eine **Pflichtverletzung**. Dadurch wird der Bogen zur zentralen Haftungsnorm des allgemeinen Schuldrechts - § 280 BGB („Pflichtverletzung aus einem Schuldverhältnis") - geschlagen. Daneben enthält das Kaufrecht aber auch einige Sondervorschriften, die über die Regelungen des allgemeinen Schuldrechts hinausgehen.

- **Der Sachmangel**

Definition des Sachmangels

Unter einem Sachmangel versteht man die für den **Käufer negative Abweichung der Ist- von der Soll-Beschaffenheit der Kaufsache bei Gefahrübergang**. Zur Feststellung eines Sachmangels bedarf es mithin eines Vergleichs zwischen der Ist-Beschaffenheit der Kaufsache und ihrer Soll-Beschaffenheit. Wenn aus Sicht des Käufers die erste schlechter als die zweite ist, liegt ein Sachmangel vor. Während der Ist-Zustand einer Kaufsache leicht feststellbar ist, bedarf es zur Festlegung der **Soll-Beschaffenheit** einer wertenden Betrachtung. Insofern hilft § 434 BGB weiter.

Nach § 434 Abs. 2 S.1 Nr. 1 BGB liegt ein Sachmangel dann vor, wenn die Kaufsache nicht die zwischen den Vertragsparteien **vereinbarte** Beschaffenheit hat. Maßgeblich ist also, was Verkäufer und Käufer ausgemacht haben. Hierin zeigt sich die Vertragsfreiheit im Kaufrecht.

Beispiel: Ein Auto mit einem Unfallschaden ist nicht mangelhaft, wenn das Kfz als „Unfallwagen" verkauft worden ist. Ein (voll funktionsfähiges) Auto ohne elektrische Fensterheber ist hingegen ein mangelhafter Wagen, wenn das Kfz mit elektrischen Fensterhebern verkauft wurde.

Dieser **subjektive** Mangelbegriff ist gerechtfertigt, da sich erfahrungsgemäß entsprechende Vereinbarungen in einem niedrigeren Kaufpreis widerspiegeln. Auf der anderen Seite hat es der Verkäufer durch **negative Produktangaben** grundsätzlich in der Hand, seiner Mängelhaftung zu entgehen.

Stufensytem beim Sachmangel

Häufig werden die Vertragsparteien über die Beschaffenheit der Kaufsache allerdings nichts vereinbaren. Möglicherweise haben sie dann aber eine bestimmte **Verwendung – zumindest konkludent – vertraglich** vorausgesetzt. Gemäß § 434 Abs. 2 S. 1 Nr. 2 BGB liegt ein Sachmangel dann vor, wenn sich die Kaufsache nicht für diese Verwendung eignet.

Beispiel: Handelsübliche Wanderschuhe sind mangelhaft, wenn der Käufer den Verkäufer darauf hinweist, dass er die Schuhe für eine Besteigung des Mount Everest benötigt.

In den Alltagsfällen des täglichen Lebens vereinbaren die Parteien hinsichtlich der Kaufsache grundsätzlich nichts. Dann ist die Kaufsache nach § 434 Abs. 3 S. 1 Nr. 1 und Nr. 2 BGB mangelhaft, wenn sie sich nicht für die **gewöhnliche** Verwendung eignet und keine Beschaffenheit aufweist, die bei Sachen der gleichen Art üblich ist und die der Käufer nach der Art der Sache **erwarten** kann. Maßgeblich ist insoweit der Erwartungshorizont eines „Durchschnittskäufers".

Beispiel: Verschimmelte Orangen sind mangelhaft, da Obst üblicherweise zum Verzehr geeignet ist.

Die übliche Beschaffenheit der Kaufsache kann auch durch **Werbeaussagen** geprägt werden, § 434 Abs. 3 S. 1 Nr. 2 b) BGB. Hierbei muss sich der Verkäufer Anpreisungen des Herstellers der Kaufsache zurechnen lassen, außer er berichtigt sie selbst oder sie sind offensichtlich nur marktschreierisch.

Beispiel: Eine Werbung, nach der beim Genuss eines Lebensmittels der Konsument fliegen kann, ist rechtlich ohne Bedeutung.

Erweiterung des Sachmangelbegriffs

Ein Sachmangel ist nach § 434 Abs. 4 Nr. 1 BGB auch die unsachgemäße **Montage** der Kaufsache bzw. nach § 434 Abs. 3 S. 1 Nr. 4 BGB eine mangelhafte **Montageanleitung**. Dies ist sachgerecht, da es für den Käufer unerheblich ist, ob bereits der Gegenstand selbst mangelhaft ist oder sich die Unbrauchbarkeit erst aus der fehlgeschlagenen Montage ergibt. Einer mangelhaften Montageanleitung stehen ihr Fehlen sowie eine allein fremdsprachige gleich. Im Übrigen richten sich die Anforderungen an die Montageanleitung nach dem jeweiligen Adressatenkreis.

Einem Sachmangel gleichgestellt wird gemäß § 434 Abs. 5 BGB die **Falschlieferung**. Auch dies ist sachgerecht, da der Käufer in diesem Fall die gleichen Interessen verfolgt wie bei einem „echten" Mangel der Kaufsache.

Beispiel: Eine Falschlieferung liegt vor, wenn eine „Dallas"-DVD bestellt, aber eine „Denver-Clan"-DVD geliefert wird.

Wichtig ist schließlich, dass der Mangel bereits **bei Gefahrübergang** - also grundsätzlich bei Übergabe der Kaufsache (§ 446 BGB) - vorliegen muss (§ 434 Abs. 1 S. 1 BGB). Nachträglicher Verschleiß ist deshalb kein Sachmangel! Es genügt allerdings, dass die **Ursache** für den späteren Auftritt des Mangels schon bei Gefahrübergang vorhanden war.

Maßgeblicher Zeitpunkt: Gefahrübergang

Beachte: Bei einem **Verbrauchsgüterkauf** gemäß § 474 Abs. 1 S. 1 BGB, bei dem der Verkäufer Unternehmer (§ 14 BGB), der Käufer Verbraucher (§ 13 BGB) und der Kaufgegenstand eine Ware i. S. v. § 241 a Abs. 1 BGB ist, wird gemäß **§ 477 Abs. 1 BGB** vermutet, dass die Ware bereits bei Gefahrübergang mangelhaft war, wenn sich innerhalb eines Jahres seit Gefahrübergang ein Sachmangel zeigt. Damit muss nicht der Käufer den Beweis führen, dass die gekaufte Sache bereits bei Gefahrübergang mangelhaft war; vielmehr muss der Verkäufer nachweisen, dass die Sache erst später „mangelhaft" wurde. Etwas anderes gilt nur, wenn die Vermutung mit der Art der Ware oder des mangelhaften Zustandes unvereinbar ist. Dies ist z. B. der Fall beim Kauf von Pflanzen, da bei diesen ein „Mangel" typischerweise erst im Laufe der Zeit eintritt.

- **Der Rechtsmangel**

Gekaufte Sachen können nicht nur einen Sach-, sondern auch einen **Rechtsmangel** aufweisen, § 435 BGB. Rechtsmängel sind in der Praxis aber seltener als Sachmängel.

Beispiel: Das verkaufte Haus ist mit einer nicht vereinbarten Grundschuld belastet.

2.3.1.4 Rechte des Käufers, § 437 BGB

Wenn die Kaufsache einen Mangel hat, stehen dem Käufer eine Vielzahl an **Rechten** gegen den Verkäufer zu.

Beachte: Ein dem Käufer eingeräumtes „Umtauschrecht" bei mangelfreien Sachen ist reine Kulanz des Verkäufers. Hierauf hat der Käufer keinen Rechtsanspruch. Folglich kann der Verkäufer auch die Umtauschmodalitäten - z. B. Umtausch nur gegen Gutschein - bestimmen.

Sämtliche Käuferrechte sind in § 437 BGB geregelt. Dabei stehen die Rechte Nacherfüllung, Rücktritt, Minderung und Schadens- bzw. Aufwendungsersatz zum Teil in einem **Rangverhältnis** zueinander. Primär ist das Recht auf Nacherfüllung (§ 437 Nr. 1 BGB); die weiteren Käuferrechte Rücktritt, Minderung und Schadens- bzw. Aufwendungsersatz (§ 437 Nr. 2 und Nr. 3 BGB) sind erst - dann aber gleichrangig - einschlägig, wenn das vorrangige Recht auf Nacherfüllung scheitert.

Rangverhältnis der Käuferrechte

- **Nacherfüllung**

  – **Überblick**

Wahlrecht des Käufers bei Nacherfüllung

Die Nacherfüllung ist in §§ 437 Nr. 1, 439 Abs. 1 BGB geregelt. Demnach hat der **Käufer** die **Wahl**, ob er vom Verkäufer die Beseitigung des Mangels oder die Lieferung einer mangelfreien Sache verlangt.

Wie bereits ausgeführt, geht die **Nacherfüllung** den weiteren Käuferrechten **vor**. Dies ergibt sich z. B. daraus, dass der Rücktritt gemäß §§ 437 Nr. 2, 323 Abs. 1 BGB grundsätzlich erst in Betracht kommt, wenn der Käufer dem Verkäufer erfolglos eine angemessene **Frist** zur Nacherfüllung gesetzt hat.

Die Nacherfüllung ist in **kostenrechtlicher** Hinsicht käuferfreundlich ausgestaltet, da der Verkäufer die zum Zwecke der Nacherfüllung erforderlichen Aufwendungen (= freiwillige Vermögensopfer) wie Transport-, Wege-, Arbeits- und Materialkosten selbst zu tragen hat (§ 439 Abs. 2 BGB). Dies ist aber nur konsequent, weil er mit der Übereignung einer mangelhaften Kaufsache eine **Pflichtverletzung** begangen hat.

  – **Arten der Nacherfüllung**

Als Arten der Nacherfüllung kommen nach § 439 Abs. 1 BGB entweder die Beseitigung des Mangels (= **Reparatur**) oder die Lieferung einer mangelfreien Sache (= **Ersatzlieferung**) in Betracht. Grundsätzlich kann sich der **Käufer** frei entscheiden, auf welche Art und Weise der Verkäufer nacherfüllen muss.

Entfallen des Wahlrechts

Das Wahlrecht des Käufers **entfällt** allerdings, wenn

» beide Arten der Nacherfüllung i. S. v. § 275 BGB unmöglich sind.
» die vom Käufer gewählte Art der Nacherfüllung i. S. v. § 275 BGB unmöglich ist.
» die Kosten der vom Käufer gewählten Art der Nacherfüllung unverhältnismäßig hoch sind, § 439 Abs. 4 S. 1, 2 BGB.

Da Unmögliches generell nicht geschuldet sein kann, gilt im Kaufrecht, dass eine Nacherfüllung ausscheidet, wenn sie in **beiden** Erscheinungsformen unmöglich ist. Dann kann der Käufer sofort auf seine weiteren Rechte nach § 437 Nr. 2, 3 BGB - Rücktritt, Minderung, Schadens- bzw. Aufwendungsersatz - übergehen.

Beispiel: Verkauf eines Gebrauchtwagens als „unfallfrei“, obwohl Unfallwagen. Hier ist die Ersatzlieferung unmöglich, weil der Wagen ein Unikat ist. Die Reparatur ist unmöglich, da sie den Wagen nicht unfallfrei macht.

Wenn nur **eine** Art der Nacherfüllung unmöglich ist, entfällt das Wahlrecht des Käufers und sein Anspruch auf Nacherfüllung reduziert sich auf die noch mögliche andere Art. Hier kann der Käufer also **nicht** gleich seine weiteren Rechte nach § 437 Nr. 2, 3 BGB geltend machen.

Beispiel: Verkauf eines Gebrauchtwagens mit behebbarem Getriebeschaden. Hier ist die Ersatzlieferung unmöglich, da der Wagen ein Unikat ist. Die Reparatur des Getriebes ist aber möglich.

Einrede unverhältnismäßiger Kosten

Neben den Fällen der Unmöglichkeit erweitert § 439 Abs. 4 S. 1 BGB die **Abwehrmöglichkeiten** des Verkäufers für Fälle, in denen die vom Käufer gewählte Art der Nacherfüllung nur mit **unverhältnismäßigen Kosten** möglich ist. Hierbei muss jedoch ein eher **strenger Maßstab** angelegt werden, da andernfalls das grundsätzliche Wahlrecht des Käufers unterlaufen würde. Es sind deshalb die in § 439 Abs. 4 S. 2 BGB genannten **Kriterien** in Betracht zu ziehen. Dabei gilt: Je höher der Wert der Sache in mangelfreiem Zustand, je größer die Bedeutung des Mangels und je weniger gleichwertig die andere Art der Nacherfüllung für den Käufer ist, desto weniger kann sich der Verkäufer auf unverhältnismäßige Kosten berufen.

Beispiel: Bei einer Armbanduhr im Wert von nur 20,– € ist eine Reparatur grundsätzlich unverhältnismäßig teuer. Bei einem hochwertigen Waschtrockner, bei dem nur eine kleine Schraube ausgewechselt werden muss, ist grundsätzlich eine Ersatzlieferung mit unangemessenen Kosten verbunden.

- **Rücktritt**

Voraussetzungen für Käuferrücktritt

Als weiteres und der Nacherfüllung nachrangiges Käuferrecht sehen §§ 437 Nr. 2, 323, 440 und 326 Abs. 5 BGB den **Rücktritt** des Käufers vom Kaufvertrag vor. Gemäß § 346 Abs. 1 BGB erhält der Käufer nach seiner Rücktrittserklärung (§ 349 BGB) den Kaufpreis vom Verkäufer zurück und muss diesem die mangelhafte Kaufsache Zug um Zug zurückübereignen, §§ 348, 320, 322 BGB.

Neben einem Mangel bedarf es für den Rücktritt gemäß § 323 Abs. 1 BGB grundsätzlich einer angemessenen **Frist** zur Nacherfüllung, die fruchtlos abgelaufen sein muss.

Entbehrlichkeit der Fristsetzung

Die **Fristsetzung** ist allerdings in manchen Fällen **entbehrlich**, sodass ein sofortiger Rücktritt seitens des Käufers möglich ist. Zum einen bedarf es keiner Fristsetzung, wenn beide Arten der Nacherfüllung **unmöglich** sind (§ 326 Abs. 5 BGB); ferner nicht in den bereits angesprochenen Fälle des § 323 Abs. 2 BGB (z. B. Nacherfüllungsverweigerung durch den Verkäufer).

Über diese Fälle hinaus regelt § 440 S. 1 BGB **weitere** Situationen, in denen es keiner Fristsetzung zur Nacherfüllung bedarf. Dazu zählt, dass der Verkäufer beide Arten der Nacherfüllung wegen unverhältnismäßig hoher **Kosten** nach § 439 Abs. 4 BGB zu Recht verweigert, sowie der Fall, dass die dem Käufer zustehende Art der Nacherfüllung **fehlgeschlagen** oder ihm unzumutbar ist. Gemäß § 440 S. 2 BGB gilt die Nachbesserung grundsätzlich aber erst nach dem zweiten erfolglosen Versuch durch den Verkäufer als fehlgeschlagen.

Erheblichkeit des Mangels

Letztlich kommt das „große" Recht des Käufers auf Rücktritt - in dessen Konsequenz der gesamte Kaufvertrag rückabgewickelt wird - nur in Betracht, wenn der Mangel **erheblich** ist (§ 323 Abs. 5 S. 2 BGB). Dies dient dem Schutz des Verkäufers. Die Erheblichkeit des Mangels wird wegen der Negativformulierung („nicht zurücktreten, wenn ... unerheblich") allerdings **vermutet**, sodass der Verkäufer den Gegenbeweis führen muss, dass der Mangel unerheblich ist.

Beachte: Eines mangelbezogenen Verschuldens seitens des Verkäufers bedarf es für den Rücktritt - ebenso wie im allgemeinen Schuldrecht - nicht.

- **Minderung**

Voraussetzung für Kaufpreisminderung

Als spezielles Käuferrecht sehen die §§ 437 Nr. 2, 441 BGB die **Minderung** des Kaufpreises durch den Käufer vor.

Da es nach § 441 Abs. 1 BGB das Recht auf Minderung **statt** des Rücktritts gibt, müssen hierfür grundsätzlich die **gleichen** Voraussetzungen wie für den Rücktritt - also Mangel und fruchtlose Fristsetzung zur Nacherfüllung (außer ausnahmsweise entbehrlich) - gegeben sein. Anders als der Rücktritt ist das „kleine" Recht der Minderung, bei dem es zu keiner vollständigen Rückabwicklung des Vertrages kommt, auch bei einem nur **unerheblichen** Mangel möglich, § 441 Abs. 1 S. 2 BGB.

Die **Höhe** des Minderungsbetrages ist nach einer (schwierigen) Formel i. S. v. § 441 Abs. 3 S. 1 BGB zu berechnen bzw. schlicht zu **schätzen** (§ 441 Abs. 3 S. 2 BGB). Als Anhaltspunkt für die Schätzung kann der Käufer z. B. die fiktiven Kosten für die Reparatur der mangelhaften Sache vom Kaufpreis abziehen. Soweit der Käufer den Kaufpreis bereits gezahlt hat, besteht gegen den Verkäufer ein **Rückzahlungsanspruch** aus § 441 Abs. 4 BGB i. V. m. § 346 Abs. 1 BGB.

- **Schadensersatz**

Das komplizierteste Käuferrecht ist der **Schadensersatz** nach §§ 437 Nr. 3, 280, 281, 283, 311a BGB. Bereits die Vielzahl der Normen, auf die § 437 Nr. 3 BGB verweist, lässt erkennen, dass es im Folgenden einer genauen **Unterscheidung** der verschiedenen Formen von Schadensersatz bedarf. **Schadensersatz für Käufer**

1. Form: Schadensersatz statt der Leistung

Beim Schadensersatz **statt** der Leistung will der Käufer die mangelhafte Kaufsache nicht behalten und stattdessen Ersatz für den eingetretenen Schaden. Beim Ermitteln der passenden Anspruchsgrundlage ist maßgeblich, ob es sich um einen **behebbaren** oder **unbehebbaren** Mangel handelt.

- Behebbarer Mangel
  Bei einem **behebbaren** Mangel - bei dem also die Nacherfüllung dem Schadensersatz grundsätzlich vorgeht - ist die richtige Anspruchsgrundlage **§§ 437 Nr. 3, 280 Abs. 1, Abs. 3, 281 BGB**. **Mangel ist behebbar**

  Die **Pflichtverletzung** i. S. v. § 280 Abs. 1 BGB liegt in der **Mangelhaftigkeit** der Kaufsache. Ferner bedarf es - wie stets bei § 281 Abs. 1 BGB - einer angemessenen **Frist** zur Nacherfüllung, wenn keiner der Ausnahmefälle nach § 281 Abs. 2 BGB bzw. § 440 S. 1 BGB gegeben ist. Des Weiteren muss der Verkäufer - anders als bei Rücktritt und Minderung - die Pflichtverletzung **zu vertreten** haben (§ 276 BGB). Dies wird wegen der Negativformulierung in § 280 Abs. 1 S. 2 BGB allerdings **vermutet**. Schließlich muss dem Käufer ein ersatzfähiger **Schaden** entstanden sein.

- Unbehebbarer Mangel
  Bei einem **unbehebbaren** Mangel - bei dem also eine Nacherfüllung ausscheidet - ist die Anspruchsgrundlage auf Schadensersatz statt der Leistung davon abhängig, ob der Mangel schon **bei** Vertragsschluss vorlag oder **erst später** auftrat. Im ersten Fall richtet sich der Schadensersatzanspruch nach **§§ 437 Nr. 3, 311a BGB**, im zweiten nach **§§ 437 Nr. 3, 280, 283 BGB**. In allen Fällen einer Unmöglichkeit der Nacherfüllung bedarf es - anders als bei behebbaren Mängeln - **keiner** Fristsetzung zur Durchführung derselben. **Mangel ist unbehebbar**

  Bei einem unbehebbaren Mangel, der schon **bei** Vertragsschluss vorlag, richtet sich der Anspruch des Käufers auf Schadensersatz statt der Leistung nach der Vorschrift über die **anfängliche** Unmöglichkeit, also § 311a BGB. Entscheidend ist demnach, ob den Verkäufer ein **Informationsverschulden** trifft (§ 311a Abs. 2 S. 1 BGB). Dies ist der Fall, wenn der Verkäufer von dem unbehebbaren Mangel der Kaufsache bei Vertragsschluss wusste oder davon zumindest hätte Kenntnis haben müssen. Nach § 311a Abs. 2 S. 2 BGB wird das Informationsverschulden des Verkäufers allerdings **vermutet**, sodass der Verkäufer den Gegenbeweis führen muss, dass ihn kein derartiges Verschulden trifft.

Bei einem unbehebbaren Mangel, der erst **nach** Vertragsschluss auftrat, richtet sich der Anspruch des Käufers auf Schadensersatz statt der Leistung nach den Vorschriften über die **nachträgliche** Unmöglichkeit, also §§ 280, 283 BGB. Maßgeblich ist demnach, ob der Verkäufer den zwar nach Vertragsschluss, aber noch vor der Übergabe der Kaufsache (sonst wäre es kein Mangel, § 434 Abs. 1 S. 1 BGB) aufgetretenen Mangel zu vertreten hat.

2. Form: Schadensersatz neben der Leistung

Ersatz von Mangelfolgeschäden

Infolge der mangelhaften Kaufsache kann es auch sein, dass **andere** Rechtsgüter des Käufers verletzt werden. Dann spricht man von einem **Mangelfolgeschaden**. **Beispiel:** K kauft von V ein krankes Pferd, das die bis dahin gesunden Pferde im Stall des K ansteckt. Der Schadensersatz bei Mangelfolgeschäden ist ein Schadensersatz **neben** der Leistung. Deshalb ist die richtige Anspruchsgrundlage § 437 Nr. 3 BGB i. V. m. (allein) § 280 Abs. 1 BGB.

In solchen Fällen besteht die **Pflichtverletzung** i. S. v. § 280 Abs. 1 BGB in der Lieferung einer **mangelhaften** Kaufsache. Ferner muss der Verkäufer den Mangel **zu vertreten** haben (§ 276 BGB), was allerdings vermutet wird (§ 280 Abs. 1 S. 2 BGB). Eine **Fristsetzung zur Nacherfüllung** ist hier im Umkehrschluss zu § 280 Abs. 3 BGB aber selbst dann **entbehrlich**, wenn der Mangel behebbar ist. Dies ist konsequent, da die Behebung des Mangels der Kaufsache bereits eingetretene Mangelfolgeschäden nicht mehr rückgängig machen kann.

2.3.1.5 Haftungsausschluss

Ausschluss der Käuferrechte

Die dargestellten Rechte des Käufers bei Mängeln der Kaufsache bestehen nicht, wenn ein wirksamer **Haftungsausschluss** besteht. Hierbei wird zwischen einem vertraglichen und einem gesetzlichen Haftungsausschluss unterschieden.

- **Vertraglicher Haftungsausschluss**
Es unterliegt grundsätzlich der **Vertragsfreiheit** der Parteien, einen Haftungsausschluss bei etwaigen Mängeln der Kaufsache zu vereinbaren. Seine Reichweite ist Auslegungsfrage.

Beispiel: Die Klausel „unter Ausschluss jeder Gewährleistung" bedeutet, dass der Käufer keinerlei Rechte bei Mängeln der Kaufsache haben soll. Bei der Formulierung „gekauft wie besichtigt" sollen Rechte des Käufers nur bei offenen (und nicht bei versteckten) Mängeln ausscheiden.

Grenzen beim vertraglichen Haftungsausschluss

Ein vertraglicher Haftungsausschluss ist zum Schutz des Käufers **nicht grenzenlos** zulässig. Nach § 444 BGB ist er unwirksam, wenn der Verkäufer den Mangel arglistig verschwiegen oder eine Garantie für die Beschaffenheit der Sache übernommen hat. **Arglist** des Verkäufers liegt vor, wenn er den Mangel kannte und nicht auf ihn hingewiesen hat. Ein solcher Verkäufer ist nicht schutzwürdig. Eine **Garantie** ist gegeben, wenn der Verkäufer eine bestimmte Eigenschaft der Kaufsache zusichert. In Betracht kommen dabei eine Beschaffenheits- sowie eine Haltbarkeitsgarantie (§ 443 BGB). Dann haftet der Verkäufer dem Käufer, soweit die Garantie reicht. Alles andere wäre treuwidrig (§ 242 BGB).

Beachte: Bei einem **Verbrauchsgüterkauf** (siehe Seite 61) ist ein vertraglicher Haftungsausschluss gemäß § 476 Abs. 1 BGB generell unwirksam. Dann kommt es auch nicht auf die Arglist oder eine Garantie des Verkäufers an. Möglich bleibt hier nur ein Ausschluss von Schadensersatzansprüchen des Käufers (§ 476 Abs. 3 BGB).

Hinweis: Soweit ein Haftungsausschluss in Allgemeinen Geschäftsbedingungen vereinbart wird, gibt es mit § 309 Nr. 7 und 8 BGB weitere Unwirksamkeitsgründe, die hier nicht näher erläutert werden.

- **Gesetzlicher Haftungsausschluss**

Fälle von gesetzlichem Haftungsausschluss

Auch wenn ein Haftungsausschluss zwischen den Vertragsparteien nicht vereinbart wurde, kann es dennoch dazu kommen, dass der Verkäufer für die Mangelhaftigkeit der Kaufsache nicht einstehen muss. So sind die Rechte des Käufers nach § 442 Abs. 1 S. 1 BGB **ausgeschlossen**, wenn er den Mangel bei Vertragsschluss **kennt**. In diesem Fall ist der Käufer „selbst schuld", wenn er die Sache trotzdem kauft. Möglicherweise spiegelt sich die Mangelhaftigkeit der Kaufsache dann aber auch in einem niedrigeren Kaufpreis wider. Wenn dem Käufer hingegen ein Mangel infolge **grober** Fahrlässigkeit **unbekannt** geblieben ist, kann der Käufer seine Mängelrechte nur geltend machen, wenn der Verkäufer den Mangel **arglistig** verschwiegen oder eine **Garantie** für die Beschaffenheit der Sache übernommen hat (§ 442 Abs. 1 S. 2 BGB). Das bedeutet im Umkehrschluss, dass der Käufer seine Rechte **nicht** verliert, wenn er den Mangel aufgrund einfacher Fahrlässigkeit nicht erkannt hat.

Hinweis: Soweit es um einen sog. Handelskauf geht – die Vertragsparteien also Kaufleute sind –, gibt es mit § 377 Abs. 1 HGB eine besondere Untersuchungs- und Rügeobliegenheit des Käufers. Wenn er einen Mangel dann nicht unverzüglich gegenüber dem Verkäufer geltend macht, verliert er seine Mängelrechte. Dazu näher Seite 136.

2.3.1.6 Verjährung von Mängelansprüchen

Einrede der Verjährung

Nachdem geklärt ist, welche Rechte der Käufer bei einer mangelhaften Kaufsache gegen den Verkäufer hat, stellt sich nunmehr noch die Frage, **wie lange** er diese geltend machen kann. Es geht also um die **Verjährung** der Mängelansprüche.

Verjährungsfristen

Die kaufrechtlichen Verjährungsfristen sind in § 438 BGB geregelt (für den Rücktritt als Gestaltungsrecht gilt das Gleiche über § 218 BGB). Grundsätzlich verjähren kaufrechtliche Mängelansprüche in **zwei Jahren**, § 438 Abs. 1 Nr. 3 BGB. Dies gilt v. a. beim Normalfall des Kaufs beweglicher Sachen. Bei Bauwerken und Baumaterialien beträgt die Verjährungsfrist fünf Jahre, § 438 Abs. 1 Nr. 2 BGB, bei dinglichen Drittrechten (z. B. Pfandrecht) und solchen, die im Grundbuch eingetragen sind (z. B. Grundschuld), sogar 30 Jahre, § 438 Abs. 1 Nr. 1 BGB.

Die Verjährung **beginnt** gemäß § 438 Abs. 2 BGB i. d. R. mit der Ablieferung der Kaufsache. Wenn der Verkäufer den Mangel **arglistig** verschweigt, gilt hingegen die regelmäßige dreijährige Verjährungsfrist nach § 195 BGB, die erst am Jahresende der Kenntniserlangung des Käufers vom Mangel beginnt, § 199 Abs. 1 BGB.

Beachte: Bei einem **Verbrauchsgüterkauf** (siehe S. 61) kann die Verjährung der Mängelansprüche gemäß § 476 Abs. 2 BGB grundsätzlich nicht erleichtert, also die Frist zugunsten des Unternehmer-Verkäufers im Vertrag verkürzt werden. Damit bleibt es i. d. R. bei der zweijährigen Verjährungsfrist nach § 438 Abs. 1 Nr. 3 BGB. Etwas anderes gilt nur bei gebrauchten Waren; bei diesen kann die Verjährungsfrist auf ein Jahr verkürzt werden.

Lösung zur Handlungssituation (Fallbeispiel 8)

Ansprüche des H gegen M:

I. Nacherfüllung

Zunächst ist zu prüfen, ob H von M Nacherfüllung gemäß §§ 437 Nr. 1, 439 Abs. 1 BGB verlangen kann.

Ein wirksamer Kaufvertrag zwischen H und M über das Heißluftgebläse liegt vor. Dieses ist mangelhaft, da aus Sicht des H der Ist- vom Soll-Zustand negativ abweicht. Mangels einer Beschaffenheitsvereinbarung ist für den Soll-Zustand § 434 Abs. 3 S. 1 Nr. 1 und Nr. 2 BGB maßgeblich. Da sich das von H gekaufte Heißluftgebläse wegen des Funkenschlags nicht zur gewöhnlichen Verwendung eignet und von üblichen Heißluftgebläsen negativ abweicht, liegt ein Sachmangel vor.

Somit kann H von M gemäß § 437 Nr. 1 BGB Nacherfüllung nach § 439 Abs. 1 BGB verlangen. Dabei kann H wählen, ob M den Mangel an dem Gebläse durch eine Reparatur beheben oder ob er ihm ein neues, mangelfreies Heißluftgebläse liefern muss. Nach Lage der Dinge wird sich H eher für eine Ersatzlieferung entscheiden.

II. Rücktritt

Es ist zu prüfen, ob H gemäß §§ 437 Nr. 2, 323 Abs. 1 BGB vom Vertrag zurücktreten und damit nach § 346 Abs. 1 BGB den Kaufpreis zurückverlangen kann.

Der Kaufvertrag zwischen H und M stellt einen gegenseitigen Vertrag i. S. v. § 323 Abs. 1 BGB dar. Durch das mangelhafte Heißluftgebläse hat M die geschuldete Leistung nicht vertragsgemäß erbracht. Damit liegt ein Rücktrittsgrund vor. Der Mangel ist auch erheblich, sodass der Rücktritt nicht nach § 323 Abs. 5 S. 2 BGB ausgeschlossen ist.

Gemäß § 323 Abs. 1 BGB kann H vom Vertrag aber grundsätzlich erst zurücktreten, wenn er dem M eine angemessene Frist zur Nacherfüllung gesetzt hat. Dies ist bis dato nicht geschehen. Die Frist ist allerdings entbehrlich, wenn einer der in § 323 Abs. 2 BGB genannten Gründe greift. Hier kommen besondere Umstände i. S. v. § 323 Abs. 2 Nr. 3 BGB in Betracht. Gegen besondere Umstände spricht zwar, dass eine Nacherfüllung noch möglich ist und ein funktionsfähiges Heißluftgebläse für H weiterhin Sinn macht. Auf der anderen Seite hat es M billigend in Kauf genommen, dass sich durch die defekte Steuerung ein Funkenflug entwickelt und dadurch der H zu Schaden kommt. Durch dieses arglistige Verhalten des M ist die Vertrauensgrundlage für ein Fortbestehen des Vertrags mit H entfallen. Damit liegen hier besondere Umstände i. S. v. § 323 Abs. 2 Nr. 3 BGB vor.

H kann also durch Erklärung gegenüber M (§ 349 BGB) vom Vertrag zurücktreten und den Kaufpreis von M zurückverlangen. Zug um Zug ist H dann zur Rückübereignung des Heißluftgebläses an M verpflichtet (§§ 346 Abs. 1, 348 BGB).

III. Minderung

Die Kaufpreisminderung hat wegen § 441 Abs. 1 BGB („statt zurückzutreten") die gleichen Voraussetzungen wie der Rücktritt – mit Ausnahme der Tatsache, dass eine Minderung auch bei einem unerheblichen Mangel in Betracht kommt (§§ 441 Abs. 1 S. 2, 323 Abs. 5 S. 2 BGB). Da hier sogar der Rücktritt möglich ist, kann H das mangelhafte Heißluftgebläse auch behalten (und evtl. selbst reparieren) und den Kaufpreis durch Erklärung gegenüber M mindern.

Die Höhe des Minderungsbetrags ist ggf. durch Schätzung zu ermitteln (§ 441 Abs. 3 S. 2 BGB), kann sich aber an den voraussichtlichen Reparaturkosten orientieren.

IV. Schadensersatz

Es ist überdies zu prüfen, ob H von M Schadensersatz neben der Leistung wegen der abgebrannten Vorhänge gemäß §§ 437 Nr. 3, 280 Abs. 1 BGB verlangen kann.

Mit dem Kaufvertrag zwischen H und M ist ein Schuldverhältnis i. S. v. § 280 Abs. 1 BGB entstanden. Die Pflichtverletzung des M liegt in der Lieferung eines mangelhaften Heißluftgebläses. M hat die Pflichtverletzung gemäß § 276 BGB auch zu vertreten, da er von dem Defekt des Gebläses Kenntnis hatte. Der Schaden des H liegt in den Kosten für die Neubeschaffung der abgebrannten Vorhänge.

Der Anspruch auf Schadensersatz neben der Leistung ist demnach gegeben.

2.3.2 Der Werkvertrag

2.3.2.1 Wesen und vertragstypische Leistungen

Rechte und Pflichten beim Werkvertrag

Ein weiterer wichtiger Vertragstyp des BGB ist der **Werkvertrag** nach § 631 BGB. Auch bei diesem stehen – wie beim Kaufvertrag – Leistung und Gegenleistung in einem **Austauschverhältnis** zueinander (gegenseitiger Vertrag). Der Werkvertrag ist die typische rechtliche Grundlage für die entgeltliche Erbringung von **Handwerksleistungen**. Für den **Bauvertrag** enthalten die §§ 650a ff. BGB und für den **Verbraucherbauvertrag** die §§ 650i ff. BGB einige Sonderregelungen zum allgemeinen Werkvertragsrecht.

Beim Werkvertrag verpflichtet sich der **Unternehmer** zur Herstellung eines **Werkes**. Das Werk kann dabei sowohl die Herstellung oder Veränderung einer Sache als auch ein anderer durch Arbeit oder Dienstleistung herbeizuführender **Erfolg** sein, § 631 Abs. 2 BGB.

Beachte: Der Begriff des „Unternehmers" in § 631 BGB ist nicht identisch mit dem in § 14 BGB. Werkunternehmer kann also auch eine Person sein, die nicht beruflich, sondern privat handelt.

Besonderheiten beim Werklohn

Die Hauptleistungspflicht des Bestellers besteht in der Entrichtung der vereinbarten **Vergütung** (= Werklohn). Die Vergütung erfolgt grundsätzlich in Geld, es kann aber auch eine Naturalvergütung geschuldet sein (Vertragsfreiheit).

I. d. R. **vereinbaren** die Werkvertragsparteien die geschuldete Vergütung. Sollte dies nicht der Fall sein, führt das aber nicht automatisch zur Nichtigkeit des Vertrages (wegen Dissens, § 154 Abs. 1 BGB). Vielmehr **fingiert** § 632 BGB die Vereinbarung eines Werklohns dem **Grunde** nach, wenn die Herstellung des Werkes den Umständen nach nur gegen eine Vergütung zu erwarten ist (§ 632 Abs. 1 BGB). Soweit nur die **Höhe** des Werklohns nicht vertraglich festgelegt ist, gilt die taxmäßige (z. B. auf Basis einer gesetzlichen Gebührenordnung) bzw. die übliche Vergütung als vereinbart (§ 632 Abs. 2 BGB).

Eine ausdrückliche Regelung für die **Zahlungspflicht bei Kostenvoranschlägen** enthält § 632 Abs. 3 BGB. Ein solcher ist im Zweifel nicht zu vergüten. Folglich sollte der Werkunternehmer - wenn er eine Vergütung dafür erhalten möchte -auf eine gesonderte Bezahlungsvereinbarung hinwirken.

Abnahme des Werkes als Fälligkeitsvoraussetzung

Der Werklohnanspruch ist grundsätzlich erst mit der **Abnahme** des Werkes durch den Besteller fällig (§ 641 Abs. 1 S. 1 BGB). Unter der Abnahme versteht man die (soweit möglich) körperliche **Entgegennahme** des Werkes durch den Besteller und dessen Billigung als im Wesentlichen **vertragsgemäß** (§ 640 Abs. 1 S. 1 BGB). Der Werkunternehmer muss also grundsätzlich **vorleisten**, was ihn unter Umständen erheblich finanziell belasten kann.

Der Besteller hat insofern ein Interesse, die Abnahme so lange wie möglich zu verzögern, der Unternehmer, sie so schnell wie möglich herbeizuführen. Problematisch ist dieses **Spannungsfeld** v. a., wenn das Werk nicht frei von Mängeln ist. Gemäß § 640 Abs. 1 S. 2 BGB kann der Besteller die Abnahme wegen **unwesentlicher** Mängel nicht verweigern. Das bedeutet im Umkehrschluss, dass er dies bei **wesentlichen** Mängeln doch tun kann. Für die Frage, wann ein Mangel wesentlich ist, bedarf es einer wertenden Betrachtung im **Einzelfall**.

Um den Unternehmer zu schützen, falls der Besteller die Abnahme und damit den Eintritt der Fälligkeit des Werklohnanspruchs zu Unrecht verweigert, fingiert § 640 Abs. 2 S. 1 BGB die Abnahme, wenn der Unternehmer den Besteller nach Fertigstellung des Werks eine angemessene Frist zur Abnahme gesetzt hat und der Besteller die Abnahme nicht innerhalb dieser Frist unter Angabe mindestens eines Mangels verweigert hat.

Abschlagszahlungen

Einen weiteren **Schutz** erhält der Unternehmer durch § 632a Abs. 1 S. 1 BGB. Demnach kann er von dem Besteller eine **Abschlagszahlung** in Höhe des Wertes der von ihm erbrachten und nach dem Vertrag geschuldeten Leistungen verlangen.

2.3.2.2 Mängel des Werkes

Der **Mangel** ist im Werkvertragsrecht ähnlich wie im Kaufrecht geregelt. Es gibt hier nach § 633 BGB ebenso die Unterscheidung zwischen Sach- und Rechtsmängeln sowie die Regelung, dass primär die vertragliche Vereinbarung und dannach objektive Kriterien für den Mangelbegriff relevant sind.

Handlungssituation (Fallbeispiel 9)

Heinrich (H) ist in der Baubranche tätig. Für den Brummig (B) hat er kürzlich auf Basis eines schriftlichen Bauvertrags ein schlüsselfertiges Haus errichtet. Bei der Besichtigung des Hauses stellt B fest, dass der Parkettboden im Erdgeschoss zahlreiche große und tiefe Risse aufweist. H verlangt von B dennoch die Bezahlung des Werklohns.

Zu Recht? Macht es hierfür einen Unterschied, ob B in das Haus einzieht oder nicht? (Lösung Seite 74)

2.3.2.3 Rechte des Bestellers

- **Werklohnverweigerung**

Zurückbehaltung des Werklohns

Ebenso wie im Kaufrecht stellt sich beim Werkvertrag die Frage, welche **Rechte** der Besteller gegen den Unternehmer hat, wenn das Werk mangelhaft ist. Zunächst kommen Rechte des Bestellers im Hinblick auf einen evtl. noch ausstehenden **Werklohn** für den Unternehmer in Betracht.

Wie bereits dargestellt, kann der Besteller - wenn es sich um einen **wesentlichen** Mangel handelt - die Abnahme des Werkes **verweigern** und damit den Eintritt der Fälligkeit des Werklohnanspruchs **verhindern** (§§ 640 Abs. 1 S. 2, 641 Abs.1 S. 1 BGB). Darüber hinaus kann der Besteller - wenn er das Werk bereits abgenommen, aber noch nicht den gesamten Werklohn geleistet hat - die Zahlung eines angemessenen Teils der Vergütung **verweigern**, wobei i. d. R. das Doppelte der für die Beseitigung des Mangels erforderlichen Kosten angemessen ist (sog. **Druckzuschlag**, § 641 Abs. 3 BGB).

- **Nacherfüllung**

Die gegenleistungsbezogenen Rechte bringen dem Besteller jedoch nichts mehr, wenn er das Werk bereits **abgenommen** und den Werklohn vollständig an den Unternehmer bezahlt hat. Dann ist er auf die **Mängelrechte** des § 634 BGB beschränkt.

Wie im Kaufrecht ist das **primäre** Mängelrecht des Bestellers die **Nacherfüllung** (§§ 634 Nr. 1, 635 BGB). Diese kann durch die Reparatur des bestehenden oder durch die Herstellung eines neuen Werkes erfolgen. Anders als im Kaufrecht hat bei der werkvertraglichen Nacherfüllung aber der **Unternehmer** die Wahl, auf welche Art und Weise der Anspruch erfüllt wird (§ 635 Abs. 1 BGB). Grund hierfür ist, dass der Werkunternehmer für den Produktionsprozess verantwortlich und es dem Besteller i. d. R. egal ist, wie das Werk entsteht - solange es vertragsgemäß hergestellt wird. Wie im Kaufrecht hat der Unternehmer allerdings die Möglichkeit, die Nacherfüllung zu **verweigern**, wenn sie nur mit unverhältnismäßigen Kosten möglich ist (§ 635 Abs. 3 BGB).

Wahlrecht des Unternehmens bei Nacherfüllung

- **Selbstvornahme**

Als **sekundäres** Recht kann der Besteller den Mangel selbst beseitigen und **Ersatz** der erforderlichen **Aufwendungen** vom Unternehmer verlangen (§§ 634 Nr. 2, 637 BGB). Bei der **Selbstvornahme** handelt es sich um ein besonderes Werkvertragsrecht, das es im Kaufrecht nicht gibt. Dies ist Folge der Tatsache, dass dem Entstehen des Werkes ein Produktionsprozess vorausgeht.

Selbstvornahmerecht des Bestellers

Bevor der Besteller zur Selbstvornahme schreiten darf, muss er dem Unternehmer grundsätzlich eine angemessene **Frist** zur Nacherfüllung setzen, die fruchtlos verstreichen muss. So wird der Vorrang der Nacherfüllung auch beim Werkvertrag gesichert. Das Recht auf Selbstvornahme besteht aber nicht, wenn der Unternehmer die Nacherfüllung wegen unverhältnismäßiger Kosten zu **Recht** verweigert (§ 637 Abs. 1 BGB).

Entbehrlich ist die Fristsetzung zur Nacherfüllung in den Fällen des § 323 Abs. 2 BGB (i. V. m. § 637 Abs. 2 S. 1 BGB) sowie des § 637 Abs. 2 S. 2 BGB. Letztlich bedarf es also beim Werkvertrag wie im Kaufrecht keiner Fristsetzung, wenn der Schuldner die Nacherfüllung ernsthaft und endgültig verweigert, ein Fixgeschäft bzw. besondere Umstände vorliegen oder wenn die Nacherfüllung fehlgeschlagen bzw. dem Besteller unzumutbar ist.

Das Recht auf Selbstvornahme erlaubt es dem Besteller, den Mangel entweder **selbst** zu beseitigen (was i. d. R. handwerkliche Fähigkeiten voraussetzt) oder einen **Drittunternehmer** mit der Mängelbeseitigung zu beauftragen und dessen **Kosten** dem ursprünglichen Werkunternehmer in Rechnung zu stellen (Aufwendungsersatz), § 637 Abs. 1 BGB.

Anspruch auf Aufwendungsersatz

Bei der Geltendmachung des Aufwendungsersatzanspruchs nach § 637 Abs. 1 BGB trägt der Besteller freilich das **Insolvenzrisiko** des Werkunternehmers, wobei er gleichzeitig dem Drittunternehmer als Vertragspartner verpflichtet bleibt. Diesem Risiko trägt § 637 Abs. 3 BGB Rechnung. Demnach kann der Besteller von dem

Unternehmer für die zur Beseitigung des Mangels erforderlichen Aufwendungen einen **Kostenvorschuss** verlangen. Diesen Anspruch kann der Besteller ggf. auch gegen einen noch offenen Restwerklohnanspruch des Unternehmers **aufrechnen**, §§ 387ff. BGB.

Merke: Das Recht zur Selbstvornahme setzt einen Anspruch auf Nacherfüllung, der Kostenvorschussanspruch wiederum ein Recht zur Selbstvornahme voraus.

- **Rücktritt, Minderung, Schadensersatz**

Die **weiteren** Mängelrechte des Bestellers aus § 634 Nr. 3 und 4 BGB - Rücktritt, Minderung und Schadens- bzw. Aufwendungsersatz **entsprechen** in ihrer Ausgestaltung den kaufrechtlichen Vorschriften des § 437 Nr. 2 und 3 BGB (siehe oben).

Lösung zur Handlungssituation (Fallbeispiel 9)

Zu prüfen ist der Anspruch des H gegen B auf Bezahlung des Werklohns gemäß § 631 Abs. 1 i. V. m. §§ 650a, i BGB.

Zwischen H und B ist ein wirksamer Werkvertrag in Form eines Bauvertrags (§ 650a Abs. 1 BGB) zustande gekommen. Soweit es sich um einen Verbraucherbauvertrag (§ 650i Abs. 1 BGB) handelt, wurde die erforderliche Textform (§ 650i Abs. 2 i. V. m. § 126b BGB) gewahrt und das Widerrufsrecht (§ 650 l BGB) von B nicht ausgeübt. Der Werklohnanspruch des H wird grundsätzlich jedoch erst mit Abnahme des Werkes durch B fällig (§§ 641 Abs. 1 S. 1, 640 Abs. 1 S. 1 BGB). Fraglich ist demnach, ob B die Abnahme des Hauses verweigern darf.

Die Risse im Boden stellen einen Sachmangel dar, weil sie bei einem schlüsselfertigen Neubau zumindest nicht der üblichen Beschaffenheit entsprechen (§ 633 Abs. 2 S. 2 Nr. 2 BGB). Da es sich angesichts der Anzahl, Größe und Tiefe der Risse auch um einen wesentlichen Mangel handelt, darf B gemäß § 640 Abs. 1 S. 2 BGB die Abnahme des Hauses verweigern. Damit wird der Werklohnanspruch des H nicht fällig und B muss nicht zahlen (§ 641 Abs. 1 S. 1 BGB).

Wenn B trotz der Risse im Boden bereits jetzt in das Haus einzieht und damit das Werk abnimmt (§ 640 Abs. 1 S. 1 BGB: körperliche Entgegennahme und Billigung als im Wesentlichen vertragsgemäß), kann er trotzdem noch einen erheblichen Teil des Werklohns zurückbehalten. Da B von H die Beseitigung eines Mangels verlangen kann, berechtigt ihn § 641 Abs. 3 BGB zur Geltendmachung eines „Druckzuschlages" in Höhe des Doppelten der für die Beseitigung des Mangels erforderlichen Kosten. Insoweit kann B die Bezahlung des Werklohns an H auch noch nach seinem Einzug in das Haus verweigern.

2.4 Gesetzliche Schuldverhältnisse

2.4.1 Überblick

Besonderheiten gesetzlicher Schuldverhältnisse

Neben den rechtsgeschäftlichen Schuldverhältnissen regelt das BGB auch eine Reihe **gesetzlicher** Schuldverhältnisse. Diese unterscheiden sich von den rechtsgeschäftlichen Schuldverhältnissen dadurch, dass sie nicht durch die Abgabe von Willenserklärungen entstehen, sondern deshalb, weil ein gesetzlicher Tatbestand wegen des Vorliegens bestimmter **Fakten** erfüllt ist. Zu den wichtigsten gesetzlichen Schuldverhältnissen zählen die **unerlaubte Handlung** (§§ 823ff. BGB) und die **ungerechtfertigte Bereicherung** (§§ 812ff. BGB).

2.4.2. Unerlaubte Handlungen

2.4.2.1 Bedeutung

Merkmale des Deliktsrechts

Das Recht der unerlaubten Handlungen (**Deliktsrecht**) verfolgt das Ziel, das sog. **Integritätsinteresse** des Geschädigten - also das Interesse an der Unversehrtheit seiner Rechtsgüter - zu schützen. Deshalb ist die primäre Rechtsfolge **Schadensersatz**, also der Ausgleich für ein unfreiwillig erlittenes Vermögensopfer. Das Recht der unerlaubten Handlung ist dabei eine **„Jedermann-Haftung"**, die denjenigen trifft, der ein Delikt begeht. Die §§ 823ff. BGB setzen also anders als die Schadensersatzpflicht aus dem Vertragsrecht **kein Schuldverhältnis** voraus. Das ist der zentrale Unterschied zu den §§ 280 ff. BGB.

Verschuldensprinzip

Die deliktische Haftung erfordert grundsätzlich ein **Verschulden** i. S. v. § 276 BGB, da die unerlaubte Handlung dem Schädiger nur dann zum Vorwurf gemacht werden kann, wenn dieser vorsätzlich oder zumindest fahrlässig agiert. In manchen, besonders gefahrgeneigten Lebensbereichen - etwa im Straßenverkehr - gibt es jedoch weitergehend eine sog. **Gefährdungshaftung**, nach der der Schädiger unabhängig von einem Verschulden Schadensersatz leisten muss (wobei der Anspruch nach spezialgesetzlichen Regelungen häufig auch gegen eine **Versicherung** gerichtet ist). Ggf. treten diese Gefährdungshaftungstatbestände neben eine Verantwortlichkeit aus §§ 823ff. BGB **(„Anspruchskonkurrenz")**. Schließlich ist in diesem Zusammenhang aber noch zu berücksichtigen, dass es auch ein **allgemeines Lebensrisiko** gibt, bei dessen Realisierung niemand haften muss.

Handlungssituation (Fallbeispiel 10)

Heinrich (H) ist mit seinem Auto auf einer Landstraße unterwegs. Wegen einer schwer einsehbaren Kurve reduziert der vor ihm fahrende Gunter (G) seine Geschwindigkeit, woraufhin H auf den Wagen des G auffährt. Bei dem Unfall wird der Pkw des G beschädigt. Ferner erleidet G einen Armbruch, wegen dem er für sechs Wochen seine Tätigkeit als selbstständiger Handelsvertreter nicht ausüben kann. G verlangt von H Schadensersatz wegen der Reparatur des Autos, der ärztlichen Behandlung, des Verdienstausfalls sowie ein angemessenes Schmerzensgeld.

Zu Recht? Anspruchsgrundlagen aus dem StVG bleiben außer Betracht. (Lösung Seiten 80, 81)

2.4.2.2 Gesetzliche Regelung

Tatbestände deliktischer Haftung

Im Deliktsrecht gibt es nicht „die“ Haftungsnorm, nach der in allen Fällen einer unerlaubten Handlung Schadensersatz zu leisten wäre. Vielmehr enthalten die §§ 823 ff. BGB ein differenziertes System verschiedener Anspruchsgrundlagen.

§ 823 Abs. 1 BGB schützt als wichtigste Anspruchsgrundlage bestimmte **absolute** Rechte. § 823 Abs. 2 BGB begründet eine deliktische Haftung, wenn gegen ein **Schutzgesetz** – z. B. eine Strafnorm – verstoßen wird. Folglich müssen Straftäter (z. B. Diebe, Betrüger) in aller Regel auch zivilrechtlich Schadensersatz leisten. In solchen oder ähnlich gravierenden Fällen kommt ferner eine Haftung nach § 826 BGB infrage, der bei **vorsätzlichen** und **sittenwidrigen** Schädigungen gilt. Neben diesen allgemeinen Haftungstatbeständen gibt es noch zahlreiche **Sondernormen**, wie etwa die Tierhalter- (§ 833 BGB), die Minderjährigen- (§ 828 BGB) oder die Elternhaftung (§ 832 BGB).

2.4.2.3 Insbesondere: § 823 Abs. 1 BGB

Zentrale Haftungsnorm: § 823 Abs. 1 BGB

Der **zentrale** Haftungstatbestand des Deliktsrechts ist § 823 Abs. 1 BGB. Die Norm hat folgende Voraussetzungen:

- Rechtsgutverletzung
- Rechtswidrigkeit
- Verschulden
- Schaden.

- **Rechtsgutverletzung**

Geschützte Rechtsgüter

§ 823 Abs. 1 BGB nennt verschiedene **Rechtsgüter**, bei deren Verletzung der Schädiger dem Geschädigten Schadensersatz leisten muss. Zu beachten ist dabei, dass die Norm keinen pauschalen Vermögensschutz enthält, sondern diesen nur dann gewährt, wenn eines der aufgezählten Rechtsgüter verletzt worden ist (sog. **Enumerativprinzip**). Bei allen Rechtsgütern des § 823 Abs. 1 BGB handelt es sich um **absolute** Rechte, die gegenüber **jedermann** gelten.

Persönliche Schutzgüter

- **Leben**
  Unter dem Rechtsgut Leben versteht man die **physische Existenz**. Das Leben wird verletzt, wenn ein Mensch getötet wird. Anspruchsinhaber sind dann die **Hinterbliebenen** nach Maßgabe der §§ 844, 845 BGB. Sollte der Getötete unterhaltsverpflichtet gewesen sein, so hat der Schädiger dem Unterhaltsberechtigten eine **Geldrente** zu entrichten (§ 844 Abs. 2 BGB). Das kann zu erheblichen finanziellen Belastungen führen.

- **Körper, Gesundheit**
  Die Rechtsgüter Körper und Gesundheit schützen die **physische Integrität** des Menschen. Eine Körperverletzung liegt vor, wenn die körperliche Unversehrtheit mehr als nur unerheblich beeinträchtigt, eine Gesundheitsverletzung, wenn ein krankhafter Zustand hervorgerufen wird.

- **Freiheit**
  Unter dem deliktischen Schutzgut der Freiheit versteht man (nur) die **körperliche** Fortbewegungs- und nicht etwa eine geistige Form von Freiheit. Die Freiheit eines Menschen wird z. B. in Entführungsfällen verletzt.

Sachliche Schutzgüter

- **Eigentum**
  Das Rechtsgut Eigentum orientiert sich an § 903 BGB, wonach der Eigentümer einer Sache nach **Belieben** mit ihr verfahren und andere von jeder Einwirkung ausschließen kann. Eine Eigentumsverletzung liegt bei einer Substanzeinwirkung (Beschädigung oder Zerstörung einer Sache) sowie bei einer Substanzentziehung (Wegnahme einer Sache) vor.

- **Sonstige Rechte**
  Am schwersten zu definieren sind die sonstigen Rechte i. S. d. § 823 Abs. 1 BGB. Wegen ihrer systematischen Stellung direkt hinter dem Eigentum muss es sich um **eigentumsähnliche** und damit absolute Rechte handeln.

  Zu den sonstigen Rechten zählen **Immaterialgüterrechte** wie das Patent- und Urheberrecht, ferner **Mitgliedschaftsrechte**, z. B. die Aktien einer Aktiengesellschaft. Der **Besitz** (= tatsächliche Sachherrschaft, § 854 Abs. 1 BGB) fällt als solcher nicht unter § 823 Abs. 1 BGB, wohl aber das **Recht zum Besitz**. Der Grund hierfür ist, dass auch der Dieb Besitzer einer Sache ist und deshalb nur der berechtigte Besitzer - etwa ein Mieter - deliktsrechtlichen Schutz verdient. Eigentumsähnlich ist des Weiteren das sog. **Recht am eingerichteten und ausgeübten Gewerbebetrieb**. Dieses schützt z. B. die Lieferantenbeziehungen und den Kundenstamm eines Unternehmens. Schließlich wird das **allgemeine Persönlichkeitsrecht** von § 823 Abs. 1 BGB erfasst. Demnach können v. a. Prominente Schadensersatz verlangen, wenn sie durch Schmähkritik in ihrer Ehre verletzt oder unzulässige Bildaufnahmen von ihnen verbreitet werden.

- **Rechtswidrigkeit**

Rechtswidrigkeit und Rechtfertigungsgründe

Eine Haftung des Schädigers aus § 823 Abs. 1 BGB tritt nur ein, wenn die Rechtsgutverletzung **widerrechtlich** (= rechtswidrig) ist. Nach der **Lehre vom Erfolgsunrecht** wird die Rechtswidrigkeit allerdings **vermutet**, weil grundsätzlich niemand einen anderen verletzen darf. Die Tatbestandsmäßigkeit **indiziert** also die Rechtswidrigkeit. Folglich muss der Schädiger beweisen, dass die von ihm verursachte Rechtsgutverletzung ausnahmsweise nicht rechtswidrig gewesen ist.

Eine Rechtsgutverletzung ist dann nicht rechtswidrig, wenn ein sog. **Rechtfertigungsgrund** vorliegt. Hierzu zählt zunächst die **Einwilligung** des Geschädigten in die Rechtsgutverletzung. Eine solche liegt z. B. im Arzthaftungsrecht vor, wenn der Patient bei einer Operation der tatbestandlichen Körperverletzung zustimmt. Eine wirksame Einwilligung setzt aber voraus, dass der Patient über die Risiken einer ärztlichen Behandlung umfassend **aufgeklärt** worden ist. Kann eine Einwilligung z. B. wegen Ohnmacht des Verletzten nicht erklärt werden, wird auf die **mutmaßliche** Einwilligung abgestellt.

Im Bereich des **Sportrechts** ist zwischen der echten Einwilligung in die Rechtsgutverletzung - etwa beim Boxen - und einer bloßen **Risikoeinwilligung** wie z. B. beim Fußball zu unterscheiden. Bei Letzterer sind nur risikospezifische Verletzungen (also ein Foul, nicht aber eine Tätlichkeit) von der Zustimmung des Geschädigten abgedeckt.

Notwehr und Nothilfe

Weitere Rechtfertigungsgründe sind Notwehr und Nothilfe. **Notwehr** bedeutet die Abwehr eines gegenwärtigen rechtswidrigen Angriffs gegen sich selbst, **Nothilfe** das Gleiche, wenn sich der Angriff gegen einen Dritten richtet (vgl. § 227 BGB). In diesen Fällen darf der Angegriffene den Angreifer unter Umständen sogar am Körper verletzen, ohne dass er deliktsrechtlich haften müsste.

- **Verschulden**

Arten des Verschuldens

Als weitere Voraussetzung für eine Haftung nach § 823 Abs. 1 BGB muss ein **Verschulden** des Schädigers gegeben sein. Hierbei nennt die Norm Vorsatz oder Fahrlässigkeit als mögliche Verschuldensformen. **Vorsatz** bedeutet das Wissen und Wollen der Rechtsgutverletzung, **Fahrlässigkeit** das diesbezügliche Außerachtlassen der im Verkehr erforderlichen Sorgfalt (§ 276 Abs. 2 BGB). Anders als bei rechtsgeschäftlichen Schuldverhältnissen wird im Deliktsrecht das Verschulden des Schädigers aber nicht vermutet. Folglich muss der Geschädigte das Verschulden des Schädigers **beweisen**.

- **Schaden**

Letztlich muss für einen Anspruch nach § 823 Abs. 1 BGB dem Geschädigten ein **Schaden** entstanden sein. Generell stellt ein Schaden ein **unfreiwilliges Vermögensopfer** dar.

Naturalrestitution

Der Schadensersatz ist gemäß § 249 Abs. 1 BGB auf **„Naturalrestitution"** gerichtet. Demnach muss der Schädiger grundsätzlich den Zustand wiederherstellen, wie er ohne die schädigende Handlung bestehen würde. Deshalb ist z. B. auch bei einem gebrauchten Pkw eine umfassende Reparatur und nicht nur eine angemessene Entschädigung in Geld zu leisten.

Bei der Verletzung einer **Person** oder der Beschädigung einer **Sache** kann der Geschädigte aber statt der Herstellung den dazu **erforderlichen** Geldbetrag vom Schädiger verlangen (§ 249 Abs. 2 BGB). Grund hierfür ist, dass es dem Geschädigten häufig unzumutbar ist, seine verletzten Rechtsgüter - etwa einen beschädigten Pkw - dem Schädiger zur Reparatur anzuvertrauen.

Kompensation

Soweit eine Herstellung **unmöglich** ist, tritt gemäß § 251 Abs. 1 BGB an die Stelle der Restitution (= Wiederherstellung) die **Kompensation** (= Ausgleich). Dies ist v. a. der Fall, wenn eine Reparatur der beschädigten Sache ausgeschlossen ist. Dann richtet sich der Anspruch des Geschädigten gegen den Schädiger von vornherein auf Geldzahlung.

Vermögensschäden

Des Weiteren muss im Schadensrecht zwischen einem Vermögensschaden und einem Nichtvermögensschaden (= immaterieller Schaden) unterschieden werden (vgl. § 253 BGB). **Vermögensschäden** sind im Umkehrschluss zu § 253 Abs. 1 BGB - falls eine Rechtsgutverletzung i. S. v. § 823 Abs. 1 BGB vorliegt - stets kompensationsfähig. Bei der Bemessung von Vermögensschäden findet eine wirtschaftliche Betrachtung nach der sog. **Differenzhypothese** statt. Ein Vermögensschaden ist dann gegeben, wenn der jetzige tatsächliche Wert des Vermögens des Geschädigten geringer ist als der Wert, den das Vermögen ohne das schädigende Ereignis hätte.

Nichtvermögensschäden

Nichtvermögensschäden sind hingegen nur zu kompensieren, wenn eine ausdrückliche gesetzliche Regelung existiert (§ 253 Abs. 1 BGB). Hierzu zählt v. a. das **Schmerzensgeld** nach § 253 Abs. 2 BGB. Dieses muss der Schädiger an den Geschädigten leisten, wenn es um eine Verletzung des Körpers, der Gesundheit, der Freiheit oder der sexuellen Selbstbestimmung geht. Die **Höhe** des Schmerzensgeldes soll eine billige (= gerechte) und an den Umständen des Einzelfalles orientierte **Entschädigung** in Geld sein. Hierbei spielen die Schwere der Verletzung, etwaige Folgeschäden sowie der Grad des Verschuldens des Schädigers eine maßgebliche Rolle. Die **Praxis** orientiert sich bei der Festsetzung an **Schmerzensgeldtabellen**, in denen eine große Zahl an gerichtlichen Präzedenzfällen mit Verletzungen und Schmerzensgeldbeträgen aufgeführt sind.

Verletzungs- und Folgeschäden

Schließlich muss man im Schadensrecht zwischen dem Verletzungs- und dem Folgeschaden unterscheiden. **Verletzungsschaden** ist der unmittelbar durch die Rechtsgutverletzung entstandene Schaden, also z. B. die Wertminderung eines verunfallten Kfz. Ein **Folgeschaden** ist dagegen nur ein mittelbar durch die Rechtsgutverletzung eingetretener Schaden. Hierzu wird z. B. ein etwaiger Verdienstausfall des Geschädigten gerechnet, der noch im Rahmen des Üblichen liegt und deshalb ersatzfähig ist. Ganz fernliegende Folgeschäden – etwa die wegen eines Verkehrsunfalls verpasste Möglichkeit, an einem Gewinnspiel teilzunehmen und den Hauptgewinn zu erzielen – werden hingegen nicht erstattet. Insofern realisiert sich ein allgemeines **Lebensrisiko**, das der Geschädigte selbst zu tragen hat.

Lösung zur Handlungssituation (Fallbeispiel 10)

Zu prüfen ist der Anspruch des G gegen H auf Schadensersatz und Schmerzensgeld gemäß § 823 Abs. 1 BGB (ggf. i. V. m. § 253 Abs. 2 BGB).

Eine Haftung des H aus § 823 Abs. 1 BGB setzt zunächst eine Rechtsgutverletzung bei G voraus. Dies ist hier der Fall, da durch das Auffahren des H der Pkw des G und damit dessen Eigentum (bei Leasing: Recht zum Besitz als „sonstiges Recht") sowie wegen des Armbruchs Körper und Gesundheit von G verletzt wurden. Dabei wird vermutet, dass die Rechtsgutverletzung auch rechtswidrig erfolgte (Lehre vom Erfolgsunrecht). Rechtfertigungsgründe wie eine Einwilligung des G oder eine Notwehrhandlung des H liegen nicht vor.

Fraglich ist jedoch, ob H schuldhaft handelte. Dann müsste er den Unfall vorsätzlich oder fahrlässig herbeigeführt haben. Vorsatz des H – also Wissen und Wollen – kann nach Lage der Dinge ausgeschlossen werden. Es könnte aber Fahrlässigkeit gegeben sein. Dann müsste H die im Verkehr erforderliche Sorgfalt außer Acht gelassen haben (§ 276 Abs. 2 BGB). Zwar enthält der Fall hierzu keine Anhaltspunkte, doch besteht bei Auffahrunfällen im Straßenverkehr ein sog. Anscheinsbeweis, wonach der Hintermann schuld ist. Der Anscheinsbeweis wirkt ähnlich wie eine gesetzliche Vermutung mit der Folge, dass H eine Art Gegenbeweis führen muss, dass er am Unfall nicht schuld ist. Dies kann H hier aber nicht. Damit ist das Verschulden des H gegeben.

Von den geltend gemachten Schadenspositionen kann G von H die Reparaturkosten für den beschädigten Pkw als unmittelbaren Vermögensschaden ersetzt verlangen (§ 249 Abs. 2 BGB). Genauso verhält es sich mit den ärztlichen Behandlungskosten (versicherungsrechtliche Aspekte bleiben außer Betracht). Seinen Verdienstausfall kann G gegen H ebenfalls als einen hinreichend naheliegenden Folgeschaden geltend machen. Da es sich hinsichtlich des Armbruchs - nicht bezüglich des Autos - um einen Körper- bzw. Gesundheitsschaden handelt, schuldet H dem G überdies ein angemessenes Schmerzensgeld (§ 253 Abs. 2 BGB). Dieses hängt der Höhe nach von den Umständen des Einzelfalles ab, beläuft sich aber bei einem „normalen" Armbruch auf einen Betrag von ca. 3.000,- €.

2.4.3. Ungerechtfertigte Bereicherung

2.4.3.1 Bedeutung

Ziele des Bereicherungsrechts

Ein weiteres gesetzliches Schuldverhältnis ist das sog. **Bereicherungsrecht** (§§ 812ff. BGB). Bei diesem geht es anders als im Deliktsrecht nicht um Schadensersatz, sondern um den **Ausgleich** nicht gerechtfertigter Vermögensverschiebungen. Geschuldet ist daher als Rechtsfolge die **Herausgabe** des zu Unrecht erlangten Gegenstandes (§ 812 Abs. 1 BGB). Sollte dies nicht möglich sein, ist **Wertersatz** zu leisten (§ 818 Abs. 2 BGB BGB). Wenn der Schuldner hingegen keinen Vermögensvorteil mehr hat, ist der Anspruch ausgeschlossen (§ 818 Abs. 3 BGB).

Handlungssituation (Fallbeispiel 11)

Nach seinem Autounfall möchte Heinrich (H) künftig öffentliche Verkehrsmittel benutzen. Er beschließt deshalb, seinen Pkw verkaufen. Als Käufer findet sich der Kurt (K). H übereignet dem K nach Vertragsschluss das Auto. Da sich beim Angebot des H allerdings ein Zahlendreher (4.500,- € statt 5.400,- € Kaufpreis) eingeschlichen hat, erklärt H umgehend die Anfechtung seiner Willenserklärung und fordert den Wagen von K zurück.

Zu Recht? (Lösung Seite 83)

2.4.3.2 Gesetzliche Regelung

Gesetzliche Bereicherungstatbestände

Die **zentrale** Norm des Bereicherungsrechts ist § 812 Abs. 1 S. 1 BGB. Sie enthält verschiedene Ansprüche auf Herausgabe (= Kondiktion). Die beiden wichtigsten sind die **Leistungskondiktion** (§ 812 Abs. 1 S. 1, 1. Var. BGB) sowie die **Eingriffskondiktion** (§ 812 Abs. 1 S. 1, 2. Var. BGB).

Für einen Herausgabeanspruch nach § 812 Abs. 1 S. 1 BGB müssen folgende **Voraussetzungen** vorliegen:

- der Schuldner muss etwas erlangt haben
- durch Leistung des Gläubigers oder in sonstiger Weise auf dessen Kosten,
- ohne rechtlichen Grund.

Das erlangte **„Etwas“** ist in einem sehr weiten Sinne zu verstehen. Hierzu zählen neben Rechtspositionen wie das Eigentum an Sachen auch die Befreiung von Verbindlichkeiten (z. B. Schuldenerlass) sowie die Erlangung von Gebrauchsvorteilen bzw. Dienstleistungen (z. B. Arbeiten eines Handwerkers).

Bei der Leistungskondiktion (§ 812 Abs. 1 S. 1, 1. Var. BGB) erfolgt die Vermögensverschiebung durch eine **Leistung** des Gläubigers. Hierunter versteht man eine bewusste und zweckgerichtete Vermehrung fremden Vermögens. Dazu zählt v. a. das Erfüllen einer (vermeintlichen) Verbindlichkeit aus einem abgeschlossenen Vertrag.

Bei der Eingriffskondiktion (§ 812 Abs. 1 S. 1, 2. Var. BGB) erfolgt die Vermögensverschiebung in „sonstiger Weise“ auf Kosten des Gläubigers - also nicht durch Leistung. Hiezu zählen v. a. **Eingriffe** in den Zuweisungsgehalt eines fremden Rechts, wie die Wegnahme einer Sache.

Fehlen des Rechtsgrundes

In allen Fällen muss die Vermögensverschiebung **ohne rechtlichen Grund** erfolgt sein. Denn wenn ein Rechtsgrund vorliegt, gebührt der Gegenstand dem Erwerber. Dann darf er ihn auch behalten.

Bei der **Leistungskondiktion** zeigt sich der enge **Zusammenhang** zwischen dem gesetzlichen Schuldverhältnis aus §§ 812 ff. BGB und den - typischerweise aus Gründen des Allgemeinen Teils des BGB - unwirksamen Verträgen. Denn wenn sich ein Vertrag z. B. als sittenwidrig (§ 138 BGB) erweist oder von einer Partei wirksam angefochten wurde (§ 142 Abs. 1 BGB), dann sind die bereits ausgetauschten Leistungen gemäß § 812 Abs. 1 S. 1, 1. Var. BGB an den jeweiligen Vertragspartner wieder herauszugeben. Der Vertrag wird auf diese Weise rückabgewickelt.

Herausgabepflicht

Bei der **Eingriffskondiktion** muss der Schuldner zu Unrecht erzielte Vermögensvorteile - unabhängig von einem Verschulden bzw. einem Schaden - dem Bereicherungsgläubiger ebenfalls wieder **herausgeben**.

Lösung zur Handlungssituation (Fallbeispiel 11)

Zu prüfen ist der Anspruch des H gegen K auf Herausgabe (= Rückübereignung) des Pkw gemäß § 812 Abs. 1 S. 1, 1. Var. BGB.

Für den Herausgabeanspruch des H müsste K etwas erlangt haben. Dies ist hier der Fall, weil K Eigentum und Besitz an dem Auto erworben hat. Das müsste durch eine Leistung des H erfolgt sein. Unter einer Leistung versteht man die bewusste und zweckgerichtete Vermehrung fremden Vermögens. Hier hat K Eigentum und Besitz an dem Pkw durch Leistung des H erlangt, da H den Wagen an K übereignete (§ 929 S. 1 BGB), um seine (vermeintliche) Verpflichtung aus dem Kaufvertrag zu erfüllen.

Fraglich ist jedoch, ob die Vermögensverschiebung ohne rechtlichen Grund erfolgte. Denn wenn ein Rechtsgrund vorläge, würde der Wagen dem K gebühren, und er müsste ihn nicht wieder herausgeben. Ein Rechtsgrund könnte hier der zwischen H und K abgeschlossene Kaufvertrag (§ 433 BGB) sein. Grundsätzlich stellt ein Kaufvertrag einen Grund für das Behaltendürfen der verkauften Sache dar.

Hier könnte die Willenserklärung des H allerdings wirksam angefochten worden sein. Dafür bräuchte es eine Anfechtungserklärung innerhalb der Anfechtungsfrist sowie einen Anfechtungsgrund. H hat dem K gegenüber ohne schuldhaftes Zögern und damit unverzüglich (§ 121 BGB) die Anfechtung erklärt (§ 143 Abs. 1, 2 BGB). Als Anfechtungsgrund liegt hier ein Erklärungsirrtum des H (Zahlendreher als Fall des Verschreibens) nach § 119 Abs. 1, 2. Var. BGB vor. Damit ist die Anfechtung wirksam, weshalb die Willenserklärung des H und folglich auch der Kaufvertrag mit K als von Anfang an unwirksam anzusehen sind (§ 142 Abs. 1 BGB). Deshalb besteht kein Rechtsgrund für das Behaltendürfen des Wagens für K.

Ergebnis: H hat gegen K einen Anspruch auf Herausgabe (= Rückübereignung) des Pkw.

2.5 Sachenrecht

2.5.1 Überblick

Wesensmerkmale des Sachenrechts

Im Sachenrecht geht es um die Rechtsbeziehungen von Personen zu **Sachen**. Bei Sachen handelt es sich um **körperliche** Gegenstände (§ 90 BGB). **Tiere** sind zwar keine Sachen, werden aber im BGB wie solche behandelt (§ 90a S. 1, 3 BGB).

Das Sachenrecht stellt im Vergleich zum Schuldrecht die **starrere** Materie dar. Dies liegt daran, dass es im Sachenrecht um **absolute** Rechte geht, also Rechtspositionen, die gegenüber jedermann gelten. Deshalb bedarf es im Sachenrecht größerer **Rechtssicherheit** als im Schuldrecht (bei dem es i. d. R. um Rechtsbeziehungen zwischen wenigen Personen und damit nur relative Rechte geht). Die Folge ist der sog. **Typenzwang**, wonach die Vertragsparteien Vorschriften des Sachenrechts nicht abändern können.

2.5.2 Zentrale Begriffe

2.5.2.1 Eigentum

Eigentum als Vollrecht

Die zentrale Rechtsposition im Sachenrecht ist das **Eigentum**. Es ist zivilrechtlich in § 903 BGB geregelt und berechtigt den Inhaber, mit einer Sache nach **Belieben** zu verfahren und andere von jeder Einwirkung auszuschließen. Das Eigentum ist demnach das umfassendste Recht einer Person an einer Sache.

2.5.2.2 Besitz

Besitz als tatsächliche Sachherrschaft

Im Gegensatz zum Eigentum bezeichnet man mit dem (unmittelbaren) **Besitz** - anders als in der Alltagssprache - die tatsächliche Herrschaft über eine Sache (§ 854 Abs. 1 BGB).

Beispiel: Der Mieter einer Wohnung ist zwar deren (unmittelbarer) Besitzer, nicht aber der Eigentümer.

Merke: Eigentum ist etwas Rechtliches, Besitz etwas Tatsächliches.

Der Besitz wird jedoch durch die Rechtsfigur des **mittelbaren** Besitzes i. S. v. § 868 BGB in gewisser Hinsicht „verrechtlicht". Demgemäß ist mittelbarer Besitzer derjenige, der eine Sache zwar nicht unmittelbar besitzt, der jedoch - z. B. als Vermieter - einem anderen den unmittelbaren Besitz auf Zeit überlässt (sog. **Besitzkonstitut**).

Beispiel: Der Vermieter einer Wohnung ist zugleich deren Eigentümer und der mittelbare Besitzer.

2.5.2.3 Bewegliche und unbewegliche Sachen

Abgrenzung: Mobilien ≠ Immobilien

Unter **beweglichen** Sachen versteht man alle körperlichen Gegenstände, die keine Grundstücke sind und auch nicht aus Rechtsgründen einem Grundstück zugerechnet werden. Die Mehrzahl der körperlichen Gegenstände sind damit bewegliche Sachen. **Unbewegliche** Sachen sind hingegen **Grundstücke** (also Grund und Boden) sowie körperliche Gegenstände, die rechtlich zu den Grundstücken zählen. Dies gilt gemäß § 94 Abs. 1, 2 BGB für die mit dem Grund und Boden fest verbundene Sachen wie insbesondere **Gebäude** sowie die zur Herstellung des Gebäudes **eingefügten** Sachen (z. B. eine Heizungsanlage).

Merke: Das Eigentum an Grund und Boden sowie das Eigentum am Haus können nicht auseinanderfallen.

2.5.3 Rechtsgeschäftlicher Eigentumserwerb an beweglichen Sachen

Überblick rechtsgeschäftlicher Erwerbstatbestände

Die wichtigsten sachenrechtlichen Vorschriften des BGB befassen sich mit der Frage, unter welchen Voraussetzungen eine Person (Veräußerer) eine (bewegliche oder unbewegliche) Sache an eine andere Person (Erwerber) **übereignen** kann. In diesem Zusammenhang ist maßgeblich, ob der Veräußerer Eigentümer der Sache ist (Berechtigter) oder nicht (Nichtberechtigter).

Merke: Im Sachenrecht heißen die Parteien Veräußerer und Erwerber (vgl. § 929), beim schuldrechtlichen Kaufvertrag Verkäufer und Käufer (vgl. § 433).

2.5.3.1 Eigentumserwerb vom Berechtigten

Aufgrund des sachenrechtlichen Typenzwangs gibt es nur eine **bestimmte** Anzahl von Möglichkeiten, Eigentum an einer beweglichen Sache zu übertragen. Halten die Parteien diese Vorschriften nicht ein, ist die Übereignung nicht rechtswirksam. Insgesamt stehen dem berechtigten Veräußerer **vier** Wege offen, eine bewegliche Sache an den Erwerber zu übereignen:

- Einigung und Übergabe (§ 929 S. 1 BGB)
- Einigung ohne Übergabe (§ 929 S. 1, 2 BGB)
- Einigung und Besitzkonstitut (§§ 929 S. 1, 930 BGB)
- Einigung und Abtretung des Herausgabeanspruchs (§§ 929 S. 1, 931 BGB).

- **Einigung und Übergabe**

Einigung als Verfügungsvertrag

Der **Normalfall** der Übereignung einer beweglichen Sache erfolgt (allein) nach § 929 S. 1 BGB durch Einigung und Übergabe. Unter der **Einigung** versteht man den **dinglichen Verfügungsvertrag** zwischen dem Veräußerer und dem Erwerber, der auf die Übertragung des Eigentums gerichtet ist. Es bedarf hierfür also zweier übereinstimmender Willenserklärungen nach §§ 145 ff. BGB (Angebot und Annahme), deren rechtliche Wirksamkeit sich nach den Vorschriften des Allgemeinen Teils des BGB richtet. Die neben der Einigung erforderliche **Übergabe** bedeutet die Übertragung des unmittelbaren **Besitzes** i. S. v. § 854 Abs. 1 BGB und damit der tatsächlichen Sachherrschaft durch den Veräußerer an den Erwerber.

Übergabe als Besitzübertragung

Beachte: In den **Alltagsgeschäften** des täglichen Lebens erfolgen diese Rechtsakte i. d. R. durch konkludentes Handeln und fallen – ebenso wie der Abschluss des schuldrechtlichen Verpflichtungsgeschäfts (grundsätzlich ein Kaufvertrag) – zeitlich zusammen.

- **Einigung ohne Übergabe**

Übereignung „kurzer Hand"

Lediglich eine **Vereinfachung** des Übereignungsvorgangs nach § 929 S. 1 BGB sieht der Tatbestand des § 929 S. 2 BGB vor. Demnach kann auf die Übergabe **verzichtet** werden, wenn der Erwerber bereits im Besitz der Sache ist. Die Norm verkürzt damit die Übertragungswege, denn andernfalls müsste zunächst der Erwerber den Besitz an der Sache dem Veräußerer zurückübertragen, bevor der Veräußerer diesen dann erneut auf den Erwerber überträgt.

Beispiel: V hat dem M ein Klavier vermietet. Nun möchte M das Klavier von V erwerben. Hier genügt für die Übereignung die dingliche Einigung zwischen V und M (§ 929 S. 1 BGB), während auf die Übergabe gemäß § 929 S. 2 BGB verzichtet wird, weil M schon im (unmittelbaren) Besitz des Klaviers ist.

- **Einigung und Besitzkonstitut**

Übereignung ohne Übergabe

Der Übereignungstatbestand nach §§ 929 S. 1, 930 BGB erfordert zunächst ebenfalls eine dinglichen **Einigung**. An die Stelle der Übergabe tritt jedoch ein **Besitzkonstitut**. So kann gemäß § 930 BGB die Übergabe dadurch ersetzt werden, dass zwischen dem Veräußerer und dem Erwerber ein Rechtsverhältnis begründet wird, vermöge dessen der Erwerber den **mittelbaren** Besitz erlangt. Dahinter steht der Gedanke, dass, wenn der Erwerber (ausnahmsweise) nicht den unmittelbaren Besitz an der Sache erlangen will – z. B. weil ihm die Verwahrung zu teuer oder zu aufwendig ist –, er das Eigentum auch dadurch erlangen kann, dass er lediglich mittelbarer Besitzer i. S. v. § 868 BGB wird. Das geschieht in der Praxis häufig bei der sog. **Sicherungsübereignung** von beweglichen Sachen (z. B. Maschinen, Autos).

Beispiel: Unternehmer Uwe (U) benötigt einen Kredit von seiner Bank. Diese verlangt von U Sicherheiten. Werthaltig sind v. a die Maschinen im Betrieb des U. Eine Verpfändung gemäß §§ 1204 ff. BGB würde die Übergabe der Maschinen voraussetzen (§ 1205 BGB), was wirtschaftlich keinen Sinn macht (wegen des sachenrechtlichen Typenzwangs kann vom Erfordernis der Übergabe auch nicht abgesehen werden). Deshalb wird U seine Maschinen an die Bank zur Sicherheit übereignen (§§ 929 S. 1, 930 BGB), sodass die Bank Eigentümerin wird, U aber den Besitz behält.

- **Einigung und Abtretung des Herausgabeanspruchs**

Übereignung „im Dreick"

Den letzten Übereignungstatbestand normieren die §§ 929 S. 1, 931 BGB. Dieser setzt neben der **Einigung** die (formlose) **Abtretung** (§ 398 BGB) eines (schuldrechtlichen) **Herausgabeanspruchs**, den der Veräußerer gegen einen Dritten hat, an den Erwerber voraus. § 931 BGB basiert demnach auf einem **Dreiecksverhältnis** zwischen Veräußerer, Erwerber und Herausgabeschuldner.

Beispiel: A leiht seinem Freund B eine DVD. C, der weiß, dass die DVD dem A gehört, möchte sie von diesem erwerben. Hierfür müssen sich A und C dinglich einigen (§ 929 S. 1 BGB). Anstelle der Übergabe tritt A an C gemäß § 931 BGB seinen Herausgabeanspruch (§ 604 BGB) gegen B ab (§ 398 BGB).

2.5.3.2 Eigentumserwerb vom Nichtberechtigten

- **Ausgangslage**

Verkehrsschutz bei Übereignung

Neben dem Eigentumserwerb vom Berechtigten kennt das BGB auch die Möglichkeit des Eigentumserwerbs vom **Nichtberechtigten**. Dies führt in der Konsequenz dazu, dass eine Person, die selbst gar nicht Eigentümerin der Sache ist, einer anderen Person rechtswirksam Eigentum verschaffen kann. Hintergrund hierfür ist der **Verkehrsschutz**, der sich bei beweglichen Sachen aus dem Besitz ergibt. So vermutet § 1006 Abs. 1 S. 1 BGB zugunsten des (unmittelbaren) Besitzers einer beweglichen Sache, dass dieser auch der Eigentümer ist. Auf diesen **Rechtsschein** soll sich der Rechtsverkehr grundsätzlich verlassen dürfen.

Handlungssituation (Fallbeispiel 12)

Heinrich (H) hat seinem Bekannten Bernd (B) für dessen Winterurlaub sein Snowboard geliehen. Partyhengst B kommt bereits nach drei Urlaubstagen in finanzielle Schwierigkeiten. Auf der Piste trifft er den Snowboardfreak Kaspar (K), der von dem schicken Board des B ganz begeistert ist und es dem B für 300,- € abkaufen möchte. B ist sofort einverstanden, da so die nächste Pistenparty gesichert ist. Bei strahlendem Sonnenschein taucht am nächsten Morgen auch der H auf der Piste auf. Als er K mit „seinem" Snowboard herumfahren sieht, verlangt er das Brett von ihm heraus. K hält dem entgegen, er habe das Board rechtswirksam von B erworben.

a) Kann H von K Herausgabe des Snowboards verlangen?

b) Hat H Ansprüche gegen B? (Lösung Seiten 89-91)

- **Voraussetzungen des gutgläubigen Erwerbs**

Der gutgläubige Erwerb einer beweglichen Sache von einem Nichtberechtigten unterliegt folgenden **Voraussetzungen:**

- Einigung
- Übergabe
- Gutgläubigkeit des Erwerbers
- kein Abhandenkommen beim wahren Eigentümer.

Gutgläubigkeit des Erwerbers

Zunächst setzt auch der Erwerb vom **Nichtberechtigten** gemäß § 929 S. 1 BGB eine **Einigung** und die **Übergabe** der zu veräußernden beweglichen Sache voraus. Des Weiteren muss der Erwerber **gutgläubig** sein (§ 932 Abs. 1 S. 1 BGB). Er ist dies, wenn ihm weder bekannt noch infolge grober Fahrlässigkeit unbekannt ist, dass der Veräußerer nicht Eigentümer der Sache ist (§ 932 Abs. 2 BGB). Die Gutgläubigkeit des Erwerbers wird wegen der Negativformulierung („nicht in gutem Glauben") **vermutet**. Das bedeutet, dass der ursprüngliche Eigentümer den Gegenbeweis führen muss, dass der Erwerber zum Zeitpunkt des Erwerbs bösgläubig war. Häufig drehen sich die Auseinandersetzungen dann um die Frage, ob der Erwerber aufgrund grober Fahrlässigkeit nicht wusste, dass der Veräußerer nicht Eigentümer ist. **Grobe Fahrlässigkeit** bedeutet dabei in Anlehnung an § 276 Abs. 2 BGB das Außerachtlassen der verkehrserforderlichen Sorgfalt in **besonders starkem** Maße. Der Erwerber ist also insbesondere dann bösgläubig, wenn er deutliche Anhaltspunkte für das fehlende Eigentum des Veräußerers ignoriert (z. B. Verkauf eines Gemäldes erheblich unter Wert).

Abhandenkommen bei Eigentümer

Auch der Gutgläubige erwirbt aber dann kein Eigentum, wenn die veräußerte Sache dem wahren Eigentümer **abhandengekommen** ist (§ 935 Abs. 1 S. 1 BGB). Abhandenkommen bedeutet den unfreiwilligen Verlust des unmittelbaren Besitzes. Exemplarisch hierfür nennt § 935 Abs. 1 S. 1 BGB den Diebstahl bzw. den Verlust der Sache. Sie ist dem ursprünglichen Eigentümer also dann nicht abhandengekommen, wenn er den (unmittelbaren) Besitz freiwillig - etwa im Wege einer Vermietung - aus der Hand gab. In diesem Fall trägt er das Risiko, dass der Besitzer die Sache an einen gutgläubigen Dritten veräußert und er so sein Eigentum verliert (sog. **Veranlasserprinzip**).

Beachte: Bei Geld findet § 935 Abs. 1 S. 1 BGB gemäß § 935 Abs. 2 BGB keine Anwendung. Demnach erwirbt an umlauffähigem Geld der gutgläubige Erwerber Eigentum unabhängig von der Frage, ob das jeweilige Geldstück bzw. der Geldschein dem wahren Eigentümer abhandengekommen ist. Dies dient der Verkehrsfähigkeit von Geld als Zahlungsmittel.

- **Exkurs: Ansprüche des (ehemaligen) Eigentümers gegen den Veräußerer**

Ausgleich für Eigentumsverlust

Die Möglichkeit des gutgläubigen Eigentumserwerbs vom Nichtberechtigten gemäß §§ 932 ff. BGB soll nicht verschleiern, dass der Veräußerer i. d. R. **nicht** dazu **berechtigt** ist, die - häufig nur gemietete oder geliehene - bewegliche Sache des wahren Eigentümers zu veräußern. Folglich hat der ursprüngliche Eigentümer gegen den Veräußerer, mit dem er grundsätzlich einen schuldrechtlichen Gebrauchsüberlassungsvertrag abgeschlossen hat, Anspruch auf **Schadensersatz** wegen des Eigentumsverlustes.

Sachenrechtlicher Herausgabeanspruch

In einer Fallkonstellation lassen sich diese Aspekte häufig so darstellen, dass zunächst nach einem **Herausgabeanspruch** des ursprünglichen Eigentümers gegen den jetzigen Besitzer gefragt ist. Als **Anspruchsgrundlage** kommt hier **§ 985 BGB** in Betracht, wonach der Eigentümer gegen den unrechtmäßigen (§ 986 BGB) Besitzer einen Anspruch auf Herausgabe der Sache hat. Damit erfordert dieser Anspruch eine sog. **Vindikationslage**:

- Eigentum des Gläubigers
- Besitz des Schuldners
- Kein Recht zum Besitz beim Schuldner.

Prüfungsaufbau

Bei der Voraussetzung „Eigentum des Gläubigers" ist **chronologisch** zu prüfen, ob der Anspruchssteller (noch) Eigentümer ist. Dabei sind dann alle denkbaren **Erwerbsvorgänge** zu untersuchen.

Sollte der Anspruch auf Herausgabe der Sache an der Gutgläubigkeit des Erwerbers und dem fehlenden Abhandenkommen beim ursprünglichen Eigentümer scheitern, kommen in einem zweiten Schritt **Schadensersatz** (§§ 280 ff. BGB, 823 ff. BGB) und **Herausgabeansprüche** (§ 816 Abs. 1 S. 1 BGB) gegen den nichtberechtigten Veräußerer in Betracht.

Lösung zur Handlungssituation (Fallbeispiel 12)

a) Zu prüfen ist der Anspruch des H gegen K auf Herausgabe des Snowboards gemäß § 985 BGB.

Voraussetzung für den Herausgabeanspruch des H gegen K ist eine sog. Vindikationslage. Es müsste demnach H (noch) Eigentümer des Snowboards und K dessen unrechtmäßiger (§ 986 BGB) Besitzer sein.

Ursprünglich war H zweifellos Eigentümer des Boards. H hat sein Eigentum auch nicht durch die Verleihung an B verloren, da es sich hierbei nur um einen schuldrechtlichen Gebrauchsüberlassungsvertrag (§ 598 BGB) ohne anschließende Übereignung (§§ 929 ff. BGB) handelt.

H könnte sein Eigentum aber durch die Übereignung des Boards von B an K verloren haben (nicht durch den Kaufvertrag; Abstraktionsprinzip). Eine Einigung zwischen B und K nach § 929 S. 1 BGB liegt - in Erfüllung des abgeschlossenen Kaufvertrags (§ 433 BGB) - vor. Ebenso hat B dem K den (unmittelbaren) Besitz an dem Board überlassen und es diesem also übergeben (§ 929 S. 1 BGB). Da B als Entleiher allerdings nicht Eigentümer des Boards gewesen ist, war er zu dessen Übereignung an K nicht berechtigt. Damit müssen für einen wirksamen Eigentumserwerb des K die zusätzlichen Voraussetzungen der §§ 932 Abs. 1, 935 Abs. 1 BGB vorliegen.

Zunächst müsste K beim Erwerb gutgläubig gewesen sein (§ 932 Abs. 1 S.1 BGB). Dies bedeutet, dass K nicht wissen durfte, dass das Board nicht dem B gehörte, und dass diese Unkenntnis auch nicht auf grober Fahrlässigkeit beruhte (§ 932 Abs. 2 BGB). Hierbei ist zu berücksichtigen, dass gemäß § 1006 Abs. 1 S. 1 BGB zugunsten des (unmittelbaren) Besitzers einer beweglichen Sache dessen Eigentum vermutet wird. In Anknüpfung daran wird auch die Gutgläubigkeit des K - erkennbar an der Negativformulierung in § 932 Abs. 2 BGB - vermutet.

Positive Kenntnis des K scheidet nach Lage der Dinge aus. Auch für grob fahrlässige Unkenntnis enthält der Sachverhalt keine Anhaltspunkte, zumal sich B und K offenbar nicht kannten (selbst ein Namensschild des H auf dem Snowboard würde hier also nichts ändern). Damit ist die Vermutung der Gutgläubigkeit des K nicht widerlegt.

Ferner dürfte dem H sein Board nicht abhandengekommen sein. In diesem Fall käme nämlich ein gutgläubiger Erwerb des K doch nicht in Betracht (§ 935 Abs. 1 S. 1 BGB). Abhandenkommen bedeutet den unfreiwilligen Verlust des unmittelbaren Besitzes. Hier hat H sein Board dem B allerdings geliehen und in Erfüllung des Leihvertrags (§ 598 BGB) dem B den unmittelbaren Besitz freiwillig überlassen.

Damit liegt kein Abhandenkommen bei H vor und K hat das Board vom Nichtberechtigten B kraft seines guten Glaubens erworben. H ist demnach nicht (mehr) Eigentümer, sodass keine Vindikationslage i. S. v. § 985 BGB besteht.

Ergebnis: H hat gegen K keinen Anspruch auf Herausgabe des Snowboards.

b) Anspruch des H gegen B auf Schadensersatz

Da H von K das Snowboard nicht herausverlangen kann, fragt sich, ob H von B Schadensersatz beanspruchen kann. In Betracht kommen vertragliche sowie deliktische Anspruchsgrundlagen.

I. gemäß § 280 Abs. 1 BGB

Mit dem Leihvertrag (§ 598 BGB) besteht ein Schuldverhältnis zwischen H und B. In der abredewidrigen Veräußerung des Boards an K liegt auch eine Pflichtverletzung des B. Dabei handelte B mit Wissen und Wollen und somit vorsätzlich. Ein Verschulden (§ 276 Abs. 1 S. 1 BGB) ist demnach erwiesen, ohne dass es auf die Verschuldensvermutung nach § 280 Abs. 1 S. 2 BGB ankäme. Da H sein Eigentum verloren hat, liegt bei ihm auch ein Schaden - in Höhe des Verkehrswertes des Boards - vor. Dieser betrug nach Lage der Dinge 300,- €. H hat demnach gegen B einen Anspruch auf Schadensersatz aus § 280 Abs. 1 BGB.

II. gemäß § 823 Abs. 1 BGB

In der abredewidrigen und wirksamen Veräußerung des Snowboards an K liegt eine Eigentumsverletzung des H durch B. Diese geschah rechtswidrig und schuldhaft. Auch ein Schaden i. H. v. 300,- € ist bei H gegeben. H hat gegen B damit auch einen Anspruch auf Schadensersatz nach § 823 Abs. 1 BGB.

III. gemäß § 823 Abs. 2 BGB

Für einen Schadensersatzanspruch aus § 823 Abs. 2 BGB müsste B ein Schutzgesetz zugunsten des H verletzt haben. Hier hat B eine strafrechtliche Unterschlagung (§ 246 StGB) begangen. Dies stellt die Verletzung eines Schutzgesetzes dar mit der Folge, dass B auch Schadensersatz aus § 823 Abs. 2 BGB schuldet.

IV. gemäß § 826 BGB

In der abredewidrigen Veräußerung des Snowboards liegt eine vorsätzliche Schädigung des H durch B. Fraglich ist, ob diese Schädigung sittenwidrig war. Dann müsste der Vorgang gegen das Anstandsgefühl aller billig und gerecht Denkenden verstoßen. Dies ist bei einer Straftat i. d. R. der Fall. Damit lässt sich der Anspruch auch auf § 826 BGB stützen („Anspruchskonkurrenz").

V. auf Herausgabe gemäß § 816 Abs. 1 S. 1 BGB

Alternativ zu diesen Schadensersatzansprüchen kann H von B den von K erlangten Kaufpreis aus der bereicherungsrechtlichen Anspruchsgrundlage des § 816 Abs. 1 S. 1 BGB herausverlangen, da B als Nichtberechtigter das Snowboard an K übereignet hat (Verfügung), was dem Berechtigten H gegenüber wegen §§ 932 ff. BGB wirksam war. Dieser Anspruch ist dann günstiger, wenn der von B erzielte Kaufpreis höher ist als der objektive Verkehrswert des Boards.

2.5.4 Rechtsgeschäftlicher Eigentumserwerb an unbeweglichen Sachen

Auch beim Eigentumserwerb an unbeweglichen Sachen (= Grundstücken) muss unterschieden werden zwischen dem Erwerb vom **Berechtigten** (= Eigentümer) und vom **Nichtberechtigten** (= Nichteigentümer).

Handlungssituation (Fallbeispiel 13)

Heinrich (H) möchte für seinen Handwerksbetrieb das Grundstück des Volker (V) kaufen. Um einen Teil der Notargebühren sowie der Grunderwerbsteuer „zu sparen“, geben H und V bei der notariellen Beurkundung des Vertrages lediglich einen Kaufpreis i. H. v. 100.000,- € statt der tatsächlich vereinbarten 200.000,- € an. Da V den Verkauf inzwischen bedauert, will er dem H das Grundstück nicht übereignen. H verweist dagegen auf den abgeschlossenen Kaufvertrag.

Zu Recht? (Lösung Seite 93)

2.5.4.1 Eigentumserwerb vom Berechtigten

Grundbuch als Rechtsscheinträger

Beim Erwerb von Grundstücken stellt sich das Problem, dass der Besitz - anders als bei beweglichen Sachen - kein geeigneter Rechtsscheinträger ist. Ferner ist die Übergabe i. S. d. Besitzübertragung naturgemäß erschwert. An die Stelle des Besitzes tritt daher bei Immobilien das **Grundbuch**. Für die Eigentumsübertragung von Grundstücken gelten damit auch andere Tatbestände als bei beweglichen Sachen. Es sind dies die §§ 873 Abs. 1, 925 Abs. 1 BGB, die an die Stelle der §§ 929 ff. BGB treten. Nach § 873 BGB i. V .m. § 925 BGB **setzt** die Übereignung eines Grundstücks zweierlei **voraus:**

- Einigung (= Auflassung) und
- Eintragung in das Grundbuch.

Auflassung als dingliche Einigung

Wie bei beweglichen Sachen bedarf es auch bei der Übereignung eines Grundstücks einer **Einigung** i. S. e. dinglichen Verfügungsvertrages. Die Einigung bei der Grundstücksübertragung nennt sich nach § 925 Abs. 1 BGB **Auflassung**. Die Auflassung bei Grundstücken ist - anders als die Einigung bei beweglichen Sachen - **formbedürftig**. So muss nach § 925 Abs. 1 S. 1, 2 BGB die Auflassung bei gleichzeitiger Anwesenheit beider Teile grundsätzlich vor einem **Notar** erklärt werden. Dabei bedeutet **gleichzeitige** Anwesenheit aber nicht notwendig persönliche Anwesenheit der Parteien, sodass eine Stellvertretung (§§ 164 ff. BGB) möglich ist.

Neben der Auflassung bedarf es für eine wirksame Übereignung eines Grundstücks der **Eintragung** in das Grundbuch (§ 873 Abs. 1 BGB). Das **Grundbuch** ist ein amtliches Verzeichnis von Grundstücken, das von den Grundbuchämtern in Loseblattform bzw. vermehrt auch elektronisch geführt wird. Es ist in verschiedene **Abteilungen** aufgeteilt, wobei die Abteilung 1 die Eigentumsverhältnisse an einem Grundstück darstellt. Folglich bedarf es für eine wirksame Grundstücksübereignung der Eintragung des Erwerbers in Abteilung 1 des Grundbuchs.

Eintragung in Grundbuch

Lösung zur Handlungssituation (Fallbeispiel 13)

Zu prüfen ist der Anspruch des H gegen V auf Übereignung des Grundstücks gemäß § 433 Abs. 1 S. 1 BGB.

Voraussetzung für den Übereignungsanspruch des H ist ein wirksamer Kaufvertrag über das Grundstück (§ 433 BGB). Zwei übereinstimmende Willenserklärungen von H und V über einen Kaufpreis von 100.000,- € liegen auf den ersten Blick vor. Diese Willenserklärungen sind auch notariell beurkundet worden, sodass der Kaufvertrag der gesetzlich vorgeschriebenen Form (§ 311b Abs. 1 S. 1 BGB i. V. m. § 128 BGB) genügt und nicht etwa gemäß § 125 S. 1 BGB nichtig ist.

Fraglich ist jedoch, ob diese Willenserklärungen nicht nur ein Scheingeschäft darstellen und deshalb nach § 117 Abs. 1 BGB nichtig sind. Da H und V tatsächlich einen Kaufpreis von 200.000,- € vereinbart haben, sind ihre Erklärungen über 100.000,- € nur zum Schein abgegeben. Damit ist dieser Kaufvertrag unwirksam, obwohl er notariell beurkundet worden ist.

Es könnte jedoch ein wirksamer Kaufvertrag über das Grundstück für 200.000,- € gegeben sein. Wegen § 117 Abs. 2 BGB gilt für das verdeckte Rechtsgeschäft aber § 311b Abs. 1 S. 1 BGB. Da die eigentlich gewollten Willenserklärungen von H und V über einen Kaufpreis von 200.000,- € nicht notariell beurkundet worden sind, ist dieser Vertrag formnichtig (§ 125 S. 1 BGB). Allenfalls käme eine Heilung des formnichtigen Vertrags - nicht des Scheingeschäfts - über § 311b Abs. 1 S. 2 BGB in Betracht. Hierfür fehlt es jedoch an der erforderlichen Auflassung und Eintragung in das Grundbuch (§§ 873, 925 BGB). Damit besteht zwischen V und H kein wirksamer Kaufvertrag.

Ergebnis: H hat gegen V keinen Anspruch auf Übereignung des Grundstücks.

2.5.4.2 Eigentumserwerb vom Nichtberechtigten

Vertrauensschutz beim Immobilienerwerb

Wie bei beweglichen Sachen kommt auch bei Grundstücken ein **gutgläubiger** Erwerb vom Nichtberechtigten in Betracht. Als **Rechtsscheinträger** dient hierbei die - falsche - Eintragung im **Grundbuch**. Gemäß § 891 BGB wird nämlich **vermutet**, dass dann, wenn für jemanden ein Recht im Grundbuch eingetragen ist, dieses Recht dem Eingetragenen auch zusteht.

Beachte: § 891 Abs. 1 BGB entspricht strukturell § 1006 Abs. 1 S.1 BGB.

Aufbauend auf dieser erhöhten Richtigkeitsgewähr des Grundbuchs normiert § 892 Abs. 1 S.1 BGB einen besonderen **Vertrauensschutz** für den redlichen Rechtsverkehr. So gilt zugunsten desjenigen, welcher ein Recht (wie insbesondere das Eigentum) an einem Grundstück erwirbt, der Inhalt des Grundbuches grundsätzlich als **richtig**. Demnach darf sich der Erwerber auf die im Grundbuch dargestellten Eigentumsverhältnisse verlassen, wobei es für den Gutglaubensschutz nicht darauf ankommt, ob der Erwerber tatsächlich das Grundbuch einsieht oder nicht (sog. öffentlicher Glaube).

Beachte: § 892 Abs. 1 S. 1 BGB entspricht strukturell § 932 Abs. 1 S. 1, Abs. 2 BGB.

Für einen gutgläubigen Grundstückserwerb bedarf es demnach folgender **Voraussetzungen:**

- Einigung (= Auflassung)
- Eintragung in das Grundbuch
- Gutgläubigkeit des Erwerbers
- kein Widerspruch gegen die Richtigkeit des Grundbuchs.

Gutgläubigkeit des Erwerbers

Zunächst setzt auch der Erwerb vom **Nichtberechtigten** gemäß §§ 873 Abs. 1, 925 Abs. 1 BGB eine **Auflassung** sowie die **Eintragung** des Erwerbers in das Grundbuch voraus. Des Weiteren muss der Erwerber **gutgläubig** sein (§ 892 Abs. 1 BGB). Anders als bei beweglichen Sachen ist der Erwerber bei Grundstücken nur dann bösgläubig, wenn ihm die Unrichtigkeit des Grundbuchs **bekannt** ist. Eine grob fahrlässige Unkenntnis ist hier also infolge der erhöhten Richtigkeitsgewähr des Grundbuchs unschädlich. Auch beim Grundstückserwerb wird wie bei beweglichen Sachen die Gutgläubigkeit des Erwerbers wegen der Negativformulierung in § 892 Abs. 1 BGB **vermutet**.

Widerspruch in Grundbuch

Für den wahren Grundstückseigentümer stellt ein falsches Grundbuch demnach ein hohes **Risiko** dar, weil er bei einer Übereignung durch den sog. **Bucheigentümer** Gefahr läuft, das Eigentum an seinem Grundstück zu verlieren. Folglich sieht § 899 Abs. 1 BGB die Möglichkeit vor, einen **Widerspruch** gegen die Richtigkeit des Grundbuches eintragen zu lassen. Voraussetzung für einen Widerspruch ist nach

§ 899 Abs. 1 BGB i. V. m. § 894 Abs. 1 BGB, dass der Inhalt des Grundbuchs hinsichtlich eines Rechts an dem Grundstück (z. B. dem Eigentum) **unrichtig** ist. Dies muss der Antragsteller - etwa durch Abgabe einer eidesstattlichen Versicherung - **glaubhaft** machen und auf diese Weise eine einstweilige Verfügung (§ 899 Abs. 2 S. 1 BGB) beim zuständigen Gericht erwirken. Ein daraufhin in das Grundbuch eingetragener Widerspruch steht gemäß § 892 Abs. 1 BGB dann einem gutgläubigen Erwerb entgegen.

3. Familienrecht

3.1 Grundlagen

Verfassungsrechtlicher Hintergrund

Gemäß Art. 6 Abs. 1 GG stehen **Ehe** und **Familie** unter dem besonderen Schutz der staatlichen Ordnung. Vor dem Hintergrund dieses verfassungsrechtlichen Schutzauftrags werden im Familienrecht (§§ 1297ff. BGB) die Rechtsbeziehungen zwischen den Ehegatten sowie zwischen den Eltern und ihren Kindern näher geregelt. Im Mittelpunkt der folgenden Darstellung stehen dabei das eheliche **Güterrecht** sowie das gesetzliche **Unterhaltsrecht** insbesondere bei Scheidung der Ehegatten. Diese familiär bedingten Umstände können erheblichen Einfluss auf unternehmerische Entscheidungen haben.

3.2 Eheschließung und allgemeine Rechtswirkungen der Ehe

Ehe als Vertrag

Unter einer **Ehe** versteht man die Verbindung zwischen zwei Personen verschiedenen oder seit 01.10.2017 auch gleichen Geschlechts (bis dahin nur eingetragene Lebenspartnerschaft nach § 1 LPartG möglich) zu einer umfassenden, grundsätzlich unauflösbaren Lebensgemeinschaft. Sie kommt dadurch zustande, dass die Eheschließenden vor einem **Standesbeamten** erklären, dass sie miteinander die Ehe eingehen wollen (§ 1310 BGB). Hierbei handelt es sich um einen gegenseitigen personenrechtlichen **Vertrag**.

Eheliche Lebensgemeinschaft

Gemäß § 1353 Abs. 1 BGB wird die Ehe auf **Lebenszeit** geschlossen. Die Ehegatten sind einander zur **ehelichen Lebensgemeinschaft** verpflichtet. Hierzu zählen etwa die häusliche Gemeinschaft, Beistand in vermögensrechtlichen Angelegenheiten (z. B gemeinsame steuerliche Veranlagung) sowie die Wahrung der Gleichberechtigung der Partner. Ferner kann die eheliche Lebensgemeinschaft einen Ehegatten dazu verpflichten, im Betrieb des anderen in geringem Umfang unentgeltlich **mitzuarbeiten**. Die zentrale Ehepflicht besteht jedoch darin, die Familie durch Arbeit (auch Haushaltsführung) und mit dem Vermögen angemessen zu **unterhalten** (§ 1360 BGB).

Schlüsselgewalt

Gemäß § 1357 Abs. 1 S. 1 BGB ist jeder Ehegatte **berechtigt**, Geschäfte zur angemessenen Deckung des Lebensbedarfs der Familie mit Wirkung auch für den anderen Ehegatten zu besorgen (sog. **Schlüsselgewalt**). Durch solche Verträge werden beide Ehegatten berechtigt und verpflichtet, es sei denn, dass sich aus den Umständen etwas anderes ergibt (§ 1357 Abs. 1 S. 2 BGB). Voraussetzung ist jedoch, dass die Ehegatten nicht getrennt leben (§ 1357 Abs. 3 BGB) und dass es sich um nicht allzu werthaltige Geschäfte handelt, die nicht mehr als angemessen bezeichnet werden können. Soweit der Tatbestand des § 1357 Abs. 1 S. 1 BGB erfüllt ist, haften die Ehegatten gegenüber dem Gläubiger als **Gesamtschuldner** (§ 421 BGB).

Beispiel: Kauft die Ehefrau für den gemeinsamen Haushalt eine neue Kaffeemaschine, so kann der Verkäufer seinen Anspruch auf Kaufpreiszahlung nicht nur ihr, sondern auch dem Ehemann gegenüber geltend machen.

Eigentumsvermutung und Gewahrsamsfiktion

Eine weitere Rechtswirkung der Ehe ist die **Eigentumsvermutung** gemäß § 1362 Abs. 1 BGB. Demnach wird zugunsten der Gläubiger des Mannes und der Gläubiger der Frau vermutet, dass die im Besitz eines Ehegatten oder beider Ehegatten befindlichen beweglichen Sachen dem Schuldner gehören. So wird es dem Gläubiger erleichtert, einen Titel gegen einen der Ehegatten zu vollstrecken, ohne dass der andere seinen **Gewahrsam** an dem Gegenstand einwenden kann (§ 739 ZPO). Die Eigentumsvermutung gilt allerdings nicht, wenn die Ehegatten **getrennt** leben und sich die Sachen im Besitz des Ehegatten befinden, der nicht Schuldner ist (§ 1362 Abs. 1 S. 2 BGB) oder wenn der konkrete Gegenstand ausschließlich zum **persönlichen** Gebrauch eines Ehegatten bestimmt ist (§ 1362 Abs. 2 BGB).

Beispiel: Lässt ein Gläubiger aufgrund eines Titels gegen den Ehemann das Auto der Ehegatten durch den Gerichtsvollzieher pfänden, so wird vermutet, dass der Wagen im Alleineigentum bzw. Alleingewahrsam des Mannes steht. Die Ehefrau kann deshalb die Vollstreckung grundsätzlich nicht verhindern.

3.3 Eheliches Güterrecht

Überblick über die Güterstände

Das Güterrecht befasst sich mit den **vermögensrechtlichen** Folgen, die sich aus der Ehe ergeben. Hierfür ist maßgeblich, in welchem **Güterstand** die Ehegatten leben. Das ist die sog. **Zugewinngemeinschaft**, wenn die Ehegatten keinen Ehevertrag abgeschlossen haben (§ 1363 Abs. 1 BGB). In einem solchen können **Gütertrennung** (§ 1414 BGB) oder **Gütergemeinschaft** (§§ 1415ff. BGB) vereinbart werden.

Handlungssituation (Fallbeispiel 14)

Heinrich (H) und seine erste Ehefrau Frieda (F) haben sich nach zehn Jahren scheiden lassen. Einen Ehevertrag hatten sie nicht abgeschlossen. Zu Beginn der Ehe hatte H Schulden i. H. v. 25.000,- €. Da H während der Ehe mit dem Versuch, sich mit seinem Handwerksbetrieb selbstständig zu machen, gescheitert war, wuchsen seine Schulden bis zur Ehescheidung auf 60.000,- € an. F hingegen besaß weder zu Beginn noch am Ende der Ehe eigenes Vermögen.

Bestehen gegenseitige Ansprüche auf Zugewinnausgleich?
(Lösung Seiten 99, 100)

3.3.1 Die Zugewinngemeinschaft

Wesen der Zugewinngemeinschaft

Die **Zugewinngemeinschaft** (§§ 1363 ff. BGB) ist der gesetzliche Güterstand von Ehegatten. In diesem werden das Vermögen des Mannes und das Vermögen der Frau **nicht** gemeinschaftliches Vermögen der Ehegatten. Dies gilt sowohl für das bei der Eheschließung vorhandene als auch für das danach erworbene Vermögen (§ 1363 Abs. 2 S. 1 BGB). Der Zugewinn, den die Ehegatten in der Ehe erzielen, wird jedoch **ausgeglichen**, wenn die Zugewinngemeinschaft **endet** (§ 1363 Abs. 2 S. 2 BGB). Folglich handelt es sich bei der Zugewinngemeinschaft um eine Gütertrennung mit Vermögensausgleich bei Beendigung des Güterstandes.

3.3.1.1 Beschränkungen während des Güterstands

Verfügungsbefugnis und Verfügungsverbote

Während die Zugewinngemeinschaft besteht, **verwaltet** jeder Ehegatte sein Vermögen grundsätzlich eigenständig (§ 1364 BGB). Damit der potenzielle Ausgleichsanspruch des anderen Ehegatten bei Beendigung des Güterstandes aber nicht von vornherein wertlos ist, gibt es in § 1365 Abs. 1 BGB eine gewisse **Beschränkung** der **Verfügungsbefugnis**. Demnach kann sich ein Ehegatte nur mit Einwilligung des anderen Ehegatten verpflichten, über sein **Vermögen im Ganzen** zu verfügen. Hat sich ein Ehegatte ohne Zustimmung des anderen dazu verpflichtet, so kann er diese Verpflichtung auch nur erfüllen, wenn der andere einwilligt.

Bei der Frage, wann ein Ehegatte über sein Vermögen im Ganzen verfügt, ist eine **wirtschaftliche** Betrachtungsweise vorzunehmen. So kann auch der Verkauf eines einzelnen Gegenstandes - z. B. eines Grundstücks - ausreichen, wenn dieser **nahezu** das ganze Vermögen (ab ca. 80 %) darstellt. Dies gilt aber in Hinblick auf den Verkehrsschutz nur dann, wenn der Vertragspartner weiß, dass es sich bei dem Gegenstand um das (nahezu) gesamte Vermögen des Ehegatten handelt.

Ein weiteres **Verfügungsverbot** enthält § 1369 BGB. Demnach kann ein Ehegatte über ihm gehörende Gegenstände des ehelichen **Haushalts** nur verfügen und sich zu einer solchen Verfügung auch nur wirksam verpflichten, wenn der andere Ehegatte einwilligt. Zu den betroffenen Gegenständen zählen diejenigen, die den Ehegatten gemeinsam dienen (z. B. eine Spülmaschine), nicht hingegen solche, die nur einem Ehegatten zugeordnet sind (z. B. ein Rennrad, wenn nur ein Ehegatte Fahrrad fährt).

3.3.1.2 Der Zugewinnausgleich

Zugewinnausgleich bei Tod und Scheidung

Die Zugewinngemeinschaft kann im Wesentlichen auf zwei Arten **beendet** werden: durch den Tod eines der Ehegatten oder durch gerichtliche Scheidung der Ehe. Dann kommt es zum sog. **Zugewinnausgleich**.

Im Falle des **Todes** einer der Eheleute gilt für den Zugewinnausgleich die erbrechtliche Lösung. Bei dieser wird nach § 1371 Abs. 1 BGB der gesetzliche Erbteil des überlebenden Ehegatten um ¼ erhöht (ausführlicher dazu Seite 105). Wird der überlebende Ehegatte hingegen nicht Erbe, verbleibt es bei der güterrechtlichen Lösung (gegenüber den Erben des verstorbenen Ehegatten) wie im Fall der Scheidung (§ 1371 Abs. 2 BGB). Hierzu nun genauer.

Zum Ausgleich des Zugewinns bei **Scheidung** ist der Ehegatte verpflichtet, der während der Ehe den höheren **Zugewinn** erzielt hat. Dabei hat der Schuldner dem Gläubiger die **Hälfte** des Überschusses zu erstatten (§ 1378 Abs. 1 BGB).

Anfangs- und Endvermögen

Um feststellen zu können, welcher der Ehegatten den höheren Zugewinn erzielt hat, muss für beide das jeweilige Anfangsvermögen dem jeweiligen Endvermögen gegenübergestellt werden. Das **Anfangsvermögen** ist das Vermögen, das einem Ehegatten nach Abzug der Verbindlichkeiten beim Eintritt des Güterstandes - also dem Tag der Eheschließung - gehört (§ 1374 Abs. 1 BGB). Das **Endvermögen** ist das Vermögen, das einem Ehegatten nach Abzug der Verbindlichkeiten bei der Beendigung des Güterstandes gehört (§ 1375 Abs. 1 S. 1 BGB). Sowohl beim Anfangs- als auch beim Endvermögen ist ein **negativer** Wert denkbar (§§ 1374 Abs. 3, 1375 Abs. 1 S. 2 BGB). Für das Endvermögen ist indes nicht der Tag der Rechtskraft des gerichtlichen Scheidungsbeschlusses maßgeblich, sondern der Zeitpunkt der **Rechtshängigkeit** des Scheidungsantrags (§ 1384 BGB) - also dessen Zustellung beim Antragsgegner (§§ 253 Abs. 1, 261 Abs. 1 ZPO). So wird verhindert, dass der ausgleichspflichtige Ehegatte bis zur Rechtskraft der Scheidung sein Vermögen zu Lasten des anderen schmälert. **Zugewinn** ist dann jeweils der Betrag, um den das Endvermögen das Anfangsvermögen übersteigt (§ 1373 BGB).

Ausgleichsanspruch

Der **Ausgleichsanspruch** beläuft sich nach § 1378 Abs. 1 BGB auf die Hälfte des Zugewinnüberschusses. Da die Forderung den zahlungspflichtigen Ehegatten erheblich **belasten** kann, wird die Höhe der Ausgleichsforderung durch den Wert des Vermögens begrenzt, das nach Abzug der Verbindlichkeiten bei Beendigung des Güterstandes - wiederum vorverlagert auf den Zeitpunkt der Rechtshängigkeit des Scheidungsantrags (§ 1384 BGB) - vorhanden ist (§ 1378 Abs. 2 S. 1 BGB). So wird verhindert, dass der Vermögensstand des Schuldners durch den Zugewinnausgleich negativ wird.

3.3.2 Gütertrennung und Gütergemeinschaft

Abweichende Güterstände

Schließen die Ehegatten einen formwirksamen **Ehevertrag** ab (notarielle Niederschrift erforderlich, § 1410 BGB) und vereinbaren sie **Gütertrennung** (§ 1414 BGB), so hat die Ehe keine vermögensrechtlichen Auswirkungen. Somit verwaltet nicht nur jeder Ehegatte während des Bestehens des Güterstandes sein Vermögen selbstständig, sondern es kommt auch bei dessen Beendigung **nicht** zu einem Ausgleich. Dies ist der zentrale Unterschied zum gesetzlichen Güterstand der Zugewinngemeinschaft. Die allgemeinen Pflichten aus der ehelichen Lebensgemeinschaft bleiben aber unberührt.

Hinweis: Eine Gütertrennung bietet sich z. B. bei Unternehmensinhabern an, die befürchten, im Falle des Zugewinnausgleichs den Betrieb verkaufen zu müssen.

Bei der **Gütergemeinschaft** (§§ 1415 ff. BGB) verschmelzen die Vermögensmassen der Ehegatten zu einem **Gesamtgut**. Dies betrifft nicht nur das vorhandene, sondern auch das Vermögen, welches die Ehegatten während der Gütergemeinschaft erwerben (§ 1416 Abs. 1 BGB). Die Ehegatten bilden demnach eine sog. **Gesamthandsgemeinschaft**. Keiner der Ehegatten kann wirksam über seinen Anteil am Gesamtgut und an den einzelnen hierzu gehörigen Gegenständen verfügen (§ 1419 Abs. 1 BGB).

Hinweis: Die Gütergemeinschaft gibt es heutzutage nur noch selten.

Lösung zur Handlungssituation (Fallbeispiel 14)

Für einen Zugewinnausgleich (§ 1378 BGB) muss zunächst das Endvermögen der Ehegatten das jeweilige Anfangsvermögen übersteigen. Zur Ermittlung sind für beide Ehegatten also das Anfangs- und das Endvermögen gegenüberzustellen.

Das Anfangsvermögen des H war negativ (Schulden i. H. v. 25.000,- €). Zwar hat H ein vom Anfangsvermögen abweichendes Endvermögen (nämlich Schulden i. H. v. 60.000,- €), doch handelt es sich hierbei nicht um einen Zugewinn. Damit beträgt der Zugewinn des H 0,- €.

Bei F hingegen sind Anfangs- und Endvermögen identisch (jeweils 0,- €). Damit hat auch sie während der Ehe keinen Zugewinn erzielt. Folglich übersteigt kein Zugewinn des einen Ehegatten den des anderen.

Ergebnis: Ein Anspruch auf Zugewinnausgleich besteht nicht.

3.4 Ehescheidung und Unterhaltsrecht

Handlungssituation (Fallbeispiel 15)

Heinrichs Neffe Martin (M) hat die Gudrun (G) während seines Studiums kennengelernt. Bereits zu dieser Zeit litt M an Depressionen, die allerdings noch kontrolliert werden konnten. Als M und G nach bestandener Bachelorprüfung des M geheiratet haben, ging es M bereits im zweiten Ehejahr deutlich schlechter. Nachdem sich M und G kurze Zeit später getrennt haben, beantragt G drei Jahre danach die Scheidung. M ist inzwischen wegen seiner Depressionen arbeitsunfähig.

a) Kann die Ehe von M und G geschieden werden?
b) Kann M von G Unterhalt verlangen? (Lösung Seite 102)

Scheidungsvorraussetzungen

Gemäß § 1564 S. 1 BGB kann eine Ehe nur durch **richterliche Entscheidung** auf Antrag eines oder beider Ehegatten **geschieden** werden. Eine Ehe kann geschieden werden, wenn sie **gescheitert** ist (sog. **Zerrüttungsprinzip**). Die Ehe ist gescheitert, wenn die Lebensgemeinschaft der Ehegatten nicht mehr besteht und nicht erwartet werden kann, dass die Ehegatten sie wiederherstellen (§ 1565 Abs. 1 BGB). Auf ein Verschulden des einen oder anderen Ehegatten kommt es hierbei nicht an.

Unwiderlegbare Vermutungen

§ 1566 BGB stellt zur Erleichterung der gerichtlichen Prüfung der Scheidungsvoraussetzungen zwei **unwiderlegbare Vermutungen** auf. Gemäß § 1566 Abs. 1 BGB ist die Ehe gescheitert, wenn die Ehegatten seit **einem** Jahr getrennt leben und **beide** Ehegatten die Scheidung beantragen oder der Antragsgegner der Scheidung zustimmt. Nach § 1566 Abs. 2 BGB gilt das Gleiche, wenn die Ehegatten seit **drei** Jahren getrennt leben. Gemäß § 1567 Abs. 1 S. 1 BGB **leben** die Ehegatten **getrennt**, wenn zwischen ihnen keine häusliche Gemeinschaft mehr besteht und ein Ehegatte sie erkennbar nicht herstellen will, weil er die eheliche Lebensgemeinschaft ablehnt.

Unterhaltstatbestände

Mit der **Rechtskraft** der gerichtlichen Entscheidung ist die Ehe aufgelöst (§ 1564 Abs. 1 S. 2 BGB). Dann obliegt es gemäß § 1569 S. 1 BGB jedem Ehegatten grundsätzlich selbst, für seinen **Unterhalt** zu sorgen (Prinzip der **Eigenverantwortung**). Wenn ein Ehegatte dazu außerstande ist, kann es aber einen Unterhaltsanspruch gegen den anderen geben (§§ 1570 ff. BGB). Maßgeblich ist hierbei v. a. die Frage, ob sich der geschiedene Ehegatte durch eine angemessene **Erwerbstätigkeit** selbst unterhalten kann (§§ 1577, 1574 Abs. 1 BGB). Dies wiederum richtet sich nach der Ausbildung, den Fähigkeiten, einer früheren Erwerbstätigkeit, dem Lebensalter und dem Gesundheitszustand des geschiedenen Ehegatten sowie aber auch den ehelichen Lebensverhältnissen (§ 1574 Abs. 2 BGB).

Beispiel: Für eine frühere Arzthelferin kann es unzumutbar sein, nach einer 15-jährigen Ehe mit einem Chefarzt in ihren alten Beruf zurückzukehren.

Kindesbetreuung u. a.

Der zentrale Tatbestand für eine gesetzliche **Unterhaltspflicht** gegenüber dem geschiedenen Ehepartner ist die **Betreuung** eines gemeinschaftlichen **Kindes** (§ 1570 Abs. 1 BGB). So kann der betreuende Ehegatte bis zum **dritten** Geburtstag des (jüngsten) Kindes ohne weiteres - also auch unabhängig von einem Krippenplatz - Unterhalt verlangen (S. 1). Während dieser Zeit ist grundsätzlich auch eine Teilzeitbeschäftigung unzumutbar. Nach Vollendung des dritten Lebensjahres des Kindes ist hingegen im **Einzelfall** zu prüfen, ob kind- bzw. elternbezogene Gründe einer (eingeschränkten) Erwerbstätigkeit des betreuenden Ehegatten weiterhin entgegenstehen (§ 1570 Abs. 1 S. 2, 3 Abs. 2 BGB).

Weitere Unterhaltspflichten können sich aus dem **Alter** (§ 1571 BGB), der **Erkrankung** (§ 1572 BGB) oder der **Erwerbslosigkeit** des geschiedenen Ehegatten ergeben. Im letzten Fall muss sich der Berechtigte aber intensiv um eine Beschäftigung bemühen. Schließlich kommt noch ein Unterhaltsanspruch aus **Billigkeitsgründen** - etwa bei der Betreuung nicht gemeinschaftlicher Kinder - in Betracht (§ 1576 BGB).

Höhe des Unterhalts

Die **Höhe** des Unterhalts bestimmt sich nach den ehelichen Lebensverhältnissen. Er umfasst den gesamten Lebensbedarf (§ 1578 Abs. 1 BGB). Hierzu zählen v. a. die Kosten für Unterkunft, Nahrung, Kleidung und Hobbys. Bei der konkreten Bemessung ist der **Lebensstandard** der Ehegatten während der Ehe entscheidend. Einkommensänderungen beim unterhaltspflichtigen Ehegatten sind deshalb nur dann relevant, wenn sie bereits in der Ehe angelegt waren. Soweit der Schuldner zur Leistung des vollen Unterhalts **nicht imstande** ist, reduziert sich seine Unterhaltspflicht nach Billigkeitsgesichtspunkten (§ 1581 S. 1 BGB). Ferner sieht § 1578b BGB auch bei voller Leistungsfähigkeit die Möglichkeit der **Herabsetzung** auf den angemessenen Lebensbedarf bzw. eine zeitliche **Begrenzung** des Unterhalts vor, wenn der volle Unterhalt **unbillig** ist. Dies kommt v. a. bei einer kurzen und kinderlosen Ehe in Betracht, in der beide Ehegatten berufstätig waren. Bei **grober** Unbilligkeit ist sogar eine **Versagung** des Unterhalts möglich (§ 1579 BGB). Dies gilt z. B., wenn sich der Berechtigte inzwischen in einer neuen und verfestigten **Lebensgemeinschaft** befindet.

Lösung zur Handlungssituation (Fallbeispiel 15)

a) Die Ehe von G und M kann geschieden werden, wenn sie gescheitert ist. Dies ist der Fall, wenn die Lebensgemeinschaft der Ehegatten nicht mehr besteht und nicht erwartet werden kann, dass die Ehegatten sie wiederherstellen (§ 1565 Abs. 1 BGB). Hier wird nach § 1566 Abs. 2 BGB vermutet, dass die Ehe gescheitert ist, da G und M seit drei Jahren getrennt leben. Damit kann die Ehe durch gerichtliche Entscheidung geschieden werden (§ 1564 BGB).

b) Grundsätzlich gilt nach der Scheidung das Prinzip der Eigenverantwortung der Ehegatten (§ 1569 BGB). In Betracht kommt hier aber ein Unterhaltsanspruch des M gegen G aus § 1572 BGB. Die Depressionen des M stellen eine Krankheit dar, wegen der zum Zeitpunkt der Scheidung eine Erwerbstätigkeit von ihm nicht erwartet werden kann. Damit ist der Unterhaltsanspruch des M gegen G dem Grunde nach gegeben. Allerdings könnte dieser nach Lage der Dinge zeitlich befristet oder der Höhe nach begrenzt werden (§ 1578b BGB), da die Ehe nur relativ kurze Zeit bestand und die psychische Erkrankung des M nicht ehebedingt war.

3.5 Kindesunterhalt

Unterhalt für Kinder

Gemäß § 1601 BGB sind **Verwandte** in gerader Linie verpflichtet, einander Unterhalt zu gewähren. Neben dem möglichen Unterhalt für den geschiedenen Ehegatten trifft den Verpflichteten deshalb evtl. auch noch eine Unterhaltspflicht gegenüber seinen **Kindern**.

Beim Kindesunterhalt muss zwischen minderjährigen und volljährigen Kindern unterschieden werden. Da **minderjährige** Kinder der **elterlichen Sorge** bedürfen (§ 1626 BGB), erfüllt der Elternteil, der ein minderjähriges Kind betreut, seine Unterhaltspflicht grundsätzlich durch die **Pflege** und **Erziehung** des Kindes (§ 1606 Abs. 3 S. 2 BGB). Volljährige Kinder bedürfen hingegen grundsätzlich keiner elterlichen Sorge mehr. Gleichwohl stehen **volljährige** Kinder bis zu ihrem 21. Geburtstag für den Unterhalt minderjährigen Kindern gleich, solange sie im Haushalt der Eltern oder eines Elternteils leben und sich in der allgemeinen Schulausbildung befinden (§ 1603 Abs. 2 S. 2 BGB).

Die Eltern sind ihren minderjährigen Kindern unterhaltsrechtlich zu besonderer **Solidarität** verpflichtet. Hinsichtlich des Elternteils, der für den Barunterhalt aufkommt, bedeutet dies eine gesteigerte **Erwerbsobliegenheit**. Er muss folglich jeder zumutbaren Erwerbstätigkeit nachgehen (vgl. § 1603 BGB).

„Düsseldorfer Tabelle“

Für die Bestimmung der **Unterhaltshöhe** ist die sog. **„Düsseldorfer Tabelle“** maßgeblich. Bei dieser handelt es sich um eine Richtlinie der für das Familienrecht zuständigen **Oberlandesgerichte** (ursprünglich federführend: OLG Düsseldorf). Nach der Düsseldorfer Tabelle hängt die Höhe des Anspruchs zum einen vom **Nettoeinkommen** des barunterhaltsverpflichteten Elternteils und zum anderen vom **Alter** des unterhaltsberechtigten Kindes ab. Ferner sind in der Düsseldorfer Tabelle Beträge festgesetzt, die dem Verpflichteten als **Selbstbehalt** verbleiben müssen.

Beispiel: Nach der Düsseldorfer Tabelle aus dem Jahr 2022 hat ein 15-jähriges Kind gegen seinen barunterhaltsverpflichteten Elternteil mit einem Nettoeinkommen von 2.500,- € einen Unterhaltsanspruch i. H. v. 587,- €.

4. Erbrecht

4.1 Grundlagen

Verfassungsrechtlicher Hintergrund

Gemäß Art. 14 Abs. 1 GG wird das **Erbrecht** (= Testierfreiheit) als Grundrecht geschützt. Diese verfassungsrechtliche Institutsgarantie ergänzt den Schutz des Privateigentums und sichert die marktwirtschaftliche Grundordnung Deutschlands ab. Aufgrund der Testierfreiheit kann der Erblasser seine Erben **frei** bestimmen. Übergangene nahe Angehörige werden jedoch vor dem Hintergrund des verfassungsrechtlichen Schutzauftrages für Ehe und Familie (Art. 6 Abs. 1 GG) durch das **Pflichtteilsrecht** berücksichtigt (§§ 2303 ff. BGB).

Grundbegriffe des Erbrechts

Nach § 1922 BGB geht mit dem Tod einer Person **(Erbfall)** deren Vermögen als Ganzes auf eine oder mehrere andere Personen **(Erben)** über. Der Erbfall kann nur bei **natürlichen** Personen eintreten (juristische Personen werden aufgelöst und liquidiert). Maßgeblich ist hierfür grundsätzlich der **Gehirntod**, nicht der Herzstillstand. Die **Erbschaft** (= der Nachlass) umfasst sämtliche Vermögensgegenstände des Erblassers, nicht hingegen höchstpersönliche Rechte (z. B. die Ehe).

Erben können **alle** natürlichen und juristischen **Personen** sowie auch der nur Gezeugte (§ 1923 Abs. 2 BGB). Nach dem Prinzip der **Gesamtrechtsnachfolge** (Universalsukzession) tritt der Erbe **automatisch** in die Rechtsposition des Erblassers ein. Es bedarf also weder eines Übertragungsaktes noch einer Annahme der Erbschaft durch den Erben (unbeschadet der Ausschlagungsmöglichkeit, §§ 1942 ff. BGB).

Der Erbe erwirbt beim Erbfall **alle** vermögenswerten **Rechtspositionen** des Erblassers. Dazu gehören auch dessen **Schulden** (§ 1967 BGB). Unter Umständen kommt aber eine **Haftungsbeschränkung** auf den Nachlass in Betracht (§§ 1975 ff. BGB).

Handlungssituation (Fallbeispiel 16)

Heinrich (H) würde im Falle seines Todes seine zweite Ehefrau Frauke (F), mit der er keinen Ehevertrag abgeschlossen hat, seine Tochter Tanja (T), seinen Sohn Stefan (S), seine Eltern sowie seinen Bruder Bernd (B) hinterlassen. Ein Testament hat H bisher nicht verfasst.

Wie wäre die Erbfolge? (Lösung Seiten 105, 106)

4.2 Gesetzliche Erbfolge

Nachrangigkeit der gesetzlichen Erbfolge

Die gesetzliche Erbfolge gilt nur, wenn **keine** Verfügung von Todes wegen vorhanden ist. Eine solche geht infolge der Testierfreiheit (vgl. § 1937 BGB) der gesetzlichen Erbfolge vor **(Subsidiaritätsprinzip)**.

4.2.1 Verwandtenerbrecht

Rangfolge der Verwandten

Durch die gesetzliche Erbfolge werden nahe **Angehörige** begünstigt. Nach dem **Parentelsystem** (§§ 1924 ff. BGB) werden die Verwandten dabei in verschiedene Ordnungen unterteilt. Dabei schließt eine vordere Ordnung eine hintere aus (§ 1930 BGB). Nach dem **Repräsentationsprinzip** werden eigene Abkömmlinge durch die Stammeltern ausgeschlossen (vgl. z. B. § 1924 Abs. 2 BGB). Gemäß dem **Eintrittsprinzip** tritt allerdings an die Stelle eines Vorverstorbenen dessen Abkömmling (vgl. z. B. § 1924 Abs. 3 BGB).

Gesetzliche Erben der **ersten** Ordnung sind die **Abkömmlinge** des Erblassers (§ 1924 BGB). Ein zurzeit des Erbfalls lebender Abkömmling schließt die durch ihn mit dem Erblasser verwandten Abkömmlinge - also die Enkel - von der Erbfolge aus. An die Stelle eines zurzeit des Erbfalls nicht mehr lebenden Abkömmlings - z. B. des Sohns des Erblassers - treten die durch ihn mit dem Erblasser verwandten Abkömmlinge, also die Enkel.

Ab der **zweiten** Ordnung gilt eine Erbfolge nach **Linien**. So wird nach § 1925 Abs. 1 BGB der Nachlass auf die Eltern und deren Abkömmlinge aufgeteilt. Auch hier gilt das Repräsentationsprinzip, sodass ein lebender Elternteil das Erbrecht seines Abkömmlings ausschließt (§ 1925 Abs. 2 BGB).

Beispiel: Hinterlässt der Erblasser eine Tochter, einen Enkel, seine Eltern sowie einen Bruder, so erbt die Tochter allein. Ist die Tochter bereits verstorben, tritt der Enkel an ihre Stelle - die Eltern und der Bruder gehen auch hier leer aus. Sind sowohl die Tochter als auch der Enkel verstorben, erben die Eltern zu gleichen Teilen. Ist ein Elternteil verstorben, tritt an dessen Stelle der Bruder.

4.2.2 Ehegattenerbrecht

Ergänzt wird das Verwandtenerbrecht durch das Erbrecht des **Ehegatten** (§§ 1931 ff. BGB). Dessen Umfang ist abhängig vom Güterstand (Regelfall: Zugewinngemeinschaft, § 1363 BGB) und dem Ordnungsrang konkurrierender Verwandter. Entsprechendes gilt bei einer eingetragenen Lebenspartnerschaft gleichgeschlechtlicher Personen (§ 10 LPartG).

Erbrecht des Ehegatten

Gemäß § 1931 Abs. 1 S. 1 BGB ist der überlebende Ehegatte neben Verwandten der **ersten** Ordnung zu einem Viertel, neben Verwandten der **zweiten** Ordnung zur Hälfte der Erbschaft als gesetzlicher Erbe berufen. Da nach § 1931 Abs. 3 BGB die Vorschrift des § 1371 BGB unberührt bleibt, tritt im Falle der Zugewinngemeinschaft neben diese erbrechtliche Quote noch das **familienrechtliche** Viertel aus § 1371 Abs. 1 BGB.

Beispiel: Hinterlässt der Erblasser neben seiner Tochter eine Ehefrau, mit der er im Güterstand der Zugewinngemeinschaft gelebt hat, so erbt die Frau ¼ aus § 1931 Abs. 1 S. 1, 1. Var. BGB und ¼ aus § 1371 Abs. 1 BGB, also insgesamt ½. Die andere Hälfte des Nachlasses erhält die Tochter.

4.2.3 Erbrecht des Staates

Wenn der Erblasser weder Verwandte noch einen Ehegatten bzw. Lebenspartner hinterlässt, ist der **Staat** gesetzlicher Erbe (§ 1936 BGB). Damit der Nachlass nicht herrenlos wird, hat der Fiskus auch keine Ausschlagungsmöglichkeit (§ 1942 Abs. 2 BGB). Er kann die Haftung aber grundsätzlich auf den Nachlass **beschränken**.

Staat als letztrangiger Erbe

Lösung zur Handlungssituation (Fallbeispiel 16)

Da H bisher kein Testament verfasst hat, gälte bei seinem Tod die gesetzliche Erbfolge (§§ 1924ff. BGB). Die Abkömmlinge T und S würden als Verwandte der ersten Ordnung (§ 1924 Abs. 1 BGB) nach § 1930 BGB alle anderen Verwandten einer höheren Ordnung verdrängen (hier die Eltern und den Bruder B als Verwandte der zweiten Ordnung, § 1925 Abs. 1 BGB). Als Kinder würden sie zu gleichen Teilen erben (§ 1924 Abs. 4 BGB). Daneben würde gemäß § 1931 BGB seine Ehefrau F erben.

Die Höhe des Ehegattenerbrechts wäre abhängig vom Verwandtengrad der Miterben. Da F hier neben Verwandten der ersten Ordnung erben würde, erhielte sie nach § 1931 Abs. 1 S.1 BGB zunächst ¼. Darüber hinaus wäre der Güterstand der Ehegatten zu berücksichtigen. Da H und F keinen Ehevertrag abgeschlossen haben, gilt der gesetzliche Güterstand der Zugewinngemeinschaft (§ 1363 BGB). Bei diesem würde der Erbteil des Ehegatten gemäß § 1371 Abs. 1 S. 1 BGB um ¼ erhöht.

Ergebnis: F erhielte beim Tod des H ½, T und S je ¼ vom Nachlass.

4.3 Gewillkürte Erbfolge

4.3.1 Allgemeines

Vorrang der gewillkürten Erbfolge

Die gewillkürte Erbfolge hat – wie bereits ausgeführt – **Vorrang** vor der gesetzlichen. Durch die verfassungsrechtlich garantierte Testierfreiheit kann der Erblasser seine Erben frei bestimmen. Dies erfolgt durch **Verfügung** von **Todes wegen** (§ 1937 BGB). Hierzu zählen das **Testament** (einseitig und gemeinschaftlich) sowie der **Erbvertrag**.

4.3.2 Einzeltestament

Handlungssituation (Fallbeispiel 17)

Heinrich (H) möchte den Lebensweg seiner Cousine Claudia (C) beeinflussen. Deshalb verfasst er ein Testament mit der Klausel: „Meine liebe Claudia soll Alleinerbin werden, wenn sie ihr BWL-Studium erfolgreich abschließt und sich von ihrem nichtsnutzigen Lebensgefährten Gustav (G) trennt." C ist derzeit im 4. Semester ihres BWL-Studiums und lebt noch mit G zusammen.

Würde C im Falle des Todes von H Erbin werden? (Lösung Seite 108)

- **Errichtung**

Wirksamkeitsvoraussetzungen für ein Testament

Die rechtswirksame Errichtung eines **Einzeltestaments** (§§ 2229 ff. BGB) setzt zunächst den **Testierwillen** des Erblassers voraus. Dieser besteht nicht bei einem bloßen **Entwurf** eines Testaments.

Beispiel: Notizen auf einem Zettel, wen man im Falle seines Todes als Erben einsetzen könnte.

Ferner muss der Erblasser **testierfähig** sein. Die Testierfähigkeit tritt – anders als die unbeschränkte Geschäftsfähigkeit – bereits mit 16 Jahren ein (§ 2229 Abs. 1 BGB). Die Zustimmung des gesetzlichen Vertreters ist für die Testamentserrichtung entbehrlich (§ 2229 Abs. 2 BGB). Schließlich darf der Erblasser nicht wegen Geistesschwäche (z. B. fortgeschrittene Altersdemenz) testierunfähig sein (§ 2229 Abs. 4 BGB).

Ein Testament kann der **Form** nach zur Niederschrift eines **Notars** (§§ 2232, 2233 BGB) oder **eigenhändig** (§ 2247 BGB) verfasst werden (§ 2231 BGB). Im letzten Fall muss es eigenhändig **geschrieben** und **unterschrieben** werden (§ 2247 Abs. 1 BGB). Ferner sollen Angaben zu Zeit und Ort enthalten sein (§ 2247 Abs. 2 BGB). Ebenso soll die Unterschrift den Vornamen und den Familiennamen des Erblassers enthalten (§ 2247 Abs. 3 BGB). Das Fehlen dieser **Soll-Vorgaben** macht das Testament aber nicht formunwirksam (§ 125 S. 1 BGB).

Da es sich bei einem Testament um eine **höchstpersönliche** Erklärung handelt, ist Stellvertretung (§ 164 Abs. 1 BGB) unzulässig. Deshalb kann der Erblasser die Bestimmung der Person, die eine Zuwendung erhalten soll, auch **nicht** einem **anderen** überlassen (§ 2065 Abs. 2 BGB).

Inhalte eines Testaments

In einem Testament kann der Erblasser seine **Erben** einsetzen (vgl. § 2087 Abs. 1 BGB). Einzelne Gegenstände können dagegen nicht vererbt werden. In einem solchen Fall kann es sich jedoch um ein **Vermächtnis** handeln (vgl. § 2087 Abs. 2 BGB). Dieses begründet einen schuldrechtlichen Anspruch auf Leistung des vermachten Gegenstandes gegen den Erben (§ 2174 BGB).

Ferner kann der Erblasser den Erben durch eine **Auflage** (§ 1940 BGB) zu einer Leistung verpflichten (§ 2194 BGB) oder die Zuwendung unter eine **Bedingung** (§§ 2074 ff. BGB) stellen. Schließlich kommen die Anordnung einer **Testamentsvollstreckung** (§§ 2197 ff. BGB) oder einer **Vor-** und **Nacherbschaft** (§§ 2100 ff. BGB) in Betracht.

Auslegung von Testamenten

Bei der **Auslegung** eines Testaments ist - unabhängig von einem schutzwürdigen Rechtsverkehr - allein der **mutmaßliche Wille** des Erblassers zu erfassen (§ 133 BGB). Dabei dürfen Umstände außerhalb der Testamentsurkunde zur Auslegung nur herangezogen werden, wenn sie im Testament zumindest angedeutet sind **(Andeutungstheorie)**. Dies dient der Wahrung der strengen Formvorschriften.

Nach den allgemeinen Regelungen der §§ 134, 138 BGB kann ein Testament auch **unwirksam** sein. Ein **Gesetzverstoß** kann sich z. B. aus den landesrechtlichen Heimgesetzen ergeben, wonach es den Trägern und Mitarbeitern von Pflegeheimen grundsätzlich untersagt ist, Geldleistungen über das vereinbarte Entgelt hinaus entgegenzunehmen. Ein **Sittenverstoß** liegt evtl. vor, wenn der Erblasser durch sein Testament (ausschließlich) sexuelle Dienste vergüten möchte (sog. Geliebtentestament).

Lösung Handlungssituation (Fallbeispiel 17)

C könnte Erbin des H infolge seines Testaments werden (§ 1937 BGB). In diesem Fall handelt es sich um eine aufschiebend bedingte Erbeinsetzung der C (§ 2074 BGB). Dabei sind sog. Wohlverhaltensklauseln als Bedingungen grundsätzlich zulässig (Testierfreiheit). Dies betrifft hier zumindest den erfolgreichen Abschluss des BWL-Studiums. Damit gilt bis zu diesem Zeitpunkt die gesetzliche Erbfolge, und mit dem Abschluss des Studiums wird C Alleinerbin. Das stellt eine sog. Vor- und Nacherbschaft dar (§ 2105 BGB). Die Klausel hinsichtlich der Trennung der C von ihrem Lebensgefährten G verstößt indes gegen die guten Sitten (§ 138 BGB), da hierdurch die freie Willensbetätigung der C in ihrem höchstpersönlichen Lebensbereich unzulässig beeinträchtigt wird.

Die Nichtigkeit dieser abtrennbaren Klausel hat (entgegen § 139 BGB) allerdings nach § 2085 BGB grundsätzlich nicht die Unwirksamkeit des gesamten Testaments zur Folge. Vielmehr dürfte die Auslegung ergeben, dass der Erblasser das Testament zugunsten der C auch ohne die „Trennungsklausel" wollte (§ 133 BGB).

Ergebnis: C würde mit Beendigung ihres BWL-Studiums Erbin.

- **Aufhebung**

Handlungssituation (Fallbeispiel 18)

Das erste Testament von Heinrichs Nichte Nicole (N) datiert aus dem Jahr 2012. Darin hat sie ihre alte Schulfreundin Kerstin (K) zur Alleinerbin eingesetzt. Als N im Jahr 2022 ihren neuen Lebensgefährten Sven (S) kennenlernt, verfasst sie ein zweites Testament, in dem sie S zum Alleinerben bestimmt.

a) Wer würde beim Tod der N erben?

b) Wie kann N vorgehen, wenn sie später doch K zur Alleinerbin einsetzen möchte? (Lösung Seite 109)

Widerruf eines Testaments

Der **Erblasser** kann ein von ihm verfasstes Testament jederzeit frei **widerrufen** (§ 2253 BGB). Dies geschieht entweder durch das Verfassen eines Widerrufstestaments (§ 2254 BGB) oder durch die Errichtung eines späteren, inhaltlich widersprechenden Testaments (§ 2258 BGB). Alternativ kann der Widerruf eines Testaments auch durch **Vernichtung** der Urkunde erfolgen (§ 2255 BGB). Auch der **Widerruf** eines **Widerrufs** ist – bei einem Widerruf durch Testament, nicht hingegen bei einem Widerruf durch Vernichtung – möglich. In diesem Fall ist im Zweifel das erste bzw. frühere Testament wieder wirksam (§§ 2257, 2258 Abs. 2 BGB).

Neben dem Widerruf kommt auch die **Anfechtung** eines Testaments infrage (§§ 2078 ff. BGB). Diese erfolgt allerdings nicht durch den Erblasser (dieser widerruft), sondern durch einen **Dritten**. Als **Anfechtungsgrund** tritt hier neben den Inhalts- und Erklärungsirrtum (§ 2078 Abs. 1 BGB) sowie die widerrechtliche Drohung (§ 2078 Abs. 2, 2. Var. BGB) der **Motivirrtum** nach § 2078 Abs. 2, 1. Var. BGB. Bei diesem ist allerdings eine enge Auslegung geboten, da ansonsten das Anfechtungsrecht uferlos wäre. Der Erblasser muss sich demnach über einen **tragenden** Grund für seine letztwillige Verfügung geirrt haben.

Anfechtung eines Testaments

Beispiel: Enttäuschte Erwartung, dass die Beziehung zu seinen Erben ohne tiefgreifende Zerrüttung bleibt.

Anfechtungsberechtigt ist derjenige, der durch die Aufhebung der letztwilligen Verfügung einen unmittelbaren **Vorteil** erlangt (§ 2080 Abs. 1 BGB). Dies ist v. a. derjenige, der durch die Anfechtung des Testaments ein eigenes Erbrecht hat. Die Anfechtung ist gemäß § 2081 Abs. 1 BGB gegenüber dem **Nachlassgericht** zu **erklären**. Die **Anfechtungsfrist** beträgt ein Jahr ab Kenntniserlangung vom Anfechtungsgrund (§ 2082 Abs. 1, 2 BGB).

Lösung zur Handlungssituation (Fallbeispiel 18)

a) Der Erblasser kann sein Testament jederzeit frei widerrufen (§ 2253 BGB). Hier hat N den Widerruf durch ein späteres, inhaltlich widersprechendes Testament vorgenommen. Dieses hebt das frühere Testament - soweit der Widerspruch reicht - auf (§ 2258 Abs. 1 BGB). Damit gilt nun das spätere Testament. S wäre Alleinerbe.

b) Um K nachträglich wieder zur Alleinerbin einzusetzen, kann N das zweite Testament z. B. zerreißen (§ 2255 Abs. 1 BGB). Durch diesen Widerruf des späteren Testaments lebt im Zweifel das frühere Testament wieder auf (vgl. §§ 2257, 2258 Abs. 2 BGB). Dann wäre K wieder Alleinerbin.

4.3.3 Gemeinschaftliches Testament

Das **gemeinschaftliche Testament** ist eine praktisch häufige **Sonderform** eines Testaments. Anders als beim Erbvertrag liegt eine **einseitige** Verfügung von Todes wegen vor, die aber wie beim Erbvertrag mit einer **anderen** Person abgestimmt ist.

„Ehegattentestament“

Handlungssituation (Fallbeispiel 19)

Heinrich (H) und seine Ehefrau Frauke (F) haben ein gemeinschaftliches Testament errichtet, in dem sie sich gegenseitig zu Alleinerben und die gemeinsamen Kinder Tanja (T) und Stefan (S) als Erben des Letztversterbenden eingesetzt haben. Nach einem Streit mit F ändert H das Testament und setzt seinen Freund Klaus (K) als Alleinerben ein.

a) Wer würde den H bei seinem Tod beerben?

b) Welche Möglichkeit hätten T und S beim Tod des H? (Lösung Seiten 110, 111)

Ein gemeinschaftliches Testament kann nur von **Ehegatten** errichtet werden (§ 2265 BGB). Es kann nach § 2267 BGB formal **leichter** als ein normales Testament verfasst werden, da nur eine eigenhändig geschriebene Urkunde erforderlich ist und die Unterschrift des anderen Ehegatten genügt.

Wechselbezügliche Verfügungen

Bei sog. **wechselbezüglichen Verfügungen** in einem gemeinschaftlichen Testament (§ 2270 Abs. 1, 3 BGB) besteht eine erschwerte Aufhebbarkeit der Verfügung zu **Lebzeiten** des anderen Ehegatten. Nach der Auslegungsregel des § 2270 Abs. 2 BGB liegt eine wechselbezügliche Verfügung v. a. dann vor, wenn sich die Ehegatten **gegenseitig** bedenken. Für den **Widerruf** einer letztwilligen Verfügung bedarf es dann einer **notariellen** Erklärung gegenüber dem anderen Ehegatten (§§ 2271 Abs. 1, 2296 Abs. 2 S. 2 BGB). Beim **Tod** des anderen Ehegatten **scheidet** eine Aufhebung sogar grundsätzlich **aus**, wenn der Überlebende das ihm Zugewendete nicht ausschlägt (§ 2271 Abs. 2 S. 1 BGB).

„Berliner Testament"

Beim sog. **Berliner Testament** (§ 2269 BGB) handelt es sich um eine Sonderform eines gemeinschaftlichen Testaments. Ziel ist es, den Nachlass möglichst lange in der **Familie** zu halten. Deshalb setzen sich die Ehegatten zunächst selbst und dann ihre Kinder als Erben ein. Nach der Auslegungsregel in § 2269 BGB gilt dann im Zweifel die sog. **Einheitslösung:** Der überlebende Ehegatte wird alleiniger **Vollerbe;** die Kinder erben erst nach dessen Tod (Alternative: „Trennungslösung" mit Vor- und Nacherbschaft). Um die Geltendmachung des **Pflichtteilsanspruchs** durch die beim ersten Todesfall enterbten Kinder (§ 2303 Abs. 1 BGB) zu verhindern, enthält ein Berliner Testament oft eine sog. **Strafklausel**, nach der die Kinder bei Geltendmachung des Pflichtteils auch beim Tod des Letztversterbenden nur den Pflichtteil erhalten.

Lösung zur Handlungssituation (Fallbeispiel 19)

a) Grundsätzlich kann der Erblasser H sein Testament frei widerrufen (§ 2253 BGB). Durch das spätere Testament zugunsten des K würde dieser an sich Alleinerbe des H (§ 2258 Abs. 1 BGB). In diesem Fall könnte es jedoch anders sein, weil es sich bei der letztwilligen Verfügung von H und F um ein gemeinschaftliches Testament handelt (§ 2265 BGB): H und F sind Ehegatten; die Form des § 2267 BGB ist offenbar gewahrt.

Bei der Erbeinsetzung der Ehefrau F handelt es sich um eine wechselbezügliche Verfügung (§ 2270 Abs. 1, 2 BGB). Diese kann H zu Lebzeiten der F nur in notarieller Form widerrufen (§§ 2271 Abs. 1 S. 1, 2296 Abs. 2 S. 2 BGB). Diese liegt hier nicht vor. Damit ist der Widerruf des H unwirksam, sodass es bei den Verfügungen im gemeinschaftlichen Testament verbleibt. Folglich wäre F Alleinerbin.

b) Da F Alleinerbin ist, wurden T und S von H enterbt (sog. Einheitslösung, § 2269 Abs. 1 BGB). Deshalb könnten T und S als Abkömmlinge des H bei dessen Tod den Pflichtteil von F verlangen (§ 2303 Abs. 1 S. 1 BGB).

4.3.4 Erbvertrag

Handlungssituation (Fallbeispiel 20)

Der betagte Onkel Otto (O) des Heinrich (H) wird von H regelmäßig im Haushalt unterstützt. In einem notariellen Erbvertrag vereinbaren O und H, dass O den H zum Alleinerben einsetzt und H den O dafür bis an sein Lebensende versorgen wird. Da sich H in den Folgemonaten aber gar nicht um O kümmert, will sich O vom Erbvertrag mit H wieder lösen.

Ist das möglich? (Lösung Seite 112)

Bindungswirkung beim Erbvertrag

Beim **Erbvertrag** handelt es sich um eine **zweiseitige** Verfügung von Todes wegen. Er kann **als Erblasser** (nicht als Vertragspartner) nur **persönlich** (§ 2274 BGB) von einer **unbeschränkt** geschäftsfähigen (§ 2275 Abs. 1 BGB) Person abgeschlossen werden. Zudem bedarf der Erbvertrag der **notariellen** Form (§ 2276 BGB).

Erbeinsetzungen, Vermächtnisse und Auflagen können als sog. **vertragsmäßige Verfügungen** ausgestaltet sein (§ 2278 Abs. 1, 2 BGB). Ob dies der Fall ist, muss durch Auslegung (§§ 133, 157 BGB) ermittelt werden. Vertragsmäßige Verfügungen entfalten **Bindungswirkung** („pacta sunt servanda"). Im Erbvertrag muss mindestens **eine** vertragsmäßige Verfügung - also z. B. eine Erbeinsetzung - enthalten sein. Daneben können auch **einseitige** Verfügungen von Todes wegen wie etwa die Einsetzung eines Testamentsvollstreckers getroffen werden (§ 2299 BGB).

Rücktrittsgründe

Vom Erbvertrag kann sich der Erblasser **einseitig** nicht mehr frei, sondern nur noch durch **Rücktritt** lösen. **Rücktrittsgründe** sind der Rücktrittsvorbehalt (§ 2293 BGB), gravierende Verfehlungen des Bedachten (§ 2294 i. V. m. § 2333 BGB) sowie die Aufhebung der Gegenverpflichtung (§ 2295 BGB). Der Rücktritt vom Erbvertrag muss gegenüber dem **Vertragspartner** erklärt werden und bedarf **notarieller** Form (§ 2296 Abs. 2 BGB).

Anfechtung

Neben dem Rücktritt kommt auch eine **Anfechtung** des Erbvertrages durch den Erblasser nach § 2281 Abs. 1 i. V. m. §§ 2078, 2079 BGB in Betracht. Die Anfechtungserklärung erfordert eine **notarielle** Beurkundung (§ 2282 Abs. 3 BGB) und muss gegenüber dem **Vertragspartner** erklärt werden (§ 143 Abs. 1, 2 BGB). Die **Anfechtungsfrist** beträgt ein Jahr (§ 2283 Abs. 1 BGB). Zum Schutz des Vertragspartners ist bei den möglichen **Anfechtungsgründen** v. a. der Motivirrtum (§ 2078 Abs. 2, 1. Var. BGB) **eng** auszulegen.

Beeinträchtigende Schenkungen

Trotz des Erbvertrags kann der Erblasser zu Lebzeiten **frei** über sein Vermögen verfügen (§ 2286 BGB). Bei **Schenkungen** an Dritte in der Absicht, den Vertragserben zu beeinträchtigen, hat der Vertragserbe gegen den Beschenkten aber einen **Herausgabeanspruch** nach Bereicherungsrecht (§ 2287 BGB i. V. m. §§ 812 ff. BGB). Die erforderliche Beeinträchtigungsabsicht liegt dabei schon vor, wenn dem Erblasser an der Schenkung ein **lebzeitiges Eigeninteresse** fehlt, die Vermögensverschiebung also auf eine ungerechtfertigte Korrektur des Erbvertrages hinausläuft. Ein lebzeitiges Eigeninteresse besteht hingegen z. B. dann, wenn der Erblasser mit der Schenkung an den Dritten seine **Altersversorgung** sichern möchte.

Lösung zur Handlungssituation (Fallbeispiel 20)

Ein formwirksamer Erbvertrag zwischen O und H liegt vor (§§ 2274, 2276 BGB). Die Erbeinsetzung des H ist als vertragsmäßige Verfügung (§ 2278 Abs. 1, 2 BGB) grundsätzlich bindend und daher für O nicht frei widerruflich.

Fraglich ist jedoch, wie sich die „Schlechterfüllung" der Versorgung des O durch H auswirkt. In Betracht kommt ein Rücktritt des O vom Erbvertrag nach §§ 2293 ff. BGB.

Hierfür bedarf es einer Erklärung des O gegenüber H in notarieller Form (§ 2296 Abs. 2 BGB). Problematisch ist aber der Rücktrittsgrund. Ein Rücktrittsvorbehalt (§ 2293 BGB) zugunsten des O im Erbvertrag besteht nicht. Auch begeht H keine schwere Verfehlung (§ 2294 i. V. m. § 2333 BGB). Es könnte aber der Rücktrittsgrund des § 2295 BGB gegeben sein, da die Versorgung durch H eine wiederkehrende Leistung darstellt, die O angesichts der Vernachlässigung durch H aufkündigen kann (vgl. § 314 Abs. 1 BGB).

Daneben kommt eine Anfechtung des Erbvertrags durch O gemäß §§ 2281, 2078 Abs. 2 BGB in Betracht. Anfechtungsgrund ist hier die enttäuschte Versorgungserwartung des O als ein beachtlicher Motivirrtum. Auch hier ist eine notarielle Erklärung gegenüber H erforderlich (§ 2282 Abs. 3 BGB).

Ergebnis: O kann sich durch Rücktritt bzw. Anfechtung vom Erbvertrag mit H wieder lösen.

4.4 Der Pflichtteil

Begrenzung der Testierfreiheit durch Pflichtteil

Durch das Pflichtteilsrecht wird - wie bereits ausgeführt - die Testierfreiheit des Erblassers **eingeschränkt**. Hintergrund hierfür ist eine gewisse **Fürsorgepflicht** des Erblassers gegenüber seinen nahen Angehörigen. **Pflichtteilsberechtigt** sind die Abkömmlinge, die Eltern und der Ehegatte, wenn der Erblasser sie durch Verfügung von Todes wegen von der Erbfolge ausgeschlossen hat (§§ 2303 Abs. 1 S. 1, Abs. 2 S. 1 BGB).

Der Pflichtteil ist ein schuldrechtlicher Geldzahlungsanspruch gegen den Erben und besteht der **Höhe** nach in der Hälfte des Wertes des gesetzlichen Erbteils (§ 2303 Abs. 1 S. 2 BGB). Die **Rangfolge** der Berechtigten ist wie bei der gesetzlichen Erbfolge (§ 2309 BGB). Bei schwerwiegenden Verfehlungen - etwa einem versuchten Tötungsdelikt - kann der Erblasser seinen Angehörigen den Pflichtteil aber **entziehen** (§ 2333 BGB).

4.5 Ausschlagung der Erbschaft

Anfall und Ausschlagung der Erbschaft

Da die Erbschaft dem Erben **automatisch** - wie bereits ausgeführt - zukommt (**Anfall** der Erbschaft), wird dieser ohne Annahmeerklärung und oftmals auch ohne Kenntnis vom Erbfall Erbe. Um sich von einem (überschuldeten) Nachlass wieder lösen zu können, hat der Erbe das Recht zur **Ausschlagung** der Erbschaft (§ 1942 Abs. 1 BGB).

Die Ausschlagung muss gemäß § 1945 BGB gegenüber dem **Nachlassgericht** innerhalb einer **Frist** von **sechs Wochen** ab Kenntniserlangung erfolgen (§ 1944 Abs. 1, 2 BGB). Diese Frist ist relativ kurz bemessen und dient der Rechtssicherheit. Eine Ausschlagung ist allerdings nicht mehr möglich, wenn der Erbe die Erbschaft **angenommen** hat (§ 1943 BGB). Dies ist auch **konkludent** - etwa durch Stellung eines Antrags auf Erteilung eines Erbscheins - möglich.

Wenn die Erbschaft wirksam ausgeschlagen wurde, gilt der **Anfall** an den Ausschlagenden als **nicht erfolgt**. Dann kommt derjenige zum Zuge, der berufen sein würde, wenn der Ausschlagende zurzeit des Erbfalls nicht gelebt hätte (§ 1953 Abs. 1, 2 BGB).

4.6 Die Erbengemeinschaft

Erbengemeinschaft als Gesamthandsgemeinschaft

Wenn der Erblasser mehrere Personen zu Erben einsetzt, bilden diese eine **Erbengemeinschaft**. Der Nachlass wird dann **gemeinschaftliches** Vermögen der Erben (§ 2032 BGB). Damit stellt die Erbengemeinschaft eine **Gesamthandsgemeinschaft** dar.

Bei der Erbengemeinschaft handelt es sich allerdings – anders als bei anderen Gesamthandsgemeinschaften – **nicht** um einen **freiwilligen** Zusammenschluss. Deshalb kann jeder Miterbe über seinen Anteil am Nachlass frei **verfügen** (§ 2033 Abs. 1 BGB). Bei dessen Verkauf haben die anderen Miterben aber ein **Vorkaufsrecht** (§ 2034 BGB).

Die Erbengemeinschaft ist als Zwangsgemeinschaft nicht auf Bestand, sondern auf **Auseinandersetzung** angelegt. Diese kann von jedem Miterben grundsätzlich jederzeit verlangt werden (§ 2042 Abs. 1 BGB). Kommt es zur Auseinandersetzung, wird der Nachlass ggf. nach **Teilungsanordnungen** des Erblassers (§ 2048 BGB) durch einen Testamentsvollstrecker oder durch Vermittlung des Nachlassgerichts **verteilt** (§§ 2042 Abs. 2, 750ff. BGB).

4.7 Erbschaftliches Sachenrecht

Handlungssituation (Fallbeispiel 21)

Nach dem Tod seines Vaters Volker (V) erhält Heinrich (H) vom Nachlassgericht einen Erbschein, der ihn als gesetzlichen Alleinerben des V ausweist. In Wahrheit ist allerdings die neue Lebensgefährtin Lena (L) durch ein Testament des V zur Alleinerbin eingesetzt worden. H verkauft und veräußert ein Bild aus dem Nachlass des V an Dieter (D), der H für den wahren Erben hält. L verlangt nun von D die Herausgabe des Bildes.

a) Zu Recht?

b) Hat L Ansprüche gegen H? (Lösung Seiten 115, 116)

Erbschaftsbesitzer

Nach dem Tod des Erblassers nimmt oftmals eine Person den Nachlass an sich, die sich für den Erben hält, es in Wahrheit aber nicht ist. Dieser sog. **Erbschaftsbesitzer** hat kein tatsächliches, sondern nur ein vermeintliches Erbrecht. Deshalb hat der wahre Erbe gegen den Erbschaftsbesitzer einen Anspruch auf **Herausgabe** der Erbschaft (§ 2018 BGB) sowie auf mit Mitteln der Erbschaft erlangte Gegenstände (§ 2019 BGB). Ferner kann der Erbe vom Erbschaftsbesitzer **Auskunft** über den Bestand der Erbschaft verlangen (§ 2027 BGB).

Erbenbesitz

Um den wahren Erben zu schützen und einen Gleichlauf mit der Gesamtrechtsnachfolge nach § 1922 BGB herzustellen, fingiert § 857 BGB ferner einen **Erbenbesitz**. Durch diesen scheidet bei Veräußerungen des Erbschaftsbesitzers ein gutgläubiger Erwerb (§ 932 BGB) durch Dritte grundsätzlich aus, weil dem Erben der Gegenstand so abhandengekommen ist (§ 935 BGB).

Erbschein

Um wiederum diesem Risiko vorzubeugen, hat ein (vermeintlicher) Erbe ein Interesse daran, sich im Rechtsverkehr als Erbe **legitimieren** zu können. Dies ermöglicht der **Erbschein**. Er ist ein amtliches Zeugnis über das Erbrecht und enthält Angaben über die Person des Erben sowie ggf. über seine Miterbenquote. Der Erbschein wird auf **Antrag** durch das Nachlassgericht erteilt (§ 2353 BGB). In diesem hat der Erbe verschiedene **Angaben** zu machen (z. B. zum Todeszeitpunkt des Erblassers) und diese – ggf. durch Abgabe einer eidesstattlichen Versicherung – nachzuweisen (§ 352 FamFG).

Der vom Nachlassgericht erteilte und nicht wieder eingezogene (§ 2361 BGB) Erbschein entfaltet einen **öffentlichen Glauben**. Dieser dient als Anknüpfungspunkt für einen Erwerb durch redliche Dritte bei Verfügungen des sog. Scheinerben (§ 2366 BGB). Denn nach § 2365 BGB wird **vermutet**, dass dem im Erbschein bezeichneten Erben sein Erbrecht auch tatsächlich zusteht. Auf die Vorlage des Erbscheins beim konkreten Übertragungsakt kommt es für den gutgläubigen Erwerb des Dritten dabei nicht an.

Lösung zur Handlungssituation (Fallbeispiel 21)

a) Zu prüfen ist der Anspruch der L gegen D auf Herausgabe des Bildes gemäß § 985 BGB.

Bei der Prüfung der Vindikationslage ist fraglich, ob L Eigentümerin des Bildes ist. Als Erbin des V ist sie im Wege der Gesamtrechtsnachfolge (§ 1922 BGB) zunächst Eigentümerin des Bildes geworden. Sie könnte ihr Eigentum aber durch die Veräußerung des Bildes von H an D verloren haben. Einigung und Übergabe zwischen H und D liegen vor (§ 929 S. 1 BGB). Durch den Erbschein wurde H zwar nicht Erbe des V; sein Erbrecht wird jedoch vermutet (§ 2365 BGB). Da D von der Unrichtigkeit des Erbscheins keine Kenntnis hatte, ist er gutgläubig (§ 2366 BGB).

Fraglich ist jedoch, ob L das Bild abhandengekommen ist (§ 935 BGB i. V. m. § 857 BGB). Dies ist hier zu verneinen, da der öffentliche Glaube an die Richtigkeit des Erbscheins den Schutz des Erben zugunsten des Schutzes des redlichen Rechtsverkehrs hintenanstellt.

Damit hat D das Eigentum an dem Bild erworben und L es verloren. Die Voraussetzungen des § 985 BGB liegen nicht vor.

Ergebnis: L kann von D das Bild nicht herausverlangen.

b) L könnte gegen H einen Anspruch auf Herausgabe des von D bezahlten Kaufpreises nach §§ 2018, 2019 BGB haben.

L ist die wahre Erbin des V. H ist Erbschaftsbesitzer, da er das Bild aufgrund eines ihm in Wirklichkeit nicht zustehenden Erbrechts erlangt hat (§ 2018 BGB). An die Stelle des Bildes ist nach der Veräußerung der von D bezahlte Kaufpreis getreten (§ 2019 BGB). Damit liegen die Voraussetzungen der §§ 2018, 2019 BGB vor.

Ergebnis: L kann von H den von D bezahlten Kaufpreis herausverlangen.

5. Handelsrecht

5.1 Allgemeines

Prinzipien des Handelsrechts

Handelsrecht ist das **Sonderprivatrecht** der Kaufleute. Es baut auf dem Bürgerlichen Recht auf und setzt voraus, dass mindestens ein Beteiligter der Rechtsbeziehung **Kaufmann** ist. Das Handelsrecht ist im **HGB** geregelt. Dieses ist wie das BGB im Jahre 1900 in Kraft getreten.

Im Handelsrecht gelten verschiedene **Strukturprinzipien**. Deren Verständnis erleichtert den Zugang zu den handelsrechtlichen Vorschriften.

Nach dem Grundsatz der **Einfachheit** und **Schnelligkeit** des Handelsverkehrs zielt das HGB mehr noch als das BGB auf leichte Vertragsschlüsse sowie eine rasche Vertragsabwicklung.

Beispiel: Formlose Bürgschaftserklärung möglich (§ 350 HGB); Rügeobliegenheit des Käufers bei Mängeln der Kaufsache (§ 377 HGB).

Ferner besteht im Handelsverkehr ein großes Bedürfnis nach **Rechtsklarheit**, **Publizität** und **Vertrauensschutz**.

Beispiel: Kaufmännisches Bestätigungsschreiben als Handelsbrauch (§ 346 HGB); Handelsregister als Rechtsscheinträger.

Schließlich ist der Handelsverkehr nicht auf die nationalen Grenzen beschränkt, sodass oftmals auch **internationale** Regelungen zu beachten sind.

Beispiel: UN-Kaufrecht nach dem CISG.

5.2 Der Kaufmann

Grundvoraussetzung für die Anwendbarkeit des HGB ist die **Kaufmannseigenschaft** zumindest eines Beteiligten. Hierbei ist zwischen verschiedenen Kaufmannsarten zu unterscheiden.

5.2.1 Ist-Kaufmann

Betrieb eines Handelsgewerbes

Nach § 1 Abs. 1 HGB **ist** Kaufmann, wer ein **Handelsgewerbe betreibt**. Handelsgewerbe ist jeder Gewerbebetrieb, es sei denn, dass das Unternehmen nach Art oder Umfang einen in kaufmännischer Weise eingerichteten Geschäftsbetrieb nicht erfordert (§ 1 Abs. 2 HGB).

Voraussetzungen eines Gewerbes

Unter einem **Gewerbe** versteht man jede selbstständige, erlaubte, nach außen erkennbare, planmäßig und dauerhaft ausgeübte und von Gewinnerzielungsabsicht getragene Tätigkeit – ausgenommen der freien, wissenschaftlichen und künstlerischen Berufe.

Eine Tätigkeit ist **selbstständig**, wenn sie im Wesentlichen frei gestaltet und die Arbeitszeit frei bestimmt werden kann (vgl. § 84 Abs. 1 S. 2 HGB). Folglich sind Arbeitnehmer ebenso wenig Kaufleute wie Beamte, Soldaten und Richter. **Erlaubt** ist eine Tätigkeit, wenn sie generell legal ist (vgl. §§ 134, 138 BGB). Auf eine evtl. nach öffentlichem Recht erforderliche Genehmigung kommt es nicht an. Deshalb ist z. B. ein Drogendealer kein Kaufmann, ein Kneipier ohne Gaststättenerlaubnis aber schon. Die Tätigkeit ist nach **außen** erkennbar, wenn sie offen ausgeübt wird. Die bloße Verwaltung eigenen Vermögens kann demnach die Kaufmannseigenschaft nicht begründen. **Planmäßigkeit** liegt vor, wenn der Ausübende den Willen hat – ggf. auch nur für einen kürzeren Zeitraum –, eine Vielzahl gleichartiger Geschäfte zu tätigen. Sie korrespondiert mit der (objektiven) **Dauerhaftigkeit** der Tätigkeit. Überdies bedarf es einer **Gewinnerzielungsabsicht**. Maßgeblich ist allein die Absicht der Gewinnerzielung; ob es tatsächlich dazu kommt, ist nicht entscheidend. Kritisch für den Gewerbebegriff ist v. a. der Ausschluss **freiberuflicher** Tätigkeiten. Ein freier Beruf wird durch die unabhängige Erbringung von Dienstleistungen höherer Art geprägt. Welche Tätigkeiten konkret hierunter fallen, zeigt die **Aufzählung** in § 1 Abs. 2 PartGG. Aus diesem Grunde sind z. B. Rechtsanwälte, Steuerberater und Wirtschaftsprüfer keine Kaufleute.

Größenkriterien

Die Kaufmannseigenschaft liegt allerdings nur dann vor, wenn das Gewerbe ein **Handelsgewerbe** ist. Maßgeblich hierfür ist nach § 1 Abs. 2 HGB, dass das konkrete Gewerbe so **groß** ist, dass es einen nach Art oder Umfang in kaufmännischer Art und Weise eingerichteten Geschäftsbetrieb erfordert. Auf die Branche kommt es hingegen nicht an. Damit können z. B. auch Dienstleister oder Handwerker Kaufleute sein.

Ob das **Größenkriterium** erfüllt ist, bemisst sich nach einer Vielzahl von Kriterien. Hierzu zählen die Höhe des im Unternehmen gebundenen Kapitals, der Umsatz, die Anzahl der Beschäftigten, Art und Umfang der Geschäftsbeziehungen sowie die Betriebsorganisation. In Zweifelsfällen ist zu beachten, dass die hinreichende Größe wegen der Negativformulierung in § 1 Abs. 2 HGB („es sei denn“) **vermutet** wird.

Deklaratorische Registereintragung

Wenn nach diesen Kriterien ein Handelsgewerbe vorliegt, ist die Kaufmannseigenschaft **automatisch** gegeben (deshalb: **Ist-Kaufmann**). Insbesondere bedarf es hierfür keiner Eintragung im Handelsregister.

Beachte: Unberührt davon bleibt die (öffentlich-rechtliche) Pflicht des Kaufmannes, seine Firma im Handelsregister eintragen zu lassen (§ 29 HGB). Hierzu kann er vom Registergericht ggf. durch die Festsetzung von Zwangsgeld angehalten werden (§ 14 HGB).

Merke: Beim Ist-Kaufmann hat die Eintragung im Handelsregister nur deklaratorische (= rechtsbekundende) Wirkung.

5.2.2 Kann-Kaufmann

Kleingewerbetreibende

Gemäß § 2 S. 1 HGB gilt ein gewerbliches Unternehmen, dessen Gewerbebetrieb nicht schon nach § 1 Abs. 2 HGB Handelsgewerbe ist, als Handelsgewerbe, wenn die **Firma** des Unternehmens in das Handelsregister **eingetragen** ist. Hierbei ist der Unternehmer berechtigt, aber nicht verpflichtet, die Eintragung in das Handelsregister herbeizuführen (§ 2 S. 2 HGB).

Konstitutive Registereintragung

Voraussetzung für die Kaufmannseigenschaft ist auch bei § 2 HGB zunächst das Vorliegen eines Gewerbes. Anders als bei § 1 HGB handelt es sich bei § 2 HGB aber um ein **Kleingewerbe**, sodass nicht bereits über § 1 Abs. 2 HGB die Kaufmannseigenschaft begründet wird. In diesen Fällen hat der Unternehmer die **Wahl**, durch freiwillige Eintragung zum Kaufmann zu werden (deshalb: **Kann-Kaufmann**). Umgekehrt kann der Unternehmer die Kaufmannseigenschaft durch freiwillige Löschung der Firma auch wieder verlieren, es sei denn, dass zwischenzeitlich das Größenkriterium nach § 1 Abs. 2 HGB erfüllt ist (§ 2 S. 3 HGB).

Merke: Beim Kann-Kaufmann hat die Eintragung im Handelsregister konstitutive (= rechtsbegründende) Wirkung.

5.2.3 Land- und Forstwirte

Sonderfall: Land- und Forstwirte

Nach § 3 Abs. 1 HGB findet § 1 HGB auf den Betrieb der **Land- und Forstwirtschaft** keine Anwendung. Allerdings gilt für ein solches Unternehmen, das nach Art und Umfang einen in kaufmännischer Weise eingerichteten Geschäftsbetrieb erfordert, § 2 HGB (§ 3 Abs. 2 HGB). Das bedeutet, dass bei Land- und Forstwirten die Kaufmannseigenschaft vorliegt, wenn es sich sowohl um ein **großes** Unternehmen handelt als auch die **Eintragung** im Handelsregister gegeben ist.

5.2.4 Gesellschaften

Form-Kaufleute

Bei Unternehmen, die von **mehreren** Personen betrieben werden (Gesellschaften), stellt sich ebenfalls die Frage, ob für sie die Sondervorschriften des HGB gelten. Hierbei ist zwischen Personen- und Kapitalgesellschaften zu unterscheiden.

Für **Personenhandelsgesellschaften** ordnet § 6 Abs. 1 HGB an, dass die in Betreff der Kaufleute gegebenen Vorschriften auch auf sie Anwendung finden. Personenhandelsgesellschaften sind die **offene Handelsgesellschaft** (oHG) nach §§ 105 ff. HGB und die **Kommanditgesellschaft** (KG) nach §§ 161 ff. HGB. Da diese jeweils auf den Betrieb eines Handelsgewerbes ausgerichtet sind (§§ 105 Abs. 1, 161 Abs. 1 HGB), ist es konsequent, für sie auch die Sondervorschriften für Kaufleute für anwendbar zu erklären.

Bei **Kapitalgesellschaften** – v. a. die **Gesellschaft mit beschränkter Haftung** (GmbH) und die **Aktiengesellschaft** (AG) – normieren die jeweiligen Spezialgesetze (§ 13 Abs. 3 GmbHG, § 3 Abs. 1 AktG), dass die Gesellschaft als Handelsgesellschaft i. S. d. HGB gilt. Damit werden die Kapitalgesellschaften aufgrund ihrer Rechtsform wie Kaufleute behandelt (sog. **Form-Kaufleute**). Deshalb kommt es bei ihnen auch nicht darauf an, ob der Unternehmenszweck im Betrieb eines Handelsgewerbes liegt oder ob das Größenkriterium nach § 1 Abs. 2 HGB erfüllt ist (§ 6 Abs. 2 HGB).

5.2.5 Fiktivkaufmann

Kaufman kraft Eintragung

Über § 5 HGB **gilt** ferner ein Unternehmer als Kaufmann, dessen Firma in das Handelsregister eingetragen ist (sog. **Fiktiv-Kaufmann**). Der Anwendungsbereich dieser Norm ist aber gering, da bei hinreichend großen Unternehmen bereits die Ist-Kaufmannseigenschaft vorliegt (§ 1 HGB) und bei Kleingewerbetreibenden die Eintragung die Kaufmannseigenschaft begründet (§ 2 HGB). Da Voraussetzung des § 5 HGB der Betrieb eines **Gewerbes** ist, findet diese Norm auch nicht auf einen versehentlich im Handelsregister eingetragenen Freiberufler Anwendung.

Damit bleibt für § 5 HGB v. a. der Fall, dass ein Ist-Kaufmann nach seiner obligatorischen Eintragung im Handelsregister auf ein Kleingewerbe **herabsinkt** und so die Voraussetzungen des § 1 Abs. 2 HGB entfallen. Dann liegt auch kein Kann-Kaufmann gemäß § 2 HGB vor, da hierfür eine freiwillige Eintragung vorausgesetzt wird. Folglich ergibt sich die Kaufmannseigenschaft aus § 5 HGB infolge der (noch) vorhandenen **Eintragung**.

5.2.6 Scheinkaufmann

Kaufleute kraft Rechtsschein

Der Scheinkaufmann ist nicht im HGB geregelt, sondern aus der **Rechtsscheinlehre** entwickelt worden. Da im Handelsverkehr ein verstärktes Bedürfnis nach Vertrauensschutz besteht, wird als Kaufmann auch derjenige behandelt, der gegenüber einem Geschäftspartner zurechenbar den Anschein vermittelt, Kaufmann zu sein.

Beispiel: Großspuriges Auftreten bei Vertragsverhandlungen, unzulässiges Verwenden einer Firma auf Briefbögen.

Wenn der Vertragspartner dem Rechtsschein des anderen Teils **Vertrauen** schenkt - also gutgläubig ist -, verdient er Schutz. Dann muss sich der andere Teil dem Rechtsschein gemäß als Kaufmann behandeln lassen, obwohl er dies eigentlich nicht ist. Nach Sinn und Zweck der Rechtsscheinlehre gilt dies aber nur bei **nachteiligen** Rechtsfolgen im rechtsgeschäftlichen Kontext.

Beispiel: Beruft sich der Vertragspartner darauf, dass die mündliche Bürgschaftserklärung des anderen Teils als vermeintlicher Kaufmann wirksam sei, findet § 350 HGB zulasten des Scheinkaufmannes Anwendung.

5.3 Die Firma

5.3.1 Grundsätze der Firmenbildung

Firma als Name des Kaufmannes

Unter der **Firma** eines Kaufmannes versteht man - entgegen dem allgemeinen Sprachgebrauch - nicht das Unternehmen, sondern den **Namen**, unter dem der **Kaufmann** seine Geschäfte betreibt (§ 17 HGB). Ein Kaufmann hat also evtl. neben seinem bürgerlichen noch einen handelsrechtlichen Namen.

Kennzeichnungswirkung

Bei der Firmierung muss der Kaufmann bestimmte **Grundsätze** beachten. Zunächst muss die Firma zur **Kennzeichnung** des Kaufmanns geeignet sein und **Unterscheidungskraft** besitzen (§ 18 Abs. 1 HGB). Dieses Erfordernis dient der Abgrenzbarkeit von kaufmännischen Unternehmen und damit der Unterscheidung von Wettbewerbern (vgl. auch § 30 Abs. 1 HGB: sog. **Firmenausschließlichkeit**). Solange diesen Anforderungen Rechnung getragen wird, kommt auch eine **Sach**- oder **Fantasiefirma** in Betracht. Bloße Gattungsbegriffe oder unaussprechbare Bezeichnungen sind hingegen firmenrechtlich unzulässig.

Beispiel: Der Obsthändler Martin Müller muss nicht unter seinem bürgerlichen Namen „Martin Müller“ firmieren. Er kann sein Gewerbe auch „Esslinger Obstwaren“ nennen (zum Rechtsformzusatz siehe nachfolgend). Eine Firmierung unter „MMMMMM-Obst“ wäre hingegen unzulässig.

Firmenwahrheit

Nach § 18 Abs. 2 S. 1 HGB darf die Firma keine Angaben enthalten, die geeignet sind, über geschäftliche Verhältnisse irrezuführen **(Firmenwahrheit)**. Dieses Erfordernis dient dem Schutz des Rechtsverkehrs vor Täuschungen. Die Anforderungen dürfen allerdings nicht überspannt werden, da das Irreführungsverbot nur für **wesentliche** Aspekte gilt (§ 18 Abs. 2 S. 1 HGB) und nur zu beachten ist, wenn der Verstoß für das Registergericht **ersichtlich** ist (§ 18 Abs. 2 S. 2 HGB).

Beispiel: Anton betreibt sein einzelkaufmännisches Unternehmen unter der Firma „A Obsthandel & Co“. Dieser Verstoß gegen die Firmenwahrheit ist beachtlich, weil durch den Zusatz „& Co“ eine gesellschaftliche Struktur des Unternehmens vorgetäuscht wird.

Zum Grundsatz der Firmenwahrheit zählt auch die Verpflichtung, den richtigen **Rechtsformzusatz** in die Firma mit aufzunehmen (§ 19 Abs. 1 HGB). Hierdurch werden dem Rechtsverkehr die Haftungsverhältnisse im Unternehmen offengelegt. Bei einem einzelkaufmännischen Unternehmen etwa ist dies die Bezeichnung „eingetragener Kaufmann“ oder das Kürzel „e. K.“.

Firmenöffentlichkeit

Nach dem Grundsatz der **Firmenöffentlichkeit** muss jeder Kaufmann seine Firma, den Ort und die inländische Geschäftsanschrift seiner Handelsniederlassung beim zuständigen Gericht zur **Eintragung** in das Handelsregister anmelden (§ 29 HGB). Dies gilt auch für entsprechende Veränderungen (§ 31 Abs. 1 HGB). Ferner müssen diese Angaben auch auf den **Geschäftsbriefen** des Kaufmannes enthalten sein (§ 37a Abs. 1 HGB).

Firmenbeständigkeit

In einem gewissen Konflikt zur Firmenwahrheit steht das Prinzip der **Firmenbeständigkeit**. So kann gemäß § 21 HGB die bisherige Firma fortgeführt werden, wenn sich der in der Firma enthaltene (bürgerliche) Name des Geschäftsinhabers - etwa durch Heirat - ändert. Diese Regelung nimmt Rücksicht auf den ökonomischen Wert einer Firma, der nicht ohne handelsrechtlichen Grund vernichtet werden soll. In diesem Kontext steht auch § 22 Abs. 1 HGB, wonach die bisherige Fima **fortgeführt** werden darf, wenn der Inhaber des Unternehmens durch **Erwerb** unter Lebenden oder von Todes wegen wechselt. Hierbei ist es unerheblich, ob der Erwerber die bisherige Firma unverändert oder unter Beifügung eines das Nachfolgeverhältnis andeutenden Zusatzes fortführt. Voraussetzung ist allerdings, dass der bisherige Geschäftsinhaber in die Fortführung der Firma **einwilligt**.

5.3.2 Haftungsfolgen beim Unternehmenskauf mit Firmenfortführung

Handlungssituation (Fallbeispiel 22)

Heinrichs Bekannter Volkmar (V) ist Apotheker. Da V sich zur Ruhe setzen möchte, hat er seine Apotheke an den Kuno (K) verkauft. K führt das Unternehmen mit Einwilligung des V unter der bisherigen Firma fort. Bei den Vertragsverhandlungen hat V auf Nachfrage des K erklärt, die Apotheke sei schuldenfrei. Tatsächlich ist noch eine Forderung der Pharmahandlung Pfister (P) i. H. v. 20.000,- € offen.

a) Wer schuldet die Begleichung dieser Forderung?

b) Hat K Ansprüche gegen V? (Lösung Seiten 123, 124)

Haftung des Erwerbers für Altverbindlichkeiten

Im Falle eines Unternehmenskaufs mit anschließender Übertragung des Handelsgeschäftes stellen sich neben firmen- auch haftungsrechtliche Fragen. So ordnet § 25 Abs. 1 S. 1 HGB an, dass der **Erwerber** eines Unternehmens für alle im Betrieb des Geschäftes begründeten Verbindlichkeiten des Veräußerers **haftet**, wenn der Erwerber das Handelsgeschäft unter der bisherigen Firma fortführt. Grund hierfür ist, dass der Rechtsverkehr das Unternehmen unter seiner Firma wahrnimmt und folglich bei gleichbleibender Firma den Inhaberwechsel evtl. nicht erkennt.

Veräußerer und Erwerber können aber einen **Haftungsausschluss** vereinbaren, wonach der Erwerber nicht für die Altschulden des Veräußerers einstehen muss (Vertragsfreiheit). Allerdings wirkt eine solche Vereinbarung nur dann gegenüber Dritten, wenn sie in das **Handelsregister** eingetragen und bekanntgemacht oder von dem Erwerber bzw. dem Veräußerer dem Gläubiger **mitgeteilt** worden ist (§ 25 Abs. 2 HGB).

Gesetzlicher Schuldbeitritt

Soweit nach § 25 Abs. 1 S. 1 HGB neben dem **Veräußerer** – dessen Haftung als Vertragspartner des **Gläubigers** durch den Unternehmensverkauf nicht entfällt – auch der **Erwerber** für die unternehmensbezogenen Altschulden haftet **(gesetzlicher Schuldbeitritt)**, sind sie **Gesamtschuldner** (§ 421 Abs. 1 S. 1 BGB). Dann kann der Gläubiger frei wählen, von wem er die Leistung beansprucht (wobei die Haftung des Veräußerers nach fünf Jahren erlischt, § 26 Abs. 1 S. 1 HGB).

Im **Innenverhältnis** zwischen Veräußerer und Erwerber kommt es dann ggf. zu einem **Gesamtschuldnerregress** nach § 426 Abs. 1 S. 1 BGB. Bei diesem gilt der Grundsatz **gleicher** Lastentragung, soweit nicht – z. B. wegen eines nach außen unwirksamen Haftungsausschlusses zugunsten des Erwerbers – im Verhältnis zum Veräußerer ein **anderes** bestimmt ist.

Lösung zur Handlungssituation (Fallbeispiel 22)

a) Zu prüfen sind die Ansprüche der P auf Kaufpreiszahlung.

I. gegen V gemäß § 433 Abs. 2 BGB

Ein wirksamer Kaufvertrag ist zwischen P und V zustande gekommen. Als Vertragspartner der P schuldet V Zahlung des Kaufpreises unabhängig von dem Verkauf seiner Apotheke an K. Die Fünf-Jahres-Frist nach § 26 Abs. 1 S. 1 HGB ist auch noch nicht abgelaufen. Damit muss V der P die 20.000,- € bezahlen.

II. gegen K gemäß § 433 Abs. 2 BGB i.V.m. § 25 Abs. 1 S. 1 HGB

Eine Haftung des K für die Schulden des V könnte sich aus § 25 Abs. 1 S. 1 HGB ergeben. K hat die Apotheke von V gekauft und übereignet bekommen, womit ein Handelsgeschäft unter Lebenden erworben wurde. K führt die Apotheke auch unter der bisherigen Firma fort (Firmenbeständigkeit). Evtl. könnte in der Aussage des V gegenüber K, die Apotheke sei schuldenfrei, aber ein Haftungsausschluss nach § 25 Abs. 2 HGB zu sehen sein. Dieser entfaltet jedoch keine Wirkung gegenüber P, da die Vereinbarung weder in das Handelsregister eingetragen und bekannt gemacht noch der P mitgeteilt worden ist. Damit schuldet auch der K Zahlung von 20.000,- € (gesetzlicher Schuldbeitritt).

Anmerkung: V und K sind Gesamtschuldner (§ 421 BGB), sodass sich P aussuchen kann, von wem er das Geld einfordert.

b) Ansprüche des K gegen V

I. auf Regress gemäß § 426 Abs. 1 S. 1 BGB

K und V sind gegenüber P Gesamtschuldner. Im Innenverhältnis kommt deshalb ein Gesamtschuldnerregress in Betracht. Grundsätzlich sind Gesamtschuldner im Verhältnis zueinander zu gleichen Anteilen verpflichtet (§ 426 Abs. 1 S. 1 BGB). Somit könnte K von V zumindest Zahlung von 10.000,- € verlangen, wenn er die 20.000,- € an P bezahlt. Es könnte zwischen V und K jedoch i. S. v. § 426 Abs. 1 S. 1 BGB ein anderes bestimmt sein. Dies ist hier der Fall, da V dem K zusicherte, dass die Apotheke schuldenfrei sei. Daraus ergibt sich, dass im Innenverhältnis zu K allein der V die Schulden zu tragen hat. K kann demnach von V die Zahlung von 20.000,- € verlangen.

II. auf Rückzahlung des Kaufpreises nach §§ 346 Abs. 1, 323 Abs. 1, 326 Abs. 5, 437 Nr. 2 BGB (Rücktritt) bzw. Teilrückzahlung des Kaufpreises nach §§ 441 Abs. 1, 4, 437 Nr. 2 BGB (Minderung)

K und V haben mit dem Kaufvertrag über die Apotheke einen gegenseitigen Vertrag abgeschlossen. V hat die ihm obliegende Leistung nicht vertragsgemäß erfüllt (§ 323 Abs. 1 BGB), da die Apotheke entgegen seiner Aussage nicht schuldenfrei war. Dies stellt einen Mangel (§§ 434, 435 BGB), also eine für den Käufer negative Abweichung der Ist- von der Soll-Beschaffenheit der Kaufsache dar. Grundsätzlich muss K dem V vor dem Rücktritt eine angemessene Frist zur Nacherfüllung setzen (§ 323 Abs. 1 BGB). Eine solche ist hier aber entbehrlich (§ 326 Abs. 5 BGB), da die Nacherfüllung nach § 439 Abs. 1 BGB in beiden Erscheinungsformen - Reparatur und Ersatzlieferung - unmöglich ist (§ 275 Abs. 1 BGB). Nach Rücktrittserklärung (§ 349 BGB) kann K von V den gezahlten Kaufpreis Zug um Zug gegen Rückübertragung der Apotheke (§ 348 BGB) verlangen. Alternativ kann K gegenüber V nur den Kaufpreis mindern und 20.000,- € von V zurückverlangen (§ 441 Abs. 1, 4 BGB).

III. auf Rückzahlung des Kaufpreises gemäß § 812 Abs. 1 S. 1 BGB

V hat Eigentum und Besitz am Kaufpreis durch Leistung des K erlangt. Fraglich ist, ob ein Rechtsgrund hierfür besteht. Zunächst war der Kaufvertrag Rechtsgrund. Dieser könnte von K jedoch evtl. angefochten werden. Als Anfechtungsgrund kommt eine arglistige Täuschung durch V nach § 123 Abs. 1 BGB in Betracht. Diese liegt hier auch vor, da V dem K die Schuldenfreiheit der Apotheke bewusst wahrheitswidrig vorgespiegelt hat. Wenn K dem V die Anfechtung binnen Jahresfrist (§ 124 Abs. 1 BGB) erklärt (§ 143 Abs. 1, 2 BGB), gilt der Vertrag als von Anfang an unwirksam (§ 142 Abs. 1 BGB). Dann fehlt der Rechtsgrund und K kann von V Rückzahlung des Kaufpreises verlangen (Zug um Zug gegen Rückübertragung der Apotheke).

5.4 Das Handelsregister

5.4.1 Einrichtung und Funktion des Handelsregisters

Handelsregister als Publikationsorgan

Das **Handelsregister** ist ein öffentliches Verzeichnis, das Auskunft über Tatsachen und Rechtsverhältnisse gibt, die im Zusammenhang mit kaufmännischen Unternehmen für den Rechtsverkehr von Bedeutung sind. Es wird **elektronisch** über das Registrierungsportal im Internet unter **www.handelsregister.de** geführt (§ 8 Abs. 1 HGB). Der Zugriff auf die Inhalte des Handelsregisters ist grundsätzlich **kosten-**

pflichtig. Daneben werden die Eintragungen durch ihre erstmalige Abrufbarkeit im Regstrierungsportal bekannt gemacht (§ 10 Abs. 1 HGB). Die Einsichtnahme in das Handelsregister kann - anders als z. B. in das Grundbuch - von **jeder** Person ohne rechtfertigenden Grund und damit auch nur zu Informationszwecken durch einzelne Abrufe erfolgen (§ 9 Abs. 1 S. 1 HGB).

Das Handelsregister hat unterschiedliche Aufgaben. Dadurch, dass es von den Amtsgerichten als Registergerichten (vgl. § 8 Abs. 1 HGB) geführt wird, hat der Staat ein „wachendes Auge" über den Wirtschaftsverkehr **(Kontrollfunktion)**. Daneben sind Auszüge aus dem Handelsregister öffentliche Urkunden, die eine Beweisführung erleichtern können **(Beweisfunktion)**. Am wichtigsten sind jedoch die Gutglaubenswirkungen, die aus (Nicht-)Eintragungen im Handelsregister für den Rechtsverkehr abgeleitet werden **(Publizitätsfunktion)**.

5.4.2 Arten von Eintragungen im Handelsregister

Eintragungsfähige und eintragungspflichtige Tatsachen

Bei Eintragungen in das Handelsregister ist zwischen **eintragungsfähigen** und **nicht eintragungsfähigen** Tatsachen zu unterscheiden. Während eintragungsfähige Tatsachen im Handelsregister eingetragen werden können, ist eine Eintragung nicht eintragungsfähiger Tatsachen im Handelsregister nicht möglich.

Beispiel: Die Erteilung der Prokura (§ 48 HGB) ist eintragungsfähig, die der Handlungsvollmacht (§ 54 HGB) hingegen nicht.

Ferner muss zwischen **eintragungsfähigen** und **eintragungspflichtigen** Tatsachen unterschieden werden. Während eintragungsfähige Tatsachen im Handelsregister zwar eingetragen werden können, aber nicht eingetragen werden müssen, können eintragungspflichtige Tatsachen nicht nur, sondern müssen sie sogar im Handelsregister eingetragen werden. Ob eine Tatsache eintragungspflichtig ist, ergibt sich aus der jeweiligen Formulierung im Gesetz. Die meisten eintragungsfähigen Tatsachen sind auch eintragungspflichtig.

Beispiel: Die Erteilung der Prokura ist nicht nur eintragungsfähig, sondern gemäß § 53 Abs. 1 S. 1 HGB auch eintragungspflichtig („ist ... zur Eintragung in das Handelsregister anzumelden"). Das Gleiche gilt etwa für die kaufmännische Firma (§ 29 HGB). Ein Haftungsausschluss zwischen Veräußerer und Erwerber beim Unternehmenskauf ist hingegen gemäß § 25 Abs. 2 HGB zwar eintragungsfähig, aber nicht eintragungspflichtig („wenn ... in das Handelsregister eingetragen").

Wirkung von Registereintragungen

Schließlich unterscheidet man bei Eintragungen im Handelsregister nach den **Rechtswirkungen**. So können sie entweder einen Rechtszustand begründen (**konstitutive** Wirkung) oder nur einen bereits vorhandenen bekunden (**deklaratorische** Wirkung).

Beispiel: Die Eintragung der Firma im Handelsregister hat beim Kann-Kaufmann (§ 2 HGB) konstitutive, beim Ist-Kaufmann (§ 1 HGB) nur deklaratorische Wirkung.

5.4.3 Die Publizität des Handelsregisters

Verkehrsschutz durch das Handelsregister

Die **Publizität** des Handelsregisters regelt § 15 HGB. Demnach soll sich der gutgläubige Rechtsverkehr grundsätzlich auf die Richtigkeit erfolgter bzw. unterbliebener Eintragungen im Handelsregister verlassen dürfen. Im Einzelnen ist der Gutglaubensschutz in § 15 HGB sehr differenziert geregelt.

Handlungssituation (Fallbeispiel 23)

Paul (P) ist als Buchhalter im Großhandwerksbetrieb des Heinrich (H) angestellt. Infolge einer Verwechslung ist P als Prokurist des H im Handelsregister eingetragen, obwohl ihm keine Prokura erteilt wurde. H kennt die unrichtige Eintragung und nimmt sich vor, bei Gelegenheit eine Berichtigung herbeizuführen.

Einen Teil des Betriebsgebäudes hat H an den Malermeister Martin (M) vermietet. P und M verstehen sich nicht besonders gut. Nach einem Streit mit M verfasst P auf einem Briefbogen des H ein Schreiben, durch das er das Mietverhältnis mit M im Namen von H zum nächstzulässigen Zeitpunkt kündigt.

M widerspricht dieser Kündigung. Er hält sie für unwirksam, weil P zur Abgabe einer solchen Erklärung nicht zuständig sei. H möchte dagegen das Mietverhältnis beenden und erklärt gegenüber M, er stimme der Kündigung zu, die aus Gründen des Rechtsscheins ohnehin von Anfang an gültig gewesen sei.

Ist die Kündigung wirksam? (Lösung Seite 128)

5.4.3.1 Die negative Publizität

„Schweigen" des Handelsregisters

§ 15 Abs. 1 HGB regelt den Grundsatz der **negativen Publizität** des Handelsregisters. Anders als z. B. beim Grundbuch darf der gutgläubige Rechtsverkehr beim Handelsregister zunächst nicht darauf vertrauen, dass dort erfolgte Eintragungen richtig sind (dies wäre die positive Publizität), sondern nur darauf, dass **nicht** erfolgte Eintragungen auf nicht eingetretene Tatsachen schließen lassen. Der Vertrauensschutz beschränkt sich damit im Ausgangspunkt auf das **„Schweigen"** des Handelsregisters.

§ 15 Abs. 1 HGB setzt tatbestandlich eine **eintragungspflichtige** Tatsache voraus. Diese darf **nicht** im Handelsregister eingetragen und bekannt gemacht worden sein.

Soweit der Rechtsverkehr sie nicht **kennt**, kann sie ihm vom Kaufmann nicht entgegengesetzt werden. Sie gilt damit gegenüber dem Dritten als nicht erfolgt.

Beispiel: Wenn der Kaufmann den Widerruf der Prokura eines Mitarbeiters nicht im Handelsregister eintragen und bekannt machen lässt, gilt dem gutgläubigen Dritten gegenüber die Prokura als fortbestehend.

5.4.3.2 Die positive Publizität

„Reden" des Handelsregisters

Der Schutz des Rechtsverkehrs wird durch § 15 Abs. 3 HGB ergänzt. Diese Vorschrift regelt nun die **positive Publizität** und damit den Gutglaubensschutz im Hinblick auf das (falsche) **„Reden"** des Handelsregisters. Ergänzt wird diese Norm durch die gewohnheitsrechtlichen Grundsätze der **Rechtsscheinlehre**.

Ebenso wie § 15 Abs. 1 HGB setzt § 15 Abs. 3 HGB eine **eintragungspflichtige** Tatsache voraus. Wenn diese **unrichtig** eingetragen worden ist, kann sich der Rechtsverkehr auf sie berufen, es sei denn, er **kannte** ihre Unrichtigkeit.

Veranlasserprinzip

Nach der **Rechtsscheinlehre** darf sich der gutgläubige Rechtsverkehr aber nur dann auf das falsche „Reden" des Handelsregisters verlassen, wenn der Fehler dem Kaufmann **zugerechnet** werden kann. Dies ist der Fall, wenn der Kaufmann die falsche Eintragung und Bekanntmachung selbst **veranlasst** hat - z. B. durch Einreichung einer fehlerhaften Anmeldung beim Registergericht - oder wenn er, ohne die falsche Eintragung und Bekanntmachung veranlasst zu haben, eine solche schuldhaft nicht beseitigen lässt.

Beispiel: Kaufmann K meldet versehentlich seinen Mitarbeiter M als Prokuristen beim Registergericht an. In Wahrheit hat er die Prokura aber seinem Mitarbeiter N erteilt.

5.4.3.3 Der Schutz des Kaufmanns

Rechtswirkungen zugunsten des Kaufmannes

Die Vorschriften des § 15 Abs. 1, 3 HGB dienen dem Schutz des **gutgläubigen Rechtsverkehrs** bei unterbliebenen oder fehlerhaften Eintragungen im Handelsregister. Nach § 15 Abs. 2 HGB kann aber auch der **Kaufmann** von den Wirkungen einer Eintragung und Bekanntmachung im Handelsregister profitieren („Dritter ... gegen sich gelten lassen").

Dies setzt zunächst (ungeschrieben) voraus, dass eine den Kaufmann betreffende Tatsache **richtig** eingetragen und bekannt gemacht worden ist. Damit können nur eintragungsfähige Tatsachen erfasst sein. Diese muss der Rechtsverkehr dann grundsätzlich gegen sich gelten lassen. Er kann sich aber gemäß § 15 Abs. 2 S. 2 HGB 15 Tage lang auf seine Unwissenheit hinsichtlich dieser Tatsache berufen, wenn er sie nicht **kennen musste**, also ohne Fahrlässigkeit nicht kannte (§ 122 Abs. 2 BGB). Diese Fahrlässigkeit dürfte aber häufig darin liegen, vor Abschluss eines (zumindest größeren) Rechtsgeschäfts nicht das Handelsregister eingesehen zu haben.

Lösung zur Handlungssituation (Fallbeispiel 23)

Voraussetzung für die Wirksamkeit der Kündigung ist, dass P den H wirksam vertreten hat (§ 164 Abs. 1 S. 1 BGB). Da P eine eigene Willenserklärung im Namen des H abgab, ist nur problematisch, ob P Vertretungsmacht hatte.

Tatsächlich hatte P keine Prokura (§ 48 HGB). Eine solche ergibt sich auch nicht aus der (falschen) Eintragung im Handelsregister, da diese nur deklaratorisch wirkt. Es könnte sich jedoch über § 15 HGB der Rechtsschein einer Prokura ergeben.

§ 15 Abs. 1 HGB liegt nicht vor, da die Norm nur das Vertrauen auf das „Schweigen" des Handelsregisters schützt. Hier liegt jedoch eine (falsche) Eintragung des P und damit ein „Reden" des Handelsregisters vor. Auch § 15 Abs. 2 HGB greift nicht, da die Norm nur richtige Eintragungen erfasst, die Eintragung des P als Prokurist jedoch falsch ist. Es könnte jedoch § 15 Abs. 3 HGB gegeben sein. Die dafür notwendige Falscheintragung des P als Prokurist des H liegt vor. Allerdings sind darüber hinaus die allgemeinen Grundsätze der Rechtsscheinlehre zu berücksichtigen. Dennoch greift § 15 Abs. 3 HGB hier doch nicht, da die Rechtsscheinlehre nur zugunsten des Rechtsverkehrs gilt, hier aber eine Wirkung zulasten des M abgeleitet werden soll.

Damit bleibt es bei der tatsächlichen Rechtslage, wonach P keine Vertretungsmacht für H hatte. Da es sich bei der Kündigung um ein einseitiges Rechtsgeschäft handelt, kommt gemäß § 180 S. 1 BGB eine Genehmigung des H auch nicht in Betracht. Die Kündigung des M durch P entfaltet demnach keine Wirkung.

Anmerkung: Eine erneute Kündigung des M durch H bleibt möglich. Bei dieser sind allerdings evtl. neue Fristen zu beachten.

5.5 Die kaufmännische Vertretung

Ausgangslage: Stellvertretung

Ein Kaufmann ist im **Wirtschaftsverkehr** darauf angewiesen, dass seine Mitarbeiter für ihn rechtsgeschäftlich handeln können. Dies wird durch die Stellvertretung nach §§ 164 ff. BGB ermöglicht. Über die BGB-Vollmacht hinaus kennt das Handelsrecht **weitergehende** Formen von rechtsgeschäftlicher Vertretungsmacht. Dies sind die **Prokura** und die **Handlungsvollmacht**.

5.5.1 Die Prokura

5.5.1.1 Funktion und Erteilung der Prokura

Handlungssituation (Fallbeispiel 24)

Pit (P) ist als Prokurist beim Großhandwerksbetrieb des Heinrich (H) tätig. Der mit P befreundete Autohändler Alfons (A) bietet ihm einen Jahreswagen der Luxusklasse für 100.000,– € an. P erwirbt das Fahrzeug

a) als Geschäftsfahrzeug für den Betrieb des H
b) als Privatfahrzeug für H.

Ist H jeweils zur Erfüllung des Vertrags mit A verpflichtet? (Lösung Seite 131)

Wesen der Prokura

Bei der **Prokura** handelt es sich um eine **besondere** handelsrechtliche **Vollmacht**. Ihre Besonderheit besteht v. a. darin, dass der Umfang gesetzlich vorgegeben und sehr weitreichend ist. Dies dient dem Schutz des Rechtsverkehrs, der sich darauf verlassen kann, dass der Prokurist den Kaufmann in nahezu jeder Hinsicht wirksam vertreten kann.

Die Prokura kann nur von einem **Kaufmann** erteilt werden (§ 48 Abs. 1 HGB). Hierfür bedarf es einer **persönlichen** und **ausdrücklichen** Erklärung. Deshalb scheidet eine konkludent eingeräumte Prokura – etwa durch bloße Billigung des Verhaltens eines Mitarbeiters – aus. Bei der Erteilung der Prokura handelt es sich um eine **eintragungspflichtige** Tatsache (§ 53 Abs. 1 HGB). Die Eintragung der Prokura in das Handelsregister hat aber nur **deklaratorische** Wirkung.

Die Prokura kann einer einzigen Person **(Einzelprokura)**, aber auch mehreren Personen gemeinschaftlich (§ 48 Abs. 2 HGB) erteilt werden **(Gesamtprokura)**. Ferner kann die Prokura nach § 50 Abs. 3 HGB auf den Betrieb einer von mehreren Niederlassungen des Kaufmannes beschränkt werden **(Filialprokura)**.

Der Prokurist hat im Geschäftsverkehr so zu **zeichnen**, dass er der Firma des Kaufmannes seinen Namen mit einem die Prokura andeutenden **Zusatz** („ppa“) beifügt (§ 51 HGB). Hierbei handelt es sich aber um eine bloße Ordnungsvorschrift, sodass ein Verstoß gegen § 51 HGB nicht zur Formnichtigkeit des Rechtsgeschäfts nach § 125 S. 1 BGB führt.

5.5.1.2 Umfang der Prokura

Reichweite der Prokura

Nach § 49 Abs. 1 HGB ist der Prokurist im **Außenverhältnis** zu **allen** Arten von gerichtlichen und außergerichtlichen Geschäften und Rechtshandlungen befugt, die der Betrieb **eines** Handelsgewerbes mit sich bringt. Dieser gesetzlich vorgegebene Umfang der Prokura kann Dritten gegenüber - etwa im Hinblick auf bestimmte Arten oder Volumina von Geschäften - nicht beschränkt werden (§ 50 Abs. 1, 2 HGB).

Beachte: Nach dem Abstraktionsprinzip ist der Prokurist im **Innenverhältnis** zum Kaufmann jedoch verpflichtet, ihm erteilte Weisungen einzuhalten. Andernfalls macht er sich evtl. nach §§ 280ff. BGB schadensersatzpflichtig.

Trotz ihrer großen Reichweite unterliegt die Prokura doch gewissen **Grenzen**. So ist der Prokurist gemäß § 49 Abs. 2 HGB zur Veräußerung und Belastung von Grundstücken nur befugt, wenn er dazu vom Kaufmann besonders ermächtigt wird (sog. **Immobilienklausel**). Dies gilt entgegen dem Wortlaut („Veräußerung") auch für das zugrunde liegende Verpflichtungsgeschäft, (i. d. R ein Kaufvertrag). Die umgekehrten Vorgänge - Kauf und Erwerb von Grundstücken - sind hingegen von der Prokura gedeckt.

Ferner umfasst die Prokura ihrer Rechtsnatur nach nicht Erklärungen **außerhalb** des Geschäftsbetriebes. Für den wirksamen Abschluss von **privaten** Rechtsgeschäften muss der Kaufmann seinem Mitarbeiter deshalb eine Vollmacht erteilen (§ 167 Abs. 1 BGB). Des Weiteren weist das HGB einige Rechtsgeschäfte dem Kaufmann **persönlich** zu (sog. **Prinzipalgeschäfte**). Hierzu zählt z.B. die Erteilung der Prokura selbst (§ 48 Abs. 1 HGB). Schließlich ermächtigt die Prokura nicht zum Abschluss von **Grundlagengeschäften** wie etwa die Veräußerung des Unternehmens.

5.5.1.3 Erlöschen der Prokura

Entzug der Prokura

Die Prokura **erlischt** durch jederzeit (grundlos) möglichen **Widerruf** des Kaufmannes (§ 52 Abs. 1 HGB). Das Erlöschen der Prokura ist eine **eintragungspflichtige** Tatsache (§ 53 Abs. 2 HGB). Ebenso wie bei der Erteilung hat auch die Eintragung des Erlöschens der Prokura im Handelsregister nur **deklaratorische** Wirkung.

Beachte: Nach dem Abstraktionsprinzip hat der Widerruf der Prokura keinen Einfluss auf das zugrunde liegende Rechtsverhältnis (grundsätzlich ein Arbeitsvertrag, § 611 BGB). Ob dieses einseitig aufgelöst werden kann, ist gesondert und vor dem Hintergrund des arbeitsrechtlichen Kündigungsschutzes zu prüfen. Deshalb behält der Mitarbeiter trotz Widerrufs der Prokura grundsätzlich seinen vertraglichen Vergütungsanspruch (vgl. § 52 Abs. 1 HGB).

Lösung zur Handlungssituation (Fallbeispiel 24)

Zu prüfen ist der Anspruch des A gegen H auf Kaufpreiszahlung gemäß § 433 Abs. 2 BGB.

Der Anspruch setzt einen wirksamen Kaufvertrag zwischen A und H voraus. Die Willenserklärung des A liegt unproblematisch vor. Fraglich ist hingegen die Willenserklärung des H, da er sie nicht selbst abgegeben hat. H könnte allerdings von P wirksam vertreten worden sein (§ 164 Abs. 1 S. 1 BGB). P hat eine eigene Willenserklärung im Namen des H abgegeben. Fraglich ist jedoch seine Vertretungsmacht.

a) Wenn P das Fahrzeug als Geschäftswagen für den Betrieb des H kauft, ist dies von seiner Prokura gedeckt (§ 49 Abs. 1 HGB). Denn die Prokura erfasst auch ungewöhnliche Geschäfte. Eine mögliche Einschränkung des H wäre gegenüber Dritten nicht wirksam (§ 50 Abs. 1 HGB). P hatte demnach Vertretungsmacht, und H muss den Kaufpreis an A bezahlen.

b) Wenn P das Fahrzeug als Privatwagen für H kauft, ist dies von seiner Prokura nicht gedeckt. Denn diese umfasst nur unternehmensbezogene, nicht hingegen private Geschäfte des Kaufmannes. Damit muss H - wenn er dem P keine gesonderte Vollmacht erteilt hat (§ 167 Abs. 1 BGB) - den Kaufpreis an A nicht bezahlen.

5.5.2 Die Handlungsvollmacht

Handlungsvollmacht als „kleine" Prokura

Unter einer **Handlungsvollmacht** nach § 54 Abs. 1 HGB versteht man eine von einem Kaufmann an einen Mitarbeiter erteilte unternehmensbezogene Vollmacht, die keine Prokura ist. Anders als bei der Prokura kann der Umfang der Handlungsvollmacht vom Kaufmann **festgelegt** werden. Auch bedarf es bei der Erteilung einer Handlungsvollmacht **keiner ausdrücklichen** Erklärung. Im Unterschied zur Prokura ist die Handlungsvollmacht auch **nicht** im Handelsregister **eintragungsfähig**. Schließlich darf der Handlungsbevollmächtigte nicht mit einem die Prokura andeutenden Zusatz unterschreiben (§ 57 HGB); er **zeichnet** vielmehr mit „i. V."

Im Hinblick auf die flexible Ausgestaltbarkeit einer Handlungsvollmacht wird in § 54 Abs. 1 HGB zwischen verschiedenen Arten von Handlungsvollmachten unterschieden. Die **Generalhandlungsvollmacht** ermächtigt zum Betrieb eines Handelsgewerbes. Sie erstreckt sich auf alle Geschäfte und Rechtshandlungen, die der Betrieb eines derartigen Handelsgewerbes gewöhnlich mit sich bringt. Anders als bei der Prokura werden damit aber nur **branchenübliche** Geschäfte erfasst. Bei einer **Arthandlungsvollmacht** wird zu einer bestimmten Art von sich wiederholenden Geschäften - etwa zum Abschluss von Kaufverträgen - ermächtigt. Die **Spezialhandlungsvollmacht** schließlich unterscheidet sich kaum von einer BGB-Vollmacht, da der Bevollmächtigte hier lediglich zur Vornahme einzelner zu einem Handelsgewerbe gehörigen Geschäfte ermächtigt wird.

Über den **Umfang** der jeweiligen Handlungsvollmacht entscheidet der Kaufmann. In jedem Fall ist ein Handlungsbevollmächtigter zu den in § 54 Abs. 2 HGB zählenden atypischen Geschäften (z. B. Darlehensaufnahme) **nicht ermächtigt**, selbst wenn diese im konkreten Handelsgewerbe nicht außergewöhnlich sind. In solchen Fällen bedarf es also stets einer gesonderten Vollmachterteilung durch den Kaufmann.

Verkehrsschutz

Anders als bei der Prokura kann der Kaufmann bei einer Handlungsvollmacht den Umfang auch **einschränken** (§ 54 Abs. 3 HGB). Das muss ein Geschäftspartner aber nur dann gegen sich gelten lassen, wenn er die Beschränkungen kannte oder kennen musste, also infolge von **Fahrlässigkeit** nicht kannte (§ 122 Abs. 2 BGB). Damit ist der Rechtsverkehr im HGB besser gestellt als im BGB, wo es grundsätzlich keinen Gutglaubensschutz hinsichtlich des Bestehens bzw. der Reichweite einer Vollmacht gibt.

Entzug der Handlungsvollmacht

Im Unterschied zur Prokura enthält das HGB bei der Handlungsvollmacht keine Vorschriften über ihr **Erlöschen**. Insofern muss auf § 168 BGB zurückgegriffen werden. Demnach erlischt die Handlungsvollmacht durch jederzeit (grundlos) möglichen **Widerruf** des Kaufmannes (§ 168 S. 2 BGB) sowie bei Beendigung des Grundverhältnisses (§ 168 S. 1 BGB).

5.6 Handelsgeschäfte

5.6.1 Allgemeines

Wesen von Handelsgeschäften

In den Vorschriften zu den sog. **Handelsgeschäften** (§§ 343 ff. HGB) werden bestimmte Regelungen des BGB - insbesondere zum Zustandekommen von Verträgen und zur Abwicklung von Kaufgeschäften - abgeändert. Hintergrund dafür sind die Grundsätze der **Einfachheit** und **Schnelligkeit** im Handelsverkehr, da Kaufleute aufgrund ihrer Geschäftserfahrung weniger gesetzlichen Schutz benötigen als private Vertragsparteien. Soweit im HGB keine Sondervorschriften bestehen, ist aber auch bei Handelsgeschäften auf die Regelungen des BGB **zurückzugreifen**.

Unter **Handelsgeschäften** versteht man alle Geschäfte eines Kaufmanns, die zum Betrieb seines Handelsgewerbes gehören (§ 343 Abs. 1 HGB). Voraussetzung für ein Handelsgeschäft ist damit zum einen, dass es sich bei der Vertragspartei um einen **Kaufmann** handelt und zum anderen, dass das konkrete Geschäft zum **Betrieb** seines Handelsgewerbes gehört. Während sich die Kaufmannseigenschaft aus §§ 1 ff.

HGB ergibt und nach allgemeinen Grundsätzen von der Partei **bewiesen** werden muss, die einen Anspruch geltend macht, wird die Betriebszugehörigkeit des konkreten Geschäfts nach § 344 Abs. 1 HGB **vermutet**. In **Zweifelsfällen** ist damit bei einem Kaufmann von einem unternehmensbezogenen und nicht von einem privaten Geschäft auszugehen.

Gemäß § 345 HGB gelten die Sondervorschriften der §§ 343 ff. HGB grundsätzlich bereits dann, wenn nur **eine** Partei ein Handelsgeschäft tätigt. Allerdings wird dies in einigen Fällen dahingehend modifiziert, dass für bestimmte Sonderregelungen ein **beiderseitiges** Handelsgeschäft Anwendungsvoraussetzung ist (vgl. z. B. § 377 Abs. 1 HGB).

5.6.2 Erleichterungen beim Vertragsschluss

Schweigen als Willenserklärung?

Verträge kommen auch zwischen Kaufleuten nach den **allgemeinen** Vorschriften des Bürgerlichen Rechts und damit durch zwei übereinstimmende Willenserklärungen zustande (§§ 145 ff. BGB). Wie unter Privaten gibt es im Handelsrecht auch **keinen** Grundsatz, wonach das Schweigen eines Kaufmannes auf ein Vertragsangebot Zustimmung bedeuten würde. Anders als im Bürgerlichen Recht existieren im HGB allerdings wichtige **Ausnahmen** von dem Prinzip, dass Schweigen keinen rechtsgeschäftlichen Erklärungswert hat.

5.6.2.1 Geschäftsbesorgungsverträge

Normierte Ausnahme: § 362 HGB

Die erste **Ausnahme** ergibt sich aus § 362 Abs. 1 HGB. Demnach muss ein **Kaufmann** unverzüglich (= ohne schuldhaftes Zögern, § 121 BGB) antworten, wenn in seinem Gewerbebetrieb, der die Besorgung von Geschäften **für andere** mit sich bringt, ein Vertragsangebot eingeht; anderenfalls gilt sein Schweigen als Annahme des Antrags. Die Norm erfasst damit nur Verträge i. S. v. § 675 BGB, also **Werk-** oder **Dienstverträge** im fremden Interessenskreis (z. B. Makler, Banken). Kaufverträge fallen hingegen **nicht** unter diese Vorschrift.

Weitere Voraussetzung für die Anwendbarkeit von § 362 Abs. 1 HGB ist der Bestand einer **Geschäftsverbindung** (S. 1) bzw. das **Sicherbieten** durch den Kaufmann gegenüber dem Antragenden (S. 2). Ferner muss sich der Antrag auf ein Geschäft beziehen, das innerhalb der **üblichen** Geschäftstätigkeit des Kaufmannes liegt.

Soweit alle Voraussetzungen von § 362 Abs. 1 HGB vorliegen und der Kaufmann nicht unverzüglich antwortet, gilt sein Schweigen als Annahme. Damit kommt der Vertrag hier ausnahmsweise durch **Schweigen** zustande.

5.6.2.2 Kaufmännisches Bestätigungsschreiben

Schweigen auf ein KBS

Ein weiterer Fall, in dem das Schweigen **eines Kaufmannes** als Zustimmung gewertet wird, ist die fehlende Reaktion auf ein **kaufmännisches Bestätigungsschreiben** (KBS). So gibt es unter Kaufleuten einen **Handelsbrauch** (§ 346 HGB), wonach das Ergebnis mündlicher Vertragsverhandlungen bzw. Vertragsschlüsse **schriftlich** bestätigt wird. Hintergrund hierfür ist das verstärkte Bedürfnis nach **Rechtssicherheit** im Handelsverkehr.

Die **Voraussetzungen** für ein KBS sind nicht im HGB geregelt, sondern im Laufe der Jahre auf Basis des § 346 HGB entwickelt worden. Demnach müssen sowohl der Absender als auch der Adressat des Schreibens **Kaufleute** sein. Ferner müssen dem Schreiben Vertragsverhandlungen bzw. ein mündlicher Vertragsschluss vorausgegangen sein. Ein schriftlicher Vertrag darf noch nicht vorliegen, sodass ein **Klarstellungsbedürfnis** besteht. Subjektiv muss der Absender mit dem Schreiben den Vertragsschluss endgültig und eindeutig **bestätigen** wollen. Ferner muss das Schreiben **kurze Zeit** nach den mündlichen Vertragsverhandlungen dem Adressaten **zugehen** (§ 130 BGB). Überdies muss der Absender **redlich** sein (§ 242 BGB), d. h. er muss von der richtigen Wiedergabe der Vertragsverhandlungen in seinem Schreiben ausgehen. Sollte es dennoch zu Diskrepanzen kommen, sind nur objektiv **zustimmungsfähige** Abweichungen beachtlich. Wenn all diese Voraussetzungen erfüllt sind, muss der Empfänger des Schreibens solchen Inhalten, mit denen er nicht einverstanden ist, unverzüglich (§ 121 BGB) **widersprechen**. Andernfalls gilt sein Schweigen als Zustimmung.

Beachte: Auch eine Anfechtung durch den Adressaten nach § 119 Abs. 1 BGB (Inhaltsirrtum) kommt nicht in Betracht, da es sich bei der Verkennung der Konsequenzen des Schweigens auf ein KBS um einen unbeachtlichen Rechtsfolgenirrtum handelt.

5.6.2.3 Bürgschaftsvertrag

Handlungssituation (Fallbeispiel 25)

Der betagte Großvater von Heinrich (H) lässt sich vom Vertreter einer Buchgemeinschaft (B) zum Kauf eines 24-bändigen Lexikons zum Preis von 8.000,- € überreden. H - Inhaber eines Großhandwerksbetriebs - kommt dazu, als der Vertreter einige Wochen später von seinem Großvater Zahlung verlangt. Um den Vertreter und seinen Großvater zu beruhigen, erklärt H, wenn sein Großvater nicht zahlen könne, springe er ein. Später verlangt der Vertreter von H unter Hinweis auf diese Erklärung Zahlung des Kaufpreises. H weigert sich.

Mit Recht? (Lösung Seite 135)

Formerleichterung beim Bürgschaftsvertrag

Eine weitere Abweichung von den allgemeinen Regeln des BGB enthält § 350 HGB im Bürgschaftsrecht. Während beim **Bürgschaftsvertrag** (§ 765 BGB) gemäß § 766 S. 1 BGB an sich eine **schriftliche** Erteilung der Bürgschaftserklärung (§ 126 BGB) erforderlich ist (Warnfunktion), entfällt nach § 350 HGB diese Formerschwerung, wenn die Bürgschaft auf der Seite des Bürgen ein Handelsgeschäft (§ 343 Abs. 1 HGB) ist. Damit kann ein Kaufmann eine unternehmensbezogene Bürgschaft auch **mündlich** wirksam eingehen. An dieser Stelle überwiegt also das Bedürfnis nach einem **erleichterten** Vertragsschluss das Schutzinteresse des Bürgen.

Lösung zur Handlungssituation (Fallbeispiel 25)

Zu prüfen ist der Anspruch der B gegen H auf Zahlung von 8.000,- € gemäß §§ 765, 433 Abs. 2 BGB.

Voraussetzung für den Zahlungsanspruch der B gegen H ist zunächst das Bestehen einer Verbindlichkeit zwischen B und dem Großvater des H. Diese kam hier durch den wirksamen Kaufvertrag zwischen B (die Willenserklärung des Vertreters ist B nach § 164 Abs. 1 S. 1 BGB zuzurechnen) und dem Großvater des H zustande (§ 433 Abs. 2 BGB; ein mögliches Widerrufsrecht des Großvaters des H nach § 355 BGB i. V. m. §§ 312b, g BGB bleibt außer Betracht).

H müsste für diese Verbindlichkeit einstehen, wenn er sich der B gegenüber wirksam verbürgt hätte (§ 765 BGB). Die Willenserklärung der B ist insoweit unproblematisch. An sich gibt auch H eine auf Abschluss eines Bürgschaftsvertrages gerichtete Willenserklärung ab. Diese bedarf gemäß § 766 BGB jedoch grundsätzlich der Schriftform nach § 126 BGB. Dem wurde hier nicht Rechnung getragen, da nur eine mündliche Erklärung des H vorliegt.

Eine mündliche Erklärung würde allerdings genügen, wenn es sich bei der Bürgschaft um ein Handelsgeschäft des H handeln würde (§ 350 HGB). Ein Handelsgeschäft setzt nach § 343 HGB zunächst die Kaufmannseigenschaft voraus. Diese ist bei H gegeben, da er einen Gewerbetrieb von hinreichender Größe - also ein Handelsgewerbe - betreibt (§ 1 Abs. 1, 2 HGB: Ist-Kaufmann). Darüber hinaus müsste die Bürgschaft zum Betrieb des Handelsgewerbes des H gehören. Daran fehlt es hier aber, weil H nur seinem Großvater helfen möchte und damit - trotz der Vermutung des § 344 HGB - ein Privatgeschäft vorliegt. Folglich ist die Willenserklärung des H formnichtig (§ 125 S. 1 BGB), sodass kein wirksamer Bürgschaftsvertrag mit B zustande gekommen ist.

Ergebnis: H muss die 8.000,- € an B nicht bezahlen.

5.6.3 Handelskauf

Untersuchungspflicht beim Kaufvertrag

Unter Kaufleuten werden ebenso wie unter Privaten Kaufverträge nach § 433 BGB abgeschlossen. § 377 HGB modifiziert das Kaufrecht allerdings dahingehend, dass die Rechte eines kaufmännischen Käufers bei Mängeln der Kaufsache (§§ 434, 435 BGB) unter bestimmten Voraussetzungen **entfallen**. Hintergrund für diese einschneidende Rechtsfolge ist das Bedürfnis nach zügiger Vertragsabwicklung im Handelsverkehr. Insofern auferlegt das HGB dem kaufmännischen Käufer - anders als das BGB dem privaten - eine **Untersuchungs-** und **Rügeobliegenheit** hinsichtlich etwaiger Mängel der Kaufsache.

Handlungssituation (Fallbeispiel 26)

Ein Bekannter des Heinrich, der Lars (L), betreibt einen Supermarkt. Bei seinem Lieferanten, dem Großhändler Gregor (G), hat L 500 Dosen „Pfifferlinge klein" bestellt. Die von G am 30.06. angelieferte Ware war insgesamt verdorben. L hat dies am 28.07. von einer Kundin erfahren, die zwei Dosen bei ihm gekauft hat. Noch am gleichen Tag hat L den Mangel gegenüber G gerügt. G beansprucht gleichwohl die Bezahlung des vollen Kaufpreises von L.

Zu Recht? (Lösung Seiten 137, 138)

Voraussetzungen für Rügepflicht

Voraussetzung für die Anwendbarkeit des § 377 HGB ist, dass der Kauf für **beide** Teile ein Handelsgeschäft ist (§ 343 HGB). Ferner muss die Ware an den Käufer **abgeliefert** worden sein, sodass dieser eine Überprüfung vornehmen kann. Nach der Ablieferung muss der Käufer gemäß § 377 Abs. 1 HGB die Ware **unverzüglich** (= ohne schuldhaftes Zögern, § 121 BGB) untersuchen, und wenn sich ein Mangel zeigt, dem Verkäufer unverzüglich Anzeige machen. Problematisch ist hierbei, ab wann von einem **schuldhaften Zögern** des Käufers gesprochen werden kann. Hierbei ist zwischen verschiedenen **Arten** von Mängeln zu unterscheiden.

Bei einem **offenen** Mangel - z. B. einer zerbrochenen Glasflasche - bedarf es keiner Untersuchung, da sich der Mangel auf den ersten Blick zeigt. Dann ist eine rasche Rüge durch den Käufer nach Ablieferung der Ware erforderlich. Bei einem **untersuchungsbedürftigen** Mangel - z. B. vergorenem Apfelsaft, der in Kartons abgefüllt ist - muss zunächst der Zeitraum für die Vornahme einer fachmännischen Prüfung eingerechnet werden. Bei einer Mehrheit von Waren genügen hier aber **Stichproben**. Soweit nach dieser Untersuchung Mängel erkennbar werden, bedarf es einer raschen Anzeige beim Verkäufer. Sollte ein Mangel auch nach einer ordnungsgemäßen Untersuchung nicht erkennbar sein - etwa weil die stichprobenhaft ausgewählten Kartons keinen vergorenen Apfelsaft enthielten (**versteckter** Mangel) -, so muss die Anzeige gemäß § 377 Abs. 3 HGB unverzüglich nach der späteren Entdeckung gemacht werden.

Rechtsfolge: Genehmigungsfiktion

Unterlässt der Käufer die rechtzeitige Mängelanzeige, gilt die Ware als genehmigt (**Genehmigungsfiktion**, § 377 Abs. 2 HGB). Die Anzeige bedarf **keiner** besonderen **Form** und kann deshalb auch mündlich erfolgen. Für die **Rechtzeitigkeit** einer schriftlichen Anzeige kommt es nach § 377 Abs. 4 HGB nicht auf den Zugang beim Verkäufer, sondern auf die Absendung an. Damit trägt der Verkäufer das **Verzögerungsrisiko**. Das **Verlustrisiko** liegt jedoch beim Käufer, da die Mängelanzeige dem Verkäufer zugehen muss (vgl. § 130 BGB).

Wenn die **Genehmigungsfiktion** eintritt, **verliert** der Käufer seine ihm wegen der Mangelhaftigkeit der Kaufsache an sich zustehenden Rechte. Das gilt jedenfalls für den Anspruch auf **Nacherfüllung** (§ 437 Nr. 1 BGB) sowie auf (Teil-)Rückzahlung des Kaufpreises infolge **Minderung** oder **Rücktritt** (§ 437 Nr. 2 BGB). Folglich muss der Käufer die mangelhafte Ware behalten und trotzdem den vollen Kaufpreis bezahlen.

Soweit es um den Anspruch auf **Schadensersatz** geht (§ 437 Nr. 3 BGB), ist zu unterscheiden. Der Ersatz von Mangelschäden ist wegen § 377 Abs. 2 HGB ausgeschlossen, während der Ersatz von **Mangelfolgeschäden** insoweit bestehen bleibt, als er auf **deliktische** - nicht vertragliche - Anspruchsgrundlagen (§§ 823ff. BGB) gestützt werden kann. Denn die handelsrechtliche Sondervorschrift des § 377 HGB darf den kaufmännischen Käufer auch **nicht schlechter** stellen als Personen, die keine Vertragspartner des Verkäufers sind.

Ausnahme: Arglist des Verkäufers

Gemäß § 377 Abs. 5 HGB gilt die Genehmigungsfiktion allerdings nicht, wenn der Verkäufer den Mangel **arglistig** verschweigt. Hat der Verkäufer also in **Kenntnis** des Mangels die Ware an den Käufer geliefert, so behält dieser seine Rechte nach § 437 BGB auch dann, wenn er die Ware nicht unverzüglich untersucht und den Mangel nicht unverzüglich dem Verkäufer anzeigt. Denn der arglistige Verkäufer hat **keine Privilegierung** verdient.

Lösung zur Handlungssituation (Fallbeispiel 26)

Zu prüfen ist der Anspruch des G gegen L auf (volle) Kaufpreiszahlung gemäß § 433 Abs. 2 BGB.

Ein wirksamer Kaufvertrag über die gelieferten 500 Dosen „Pfifferlinge klein" ist zwischen G und L zustande gekommen. Zu prüfen ist jedoch, ob L dem Zahlungsanspruch des G die Einrede des nicht erfüllten Vertrages nach § 320 Abs. 1 BGB entgegenhalten kann. Denn wenn die gelieferten Waren mangelhaft sind und dem L seine Käuferrechte gemäß § 437 BGB gegen G (noch) zustehen, kann G seinen Zahlungsanspruch gegen L nicht durchsetzen.

Die verdorbenen Pfifferlinge haben einen Sachmangel nach § 434 Abs. 3 S. 1 Nr. 1 und Nr. 2 BGB. Denn Pfifferlinge sind zum Verzehr bestimmt, sodass verdorbene Ware eine für den Käufer negative Abweichung der Ist- von der Soll-Beschaffenheit der Kaufsache ist. Hierbei handelt es sich um einen untersuchungsbedürftigen Mangel, da die Pfifferlinge in Dosen verpackt sind und der Mangel somit nicht von außen erkennbar ist. Nach § 377 Abs. 1 HGB muss L die Dosen - stichprobenartig - unverzüglich untersuchen. Dies hat er hier unterlassen, da er erst knapp einen Monat später von dem Mangel erfahren hat. Bei einer stichprobenartigen Untersuchung wäre dem L der Mangel auch aufgefallen, da die Pfifferlinge insgesamt verdorben waren. Folglich ist die Rüge des L - selbst am gleichen Tag nach Entdeckung des Mangels - nicht mehr unverzüglich. Damit greift die Genehmigungsfiktion des § 377 Abs. 2 HGB und L verliert seine Käuferrechte. Dann aber kann er dem G auch nicht die Einrede des nicht erfüllten Vertrags gemäß § 320 BGB entgegenhalten.

Ergebnis: L muss den Kaufpreis an G voll bezahlen (und die verdorbene Ware behalten).

6. Gesellschaftsrecht

6.1 Allgemeines

Arten von Gesellschaften

Gesellschaften sind privatrechtliche Zusammenschlüsse mehrerer Personen auf der Grundlage eines Gesellschaftsvertrages zur Erreichung eines gemeinsamen Zwecks. Das **Gesellschaftsrecht** regelt die **Rechtsverhältnisse** dieser privatrechtlichen Personenvereinigungen nach innen wie nach außen. Als Gesellschaftsformen sind **Personen-** und **Kapitalgesellschaften** zu unterscheiden.

Bei **Personengesellschaften** beruht der Zusammenschluss auf dem persönlichen Vertrauen der Gesellschafter zueinander. Sowohl die Geschäftsführung als auch die Vertretungsbefugnis obliegt den Gesellschaftern selbst (**Verbot** der **Drittorganschaft**). Der **Fortbestand** der Gesellschaft ist grundsätzlich von der unveränderten Zusammensetzung des Gesellschafterbestandes abhängig. Für die Verbindlichkeiten der Gesellschaft **haften** die Gesellschafter **persönlich**. Zu den Personengesellschaften zählen v. a. die **Gesellschaft bürgerlichen Rechts** (GbR), die **offene Handelsgesellschaft** (oHG) und die **Kommanditgesellschaft** (KG).

Die **Kapitalgesellschaften** sind **körperschaftlich** strukturiert, d. h. sie handeln durch ihre Organe. Sie sind **juristische Personen** und als solche **rechtsfähig**. Die Gesellschafter und die Gesellschaft sind **getrennt** zu betrachten (**Drittorganschaft** ist **möglich**). Der Fortbestand der Gesellschaft ist **nicht** von dem unveränderten Fortbestand des Gesellschafterbestands abhängig. Für die Verbindlichkeiten der Gesellschaft **haftet** nur das **Gesellschaftsvermögen**. Zu den Kapitalgesellschaften zählen v. a. die **Gesellschaft mit beschränkter Haftung** (GmbH) und die **Aktiengesellschaft** (AG).

6.2 Die Personengesellschaften

Handlungssituation (Fallbeispiel 27)

Heinrich (H) betreibt mit Bernhard (B) und Claus (C) einen größeren Handwerksbetrieb unter der Bezeichnung „H/B/C-Handwerker". Ein schriftlicher Gesellschaftsvertrag besteht nicht. Im Handelsregister ist das Unternehmen nicht eingetragen.

a) Welche Rechtsform liegt vor?

b) Ist die gewählte Bezeichnung als Firma zulässig?

c) H nimmt ohne Rücksprache mit B und C einen Kredit i. H. v. 50.000,- € bei der Volksbank auf. Wer haftet für die Rückzahlung?

d) Doris (D) tritt als neue Gesellschafterin in die Gesellschaft ein. H, B und C haben ihr versichert, ihre Haftung beschränke sich auf künftige Verbindlichkeiten. Trotzdem verlangt die Volksbank von D die Rückzahlung des Darlehens. Mit Recht?

e) B zahlt auf Drängen der Volksbank den Kredit zurück. Hat er einen Erstattungsanspruch gegen H, C und D? (Lösung Seiten 147-149)

6.2.1 Die Gesellschaft bürgerlichen Rechts (GbR)

6.2.1.1 Wesen und Gründung der GbR

Begriff und Rechtsnatur der GbR

Die GbR ist eine durch **Vertrag** gegründete Vereinigung **mehrerer** Personen, mit der die Gesellschafter einen gemeinsamen **Zweck** verfolgen (§ 705 BGB). Voraussetzung für die **Gründung** einer GbR ist demnach ein (formfreier) Gesellschaftsvertrag zwischen mehreren (natürlichen oder juristischen) Personen. Der verfolgte Zweck kann beliebig sein, darf jedoch **nicht** im Betrieb eines Handelsgewerbes bestehen (denn dann läge eine oHG vor). Ferner verpflichten sich die Gesellschafter, den Zweck der Gesellschaft durch (finanzielle oder andere) Beiträge zu **fördern**.

Die **Rechtsnatur** der GbR war lange Zeit umstritten. Insbesondere herrschte Unklarheit darüber, ob die GbR lediglich ein Zusammenschluss ihrer Gesellschafter ist oder ob sie eine eigene Rechtspersönlichkeit besitzt. Inzwischen hat die Rechtsprechung die **Rechtsfähigkeit** der GbR anerkannt, sodass die Gesellschaft selbst Trägerin von Rechten und Pflichten ist. Dies gilt jedenfalls für eine sog. **Außen-GbR**, die im Rahmen der Verwaltung ihres Gesellschaftsvermögens durch ihre vertretungsberechtigten Gesellschafter aktiv am **Geschäftsverkehr** teilnimmt.

6.2.1.2 Innenverhältnis der GbR

- **Gesellschaftsvermögen**

GbR-Vermögen als Gesamthandsvermögen

Die GbR bildet ein **Gesellschaftsvermögen**. Dieses stellt ein Sondervermögen dar, das vom Privatvermögen der Gesellschafter zu **unterscheiden** ist. Das Gesellschaftsvermögen wird gemäß § 718 Abs. 1 BGB durch die **Beiträge** der Gesellschafter begründet. Zu ihm zählen aber auch die durch die Geschäftsführung für die GbR **erworbenen** Gegenstände (z. B. ein Auto oder eine Zahlungsforderung). Da es sich bei dem Gesellschaftsvermögen um ein **Gesamthandsvermögen** handelt, kann der einzelne Gesellschafter **weder** über seinen Anteil daran **noch** über einzelne Vermögensgegenstände wirksam **verfügen** (§ 719 BGB).

- **Geschäftsführungsbefugnis**

Grundsatz gemeinschaftlicher Geschäftsführung

Die Befugnis zur Geschäftsführung steht bei der GbR grundsätzlich allen Gesellschaftern **gemeinschaftlich** zu (§ 709 Abs. 1 BGB). Demnach dürfen nur **alle** Gesellschafter gemeinsam die Geschäfte der Gesellschaft führen. Dies führt zu einem hohen **Abstimmungsbedarf** zwischen den Gesellschaftern, was die GbR zu einer eher unflexiblen Gesellschaftsform macht.

Da es sich bei § 709 Abs. 1 BGB um eine Regelung im **Innenverhältnis** handelt, können die Gesellschafter im Gesellschaftsvertrag hiervon aber **abweichen** (dispositives Recht). So können sie z. B. die **Einzelgeschäftsführungsbefugnis** von Gesellschaftern vereinbaren (mit Widerspruchsrecht der anderen Gesellschafter, § 711 BGB) oder auch Gesellschafter von der Geschäftsführung **ausschließen** (§ 710 BGB). Ebenso ist unter bestimmten Voraussetzungen eine **Entziehung** der Geschäftsführungsbefugnis von Gesellschaftern durch Beschluss der anderen Gesellschafter möglich (§ 712 BGB).

6.2.1.3 Außenverhältnis der GbR

- **Vertretungsmacht**

Grundsatz der Gesamtvertretung

Die für das Außenverhältnis zu den Gläubigern maßgebliche **Vertretungsmacht** der Gesellschafter für die GbR **deckt sich** grundsätzlich mit der Geschäftsführungsbefugnis im Innenverhältnis. So hat gemäß § 714 BGB ein Gesellschafter im Zweifel so weit Vertretungsmacht, wie seine Geschäftsführungsbefugnis reicht. Demnach liegt bei der GbR grundsätzlich eine **Gesamtvertretungsmacht** aller Gesellschafter vor. Dies macht die GbR im Geschäftsverkehr schwerfällig, weil für eine wirksame Stellvertretung grundsätzlich ein Handeln aller Gesellschafter erforderlich ist.

Da allerdings die Regelungen über die Geschäftsführungsbefugnis der Gesellschafter **abbedungen** werden können, sind über § 714 BGB auch die Vorgaben für die Vertretungsmacht dispositiv. So kann es je nach Ausgestaltung im Gesellschaftsvertrag auch eine **Einzelvertretungsmacht** eines Gesellschafters sowie eine Gesamtvertretungsmacht **mehrerer** Gesellschafter geben. Ebenso ist der **Entzug** der Vertretungsmacht eines Gesellschafters durch Beschluss der anderen Gesellschafter unter bestimmten Voraussetzungen möglich (§ 715 BGB).

- **Haftung**

Haftung für Verbindlichkeiten der GbR

Da eine **Außen-GbR** rechtsfähig und damit Trägerin von Rechten und Pflichten ist, haftet sie für ihre Verbindlichkeiten selbst. Als Haftungsmasse steht für die Gläubiger das **Gesellschaftsvermögen** (§ 718 BGB) zur Verfügung.

Fraglich ist, ob neben der Gesellschaft auch die **Gesellschafter** für Verbindlichkeiten der GbR haften müssen. Nachdem dies lange Zeit umstritten war, stellt die Rechtsprechung nunmehr auf **§§ 128 ff. HGB analog** ab und wendet die Vorschriften zur oHG auf die GbR entsprechend an. Demnach haften die Gesellschafter für Gesellschaftsverbindlichkeiten mit ihrem Privatvermögen als Gesamtschuldner auch **persönlich** (näher hierzu unter 6.2.2.3).

6.2.1.4 Ausscheiden eines Gesellschafters/Gesellschafterwechsel/Auflösung der GbR

Auflösung und Fortsetzung der GbR

Die **Kündigung** (§ 723 Abs. 1 BGB), der **Tod** (§ 727 Abs. 1 BGB) oder die **Insolvenz** (§ 728 Abs. 2 BGB) eines **Gesellschafters** führen grundsätzlich dazu, dass die GbR **aufgelöst** wird. Dies ist die Folge der engen persönlichen **Verbundenheit** der Gesellschafter bei dieser Gesellschaftsrechtsform. Die Gesellschafter können allerdings für diese Fälle auch die **Fortsetzung** der Gesellschaft im **Gesellschaftsvertrag** vereinbaren - dann scheidet nur der betreffende GbR aus, während die GbR weiter besteht.

Nach § 737 BGB ist auch der **Ausschluss** eines Gesellschafters aus der GbR durch die anderen Gesellschafter möglich. Voraussetzung ist hierfür allerdings, dass in der Person des auszuschließenden Gesellschafters ein **wichtiger Grund** i. S. v. § 723 Abs. 1 BGB vorliegt. Hierzu zählt insbesondere eine schwerwiegende Pflichtverletzung durch den Gesellschafter. Daneben können auch das **Ausscheiden** eines Gesellschafters sowie ggf. die **Aufnahme** eines neuen Gesellschafters gesellschaftsvertraglich vereinbart werden. Ein ausscheidender Gesellschafter erwirbt dann einen **Abfindungsanspruch** gegen die GbR; sein Anteil am Gesellschaftsvermögen geht durch **Anwachsung** auf die verbleibenden Gesellschafter über (§ 738 BGB).

Aufgelöst wird die GbR durch einen entsprechenden **Beschluss** der Gesellschafter (vgl. § 705 BGB) oder durch die Eröffnung des **Insolvenzverfahrens** über das Vermögen der GbR (§ 728 Abs. 1 BGB). Ferner kommt es zur Auflösung der Gesellschaft, wenn sie nach dem Tod, der Kündigung oder der Insolvenz eines Gesellschafters **nicht** fortgesetzt werden soll.

6.2.2 Die offene Handelsgesellschaft (oHG)

6.2.2.1 Wesen und Gründung der oHG

Begriff und Rechtsnatur der oHG

Die oHG (§ 105 Abs. 1 HGB) entspricht im rechtlichen Ausgangspunkt einer GbR. Ihre **Rechtsfähigkeit** wird in § 124 Abs. 1 HGB gesetzlich angeordnet. Im Gegensatz zur GbR muss die oHG aber den Betrieb eines **Handelsgewerbes** unter gemeinschaftlicher Firma **bezwecken**. Bei der oHG ist - im Unterschied zur KG - bei **keinem** der Gesellschafter die **Haftung** gegenüber den Gesellschaftsgläubigern **beschränkt** (§ 105 Abs. 1 HGB).

Die oHG ist gemäß § 106 HGB zur **Eintragung** in das Handelsregister anzumelden. Während die Eintragung bei einem **Kleingewerbe** bzw. einer Vermögensverwaltungsgesellschaft **konstitutive** Bedeutung hat (§ 105 Abs. 2 HGB), wirkt sie bei einem **Handelsgewerbe** nur **deklaratorisch**. In diesem Fall entsteht die oHG bereits mit dem **Beginn** ihrer **Geschäfte** (§ 123 Abs. 2 HGB).

Bei der **Firmierung** einer oHG muss neben den allgemeinen firmenrechtlichen Grundsätzen noch die Regelung des § 19 Abs. 1 Nr. 2 HGB beachtet werden. Es bedarf demnach zwingend der **Bezeichnung** als „offene Handelsgesellschaft“ bzw. „oHG“. So werden die Haftungsverhältnisse der Gesellschaft für den Rechtsverkehr offengelegt. Aus diesem Grunde ist auch die Angabe der **Rechtsform** auf den Geschäftsbriefen der oHG erforderlich (§ 125a Abs. 1 HGB).

6.2.2.2 Innenverhältnis der oHG

- **Gesellschaftsvermögen**

Das Gesellschaftsvermögen der oHG entspricht dem der GbR (§§ 105 Abs. 3 HGB, 718, 719 BGB - hierzu oben 6.2.1.2).

- **Geschäftsführungsbefugnis**

Grundsatz der Einzelgeschäftsführung

Bei der oHG ist - anders als bei der GbR - grundsätzlich jeder Gesellschafter **einzelgeschäftsführungsbefugt** (§ 114 Abs. 1 HGB). Dadurch ist die oHG im Vergleich zur GbR die flexiblere Gesellschaftsform, da es bei ihr für einen Geschäftsabschluss keiner vorhergehenden Abstimmung der Gesellschafter untereinander bedarf. Allerdings ist die Regelung des § 114 Abs. 1 HGB **dispositiv**, sodass die Gesellschafter im Gesellschaftsvertrag vom Prinzip der Einzelgeschäftsführungsbefugnis **abweichen** und z. B. eine **gemeinschaftliche** Geschäftsführungsbefugnis einzelner oder auch aller Gesellschafter vereinbaren können. Soweit eine Einzelgeschäftsführungsbefugnis jedes Gesellschafters besteht, haben die anderen geschäftsführungsbefugten Gesellschafter - soweit nicht abbedungen (§ 109 HGB) - ein **Widerspruchsrecht** (§ 115 Abs. 1 HGB).

Beschlussfassung der Gesellschafter

Die Befugnis zur Geschäftsführung erstreckt sich auf alle Handlungen, die der **gewöhnliche** Betrieb des Handelsgewerbes der Gesellschaft mit sich bringt (§ 116 Abs. 1 HGB). Hierzu zählen sämtliche Tätigkeiten, die sich innerhalb des üblichen Rahmens des Geschäftsbetriebs bewegen. Zur Vornahme von Handlungen, die darüber **hinausgehen** - etwa außergewöhnlich risikoreiche Geschäfte -, ist hingegen ein **Beschluss** aller Gesellschafter erforderlich (§ 116 Abs. 2 HGB). Dieser wird nach § 119 HGB grundsätzlich einstimmig gefasst. Bei der Beschlussfassung hat jeder Gesellschafter ein **Stimmrecht** (§ 119 Abs. 1 HGB). Soweit nach dem Gesellschaftsvertrag die **Mehrheit** der Stimmen zu entscheiden hat, richtet sich diese i. d. R. nach der Anzahl der Gesellschafter (§ 119 Abs. 2 HGB).

6.2.2.3 Außenverhältnis der oHG

- **Vertretungsmacht**

Grundsatz der Einzelvertretung

Bei der oHG hat - anders als bei der GbR - im Grundsatz **jeder** Gesellschafter **Einzelvertretungsmacht** (§ 125 Abs. 1 HGB). Im Gesellschaftsvertrag kann jedoch abweichend hiervon bestimmt werden, dass alle oder mehrere Gesellschafter nur in Gemeinschaft (**echte Gesamtvertretung**, § 125 Abs. 2 HGB) oder ein Gesellschafter zusammen mit einem Prokuristen zur Vertretung der Gesellschaft berechtigt sein soll (**unechte Gesamtvertretung**, § 125 Abs. 3 HGB). Auch kommt der **Ausschluss** eines Gesellschafters von der Vertretungsmacht in Betracht (§ 125 Abs. 1 HGB). Eine **Entziehung** der Vertretungsmacht ist nur durch **gerichtliche** Entscheidung bei Vorliegen eines **wichtigen Grundes** möglich (§ 127 HGB).

Die Vertretungsmacht der oHG-Gesellschafter ist nach § 106 Abs. 2 Nr. 4 HGB eine im Handelsregister **eintragungspflichtige** Tatsache. Unterbleibt die Eintragung und Bekanntmachung, kann sich der gutgläubige Rechtsverkehr insbesondere bei Abweichungen von der Einzelvertretungsmacht nach § 125 Abs. 1 HGB auf das **„Schweigen"** des **Handelsregisters** gemäß § 15 Abs. 1 HGB verlassen.

Die Vertretungsmacht der Gesellschafter erstreckt sich nach § 126 Abs. 1 HGB auf **alle** gerichtlichen und außergerichtlichen Geschäfte und Rechtshandlungen. Dieser weite Umfang der Vertretungsbefugnis kann Dritten gegenüber **nicht beschränkt** werden (§ 126 Abs. 2 HGB). So hat der Rechtsverkehr Sicherheit, dass ein vertretungsberechtigter Gesellschafter die oHG auch rechtswirksam vertreten kann.

- **Haftung**

Haftung für Verbindlichkeiten der oHG

Die **Haftung** der (rechtsfähigen) **oHG** für ihre Verbindlichkeiten ergibt sich aus § 124 Abs. 1 HGB. Damit steht als Haftungsmasse für die Gläubiger - wie bei der GbR auch - das **Gesellschaftsvermögen** zur Verfügung.

Die Haftung der **Gesellschafter** für die Verbindlichkeiten der oHG resultiert aus § 128 HGB. Sie ist **akzessorisch**, also von einer Verbindlichkeit der Gesellschaft abhängig. Kann z. B. die oHG gegenüber einem Gläubiger die Einrede der Verjährung geltend machen (§ 214 Abs. 1 BGB), so gilt dies auch für den Gesellschafter (§ 129 Abs. 1 HGB). Ferner haften die Gesellschafter **unmittelbar**, sodass nicht nur eine Nachschusspflicht gegenüber der Gesellschaft, sondern eine Außenhaftung gegenüber den Gläubigern besteht. Die Haftung ist des Weiteren **primär** mit der Folge, dass keine Einrede der Vorausklage existiert. Der in Anspruch genommene Gesellschafter kann deshalb den Gläubiger nicht darauf verweisen, vor einer persönlichen Inanspruchnahme zunächst die Gesellschaft zu verklagen. Anders als bei einer KG ist die Haftung auch **unbeschränkt**, sodass der Gesellschafter mit seinem **gesamten** Privatvermögen einstehen muss und seine Haftung nicht summenmäßig beschränkt ist. Schließlich haften die oHG-Gesellschafter als **Gesamtschuldner**, weshalb der Gläubiger nach seiner **Wahl** jeden Gesellschafter ganz oder zum Teil persönlich in Anspruch nehmen kann (§ 421 BGB).

Wenn ein **neuer** Gesellschafter in eine bestehende oHG **eintritt**, trifft auch ihn diese strenge Haftung. Dies gilt nicht nur für neu begründete, sondern auch für bereits vorhandene Verbindlichkeiten (§ 130 Abs. 1 HGB). In jedem Fall ist Dritten gegenüber eine entgegenstehende Vereinbarung der Gesellschafter untereinander **unwirksam** (§§ 128 S. 2, 130 Abs. 2 HGB).

6.2.2.4 Ausscheiden eines Gesellschafters/Gesellschafterwechsel/Auflösung der oHG

Auflösung und Fortsetzung der oHG

Im Vergleich zur GbR ist die oHG die „stabilere" Gesellschaftsrechtsform. So führen mangels abweichender Regelung im Gesellschaftsvertrag der **Tod** eines Gesellschafters, die Eröffnung des **Insolvenzverfahrens** über das Vermögen eines Gesellschafters sowie die **Kündigung** eines Gesellschafters nicht zur Auflösung der oHG, sondern nur zum **Ausscheiden** des jeweiligen Gesellschafters (§ 131 Abs. 3 HGB).

Für den **Ausschluss** eines Gesellschafters bei Vorliegen eines wichtigen Grundes bedarf es - anders als bei der GbR - nicht nur eines Beschlusses der übrigen Gesellschafter, sondern einer **gerichtlichen** Entscheidung (§ 140 Abs. 1 HGB). Wie bei der GbR auch, kann ein **Gesellschafterwechsel** ferner vertraglich vereinbart werden (§ 105 Abs. 1 HGB).

Eine oHG wird schließlich durch grundsätzlich einstimmigen **Gesellschafterbeschluss** oder durch die Eröffnung des **Insolvenzverfahrens** über das Vermögen der oHG **aufgelöst** (§ 131 Abs. 1 HGB). Ferner kommt eine gerichtliche **Auflösung** der oHG in Betracht, wenn ein **wichtiger Grund** vorliegt. Hierzu zählt insbesondere eine schwerwiegende Pflichtverletzung durch einen Gesellschafter (§ 133 Abs. 1, 2 HGB).

6.2.3 Die Kommanditgesellschaft (KG)

6.2.3.1 Wesen und Gründung der KG

Begriff und Rechtsnatur der KG

Die KG (§ 161 Abs. 1 HGB) entspricht ihrem **Wesen** nach der oHG, da sie auch auf den Betrieb eines Handelsgewerbes unter gemeinschaftlicher Firma gerichtet ist. Im Unterschied zur oHG hat die KG gemäß § 161 Abs. 1 HGB aber zwei **Arten** von Gesellschaftern: zum einen die persönlich haftenden **(Komplementäre)**, zum anderen diejenigen, bei denen die Haftung auf den Betrag einer bestimmten Vermögenseinlage beschränkt ist **(Kommanditisten)**.

Die **Gründung** der KG erfolgt wie bei der oHG. Bei der **Eintragung** in das Handelsregister ist zu beachten, dass die Kommanditisten mit dem Betrag ihrer Einlage zu bezeichnen sind, was allerdings nicht bekanntzumachen ist (§ 162 Abs. 1, 2 HGB). Bei der Bildung der **Firma** gilt § 19 Abs. 1 Nr. 3 HGB, sodass der Rechtsformzusatz „Kommanditgesellschaft“ bzw. „KG“ zwingend ist.

6.2.3.2 Innenverhältnis der KG

- **Gesellschaftsvermögen**

Das Gesellschaftsvermögen der KG entspricht dem der oHG und damit dem der GbR (§§ 161 Abs. 2, 105 Abs. 3 HGB, 718, 719 BGB). Hierzu oben 6.2.1.2.

- **Geschäftsführungsbefugnis**

Komple-mentär ≠ Komanditist bei Geschäfts-führung

Der **Komplementär** einer KG hat – mangels abweichender Regelung im Gesellschaftsvertrag – die gleich weitreichende Geschäftsführungsbefugnis wie der Gesellschafter einer oHG (§§ 161 Abs. 2, 114 Abs. 1, 116 Abs. 1 HGB). Der **Kommanditist** hingegen ist von der Geschäftsführung **ausgeschlossen**. Auch ein **Widerspruchsrecht** hat er nur, wenn die Handlung der Komplementäre über den gewöhnlichen Betrieb des Handelsgewerbes der Gesellschaft **hinausgeht** (§ 164 S. 1 HGB). Abweichungen hiervon sind im Gesellschaftsvertrag aber möglich (§ 163 HGB).

6.2.3.3 Außenverhältnis der KG

- **Vertretungsmacht**

Komplemen-tär ≠ Koman-ditist bei Vertretung

Die Vertretungsmacht des **Komplementärs** einer KG ist genauso weitreichend wie die eines oHG-Gesellschafters (§§ 161 Abs. 2, 125 Abs. 1 HGB). Der **Kommanditist** hat hingegen nach § 170 HGB keine organschaftliche Vertretungsmacht (die Erteilung einer Vollmacht bis hin zur Prokura bleibt aber möglich).

- **Haftung**

Haftung für Verbindlich-keiten der KG

Die Haftung der **KG** für die Verbindlichkeiten der Gesellschaft mit dem Gesellschaftsvermögen resultiert aus ihrer gesetzlich anerkannten Rechtsfähigkeit (§§ 161 Abs. 2, 124 Abs. 1 HGB).

Die Haftung des **Komplementärs** einer KG mit seinem Privatvermögen ist genauso umfassend wie die eines oHG-Gesellschafters (§§ 161 Abs. 2, 128, 130 HGB).

Differenziert ist hingegen die Haftungssituation bei einem **Kommanditisten** geregelt. Nach § 171 Abs. 1 HGB haftet ein Kommanditist den Gläubigern der Gesellschaft bis zur Höhe seiner Einlage unmittelbar. Die Haftung ist aber ausgeschlossen, soweit die Einlage geleistet ist. Hierbei ist zwischen der **Einlage** im Innenverhältnis und der **Haftsumme** zu unterscheiden. Maßgeblich für die Haftung ist alleine, ob der Kommanditist einen Betrag an die KG **geleistet** hat, welcher der Höhe seiner Haftsumme entspricht (§ 172 Abs. 1 HGB). Wenn er dies getan hat, wird er von seiner persönlichen Haftung gegenüber den Gläubigern der KG **befreit**. Soweit er dies nicht getan hat, haftet er bis zur Höhe seiner Haftsumme wie der Gesellschafter einer oHG persönlich. Das Gleiche gilt für den Fall, dass eine geleistete Einlage an den Kommanditisten **zurückbezahlt** wird (§ 172 Abs. 4 HGB).

Hat die Gesellschaft bereits ihre Geschäfte begonnen, **bevor** sie in das Handelsregister eingetragen wurde, haftet jeder Kommanditist, der dem Geschäftsbeginn **zugestimmt** hat, für die bis zur Eintragung begründeten Verbindlichkeiten der Gesellschaft wie ein Komplementär, es sei denn, dass seine Beteiligung als Kommanditist dem Gläubiger bekannt war (§ 176 Abs. 1 S. 1 HGB). Diese Haftungsverschärfung resultiert aus dem **Vertrauensschutz** der Gläubiger, die sich vor der Eintragung der KG im Handelsregister keinen Überblick über den Gesellschafterbestand der KG machen können. Der Kommanditist **entgeht** der strengen Haftung aber dadurch, dass er dem Geschäftsbeginn vor der Eintragung der KG im Handelsregister widerspricht oder den Gläubiger bei Vertragsschluss über seine Stellung als Kommanditist in der KG aufklärt. Ferner kommt die Haftungsverschärfung bei einer **kleingewerblichen** KG nicht in Betracht, da diese erst mit der Eintragung entsteht (§ 176 Abs. 1 S. 2 HGB).

Tritt ein Kommanditist in eine **bestehende** KG ein, so gelten die Haftungsgrundsätze der §§ 171, 172 HGB auch für die **Altverbindlichkeiten** der KG (§ 173 Abs. 1 HGB). Entscheidend für die persönliche Haftung ist also, ob der Kommanditist seine vereinbarte **Haftsumme** gegenüber der KG aufgebracht hat.

6.2.3.4 Ausscheiden eines Gesellschafters/Gesellschafterwechsel/Auflösung der KG

Auflösung und Fortsetzung der KG

Für das **Ausscheiden** eines **Komplementärs** aus einer KG gilt das Gleiche wie bei einem oHG-Gesellschafter (§§ 161 Abs. 2, 131 Abs. 3 HGB). Beim Tod eines **Kommanditisten** tritt hingegen - mangels abweichender gesellschaftsvertraglicher Vereinbarung - der **Erbe** in die KG ein (§ 177 HGB). Hinsichtlich des **Ausschlusses** eines Gesellschafters aus der KG, einem **Gesellschafterwechsel** sowie der **Auflösung** der KG gilt das Recht der oHG entsprechend (§ 161 Abs. 2 HGB).

Lösung zur Handlungssituation (Fallbeispiel 27)

a) Es liegt eine oHG vor (§ 105 Abs. 1 HGB). Da ein Handwerksbetrieb ein Gewerbe darstellt und es sich vorliegend um einen Großbetrieb handelt, kommt der Eintragung in das Handelsregister nur deklaratorische Bedeutung zu. Die oHG ist bereits mit Aufnahme der Geschäftstätigkeit entstanden (§ 123 Abs. 2 HGB).

b) Die Bezeichnung „H/B/C-Handwerker“ ist als Firma unzulässig, weil es an dem notwendigen Rechtsformzusatz „oHG“ fehlt (§ 19 Abs. 1 Nr. 2 HGB).

c) Zu prüfen ist der Anspruch der Volksbank auf Rückzahlung des Darlehens gemäß § 488 Abs. 1 S. 2 BGB:

I. gegen die H/B/C-oHG

Voraussetzung für den Rückzahlungsanspruch der Volksbank gegen die (rechtsfähige) H/B/C-oHG (§ 124 Abs. 1 HGB) ist ein wirksamer Darlehensvertrag nach § 488 BGB. Die Willenserklärung der Volksbank liegt unproblematisch vor. Fraglich ist hingegen die der H/B/C-oHG. Da die oHG selbst keine Willenserklärung abgeben kann, müsste sie durch H wirksam vertreten worden sein (§ 164 Abs. 1 S. 1 BGB). H hat eine eigene Willenserklärung im Namen der H/B/C-oHG abgegeben. Fraglich ist, ob er Vertretungsmacht hatte. Gemäß § 125 Abs. 1 HGB hat bei einer oHG jeder Gesellschafter alleinige Vertretungsmacht, die nach außen nicht beschränkt werden kann (§ 126 Abs. 1 HGB). Da der Gesellschaftsvertrag keine abweichende Regelung von der Alleinvertretungsbefugnis der Gesellschafter enthält, konnte H die H/B/C-oHG auch ohne Rücksprache mit B und C wirksam vertreten. Damit kam der Darlehensvertrag mit der Volksbank wirksam zustande, sodass die H/B/C-oHG die Rückzahlung des Darlehens schuldet.

II. gegen H, B und C persönlich

Für die Haftung der Gesellschafter einer oHG gilt § 128 HGB. Damit haften H, B und C für die Schulden der H/B/C-oHG mit ihrem Privatvermögen persönlich und akzessorisch.

d) Zu prüfen ist der Anspruch der Volksbank auf Rückzahlung des Darlehens gegen D gemäß § 488 Abs. 1 S. 2 BGB.

Bei einer oHG gilt neben § 128 HGB auch § 130 Abs. 1 HGB. Damit haftet auch die neu eingetretene Gesellschafterin D mit ihrem Privatvermögen für die (Alt-)Schulden der H/B/C-oHG persönlich und akzessorisch. Die Versicherung von H, B und C, die Haftung der D beschränke sich auf künftige Verbindlichkeiten, ändert hieran nichts, da nach § 130 Abs. 2 HGB eine der Haftung entgegenstehende Vereinbarung der Gesellschafter Dritten gegenüber unwirksam ist (Gläubigerschutz).

e) Zu prüfen ist der Anspruch des B gegen H, C und D auf Regress gemäß § 426 Abs. 1 S. 1 BGB.

Die oHG-Gesellschafter sind nach § 128 HGB Gesamtschuldner (§ 421 BGB). Im Innenverhältnis kommt somit ein Gesamtschuldnerregress nach § 426 Abs. 1 S. 1 BGB in Betracht.

Grundsätzlich sind Gesamtschuldner im Verhältnis zueinander zu gleichen Anteilen verpflichtet, sodass jeder Gesellschafter an sich ¼ der Verbindlichkeit tragen müsste. Hier könnte jedoch ein anderes bestimmt sein. Da die D im Innenverhältnis durch H, B und C von Altverbindlichkeiten freigestellt worden ist, hat B gegen D keinen Anspruch aus § 426 Abs. 1 S. 1 BGB. Demnach kann B nur von H und C Zahlung von je ⅓ der Darlehenssumme verlangen.

6.3 Die Kapitalgesellschaften

Handlungssituation (Fallbeispiel 28)

Heinrich (H), Berthold (B) und Charles (C) sind mit Geschäftsanteilen von je 25.000,-€ Gesellschafter der H/B/C-Bau-GmbH. Alleiniger Geschäftsführer der Gesellschaft ist H.

Ohne seine Mitgesellschafter B und C zu informieren, erteilt H seiner geschäftsunerfahrenen Freundin Franziska (F) Prokura. Im September machen H und F vier Wochen gemeinsam Urlaub. F überträgt für diese Zeit die Prokura an ihre Mutter Martha (M). Diese nimmt während der Abwesenheit von H und F bei der Kreissparkasse namens der H/B/C-Bau-GmbH einen Kredit i. H. v. 50.000,- € auf. Das Geld verbraucht sie für sich.

B und C wollen wissen,

a) welche Sanktionen sie gegenüber H ergreifen können und wie sie dabei vorgehen müssen

b) ob die Kreissparkasse die H/B/C-Bau-GmbH auf Rückzahlung des Darlehens in Anspruch nehmen kann? (Lösung Seiten 153, 154)

6.3.1 Die GmbH

6.3.1.1 Wesen und Gründung der GmbH

Begriff und Rechtsnatur der GmbH

Die **GmbH** ist eine Gesellschaft mit eigener **Rechtspersönlichkeit** (§ 13 Abs. 1 GmbHG). Sie ist - anders als die Personengesellschaften - **körperschaftlich** strukturiert und eine **juristische Person**. Sie gilt ferner gemäß § 13 Abs. 3 GmbHG als Handelsgesellschaft i. S. d. HGB und ist **Form-Kaufmann** (§ 6 Abs. 2 HGB). Im Gegensatz zur AG steht die GmbH den Personengesellschaften aber insofern näher, als ihre Gesellschafter das **Innenverhältnis** im Wesentlichen **frei** regeln können.

Entstehungsprozess einer GmbH

Die **Errichtung** einer GmbH vollzieht sich in mehreren **Schritten**. Am Anfang steht der Entschluss einer (vgl. § 1 GmbHG) oder mehrerer Personen, eine GmbH zu gründen. Hierbei handelt es sich um eine **Vorgründungsgesellschaft**, die ihrer Rechtsform nach eine GbR oder eine oHG ist. Mit dem Abschluss des Gesellschaftsvertrages (= Satzung) in notarieller Form (§ 2 Abs. 1 GmbHG) entsteht die **Vorgesellschaft** (= Vor-GmbH). Im **Gesellschaftsvertrag** müssen die Firma und der Sitz der Gesellschaft, der Gegenstand des Unternehmens, der Betrag des Stammkapitals sowie die Zahl und die Nennbeträge der Geschäftsanteile, die jeder Gesellschafter gegen Einlage auf das Stammkapital (Stammeinlage) übernimmt, **angegeben** werden (§ 3 Abs. 1 GmbHG). Wenn die Gesellschaft höchstens drei Gesellschafter und nur einen Geschäftsführer hat, kommt die Gründung in einem **vereinfachten** Verfahren mithilfe eines Musterprotokolls in Betracht (§ 2 Abs. 1a GmbHG). Nach der Erbringung bestimmter Mindesteinlagen (vgl. §§ 5, 7, 9 GmbHG) wird die GmbH zur **Eintragung** in das Handelsregister angemeldet (§§ 7 Abs. 1, 8 Abs. 1 GmbHG). Mit der Eintragung der GmbH in das Handelsregister wird die GmbH als **juristische Person** existent (§§ 10, 11 Abs. 1 GmbHG).

6.3.1.2 Organe der GmbH

Die GmbH ist als juristische Person selbst nicht handlungsfähig. Vielmehr agiert sie durch ihre **Organe**. Zu diesen zählen der Geschäftsführer, die Gesamtheit der Gesellschafter (Gesellschafterversammlung) sowie ggf. ein Aufsichtsrat.

- **Geschäftsführer**

Geschäftsführer als Verwaltungsorgan der GmbH

Die GmbH muss über einen oder mehrere **Geschäftsführer** verfügen (§ 6 Abs. 1 GmbHG). Der Geschäftsführer ist als **Verwaltungsorgan** der Gesellschaft im **Innenverhältnis** zur Führung der Geschäfte berechtigt und verpflichtet.

Im **Außenverhältnis** fungiert der Geschäftsführer als gerichtlicher und außergerichtlicher **Vertreter** der GmbH (§ 35 Abs. 1 S. 1 GmbHG). Seine Vertretungsmacht ist gegenüber Dritten gemäß § 37 Abs. 2 S. 1 GmbHG **unbeschränkt**. Wenn die Gesellschaft **mehrere** Geschäftsführer hat, sind diese nur **gemeinschaftlich** vertretungsbefugt, wenn nicht der Gesellschaftsvertrag etwas anders bestimmt (§ 35 Abs. 2 S. 1 GmbHG).

Die **Bestellung** des Geschäftsführers erfolgt entweder im Gesellschaftsvertrag (§ 6 Abs. 3 S. 2 GmbHG) oder durch Beschluss der Gesellschafter (§ 46 Nr. 5 GmbHG). Die Bestellung als Geschäftsführer ist grundsätzlich **jederzeit** (§ 38 Abs. 1 GmbHG) durch die Gesellschafter **widerruflich** (§ 46 Nr. 5 GmbHG). Etwas anderes gilt nur, wenn im **Gesellschaftsvertrag** die Zulässigkeit des Widerrufs vom Vorliegen **eines wich-**

tigen Grundes – v.a. einer schwerwiegenden Pflichtverletzung des Geschäftsführers – abhängig gemacht wird (§ 38 Abs. 2 GmbHG). In jedem Fall ist die Abberufung als Geschäftsführer von dem zugrunde liegenden **Anstellungsvertrag** mit der GmbH zu **unterscheiden**, sodass auch ein abberufener Geschäftsführer seine vertraglichen Vergütungs- bzw. Entschädigungsansprüche nicht verliert (vgl. § 38 Abs. 1 GmbHG).

Zum Geschäftsführer einer GmbH kann jede **natürliche**, unbeschränkt geschäftsfähige Person bestellt werden (§ 6 Abs. 2 S. 1 GmbHG), solange **kein Ausschlussgrund** nach § 6 Abs. 2 S. 2 GmbHG – z. B. eine rechtskräftige Verurteilung wegen einschlägiger Vermögensdelikte – vorliegt. Anders als bei Personengesellschaften ist gemäß § 6 Abs. 3 S. 1 GmbHG auch die Bestellung einer Person als Geschäftsführer möglich, die **nicht** Gesellschafter der GmbH ist (sog. **Fremdorganschaft**).

Der Geschäftsführer einer GmbH hat in den Angelegenheiten der Gesellschaft die **Sorgfalt** eines ordentlichen Geschäftsmannes anzuwenden (§ 43 Abs. 1 GmbHG). Verletzt der Geschäftsführer seine Obliegenheiten, **haftet** er der GmbH gegenüber für einen möglicherweise entstandenen Schaden (§ 43 Abs. 2 GmbHG).

- **Gesellschafterversammlung**

Gesellschafterversammlung als Hauptorgan der GmbH

Die **Gesellschafterversammlung** ist das **Hauptorgan** der GmbH. Sie kann alle Kompetenzen an sich ziehen (§ 45 Abs. 1 GmbHG) und dem Geschäftsführer auch **Weisungen** in den Angelegenheiten der Gesellschaft erteilen (§ 37 Abs. 1 GmbHG). Eine **Vertretung** der GmbH durch die Gesellschafterversammlung Dritten gegenüber **scheidet** hingegen **aus**.

Soweit der Gesellschaftsvertrag keine abweichenden Bestimmungen enthält, gehört gemäß § 46 GmbHG zu den **Kompetenzen** der Gesellschafterversammlung die Feststellung des Jahresabschlusses und die Verwendung des Ergebnisses, die Einforderung der Einlagen, die Bestellung und die Abberufung von Geschäftsführern sowie deren Entlastung sowie die Bestellung von Prokuristen und Handlungsbevollmächtigten zum gesamten Geschäftsbetrieb. Zu den unentziehbaren **Kernkompetenzen** der Gesellschafterversammlung zählen die Abänderung des Gesellschaftsvertrages (§ 53 Abs. 1 GmbHG) sowie die Auflösung der GmbH (§ 60 Abs. 1 Nr. 2 GmbHG).

Die Gesellschafter bilden ihren Willen durch **Beschlüsse** (§ 47 Abs. 1 GmbHG) in Gesellschafterversammlungen (§ 48 Abs. 1 GmbHG). Maßgeblich ist bei der Beschlussfassung i. d. R die **Mehrheit** der abgegebenen Stimmen, wobei jeder Euro eines Geschäftsanteils eine Stimme gewährt (§ 47 Abs. 1, 2 GmbHG). Ein Gesellschafter, der durch eine Beschlussfassung entlastet oder von einer Verbindlichkeit befreit werden soll, hat allerdings kein Stimmrecht (§ 47 Abs. 4 S. 1 GmbHG), da er sich in einem **Interessenskonflikt** befindet.

- **Aufsichtsrat**

Fakultativer Aufsichtsrat

Bei einer GmbH ist die Bildung eines Aufsichtsrates - anders als bei einer AG - i. d. R. **freiwillig**. Die Rechte und Pflichten eines vorhandenen Aufsichtsrates ergeben sich weitgehend aus dem **Gesellschaftsvertrag**. Überdies gelten gemäß § 52 Abs. 1 GmbHG zahlreiche Vorschriften aus dem Aktiengesetz entsprechend (hierzu unten 6.3.2.2.).

6.3.1.3 Haftung

Haftung für Verbindlichkeiten

Den Gläubigern gegenüber haftet für die Verbindlichkeiten der GmbH gemäß § 13 Abs. 2 GmbHG nur das **Gesellschaftsvermögen** (und nicht das Privatvermögen der Gesellschafter). Dies ist die Folge der Verselbstständigung der GmbH von ihren Gesellschaftern und der Einordnung der Gesellschaft als juristische Person (sog. **Trennungsprinzip**). Das (variable) Gesellschaftsvermögen umfasst bilanziell das **Anlage**- und **Umlaufvermögen** der GmbH.

Stammkapital der GmbH

Vom Gesellschaftsvermögen zu unterscheiden ist das **Stammkapital** der GmbH. Dieses ist eine **Garantieziffer** für die Gläubiger und gibt Auskunft über die - zumindest ursprüngliche - Eigenkapitalausstattung der Gesellschaft. Deshalb muss die Höhe des Stammkapitals auch im Gesellschaftsvertrag angegeben werden (§ 3 Abs. 1 Nr. 3 GmbHG). Gemäß § 5 Abs. 1 GmbHG muss das Stammkapital der GmbH **mindestens** 25.000,- € betragen. Aus Gründen des Gläubigerschutzes bedarf es seiner effektiven **Aufbringung** und **Erhaltung** (vgl. §§ 5, 7, 9, 19 ff., 24 GmbHG).

Anmerkung: Bei der Unternehmergesellschaft (UG; auch „Mini-GmbH" genannt) genügt für die Gründung bereits ein Stammkapital von nur 1,- € (vgl. § 5a Abs. 1 GmbHG). Als Ausgleich für das anfangs fehlende Stammkapital muss die UG allerdings verschiedenen gesetzlichen „Ansparpflichten" nachkommen (§ 5a Abs. 3 GmbHG).

Durchgriffshaftung auf Gesellschafter

Trotz der strengen gesetzlichen Vorschriften zur Kapitalaufbringung bzw. -erhaltung gibt es **keine Garantie** dafür, dass die GmbH permanent in angemessenem Umfang mit Eigenkapital ausgestattet ist. Damit stellt sich die Frage, ob unter bestimmten Umständen eine **Durchgriffshaftung** der Gesellschafter gegenüber den Gläubigern der GmbH in Betracht kommt. Dies ist wegen § 13 Abs. 2 GmbHG jedoch grundsätzlich zu verneinen. Nur in ganz **seltenen** Fällen wird ein Zugriff auf das Privatvermögen der Gesellschafter über § 826 BGB - insbesondere bei rechtsmissbräuchlicher Vermögensvermischung - bejaht.

Weniger gesellschafterfreundlich stellt sich die Rechtslage allerdings **vor** der **Eintragung** der GmbH im Handelsregister dar. So haften gemäß § 11 Abs. 2 GmbHG die Gesellschafter auch mit ihrem Privatvermögen, wenn sie im Stadium der Vorgesellschaft wie Geschäftsführer im Namen der GmbH gehandelt haben (sog. **Handelndenhaftung**). Die nicht handelnden Gesellschafter haften für diese Verbindlichkeiten den Gläubigern gegenüber zwar nicht, aber doch im Innenverhältnis zur GmbH (sog. **Verlustdeckungshaftung**). Sowohl die Handelndenhaftung als auch die Verlustdeckungshaftung **erlöschen** allerdings i. d. R. mit der Eintragung der GmbH in das Handelsregister, da den Gläubigern dann das Gesellschaftsvermögen als Haftungsmasse zur Verfügung steht.

6.3.1.4 Gesellschafterwechsel/Ausschluss eines Gesellschafters/Auflösung der GmbH

Veräußerung von Geschäftsanteilen

Die Mitgliedschaft (= Summe der Rechte und Pflichten eines Gesellschafters) in der GmbH wird durch den **Geschäftsanteil** dargestellt. Dieser ist - anders als bei einer Personengesellschaft - gemäß § 15 Abs. 1 GmbHG frei **veräußerlich**. Somit kann sich ein Gesellschafterwechsel bei der GmbH durch Abtretung (§ 398 BGB) des Geschäftsanteils an einen Erwerber vollziehen. Hierfür bedürfen sowohl das Verpflichtungsgeschäft - i. d. R. ein Kaufvertrag - als auch das Verfügungsgeschäft der **notariellen** Form (§ 15 Abs. 3, 4 GmbHG). Allerdings kann im Gesellschaftsvertrag die Abtretung von Geschäftsanteilen an Bedingungen geknüpft, insbesondere von der **Genehmigung** der GmbH abhängig gemacht werden (§ 15 Abs. 5 GmbHG).

Ausschließungsklage

Der **Ausschluss** eines Gesellschafters wird im GmbHG aufgrund der körperschaftlichen Struktur der Gesellschaft nicht geregelt. Es können allerdings die §§ 133, 140 HGB analog herangezogen werden, um bei einer personalistischen GmbH querulatorische Gesellschafter ausschließen zu können. Hierfür bedarf es wie bei einer oHG neben eines wichtigen Grundes einer Ausschließungsklage der übrigen Gesellschafter.

Auflösung der GmbH

Die wichtigsten Gründe für die **Auflösung** einer GmbH ergeben sich aus § 60 Abs. 1 GmbHG. Die Gesellschaft wird demnach v. a. durch Zeitablauf oder einen entsprechenden Beschluss der Gesellschafter aufgelöst. An die Auflösung schließt sich die **Liquidation** der GmbH an (§§ 66 ff. GmbHG). Wird die Gesellschaft hingegen durch die Eröffnung des **Insolvenzverfahrens** aufgelöst (§ 60 Abs. 1 Nr. 4 GmbHG), bestimmt sich das Prozedere nach der Insolvenzordnung (siehe 7.4).

Lösung Handlungssituation (Fallbeispiel 28)

a) - B und C können H zunächst als Geschäftsführer der GmbH abberufen, da die Bestellung grundsätzlich jederzeit frei widerruflich ist (§ 38 Abs. 1 GmbHG). Zuständig ist hierfür nach §§ 48 Abs. 1, 46 Nr. 5 GmbHG die

Gesellschafterversammlung. Dabei ist fraglich, ob H als Gesellschafter ein Stimmrecht hat. Dies ist im Hinblick auf § 47 Abs. 4 GmbHG grundsätzlich zu verneinen, da sich H in einem Interessenskonflikt befindet. Letztlich ist dies aber unerheblich, weil B und C ohnehin über die Mehrheit der Stimmen verfügen (§ 47 Abs. 1 GmbHG).

- Ferner können B und C für die GmbH den Dienstvertrag (§ 611 BGB) mit H fristlos kündigen. In der Übertragung der Prokura an seine geschäftsunerfahrene Freundin ist ein wichtiger Grund für eine außerordentliche Kündigung des H (§ 626 BGB) zu sehen.
- Schließlich kommt eine Ausschließungsklage von B und C gegen H als Gesellschafter der GmbH analog § 140 HGB in Betracht. Durch die Übertragung der Prokura an F liegt ein wichtiger Grund für die Ausschließung (§ 133 HGB) vor.

b) Zu prüfen ist der Anspruch der Kreissparkasse gegen die H/B/C-Bau-GmbH auf Rückzahlung des Darlehens gemäß § 488 Abs. 1 S. 2 BGB.

Voraussetzung für den Rückzahlungsanspruch ist ein wirksamer Darlehensvertrag zwischen der Kreissparkasse und der H/B/C-Bau-GmbH. Die Willenserklärung der Kreissparkasse liegt unproblematisch vor. Fraglich ist hingegen die der H/B/C-Bau-GmbH. Da diese selbst keine Willenserklärung abgeben kann, kommt nur eine Vertretung durch die M in Betracht (§ 164 Abs. 1 S.1 BGB).
M hat eine eigene Willenserklärung im Namen der H/B/G-Bau-GmbH abgegeben. Problematisch ist jedoch die Vertretungsmacht.
Zunächst war die Erteilung der Prokura durch H an F wirksam. Zwar fordert § 46 Nr. 7 GmbHG für die Bestellung von Prokuristen die Zustimmung aller Gesellschafter, doch gilt diese Regelung nur im Innenverhältnis. Die Erteilung der Prokura selbst ist ein Rechtsakt im Außenverhältnis, der durch die Alleinvertretungsmacht des H nach §§ 35 Abs. 1 S. 1, 37 Abs. 2 S. 1 GmbHG gedeckt ist.
Allerdings ist die Übertragung der Prokura durch F an M unwirksam, weil eine Prokura nicht übertragbar ist (§ 52 Abs. 2 HGB). Damit ist M Vertreterin ohne Vertretungsmacht und die Gültigkeit des schwebend unwirksamen Vertrages hängt von der Genehmigung der H/B/C-Bau-GmbH ab (§ 177 Abs. 1 BGB). Da diese hier nach Lage der Dinge verweigert wird, ist der Vertrag zwischen der Kreissparkasse und der H/B/C-Bau-GmbH endgültig unwirksam.

Ergebnis: Der Anspruch auf Rückzahlung des Darlehens besteht nicht.

Anmerkung: Statt der H/B/C-Bau-GmbH schuldet M als Vertreterin ohne Vertretungsmacht die Darlehensrückzahlung (oder Schadensersatz) nach § 179 Abs. 1 BGB.

6.3.2 Die AG

6.3.2.1 Wesen und Gründung der AG

Begriff und Rechtsnatur der AG

Die AG ist wie die GmbH eine Gesellschaft mit **eigener** Rechtspersönlichkeit (§ 1 Abs. 1 S. 1 AktG). Sie ist ebenso körperschaftlich strukturiert und eine **juristische Person**. Sie gilt gemäß § 3 Abs. 1 AktG als Handelsgesellschaft i. S. d. HGB und ist demnach **Form-Kaufmann** (§ 6 Abs. 2 HGB).

Die AG ist im Vergleich zur GmbH die geeignetere Rechtsform für **Großunternehmen**, da bei ihr durch die Ausgabe vieler Geschäftsanteile (= Aktien) eine große Menge an **Kapital** aufgebracht werden kann. Ferner sind die Geschäftsanteile bei der AG leicht **veräußerlich**, sodass das einzelne Mitglied (= Aktionär) keine kaufmännischen Kompetenzen mitbringen muss (Kapitalanlage).

Die **Gründung** der AG erfolgt in den gleichen Schritten - Vorgründungsgesellschaft, Vorgesellschaft, juristische Person - wie bei einer GmbH. Hierzu oben 6.3.1.1.

6.3.2.2 Organe der AG

Die AG hat drei **Organe:** Vorstand, Hauptversammlung und Aufsichtsrat. Anders als bei der GmbH ist die Organisationsverfassung der AG **nicht dispositiv**, sodass ein Aufsichtsrat zwingend zu bilden ist. Auch von den Vorschriften über die **Zuständigkeiten** der Organe kann im Gesellschaftsvertrag (= Satzung) nur abgewichen werden, wenn es das Aktiengesetz ausdrücklich zulässt (§ 23 Abs. 5 S. 1 AktG).

- **Vorstand**

Vorstand als Hauptorgan der AG

Der **Vorstand** ist das **Hauptorgan** der AG. Er wird vom Aufsichtsrat (nicht von der Hauptversammlung) für höchstens **fünf Jahre** bestellt (§ 84 Abs. 1 S. 1 AktG). Der Aufsichtsrat kann die Bestellung des Vorstands auch **widerrufen**, wenn ein wichtiger Grund - etwa eine grobe Pflichtverletzung - vorliegt (§ 84 Abs. 3 AktG).

Anders als bei der GmbH liegen die zentralen **Kompetenzen** in einer AG beim Vorstand und nicht bei der Hauptversammlung. Der Vorstand **leitet** die AG unter eigener Verantwortung (§ 76 Abs. 1 AktG) und fungiert als gesetzlicher **Vertreter** der Gesellschaft (§ 78 Abs. 1 S. 1 AktG). Seine Vertretungsmacht ist gegenüber Dritten **unbeschränkt** (§ 82 Abs. 1 AktG). Bei mehreren Vorständen besteht **gemeinschaftliche** Geschäftsführungsbefugnis (§ 77 Abs. 1 S. 1 AktG) und **Gesamt-**

vertretung (§ 78 Abs. 2 S. 1 AktG), soweit die Satzung keine andere Bestimmung enthält. Bei Pflichtverletzungen **haftet** der Vorstand gegenüber der AG auf einen möglicherweise entstandenen Schaden (§ 93 Abs. 2 S. 1 AktG).

Zu den wichtigsten **Kompetenzen** des Vorstandes zählt die Durchführung von Beschlüssen der Hauptversammlung (§ 83 Abs. 2 AktG), die Berichterstattung an den Aufsichtsrat (§ 90 AktG) sowie die Führung der Handelsbücher (§ 91 AktG).

- **Hauptversammlung**

Kompetenzen der Hauptversammlung

In der **Hauptversammlung** üben die Aktionäre ihre gesellschaftlichen Rechte aus. Hierzu gehören nach § 119 Abs. 1 AktG **grundlegende** Entscheidungen wie die Bestellung der Mitglieder des Aufsichtsrates, die Verwendung des Bilanzgewinns, die Entlastung der Vorstands- und Aufsichtsratsmitglieder, Satzungsänderungen und die Auflösung der Gesellschaft.

Die Hauptversammlung wird gemäß § 121 Abs. 2 S. 1 AktG durch den Vorstand **einberufen**. Auf ihr hat der Aktionär ein **Auskunftsrecht** gegenüber dem Vorstand, soweit die Auskunft zur sachgemäßen Beurteilung des Gegenstandes der Tagesordnung erforderlich ist (§ 131 Abs. 1 S. 1 AktG).

Beschlüsse der Hauptversammlung bedürfen grundsätzlich der Mehrheit der abgegebenen Stimmen (§ 133 Abs. 1 AktG). Das **Stimmrecht** wird nach Aktiennennbeträgen, bei Stückaktien nach deren Zahl ausgeübt (§ 134 Abs. 1 S. 1 AktG). Die Übertragung des Stimmrechts auf einen **Bevollmächtigten** ist zulässig (§ 134 Abs. 3 S. 1 AktG).

Die von der Hauptversammlung gefassten Beschlüsse können rechtlich **fehlerhaft** sein. Bei einem schweren Rechtsverstoß - etwa einer Verletzung der guten Sitten (§ 241 Nr. 4 AktG) - ist der Beschluss **nichtig**. Bei einem weniger gravierenden Verstoß - z. B. bei einer Verletzung der Satzung (§ 243 Abs. 1 AktG) - ist der Beschluss nur **anfechtbar**. Dann muss ein betroffener Aktionär innerhalb eines Monats nach der Beschlussfassung **Klage** gegen die Gesellschaft erheben (§ 246 AktG), um den Beschluss gerichtlich aufheben zu lassen.

- **Aufsichtsrat**

Aufsichtsrat als Kontrollorgan der AG

Der **Aufsichtsrat** ist das **Kontrollorgan** der AG. Er hat personalpolitische Kompetenzen und muss bei wichtigen Rechtshandlungen der Gesellschaft seine Zustimmung erteilen. Die Mitglieder des Aufsichtsrats werden grundsätzlich von der Hauptversammlung **gewählt** (§ 101 Abs. 1 S. 1 AktG).

Der Aufsichtsrat bildet seinen Willen durch **Beschlussfassung** (§ 108 Abs. 1 AktG). Bei Pflichtverletzungen kommt eine **Haftung** gegenüber der AG in Betracht (§§ 116 S. 1, 93 AktG).

Zu den wesentlichen **Kompetenzen** des Aufsichtsrates zählen die Bestellung bzw. Abberufung des Vorstandes (§ 84 Abs. 1, 3 AktG) die Prüfung des Jahresabschlusses (§§ 170 ff. AktG) sowie die Bestimmung der Abschlussprüfer (§ 111 Abs. 2 AktG). Ferner **vertritt** der Aufsichtsrat die AG gegenüber dem Vorstand (§ 112 AktG).

6.3.2.3 Haftung

Haftung für Verbindlichkeiten der AG

Den Gläubigern gegenüber haftet für die Verbindlichkeiten der AG nur das **Gesellschaftsvermögen** (§ 1 Abs. 1 S. 2 AktG). Dieses ist vom **Grundkapital** der AG zu unterscheiden, welches den in der Satzung festgelegten Kapitalbetrag darstellt, den die Gründer durch die Übernahme von **Aktien** aufbringen müssen (vgl. § 1 Abs. 2 AktG). Das Mindestgrundkapital bei der AG beträgt 50.000,- € (§ 7 AktG). Den einzelnen Aktionär trifft eine **Einlagepflicht** bei der Gründung der AG (§§ 36 Abs. 2, 27 Abs. 1 AktG).

7. Zivilprozessrecht

7.1 Allgemeines

Im Zivilprozessrecht wird geregelt, wie privatrechtliche Ansprüche **gerichtlich durchgesetzt** werden können. Diese Aspekte sind in der Praxis mindestens ebenso wichtig wie das Entstehen von Ansprüchen.

Ziele des Zivilprozesses

Das zivilprozessuale Verfahren ist **zweigeteilt**. Zunächst muss der Gläubiger einen **Titel** gegen den Schuldner erstreiten. Dies erfolgt in einem gerichtlichen **Erkenntnisverfahren**. Danach muss der Gläubiger den Titel noch durchsetzen. Dies geschieht im Wege der **Zwangsvollstreckung**.

Handlungssituation (Fallbeispiel 29)

Handwerker Heinrich (H) aus Stuttgart hat beim Gustav (G) in Mannheim umfassende Renovierungsarbeiten vorgenommen. H wartet bereits seit vier Monaten auf die Begleichung der Rechnung über 8.000,- €. Da G auch nach mehreren Mahnungen nicht zahlt, überlegt sich H, gerichtliche Schritte einzuleiten.

Wie muss H dafür vorgehen? (Lösung Seite 162)

7.2 Erkenntnisverfahren

7.2.1 Gerichtliche Zuständigkeit

Aufbau des Gerichtswesens

Das Gerichtswesen in Deutschland ist in verschiedene **Rechtswege** aufgeteilt. Zur sog. **ordentlichen** Gerichtsbarkeit zählen die Zivil- und die Strafgerichte. Weitere Rechtswege sind z. B. die Verwaltungs- und die Arbeitsgerichtsbarkeit. Die Durchsetzung von privatrechtlichen Ansprüchen erfolgt also vor den Zivilgerichten als Teil der ordentlichen Gerichte. Diese sind in **Instanzen** untergliedert: Amtsgericht (AG), Landgericht (LG), Oberlandesgericht (OLG) und Bundesgerichtshof (BGH).

Die **sachliche** Gerichtszuständigkeit regelt, vor welchem Zivilgericht eine Klage zulässig erhoben werden kann. Gemäß § 23 Nr. 1 GVG sind die **Amtsgerichte** für Verfahren bis zu einem Streitwert von 5.000,– € zuständig, die Landgerichte für Prozesse darüber (§ 71 Abs. 1 GVG). Die **örtliche** Zuständigkeit legt hingegen fest, an welchem Ort eine Klage zu erheben ist. Nach §§ 12, 13 ZPO ist der allgemeine Gerichtsstand der Wohnort des **Beklagten**. Daneben gibt es noch besondere Gerichtsstände wie den Ort einer unerlaubten Handlung (§ 32 ZPO) oder den der Vertragserfüllung (§ 29 ZPO).

7.2.2 Klageerhebung und Klageerwiderung

Erhebung und Folgen der Klage

Bevor der Gläubiger eine Klage erhebt, muss er die Frage klären, ob er alleine klagen kann oder ob er hierfür einen **Rechtsanwalt** benötigt. Dies hängt davon ab, vor welchem Gericht geklagt wird. Während vor dem AG – mit Ausnahme der Familiengerichte (§ 114 FamFG) – eine Klage durch die **Partei** selbst möglich ist, herrscht vor dem LG, OLG und BGH **Anwaltszwang** (§ 78 Abs. 1 ZPO).

In seiner **Klageschrift** muss der Kläger den Beklagten benennen, den geltend gemachten Anspruch genau bezeichnen und einen konkreten **Antrag** stellen (§ 253 Abs. 2 ZPO). Mit der Klageerhebung wird der **Streitgegenstand** des Prozesses festgelegt. Dies ist wichtig, weil das Gericht nur hierüber entscheiden und dem Kläger nichts zusprechen darf, was er nicht beantragt hat (§ 308 Abs. 1 ZPO).

Nachdem die Klage bei Gericht eingegangen ist, stellt es diese dem Beklagten förmlich zu (§ 253 Abs. 1 ZPO). Das führt zur sog. **Rechtshängigkeit** der Streitsache (§ 261 Abs. 1 ZPO). Diese hat zur Folge, dass der gleiche Streitgegenstand von keiner Partei anderweitig rechtshängig gemacht werden kann und die Zuständigkeit des Prozessgerichts durch eine Veränderung der sie begründenden Umstände nicht berührt wird (§ 261 Abs. 3 ZPO). So wird gewährleistet, dass alleine das angerufene Gericht über die Klage entscheidet.

Nach Zustellung der Klageschrift kann der Beklagte in einer **Klageerwiderung** zu dem geltend gemachten Anspruch des Klägers Stellung nehmen. Hierbei sollte er sich auf **streitentscheidende** Aspekte beschränken, denn nur diese sind für das spätere Gerichtsurteil von Bedeutung.

7.2.3 Das weitere gerichtliche Verfahren

Güte- und Hauptverhandlung

Nach der schriftlichen Vorbereitung des Verfahrens treffen die Parteien vor Gericht aufeinander. Zunächst bemüht sich der Richter in einer **Güteverhandlung** um eine einvernehmliche Beilegung des Rechtsstreits (§ 278 Abs. 2 ZPO). Wenn dies nicht gelingt, kommt es zur streitigen **mündlichen Verhandlung**. In dieser stellen die Parteien zunächst ihre **Anträge** (§ 137 ZPO). Anschließend bekommen sie Gelegenheit, den Fall aus ihrer Perspektive darzustellen (rechtliches Gehör, Art. 103 Abs. 2 GG). Hierbei müssen sie ihre Erklärungen über tatsächliche Umstände vollständig und der **Wahrheit** gemäß abgeben (§ 138 Abs. 1 ZPO). Ein verspäteter Vortrag kann vom Gericht evtl. **zurückgewiesen** werden (Prozessbeschleunigung, § 296 ZPO).

In der mündlichen Verhandlung stellt sich i. d. R. heraus, welche streitentscheidenden Tatsachen zwischen den Parteien umstritten sind. Dann muss das Gericht in die **Beweisaufnahme** eintreten (§§ 355ff. ZPO). Als **Beweismittel** kommen Zeugen, Sachverständige, Urkunden, Augenschein sowie die Parteien selbst in Betracht. Das Gericht hat die Beweise für seine Entscheidung anschließend **frei** zu **würdigen** (§ 286 ZPO).

7.2.4 Das Urteil

Entscheidung durch gerichtliches Urteil

Nach Beendigung der mündlichen Verhandlung muss das Gericht über die Klage **entscheiden**. Dies erfolgt i.d.R. durch die Verkündung eines **Urteils** (§§ 300 Abs. 1, 310 Abs. 1 ZPO). In diesem kommt eine Verurteilung des Beklagten gemäß dem Klageantrag des Klägers, eine Teilverurteilung des Beklagten bei Abweisung der Klage im Übrigen sowie eine Komplettabweisung der Klage in Betracht.

Der Klage ist stattzugeben, wenn sie zulässig und (voll) begründet ist. Im Rahmen der **Zulässigkeit** prüft das Gericht v. a. seine Zuständigkeit, ob die Klage ordnungsgemäß erhoben wurde und ob die Beteiligten partei- und prozessfähig (§§ 50ff. ZPO) sind. Die Klage ist **begründet**, wenn sie sich gegen den richtigen Beklagten richtet und die Tatsachen, die der gerichtlichen Entscheidung zugrunde zu legen sind, den Klageantrag inhaltlich rechtfertigen. Hierfür bedarf es einer eingehenden **materiellrechtlichen** Prüfung des geltend gemachten Anspruchs.

Aufbau und Elemente des Urteils

Das gerichtliche Urteil besteht aus vier **Teilen** (vgl. § 313 ZPO): Rubrum, Tenor, Tatbestand und Entscheidungsgründe. Das **Rubrum** enthält die Eckdaten des Verfahrens (Bezeichnung der Parteien, des Gerichts etc.). Der **Tenor** stellt die Entscheidungsformel dar und muss einen vollstreckungsfähigen Inhalt haben. Im **Tatbestand** werden der zu entscheidende Sachverhalt sowie die gestellten Anträge der Parteien geschildert. In den **Entscheidungsgründen** folgt schließlich die rechtliche Würdigung des Falles.

In seinem Urteil entscheidet das Gericht auch, wer die **Kosten** des Rechtsstreits zu tragen hat (§ 308 Abs. 2 ZPO). Hierbei gilt nach §§ 91, 92 ZPO der Grundsatz, dass jede Partei die Verfahrenskosten - auch die des Gegners - insoweit zu tragen hat, als sie den Prozess verloren hat (sog. **Unterliegensprinzip**). Zu diesen Kosten zählen die **Gerichtsgebühren** nach dem Gerichtskostengesetz (GKG) und die **Rechtsanwaltsgebühren** nach dem Rechtsanwaltsvergütungsgesetz (RVG). Die **Höhe** der Gebühren hängt vom Streitwert und - wenngleich pauschaliert - von den Tätigkeiten des Gerichts sowie der Rechtsanwälte ab.

7.2.5 Der Prozessvergleich

Verfahrensbeendigung durch Prozessvergleich

In der **Praxis** endet bei Weitem nicht jeder Zivilprozess mit einem Urteil. Das liegt v. a. daran, dass ein bis zum Ende ausgetragenes Gerichtsverfahren eine Menge Zeit, Geld und Nerven kostet. Ferner kann sich bis zum Urteil keine Partei wirklich sicher sein, den Gerichtssaal als Sieger zu verlassen. Und selbst im Falle des Obsiegens besteht das Risiko, dass der Unterlegene ein Rechtsmittel (Berufung, Revision) gegen die Entscheidung einlegt und diese letztlich doch noch aufgehoben wird. Vor diesem Hintergrund spielt der sog. **Prozessvergleich** eine große Rolle.

Durch den Abschluss eines Prozessvergleichs beenden die Parteien das Verfahren **gütlich** und machen damit ein gerichtliches Urteil überflüssig. Der Vergleich hat dabei den **Vorteil**, dass sich beide Parteien ein Stück weit als Sieger fühlen können. Ferner werden Rechtsunsicherheiten endgültig ausgeräumt, da es gegen einen Vergleich kein Rechtsmittel gibt. Schließlich verringern sich auch noch die Gerichtsgebühren, weil der Richter kein Urteil fällen muss (dafür erhält der Rechtsanwalt eine zusätzliche Einigungsgebühr).

Der Prozessvergleich steht in seinen Rechtswirkungen dem gerichtlichen Urteil grundsätzlich in nichts nach. Insbesondere dient er ebenso wie das Urteil (§ 704 ZPO) als **Vollstreckungstitel** (§ 794 Abs. 1 Nr. 1 ZPO). Ferner kann auch nach Abschluss eines Prozessvergleichs kein weiterer Prozess mehr über den gleichen Streitgegenstand geführt werden (Rechtsfrieden).

7.2.6 Das Mahnverfahren

Mahnverfahren als beschleunigte Verfahrensart

Das Klageverfahren ist das Leitbild des Zivilprozesses. Es ist allerdings - wie ausgeführt - zeitaufwendig und kostenintensiv. Vor diesem Hintergrund spielt in der Praxis das **Mahnverfahren** (§§ 688 ff. ZPO) eine große Rolle, das im Idealfall schneller und günstiger durchgeführt wird und ebenso wie das Klageverfahren mit einem Vollstreckungstitel endet.

Voraussetzung für die Einleitung eines Mahnverfahrens ist eine **Geldforderung** (§ 688 Abs. 1 ZPO). Damit kommt dieses Verfahren v. a. bei Zahlungsansprüchen in Betracht.

Das Mahnverfahren ist stark **automatisiert** und **formalisiert**. Es wird stets durch die **Amtsgerichte** betrieben (§ 689 Abs. 1 ZPO), wobei landesrechtlich zentrale Zuständigkeiten begründet werden können (§ 689 Abs. 3 ZPO). Funktionell ist der **Rechtspfleger** (und nicht der Richter) zuständig (§ 20 Nr. 1 RPflG). Der Antragsteller muss sich für seinen Antrag auf Erlass eines Mahnbescheids bestimmter **Formulare** bedienen (§ 703c ZPO). Auf Basis eines ordnungsgemäßen Antrags ergeht dann ohne inhaltliche Prüfung des Anspruchs ein gerichtlicher **Mahnbescheid**.

Soweit der Antragsgegner gegen den Mahnbescheid keinen **Widerspruch** (§ 694 Abs. 1 ZPO) einlegt, erlässt das Gericht auf weiteren Antrag des Gläubigers einen **Vollstreckungsbescheid** (§ 699 ZPO). Wenn der Antragsgegner innerhalb von zwei Wochen gegen diesen auch keinen **Einspruch** erhebt (§§ 700 Abs. 1, 338, 339 Abs. 1 ZPO), erlangt der Gläubiger einen **Titel**, mit dem er die Zwangsvollstreckung gegen den Schuldner betreiben kann (§ 794 Abs. 1 Nr. 4 ZPO). Legt der Antragsgegner hingegen Widerspruch gegen den Mahnbescheid oder Einspruch gegen den Vollstreckungsbescheid ein, so wird das Mahnverfahren in einen **normalen** Zivilprozess übergeleitet (§§ 696 Abs. 1, 700 Abs. 3 ZPO). Dann sind die Vorteile des Mahnverfahrens (Zeit- und Kostenersparnis) hinfällig geworden.

Lösung zur Handlungssituation (Fallbeispiel 29)

H könnte den G verklagen oder ein Mahnverfahren gegen ihn einleiten.

Vor einer Klageerhebung muss sich H zunächst überlegen, ob er einen Rechtsanwalt einschalten muss. Da seine Forderung 8.000,- € beträgt, ist für den Zivilprozess gegen G das LG sachlich zuständig (§§ 23 Nr. 1, 71 Abs. 1 GVG). Vor diesem herrscht Anwaltszwang (§ 78 Abs. 1 ZPO). Deshalb muss H für die Erhebung der Klage einen Rechtsanwalt beauftragen.

Der Rechtsanwalt prüft sodann, welches Gericht für die Klage örtlich zuständig ist. Der allgemeine Gerichtsstand ist der Wohnort des Beklagten (§§ 12, 13 ZPO). Damit muss H den G vor dem LG Mannheim verklagen.

In seiner Klageschrift muss der Anwalt des H einen konkreten Antrag stellen und die geltend gemachte Forderung möglichst genau begründen (§ 253 Abs. 2 ZPO). Wenn der G keine Einwendungen gegen den Anspruch geltend machen kann, wird H den Prozess - soweit kein Vergleich abgeschlossen wird - gewinnen. Mit dem gerichtlichen Urteil erhält H dann einen Titel, mit dem er die Zwangsvollstreckung gegen G betreiben kann.

Da es sich bei dem Anspruch des H gegen G um eine Geldforderung handelt, kommt auch die Einleitung eines Mahnverfahrens (§ 688 ff. ZPO) in Betracht. Dieses hat den Vorteil, dass H hierfür keinen Anwalt braucht. Sollte G dem gerichtlichen Mahnbescheid allerdings widersprechen, wird der Fall in einen normalen Zivilprozess übergeleitet.

7.3 Zwangsvollstreckung

7.3.1 Allgemeine Vollstreckungsvoraussetzungen

Zwangsvollstreckung als hoheitliche Maßnahme

Auch wenn der Gläubiger einen **Titel** gegen den Schuldner hat, ist seine Forderung noch nicht beglichen. Zur Durchsetzung des Titels muss er vielmehr - wenn der Schuldner nicht freiwillig leistet - die **Zwangsvollstreckung** einleiten. Diese wird durch **staatliche** Organe im Auftrag des Gläubigers (§ 753 ZPO) durchgeführt. So wird verhindert, dass ein Gläubiger Selbstjustiz verübt und seinen Anspruch gegen den Schuldner mit Gewalt durchsetzt (Rechtsstaatsprinzip).

Titel, Klausel, Zustellung

Für eine zulässige Zwangsvollstreckung müssen zunächst die **allgemeinen** Vollstreckungsvoraussetzungen vorliegen. Diese sind: Titel, Klausel und Zustellung. Die wichtigsten **Titel** sind - wie gezeigt - gerichtliche Urteile, Prozessvergleiche und Vollstreckungsbescheide. Die Erteilung einer **Klausel** auf dem Titel (§§ 724 ff. ZPO) bezeugt dessen Vollstreckungsreife und schützt den Schuldner so vor einer mehrfachen Inanspruchnahme. Die **Zustellung** des Titels (§ 750 ZPO) garantiert, dass der Schuldner über den Grund der Zwangsvollstreckung auch sicher informiert wird.

7.3.2 Besondere Vollstreckungsvoraussetzungen

7.3.2.1 Einteilung

Arten der Zwangsvollstreckung

Je nach Art der Zwangsvollstreckung müssen neben den allgemeinen noch **besondere** Vollstreckungsvoraussetzungen gegeben sein. Hierbei ist maßgeblich, was für eine Art von Anspruch vollstreckt wird (Geldforderung oder anderer Anspruch) und in welche **Vermögensgegenstände** des Schuldners (bewegliches oder unbewegliches Vermögen) die Zwangsvollstreckung erfolgt (Kurzformel: **„Wegen was, in was?“**).

Handlungssituation (Fallbeispiel 30)

Handwerker Heinrich (H) hat gegen Gustav (G) ein Urteil erstritten, wonach G dem H 8.000,- € bezahlen muss. H weiß, dass G ein wertvolles Gemälde in seiner Wohnung hängen hat und beim Autohändler Arndt (A) arbeitet.

Wie kann H die Zwangsvollstreckung gegen G betreiben? (Lösung Seite 165)

7.3.2.2 Zwangsvollstreckung bei Geldforderungen

Im Normalfall wird eine **Geldforderung** des Gläubigers gegen den Schuldner vollstreckt. Für den Vollstreckungszugriff kommen dann sowohl das **bewegliche** (körperliche Sachen, Forderungen) als auch das **unbewegliche** Vermögen (Grundstücke und Gegenstände, auf die sich das Grundstück rechtlich bezieht) des Schuldners in Betracht. Damit der Gläubiger möglichst in die richtigen Gegenstände vollstreckt, ist der Schuldner verpflichtet, eine **Vermögensauskunft** abzugeben (§ 802c ZPO).

Pfändung und Versteigerung von körperlichen Sachen

Soweit die Zwangsvollstreckung in **körperliche** Sachen erfolgt, ist der **Gerichtsvollzieher** das zuständige Vollstreckungsorgan (§ 802a Abs. 2 Nr. 4 ZPO). Dieser **pfändet** die Gegenstände beim Schuldner (§ 803 Abs. 1 ZPO), indem er sie in **Besitz** nimmt (§ 808 Abs. 1 ZPO) oder mit einem **Pfandsiegel** („Kuckuck“) versieht (§ 808 Abs. 2 ZPO). Danach werden die gepfändeten Sachen öffentlich **versteigert**. Von dem **Erlös**, den der Ersteigerer dem Gerichtsvollzieher bezahlt, wird nach Abzug der Vollstreckungskosten die Forderung des Gläubigers befriedigt (§§ 814 ff. ZPO).

Pfändungs- und Überweisungsbeschluss bei Forderungen

Häufig sind beim Schuldner allerdings **keine** pfändbaren (körperlichen) Sachen vorhanden. Insbesondere unterliegen Gegenstände, die dem persönlichen Gebrauch des Schuldners dienen (z.B. Kleidung, Bett), dem **Pfändungsschutz** (§ 811 Abs. 1 Nr. 1 ZPO). Dann bietet es sich für den Gläubiger an, in **Forderungen** zu vollstrecken, die dem Schuldner gegenüber einem Dritten, dem sog. Drittschuldner, zustehen. Diese Art der Zwangsvollstreckung wird durch das **Amtsgericht** als **Vollstreckungsgericht** durchgeführt (§§ 828 Abs. 1, 764 Abs. 1 ZPO). Dieses erlässt einen sog. **Pfändungs- und Überweisungsbeschluss** (§§ 829, 835 ZPO), der zur Folge hat, dass der Drittschuldner nicht mehr an den Schuldner, sondern an den Gläubiger zahlen muss. Allerdings gibt es auch hier einen weitreichenden Pfändungsschutz - insbesondere für **Arbeitseinkünfte** des Schuldners (§§ 850a ff. ZPO).

Zwangsversteigerung und Zwangsverwaltung bei Grundstücken

Soweit der Gläubiger zur Zwangsvollstreckung auf ein **Grundstück** des Schuldners zugreifen kann, kommt eine Zwangsversteigerung oder Zwangsverwaltung nach dem Zwangsversteigerungsgesetz (ZVG) in Betracht (§ 869 ZPO). Bei der **Zwangsversteigerung** wird das Grundstück des Schuldners durch das Amtsgericht als Vollstreckungsgericht dem höchstbietenden Ersteigerer zugeschlagen und der Gläubiger aus dem Erlös befriedigt (§§ 15 ff. ZVG). Durch die **Zwangsverwaltung** werden hingegen Pacht- oder Mieteinnahmen aus dem Grundstück dem Gläubiger überwiesen, bis seine Forderung erfüllt ist (§§ 146 ff. ZVG).

7.3.2.3 Zwangsvollstreckung bei Nichtgeldforderungen

Zwangsvollstreckung bei anderen als Geldforderungen

Die Zwangsvollstreckung anderer Ansprüche als Geldforderungen erfolgt nach §§ 883 ff. ZPO. Bei **Herausgabetiteln** nimmt der Gerichtsvollzieher dem Schuldner die herauszugebende Sache - z.B. ein Auto - weg und übergibt sie dem Gläubiger (§ 883 ZPO). Bei der Zwangsvollstreckung einer **vertretbaren** Handlung - z.B. einer Reparaturleistung - wird die Ersatzvornahme durch einen Dritten auf Kosten des Schuldners eingeleitet (§ 887 ZPO). Die Vollstreckung einer **unvertretbaren** Handlung - etwa einer Auskunftserteilung - erfolgt durch Festsetzung von Zwangsgeld oder Zwangshaft gegen den Schuldner (§ 888 ZPO). Bei einem **Unterlassungstitel** - z.B. hinsichtlich einer unzulässigen Werbemaßnahme eines Konkurrenten - wird nach entsprechender Androhung Ordnungsgeld oder Ordnungshaft angeordnet (§ 890 ZPO).

Lösung zur Handlungssituation (Fallbeispiel 30)

Die Zwangsvollstreckung durch H setzt zunächst voraus, dass der Titel - also das gerichtliche Urteil - dem G zugestellt wird (§ 750 ZPO). Ferner muss das Urteil eine Vollstreckungsklausel enthalten (§ 724 ZPO).

Sodann muss H die staatlichen Vollstreckungsorgane mit der Durchführung der Zwangsvollstreckung beauftragen (§ 753 ZPO). Da es sich hier um die Vollstreckung einer Geldforderung handelt, kommt hinsichtlich des Gemäldes des G eine Pfändung und Versteigerung durch den Gerichtsvollzieher in Betracht (§§ 808 ff. ZPO). Von dem Erlös wird die Forderung des H dann befriedigt.

Da G offenbar über ein Arbeitseinkommen verfügt, kommt auch die Pfändung seiner Lohnansprüche gegen A in Frage. Zuständig ist hierfür das AG als Vollstreckungsgericht, das einen Pfändungs- und Überweisungsbeschluss (§§ 829 ff. ZPO) zugunsten des H erlassen muss. Dann kann H die Lohnansprüche des G gegen A - im Rahmen der Pfändungsfreigrenzen (§§ 850a ff. ZPO) - zur Befriedigung seiner Forderung einziehen.

7.4 Insolvenz des Schuldners

Ziele des Insolvenzverfahrens

Die Zwangsvollstreckung ist ausgeschlossen, wenn gegen den Schuldner ein **Insolvenzverfahren** eröffnet worden ist (§ 89 Abs. 1 InsO). Denn dann bilden die Gläubiger eine Art Schicksalsgemeinschaft, was einem Vollstreckungszugriff durch einzelne Gläubiger nach dem „Windhundprinzip“ der ZPO entgegensteht. Ziel des Insolvenzverfahrens ist vielmehr die **gemeinschaftliche** Befriedigung aller Gläubiger (§ 1 S. 1 InsO).

Voraussetzung für die Eröffnung eines Insolvenzverfahrens ist zunächst die Stellung eines entsprechenden **Antrags**. Berechtigt hierzu sind die Gläubiger des Schuldners und der Schuldner selbst (§ 13 InsO). Ein Gläubiger braucht für seinen Antrag aber ein rechtliches Interesse (§ 14 InsO). Bei **juristischen** Personen besteht in bestimmten Fällen überdies eine **Antragspflicht** (§ 15a Abs. 1 InsO). Wird diese verletzt, machen sich die Mitglieder des Vertretungsorgans wegen **Insolvenzverschleppung** gegebenenfalls strafbar (§ 15a Abs. 4, 5 InsO).

Eröffnungsgründe

Ein Insolvenzverfahren wird nur eröffnet, wenn ein **Eröffnungsgrund** vorliegt (§ 16 InsO). **Allgemeiner** Eröffnungsgrund ist die **Zahlungsunfähigkeit** (§ 17 Abs. 1 InsO). Diese liegt vor, wenn der Schuldner nicht in der Lage ist, die fälligen Zahlungspflichten zu erfüllen (§ 17 Abs. 2 S. 1 InsO). Wenn der **Schuldner** den Antrag stellt, genügt auch bereits die **drohende** Zahlungsunfähigkeit (§ 18 Abs. 1 InsO). Diese ist gegeben, wenn der Schuldner voraussichtlich nicht in der Lage sein wird, die bestehenden Zahlungspflichten im Zeitpunkt der Fälligkeit zu erfüllen. Hierbei ist in der Regel ein Prognosezeitraum von 24 Monaten zugrunde zu legen (§ 18 Abs. 2 InsO). Bei **juristischen** Personen ist die **Überschuldung** ein weiterer Eröffnungsgrund (§ 19 Abs. 1 InsO). Diese setzt voraus, dass das Vermögen des Schuldners die bestehenden Verbindlichkeiten nicht mehr deckt, es sei denn, die Fortführung des Unternehmens in den nächsten zwölf Monaten ist nach den Umständen überwiegend wahrscheinlich (§ 19 Abs. 2 S. 1 InsO).

Schließlich darf für die Eröffnung des Insolvenzverfahrens kein Zurückweisungsgrund vorliegen. Der Antrag wird **zurückgewiesen**, wenn das Vermögen des Schuldners voraussichtlich nicht ausreichen wird, die Kosten des Verfahrens zu decken (§ 26 Abs. 1 S. 1 InsO). Etwas anderes gilt allerdings bei einem **Kostenvorschuss** (z. B. eines Gläubigers) oder der **Kostenstundung** durch das Insolvenzgericht (§ 26 Abs. 1 S. 2 InsO).

Ablauf des Insolvenzverfahrens

Wenn das Amtsgericht als **Insolvenzgericht** (§ 2 InsO) das Insolvenzverfahren eröffnet, ernennt es zunächst einen **Insolvenzverwalter** (§ 27 Abs. 1 InsO). Dies kann jede geeignete, insbesondere geschäftskundige und von den Gläubigern und dem Schuldner unabhängige natürliche Person - z. B. ein Rechtsanwalt oder Wirtschaftsprüfer - sein (§ 56 InsO).

Der Insolvenzverwalter verwaltet und verwertet die **Insolvenzmasse** des Schuldners (§§ 148 ff. InsO). Parallel dazu stellt er die **Forderungen** der Insolvenzgläubiger fest und trägt sie in die sog. **Insolvenztabelle** ein (§§ 174 ff. InsO). Anschließend wird auf der Grundlage eines **Verteilungsverzeichnisses** die Insolvenzmasse an die Gläubiger ausbezahlt (§§ 187 ff. InsO). Dabei erhalten diese in der Praxis aber oft nur einen geringen Anteil ihrer Forderungen (sog. **Insolvenzquote**).

Falls das Insolvenzverfahren **nicht** eröffnet wird, muss jeder Gläubiger weiterhin **selbst** versuchen, seine Ansprüche gegen den Schuldner - ggf. mit den Mitteln der Zwangsvollstreckung - durchzusetzen. Ein solches Vorgehen hat allerdings (aus naheliegenden Gründen) nur wenig Aussicht auf Erfolg.

II. Arbeitsrecht

Verf.: Reinhard Ens

1. Grundlagen des Arbeitsrechts

Handlungssituation (Fallbeispiel)

Am 23. Dezember, dem letzten Arbeitstag vor den bis 6. Januar festgelegten Betriebsferien, findet die Weihnachtsfeier im Handwerksbetrieb der Firma Elektro-Schock statt. Nachdem der Geselle Rüpel sich mit zwei Gläsern Wein Mut angetrunken hat, erklärt er vor versammelter Mannschaft, bevor er die Feier verlässt, zu Frau Schock, der Ehefrau des Inhabers, sie sei unerträglich, sie habe ihm in der Vergangenheit den Lohn noch nie richtig abgerechnet, und: „Fröhliche Weihnachten, du Zicke!" Als Rüpel am 7. Januar wieder zur Arbeit kommt, empfängt ihn der Inhaber Herr Schock mit folgenden Worten: „Es ist unerträglich, mit Ihnen zusammenzuarbeiten: Sie haben meine Frau übel beschimpft. Gehen Sie sofort! Ich will Sie hier nicht mehr sehen!"

Fragen

1. Wie ist rechtlich die Erklärung des Inhabers Schock zu bewerten?
2. Hat Schock einen Grund für eine Kündigung?
3. Ist eine Kündigung am 7. Januar rechtswirksam?

Antworten

1. Mit den Worten „... unerträgliche Zusammenarbeit ...", „ ... gehen Sie sofort ..." und „... ich will Sie hier nicht mehr sehen ..." bringt Schock den Willen zum Ausdruck, das Arbeitsverhältnis mit Rüpel einseitig zu beenden. Diese Äußerungen insgesamt sind daher als Kündigungserklärung zu bewerten.

2. „Gehen Sie sofort" bringt den Willen einer fristlosen Kündigung zum Ausdruck. Für eine fristlose Kündigung hat das Gesetz in § 626 BGB zu beachtende Voraussetzungen aufgestellt. Die erste Voraussetzung ist gem. § 626 Abs. 1 BGB das Vorhandensein eines sogenannten „wichtigen Grundes". Die Beleidigungen der Ehefrau des Inhabers mit „unerträglich" und „Du Zicke" stellen einen solchen wichtigen Grund dar.

3. Die Kündigung am 7. Januar ist aus zwei Gründen unwirksam: Zum einen kann ein Arbeitsverhältnis gem. § 623 BGB nur schriftlich beendet/gekündigt werden. Die mündliche Kündigung ist schon alleine deshalb rechtsunwirksam. Zum anderen kann eine außerordentliche Kündigung gem.

§ 626 Abs. 2 BGB nur innerhalb einer Frist von 2 Wochen ab Kenntnis des wichtigen Grundes erfolgen. Da vom 23.12. bis 07.01. jedoch fünfzehn Kalendertage liegen, ist die außerordentliche Kündigung verfristet.

1.1 Einführung

Unsere Rechtsordnung ist geprägt von den gesellschaftlichen und wirtschaftlichen Verhältnissen. Gesetze stellen dabei Regelungsnormen dar, die der Konfliktbeseitigung, der Lösung von Interessengegensätzen, der Sicherung von Ansprüchen und der Beschreibung von Rechten und Pflichten dienen. Von folgenden Grundsätzen, die auch für das Arbeitsrecht gelten, ist auszugehen:

Der gesellschaftliche, demokratische Konsens hat in der Verfassung allgemeine Normen, d.h. Regeln, festgelegt, die dem Rechtssystem die grundsätzlichen, demokratischen, humanen Zielsetzungen geben. Gesetze wie auch staatliches und gesellschaftliches Verhalten haben den Grundrechten zu entsprechen, müssen also „verfassungskonform" sein. Auch das Arbeitsrecht hat dem zu entsprechen.

Was den Zugang zum Arbeitsrecht zunächst ein wenig erschwert, sind die gesetzlichen Grundlagen, die in einer Vielzahl von Gesetzen zu finden sind. Seit Jahrzehnten besteht das (politisch) bislang erfolglose Bestreben, ein einheitliches „Arbeitsgesetzbuch" ähnlich dem Bürgerlichen Gesetzbuch (BGB) zu schaffen. Eine Gesetzgebungsmehrheit hat sich dafür (noch) nicht gefunden. Damit der Zugang gleichwohl erleichtert und plausibler wird, richten wir kurz das Augenmerk auf die Entwicklung des Rechts der Arbeitsverhältnisse.

Arbeitsrecht ist Zivilrecht, hat also mit Straf- und Verwaltungsrecht nichts zu tun, auch wenn es Berührungen mit diesen Rechtsräumen gibt, wie z. B. Regelungen über die Strafbarkeit eines gegen das Arbeitszeitgesetz gerichteten Verhaltens oder die verwaltungsrechtliche Betreuung schwerbehinderter Menschen durch u. a. das Integrationsamt bzw. von Schwangeren durch die Mutterschutzbehörde. Arbeitsrecht ist „Bürgerliches Recht" und hat demzufolge seine grundlegenden Regelungen im Bürgerlichen Gesetzbuch, dem **BGB**.

Mit Inkrafttreten des BGB am 1. Januar 1900 waren auch die Gedanken der Freiheit und Gleichheit Gesetz geworden: Jedermann sollte in freier Gestaltung mit jedermann Kauf-, Miet-, Pacht- und auch Dienstverträge schließen können. Gerade im Bereich der Arbeit jedoch erwies die sozialen Wirklichkeit der aufkommenden Industriegesellschaft, dass die Notwendigkeit, zu leben und z.B. eine Familie zu ernähren, Zwang auf die Arbeitssuchenden ausübte, sodass sie bei Eingehung eines Dienst- oder Arbeitsverhältnisses gegenüber dem wirtschaftlich Stärkeren nicht

„frei", d. h. nicht in der Lage waren, vertragliche Inhalte zu gestalten. Unter anderem ein 10-Stunden-Tag, Kinderarbeit auch unter Tage waren „üblich", weshalb die erblühte Sozialdemokratie und die Gewerkschaften um Verbesserungen der Lage der abhängig arbeitenden Menschen rangen. Erste Tarifverträge suchten nach Besserstellung und Fürsorge, erste Gesetze übernahmen als allgemein geltende Regeln den notwendigen Schutz vor Ausbeutung. So ist zu erklären, dass neben den für das Arbeitsrecht geltenden Regelungen in den §§ 611 ff BGB über den Dienstvertrag (= Arbeitsvertrag) weitere Gesetze im Laufe der Zeit nach und nach kodifiziert wurden, um Höchstarbeitszeiten je Arbeitstag oder Mindesturlaub je Kalenderjahr und anderes sicherzustellen.

Dieser (sehr kurze) Ausflug macht deutlich, dass sich Arbeitsrecht als Arbeitnehmerschutzrecht entwickelt hat und seine Rechtsquellen in unterschiedlichen Rechtsräumen zu finden sind. Die Bedingungen des Arbeitsverhältnisses werden nicht nur durch die Arbeitsgesetze, sondern auch durch Tarifverträge und Betriebsvereinbarungen (kollektives Arbeitsrecht), durch individuelle Verträge und durch die Verfassung geprägt.

Handlungssituation (Fallbeispiel)

Eine Druckerei stellt Kalender und sogenannte „Landserheftchen" her. Ein seit Jahren in der Abteilung „Kalender" beschäftigter Drucker wird vom Arbeitgeber angewiesen, künftig Landserheftchen zu drucken. Unter Berufung darauf, dass er anerkannter Kriegsdienstverweigerer und Pazifist sei, verweigert der Drucker die angewiesene Tätigkeit. Wegen der ihm deswegen erteilten Abmahnung erhebt er Klage - mit Erfolg?

Antwort:

Obwohl die Zuweisung des Druckauftrages vom **Direktionsrecht** des Arbeitgebers getragen und nicht gegen den **Arbeitsvertrag** gerichtet ist, obwohl ein Verstoß gegen ein **Gesetz** nicht gegeben ist und ein **Tarifvertrag** nicht entgegensteht, ist die Anweisung rechtswidrig, da die **Verfassung** gem. den Art. 1, 2 und 4 Abs. 3 GG gebietet, auf die weltanschauliche, politische Auffassung des Druckers Rücksicht zu nehmen, zumal sein Einsatz im „Kalenderbereich" weiterhin möglich ist. Die auf Entfernung der Abmahnung aus der Personalakte gerichtete Klage hat Erfolg.

1.2 Die Verfassung

Das Grundgesetz für die Bundesrepublik Deutschland (GG) beschreibt in den Art. 1 bis 20 GG die „Grundrechte“. Diese prägen auch das Arbeitsrecht. So ist nach den Art. 1 und 2 die „Würde des Menschen unantastbar“ **(Art. 1 GG)** und normiert, dass „jeder das Recht auf die freie Entfaltung seiner Persönlichkeit“ sowie das „Recht auf Leben und körperliche Unversehrtheit“ hat **(Art. 2 GG)**. Anmerkung: Nach einer Veröffentlichung der Organisation Walk Free leben weltweit ca. 30 Millionen Menschen in „vollkommener Beherrschung zum Zwecke wirtschaftlicher Ausbeutung“, also als Sklaven, was nach den Grundrechtsnormen der Art. 1 und 2 GG ausgeschlossen ist.

Grundgesetz

Nach **Art. 3 GG** sind „alle Menschen vor dem Gesetz gleich“ (Abs. 1). Für gerade das Arbeitsrecht regelt Art. 3 Abs. 2 GG, dass Männer und Frauen gleichberechtigt sind und es Aufgabe des Staates ist, die Durchsetzung dieser Gleichberechtigung zu fördern und auf die Beseitigung bestehender Nachteile hinzuwirken („Gleicher Lohn für gleiche Arbeit“). In Fortschreibung des Gleichheitsgebotes bestimmt Art. 3 Abs. 3 GG, dass niemand wegen seines Geschlechtes, seiner Abstammung, seiner Rasse, seiner Sprache, seiner Heimat und Herkunft, seines Glaubens, seiner religiösen oder politischen Anschauung benachteiligt oder bevorzugt werden darf und eine Benachteiligung wegen Behinderung auszuschließen ist.

Nach den **Art. 4 und 5 GG** werden die Freiheit des Glaubens, des Gewissens und der religiösen und weltanschaulichen Bekenntnisse geschützt, und jedermann wird das Recht garantiert, seine Meinung in „Wort, Schrift und Bild“ frei zu äußern, was nur durch „das allgemeine Gesetz“ (z. B. Schutz vor Beleidigungen im Strafgesetzbuch) beschränkt werden kann.

Art. 6 GG bestimmt neben dem „besonderen Schutz“ der staatlichen Ordnung für Ehe und Familie in Abs. 4 den Anspruch jeder Mutter auf Schutz und Fürsorge der Gemeinschaft - eine Grundrechtsnorm, die arbeitsrechtlich für das Mutterschutzgesetz Grundlage ist.

In **Art. 9 Abs. 3 GG** ist „das Recht, zur Wahrung und Förderung der Arbeits- und Wirtschaftsbedingungen Vereinigungen zu bilden, ( ) für jedermann und für alle Berufe gewährleistet“. Diese Norm ist das kollektiv-rechtliche Grundrecht der Koalitionsfreiheit, der Betätigung von Gewerkschaften und Arbeitgeberverbänden, deren „Tarifautonomie“ ausdrücklich geschützt ist: Der Staat darf nicht inhaltlich in tarifliche Regelungen oder in Auseinandersetzungen um Tarifverträge z. B. durch Maßnahmen des Arbeitskampfes (Streik und Aussperrung) eingreifen. Dieser Norm entspricht auf individual-rechtlicher Ebene **Art. 12 GG**, wonach alle Deutschen (gemeint ist: alle Bürger der Bundesrepublik) das Recht haben, „Beruf, Arbeitsplatz und Ausbildungsstätte frei zu wählen“. „Zwangsarbeit“ ist hiernach bereits ausgeschlossen.

In **Art. 14 GG** ist das Eigentum garantiert. Auch für das Arbeitsrecht maßgeblich soll nach Art. 14 Abs. 2 GG sein „Gebrauch zugleich dem Wohl der Allgemeinheit dienen".

Schließlich definiert **Art. 20 GG** die Bundesrepublik Deutschland als einen demokratischen und sozialen Bundesstaat, in welchem „alle Staatsgewalt" vom Volk ausgeht und von ihm „in Wahlen und Abstimmungen" und durch „besondere Organe der Gesetzgebung, der vollziehenden Gewalt und der Rechtsprechung" ausgeübt wird (Art. 20 Abs. 2 GG), wobei die Legislative an die „verfassungsmäßige Ordnung", die Exekutive und die Judikative an Gesetz und Recht gebunden sind (Art. 20 Abs. 3 GG).

Die Verfassung bestimmt grundsätzlich das Verhältnis der Bürger zum Staat. Der Einfluss des „Geistes der Verfassung" auf allgemeine und auch auf arbeitsrechtliche Grundsätze wird daher als „Drittwirkung des Grundgesetzes" beschrieben.

Europarecht

Auch das **europäische Recht** bestimmt unsere Rechtsordnung: Nachdem sich die Mitgliedsstaaten der EU durch völkerrechtliche Verträge gegenseitig verpflichtet haben, gemeinsam erstellte Prinzipien in ihren jeweiligen Staats- und damit Rechtsgebieten umzusetzen und sogenannte „Richtlinien" durch entsprechende Gesetze zu kodifizieren, sind diese Grundsätze anzuwenden. So beruhen z. B. das Allgemeine Gleichbehandlungsgesetz (AGG) oder das arbeitsrechtliche Nachweisgesetz (NachwG) auf europarechtlichen Grundlagen.

1.3 Die Gesetze

Die vom Parlament beschlossenen Gesetze müssen mit der Verfassung vereinbar, also „verfassungskonform" sein. Dies zu überprüfen ist (auch) im Rahmen etwa eines sogenannten „Normenkontrollverfahrens" in die Verantwortung des Bundesverfassungsgerichts (BVerfG) gelegt, was sich aus Art. 93 GG ergibt. Es ist denkbar, dass ein Gesetz trotz seiner demokratischen Legitimation, also trotz einer demokratischen Mehrheit im Abstimmungsverfahren des demokratisch gewählten Parlaments, der Verfassung nicht entspricht. Die Geschichte der Bundesrepublik Deutschland belegt, dass das Bundesverfassungsgericht zahlreiche Gesetze als „verfassungswidrig" erkannt hat. Es bedurfte z. B. mehrerer Anläufe des Gesetzgebers, bis der heute geltende § 218 StGB (Strafbarkeit der Abtreibung) vom Bundesverfassungsgericht als verfassungsmäßig beschieden wurde. Aus dem Bereich des Arbeitsrechts sei als Beispiel die Entscheidung über die gesetzlichen Regelungen der Kündigungsfristen genannt: Bis zum Urteil des BVerfG vom 30. 05. 1990 waren diese Fristen für Arbeiter und Angestellte unterschiedlich geregelt, wofür es keinen rechtfertigenden Grund (mehr) gab, weshalb die damaligen Gesetze von dem Gericht als Verstoß gegen das Gleichbehandlungsgebot des Art. 3 GG bewertet wurden. In Konsequenz dessen sind heute in § 622 BGB die Fristen zur Kündigung eines Arbeitsverhältnisses für Arbeiter und Angestellte einheitlich geregelt.

Handlungssituation (Fallbeispiel)

Ein Arbeitnehmer, 35 Jahre alt und seit seiner Ausbildung, bei deren Beginn er 18 Jahre alt war, also seit 17 Jahren ununterbrochen im selben Betrieb beschäftigt, kündigt sein Arbeitsverhältnis mit Schreiben vom 15. Mai. Er übergibt das Schreiben seinem Arbeitgeber am 19. Mai, da er eine neue und, wie er findet, bessere Stelle in Aussicht hat. Zu welchem Zeitpunkt endet das Arbeitsverhältnis?

Antwort

Die sofortige Beendigung durch eine außerordentliche Kündigung ist nicht möglich, da die Voraussetzungen des § 626 Abs. 1 BGB nicht gegeben sind: Eine neue, besser bezahlte Stelle ist kein „wichtiger Grund"; die Möglichkeit eines zeitnahen Wechsels macht es dem Arbeitnehmer nicht unzumutbar, eine ordentliche Kündigungsfrist einzuhalten.

Die Frist für die Kündigung seines Arbeitsverhältnisses ergibt sich aus § 622 BGB. Da die verlängerten Kündigungsfristen gem. Abs. 2 nur für Kündigungen durch den Arbeitgeber gelten, hat er eine Kündigungsfrist von 4 Wochen zum 15. oder Letzten eines Monats ausgelöst. Da das Kündigungsschreiben dem Arbeitgeber am 19. Mai zugeht und da es bis zum 15. Juni keine 4 Wochen mehr sind (es fehlt 1 Tag), beendet die Kündigung das Arbeitsverhältnis zum 30. Juni.

Kündigungsfristen

§ 622 BGB regelt die Voraussetzungen einer ordentlichen, fristgerechten Kündigung wie folgt:

- Die Grundkündigungsfrist eines Arbeitsverhältnisses beträgt vier Wochen zum 15. oder zum Letzten eines Kalendermonats (Abs. 1).
- Nur wenn eine 6-monatige Probezeit vereinbart ist, wird sie auf 14 Tage verkürzt (Abs. 3).
- Die Frist für eine Kündigung des Arbeitgebers verlängert sich stufenweise nach längeren Beschäftigungszeiten des Arbeitnehmers bis auf 7 Monate zum Monatsende (Abs. 2).
- Nur durch Tarifvertrag können kürzere Kündigungsfristen vereinbart werden (Abs. 4).
- Nur ein Arbeitgeber, der regelmäßig nicht mehr als zwanzig Arbeitnehmer beschäftigt, kann eine Kündigungsfrist von 4 Wochen vereinbaren (Abs. 5 Nr. 2).

- Nur mit einem Arbeitnehmer, der längstens für 3 Monate als Aushilfe eingestellt wird, kann eine „entfristete" Kündigungsfrist vereinbart werden (Abs. 5 Nr. 1).
- Einzelvertraglich können längere Fristen als die genannten vereinbart werden (Abs. 5 Satz 3), wobei jedoch für Kündigungen des Arbeitnehmers keine längere Frist vereinbart werden darf als für Kündigungen des Arbeitgebers (Abs. 6).

Obwohl § 622 BGB einen relativ großzügigen Spielraum zu eröffnen scheint, sind vertragliche Gestaltungsfreiheiten stark eingeschränkt. Das Gesetz lässt Varianten nur in einem engen Raum zu. Das Gesetz gibt minimale Standards vor, die nicht unterschritten werden dürfen. Es enthält im Übrigen in Absatz 4 eine sogenannte „tarifliche Öffnungsklausel".

Beispiel: Das Mutterschutzgesetz

Das Mutterschutzgesetz (MSchG) beinhaltet nicht nur einen besonderen Kündigungsschutz im § 17 MSchG, sondern auch sogenannte Beschäftigungsverbote (§§ 9 ff., insbesondere § 16 MSchG), während derer die werdende Mutter gem. § 18 MSchG weiterhin Anspruch auf **Vergütung** hat. Die gesetzliche Pflicht des Arbeitgebers, Vergütung zu leisten, **ohne eine Gegenleistung** (Arbeit) zu erhalten, wurde als „Eingriff in den Gewerbebetrieb" und damit als Widerspruch zu Art. 14 GG, der das Eigentum garantiert und somit den „Gewerbebetrieb" schützt, gewertet. Dies hat das Bundesverfassungsgericht auch so gesehen, jedoch die Vorgaben des Art. 6 GG dagegengehalten, nach dessen Abs. 4 „jede Mutter Anspruch auf den Schutz und die Fürsorge der Gemeinschaft" hat. Das Spannungsverhältnis zwischen Art. 14 und Art. 6 GG wurde gelöst durch Art. 14 Abs. 2 GG, nach welchem das „Eigentum verpflichtet" und sein „Gebrauch zugleich dem Wohle der Allgemeinheit dienen" soll. Die einschneidenden Regelungen des MSchG werden daher stets als mit der Verfassung vereinbar bewertet.

Zusammenfassung: Gesetze müssen verfassungskonform sein!

1.4 Tarifvertrag und Betriebsvereinbarung

Kollektives Arbeitsrecht

In Abgrenzung zum „individuellen" Arbeitsrecht bezeichnet man die Gesamtheit der durch Tarifvertrag oder Betriebsvereinbarung getroffenen Regelungen als „kollektives" Arbeitsrecht, da diese Regelungen von entsprechenden Gremien (Tarifvertragsparteien bzw. Betriebsrat und Arbeitgeber) gefunden werden und unter bestimmten Voraussetzungen für alle gelten, die davon betroffen sind.

1.4.1 Der Tarifvertrag

Der Tarifvertrag ist ein Vertrag, der zwischen Vertretern der Arbeitgeber (das ist ein Arbeitgeberverband, eine Arbeitgebervereinigung, eine Innung) und der Arbeitnehmer (das sind Gewerkschaften) geschlossen wird. Die verfassungsrechtliche Grundlage hierfür ist Art. 9 Abs. 3 GG, in dem das Recht gewährleistet ist, „zur Wahrung und Förderung der Arbeitsbedingungen (...)" Vereinigungen zu bilden. Die für diese Betätigung geschaffene gesetzliche Grundlage ist das Tarifvertragsgesetz **(TVG)**.

Gem. § 1 TVG enthält der Tarifvertrag Rechtsnormen, die den „Inhalt, den Abschluss und die Beendigung von Arbeitsverhältnissen sowie betriebliche und betriebsverfassungsrechtliche Fragen ordnen können", wobei „Tarifvertragsparteien" die Gewerkschaften, einzelne Arbeitgeber oder Vereinigungen von Arbeitgebern sind (§ 2 Abs. 1 TVG).

Tarifbindung

Ein Tarifvertrag ist nicht immer von allen Arbeitgebern und Arbeitnehmern zu beachten: Um zur Anwendung eines Tarifvertrages zu gelangen, muss **„Tarifbindung"** bestehen. Gem. § 3 TVG sind zunächst nur die Mitglieder der Tarifvertragsparteien, also Arbeitnehmer, die Gewerkschaftsmitglieder und Arbeitgeber, die Mitglied in einer Arbeitgebervereinigung (dazu zählen auch handwerkliche Innungen) oder selbst Tarifvertragspartei sind, tarifgebunden. Ist Tarifbindung gegeben, gelten die Regelungen des Tarifvertrages „... **unmittelbar** und **zwingend**" (§ 4 Abs. 1 TVG), wobei abweichende Regelungen durch Arbeitsvertrag nur zulässig sind, wenn der Tarifvertrag dies gestattet oder wenn dies zugunsten des Arbeitnehmers erfolgt (§ 4 Abs. 3 TVG). Ein Verzicht auf entstandene tarifliche Rechte ist nur in einem von den Tarifvertragsparteien gebilligten Vergleich zulässig. Ausschlussfristen für die Geltendmachung solcher tariflicher Ansprüche können nur durch Tarifvertrag geregelt werden (§ 4 Abs. 4 TVG).

Allgemeinverbindlichkeit

Wird in einem förmlichen Verfahren, an dem Gewerkschaften und Arbeitgebervereinigung beteiligt sind und das vom Bundesministerium für Arbeit oder einer „obersten Landesbehörde" durchgeführt wird, ein Tarifvertrag für **„allgemeinverbindlich"** erklärt, dann gelten die Rechtsnormen des Tarifvertrags auch für nicht tarifgebundene Arbeitgeber und Arbeitnehmer (vgl. § 5 TVG, insbes. Abs. 4). Diese Allgemeinverbindlichkeitserklärung muss „öffentlich bekannt" gemacht werden (§ 5 Abs. 7 TVG). Der Tarifvertrag bestimmt dann den Inhalt der Arbeitsverhältnisse in seinem Geltungsbereich wie ein Gesetz.

Aber auch dann, wenn weder Tarifbindung gegeben noch ein Tarifvertrag für allgemeinverbindlich erklärt ist, können die Normen eines Tarifvertrages den Inhalt von Arbeitsverhältnissen definieren: Zum einen ist dies der Fall, wenn die Arbeitsvertragsparteien, also Arbeitgeber und Arbeitnehmer, die Anwendung eines Tarifvertrages im Arbeitsvertrag vereinbart haben oder wenn der Arbeitgeber in betrieblicher

Übung, d. h. wiederkehrend, den Tarifvertrag auf das Arbeitsverhältnis anwendet (**schuldrechtliche** „Tarifbindung"). Zum anderen ergeben sich Rechte und Pflichten aus dem Tarifvertrag für nicht tarifgebundene Arbeitnehmer, wenn sie neben Arbeitnehmern bei einem Arbeitgeber unter Vertrag sind, die beide tarifgebunden sind, da dann ein Anspruch aus Art. 3 GG auf **Gleichbehandlung** gegeben ist („gleicher Lohn/gleiche Arbeitsbedingungen bei gleichartiger Arbeit").

1.4.2 Die Betriebsvereinbarung

Sie ist ein Vertrag zwischen Arbeitgeber und Betriebsrat, der auf der Grundlage des Betriebsverfassungsgesetztes **(BetrVG)** zustande kommt. Eine „unmittelbar und zwingend" für den Betrieb geltende Betriebsvereinbarung **(§ 77 Abs. 4 BetrVG)** setzt die Existenz eines gewählten Betriebsrats voraus, der sie zusammen mit dem Arbeitgeber „gemeinsam beschließt", wobei sie von beiden Seiten unterzeichnet werden muss (§ 77 Abs. 2 BetrVG). Auf in einer Betriebsvereinbarung vereinbarte Rechte der Arbeitnehmer kann nur mit Zustimmung des Betriebsrats verzichtet werden (§ 77 Abs. 4 BetrVG). Die Inhalte einer Betriebsvereinbarung sind mannigfach. Sie stehen unter einem sogenannten „Tarifvorbehalt" und können deshalb nur Angelegenheiten betreffen, die nicht durch Tarifvertrag geregelt werden. Insbesondere die in § 87 BetrVG geregelten **Mitbestimmungsrechte** des Betriebsrats werden häufig durch eine Betriebsvereinbarung geregelt.

Zusammenfassung: Ein Tarifvertrag oder eine Betriebsvereinbarung können nichts regeln, was das Gesetz nicht zulässt.

1.5 Der Arbeitsvertrag

„Freiheit"

Trotz einiger Einschränkungen, wie sie sich z. B. aus den §§ 305 ff BGB (Recht der allgemeinen Geschäftsbedingungen) oder den §§ 312 ff BGB („Haustürgeschäft") ergeben, besteht in der zivilen Gesellschaft die grundsätzliche Freiheit, Verträge aller Art mit beliebigem Inhalt zu schließen, soweit die Grenzen der Sittenwidrigkeit und des Wuchers (§ 138 BGB) nicht überschritten bzw. gesetzliche Verbote (§ 134 BGB) beachtet werden. Gerade im Arbeitsrecht ist diese Freiheit nicht „grenzenlos". Insbesondere Schutzgesetze sind zu beachten wie z. B. das KSchG, das MSchG, das Jugendarbeitsschutzgesetz (JArbSchG), die gesetzlichen Regelungen bezüglich der Beschäftigung schwerbehinderter Menschen bzw. der Beendigung des Arbeitsverhältnisses mit ihnen (SGB IX; vgl. auch Art. 3 Abs. 3 Satz 2 GG), die gesetzlichen Kündigungsfristen etc.

Individuelles Arbeitsrecht

Ein Verzicht auf gesetzliche Schutzvorgaben ist nicht zulässig. Sowohl bei Abschluss eines Arbeitsvertrages wie auch bei dessen „Leben" sind Diskriminierungsverbote zu berücksichtigen. Im Schuldverhältnis des Arbeitsvertrages, welches ein Austauschverhältnis von Arbeit gegen Lohn darstellt, soll in der persönlichen Vertragsbeziehung ein gleichwertiger Austausch von Leistung und Gegenleistung gesichert werden. Trotz aller Vertragsfreiheit können daher gesetzliche Vorgaben nicht umgangen werden.

Dies ergibt sich aus dem Gesetz unmittelbar, denn nach § 105 Gewerbeordnung **(GewO)** können „Arbeitgeber und Arbeitnehmer (...) Abschluss, Inhalt und Form des Arbeitsvertrages frei vereinbaren, **soweit** nicht zwingende gesetzliche Vorschriften, Bestimmungen eines anwendbaren Tarifvertrages oder einer Betriebsvereinbarung entgegenstehen“.

Verträge, die gegen ein gesetzliches Verbot verstoßen, sind nichtig **(§ 134 BGB)**. Bei Abschluss eines Arbeitsvertrages sind daher nicht nur verfassungsrechtliche Grundlagen, sondern auch schutzgesetzliche Schranken zu beachten. Die Standards der Arbeitsgesetze sind unabdingbar. Als Mindestnormen garantieren sie ein „Minimum“ an Rechten und Pflichten im sogenannten „individuellen“ Arbeitsrecht: Trotz Vertragsfreiheit kann bei der Ausgestaltung des Arbeitsvertrags davon nicht abgewichen werden. Ein Verzicht auf gesetzliche Vorgaben im Arbeitsvertrag ist nicht rechtswirksam.

Zusammenfassung: Der Arbeitsvertrag kann nicht gesetzes- oder tarifwidrig sein.

1.6 Weisungs- oder Direktionsrecht

Das Weisungsrecht des Arbeitgebers erfüllt das Arbeitsverhältnis mit Leben. Es besteht gem. § 106 GewO darin, „Inhalt, Ort und Zeit der Arbeitsleistung nach billigem Ermessen näher (zu) bestimmen“, soweit dies nicht „durch den Arbeitsvertrag, Bestimmungen einer Betriebsvereinbarung, eines anwendbaren Tarifvertrages oder gesetzliche Vorschriften“ vorgegeben ist.

Beispiele

- „Herr Meier, bitte erledigen Sie das bis 20.00 Uhr!“. Das ist eine Arbeitsanweisung, die nur dann vom Direktionsrecht getragen ist, wenn Herr Meier sich arbeitsvertraglich verpflichtet hat, bis 20.00 Uhr zu arbeiten.
- „Liebe Mitarbeiter, wie Sie wissen, verlegen wir unseren Betrieb von Stuttgart nach München. Nun ist es so weit: Ab dem Ersten des Folgemonats treten Sie bitte zu unveränderten Zeiten Ihre Arbeit in unserem neuen Gebäude an. Aus diesem Anlass wird Ihre Vergütung um 10% erhöht.“ Das ist eine Arbeitsanweisung, die die Grenzen des Direktionsrechts überschreitet, da der wesentliche Kern der Arbeitsverträge der Arbeitsmittelpunkt „Stuttgart“ ist, der nicht einseitig verändert werden kann.

- „Sehr geehrter Herr Schmidt, weil Sie ein so tüchtiger Maurermeister sind, ist unsere letzte Baustelle vorzeitig erledigt worden. Da es zurzeit keine neuen Maureraufgaben gibt, weise ich Sie an, ab morgen unseren Bauhof zu reinigen und aufzuräumen." Das ist eine Anweisung, der der Maurermeister nicht zu folgen hat, selbst wenn er sich im Arbeitsvertrag zu „allen damit zusammenhängenden und zumutbaren Arbeiten" verpflichtet hat, da er vertraglich nur eine Tätigkeit als Maurer und vor allem als Meister schuldet.
- „Herr Müller, da wir Sie als Produktionshelfer in der Produktion mangels geeigneter Aufträge nicht einsetzen können, weise ich Sie an, ab morgen das Betriebsgelände zu reinigen." Das ist eine Arbeitsanweisung, die gegenüber einem Hilfsarbeiter direktionsrechtlich zulässig ist.

Grenzen des Direktionsrechts

Das Direktionsrecht endet dort, wo (von gesetz- oder tarifwidrigen Sachverhalten abgesehen) durch die Anweisung der Arbeitsvertag in seinem wesentlichen Kern verändert wird. Es darf nicht arbeitsvertragswidrig sein.

Zusammenfassung

Die Hierarchie der Rechtsquellen lässt sich in Form einer Pyramide darstellen:

„Verfassung/Europarecht bestimmt Gesetz bestimmt Tarifvertrag/Betriebsvereinbarung bestimmt Arbeitsvertrag bestimmt Weisungsrecht".

Fallbeispiel zur Kompetenzüberprüfung

Arbeitgeber und Betriebsrat regelten in der Ordnung einer betrieblichen Altersversorgung u. a., dass Mitarbeiter, die länger als 15 Jahre beschäftigt sind, Anspruch auf eine betriebliche Rente, dass jedoch diejenigen, die in den letzten 5 Jahren vor Eintritt des Versorgungsfalles nicht mehr als 20 Stunden je Woche arbeiteten, keinen Anspruch haben. Eine Mitarbeiterin, seit über 20 Jahren, jedoch in den letzten 6 Jahren in Teilzeit mit 18 Stunden je Woche beschäftigt, wird unter Berufung auf diese Regelung die Betriebsrente versagt. Sie klagt auf entsprechende Leistung. Mit Erfolg?

Antwort

Die **Anspruchsgrundlage**, eine zwischen Arbeitgeber und Betriebsrat gem. § 77 BetrVG geschlossene Betriebsvereinbarung, welche gem. § 87 Abs. 1 Nr. 8 BetrVG dem Mitbestimmungsrecht des Betriebsrats unterliegt, ist eindeutig: Wer in den letzten Jahren nur relativ geringfügig zum Erfolg des Unternehmens beitrug, soll keine zusätzliche Leistungen erhalten. Eine Regelung, die zunächst nachvollziehbar erscheint. Der EuGH indessen hat nach einer europaweiten Untersuchung festgestellt, dass weit überwiegend Frauen in Teilzeit arbeiten, weshalb die auf den ersten Blick neutrale Regelung der Betriebsvereinbarung als „mittelbare geschlechtsspezifische Diskriminierung" zu bewerten ist mit dem Ergebnis, dass der Klägerin die Betriebsrente geleistet werden muss.

2. Der Arbeitsvertrag

Handlungssituation (Fallbeispiel)

Beim Einstellungsgespräch nach seiner Schwerbehinderung befragt, verneint der Arbeitnehmer diese. Der Arbeitgeber (25 beschäftigte Arbeitnehmer) bietet ihm eine auf 2 Jahre befristete Beschäftigung ab 1. März an, womit der Arbeitnehmer einverstanden ist. Den am zweiten Arbeitstag vorgelegten schriftlichen, befristeten Arbeitsvertrag unterzeichnet er. Am 3. Oktober ist der neue Arbeitnehmer auftragsgemäß mit dem Firmen-Kombi unterwegs und stößt beim Einparken rückwärts gegen einen Baum. Kotflügel und Rücklichter hinten rechts am Fahrzeug sind beschädigt. Vom Arbeitgeber zum Ersatz des Schadens aufgefordert, legt der Arbeitnehmer, der 7 Monate beanstandungsfrei mitgearbeitet hat, mit der Bitte um zusätzlichen Urlaub einen Ausweis vor, der seine seit 5 Jahren bestehende Schwerbehinderung belegt. Er erklärt,

Schadensersatz leiste er nicht. Der Arbeitgeber bittet um Überprüfung der Frage, wie sich die Rechtslage darstellt, ob er denn nichts machen könne.

(Antwort am Ende des Kapitels)

Der Arbeitsvertrag ist ein bürgerlich-rechtlicher Vertrag, der wie jeder andere Vertrag auch zustande kommt, wenn in oder bei der Vertragsverhandlung zwei sich deckende Willenserklärungen (Angebot und Annahme) ausgetauscht werden. Der Vertrag ist ein Arbeitsvertrag, wenn er zwischen Arbeitgeber und Arbeitnehmer geschlossen wird.

Arbeitgeber ist derjenige, der Arbeit gibt, d. h. einen Arbeitsplatz zur Verfügung stellt und einen anderen darauf zur Erfüllung seines betrieblichen Zwecks arbeiten lässt.

Arbeitnehmerbegriff

Arbeitnehmer ist, wer weisungsgebunden eine fremdbestimmte Arbeitsleistung erbringt und dabei in eine betriebliche Organisation oder in betriebliche Abläufe eingegliedert ist. Im Unterschied zu einem Selbstständigen muss der Arbeitnehmer die ihm zugewiesene Tätigkeit am angegebenen Ort zu den vorgegeben Zeiten leisten, sofern dies dem Arbeitsvertrag, ggfls. dem Tarifvertrag oder einer Betriebsvereinbarung, sowie dem Gesetz und der Verfassung entspricht **(Weisungsrecht)**. Der Arbeitnehmer hat an der Erreichung des betrieblichen Zieles kein unmittelbares Eigeninteresse, er leistet Arbeit im Rahmen seines Vertrages und ob z. B. das Auto, das er mit produziert, fährt, ob die Hauswand senkrecht gemauert ist, braucht ihn (von seiner beruflichen Fertigkeit und Ehre abgesehen) nicht zu interessieren: Der Arbeitgeber haftet dem Kunden gegenüber bei Mängeln **(Fremdbestimmtheit)**. Die **Eingliederung** in betriebliche Abläufe oder Organisationen kann auch durch die Errichtung eines Heimarbeitsplatzes geschehen.

2.1 Vertragsschluss

Der Arbeitsvertrag kommt formlos zustande, wenn Angebot und Annahme kongruent, d. h. deckungsgleich sind. Er bedarf **nicht** der Schriftform.

2.1.1 Das Nachweisgesetz (NachwG)

Nachweisgesetz

Allerdings ist der Arbeitgeber verpflichtet, nach mündlichem Vertragsschluss dem Arbeitnehmer, sofern er nicht nur als „vorübergehende Aushilfe“ längstens für die Dauer eines Monats unter Arbeitsvertrag genommen ist **(§ 1 NachwG)**, eine von ihm unterzeichnete Niederschrift auszuhändigen, in der der Arbeitgeber die „wesentlichen Vertragsbedingungen“ spätestens bis Ablauf eines Monats nach Vertragsbeginn schriftlich zusammenzufassen hat **(§ 2 NachwG)**. Dazu gehört u. a. die Angabe des Zeitpunkt des Beginns, ggfls. einer „vorhersehbaren“ Befristungsdauer des Arbeitsverhältnisses, eine Beschreibung der zu leistenden Tätigkeit, die Vergütungshöhe, die Arbeitszeit, der jährliche Urlaubsanspruch sowie die Fristen für die Kündigung des Arbeitsverhältnisses (vgl. näher § 2 Abs. 2 **Nr. 1 bis 10** NachwG).

Merke: Der Abschluss eines Arbeitsvertrages wird hierdurch nicht formbedürftig.

Das NachwG, das den Zweck hat, Klarheit und Rechtssicherheit im Arbeitsverhältnis zu vermitteln, hat andere Folgen: Wird ein Arbeitsvertrag mündlich geschlossen und besteht zwischen Arbeitnehmer und Arbeitgeber z. B. über die Vergütungsabrede Streit, kann der Arbeitnehmer Klage auf Zahlung des restlichen, fehlenden Lohns erheben. In einem Zivilprozess, also auch in einem arbeitsgerichtlichen Verfahren, muss grundsätzlich diejenige Partei, die einen Anspruch im Klageweg verfolgt, nicht nur die Anspruchsgrundlage (z. B. einen geschlossenen Arbeitsvertrag), sondern auch diejenigen Tatsachen, die den Anspruch begründen (z. B. die Einigung über die Höhe des Stundenlohns durch konkrete Schilderung von Angebot und Annahme), darlegen und vor allem **beweisen**. Die klagende Partei trägt insoweit eine nicht unerhebliche sogenannte Beweislast. Wie diese Last erfüllt wird, erläutert die Zivilprozessordnung (ZPO). Die in der ZPO vorgesehenen Beweismittel sind – in dem künstlichen Merkwort „SAPUZ“ zusammengefasst – folgende:

Beweislast

- **S**achverständigengutachten
- **A**ugenschein (das Gericht geht vor Ort, schaut sich die Gegebenheiten an)
- **P**arteivernehmung (das Gericht vernimmt förmlich sowohl Kläger als auch Beklagten)
- **U**rkunde
- **Z**euge

Ist zwischen Arbeitnehmer und Arbeitgeber z. B. die Höhe des vereinbarten Stundenlohnes strittig (12,– € netto oder brutto?), trifft grundsätzlich den auf vertragsgerechte Vergütung klagenden Arbeitnehmer die Beweislast dafür, dass er tatsächlich einen Anspruch hat. Sollte die Beweislast nicht erfüllt werden, folgt die Abweisung seiner Klage.

Bei einem Rechtsstreit etwa über den vereinbarten Stundenlohn ist von Folgendem auszugehen: Die Beweismittel **„S“** und **„A“** scheiden für die Behauptung eines Vertragsanspruches aus, da weder ein Sachverständiger noch ein Augenschein über das Besprochene Aufklärung geben können. Das Beweismittel **„P“**, also die Vernehmung beider Prozessparteien, dürfte ergebnislos sein, da sowohl Kläger wie auch Beklagter nur das aus ihrer jeweiligen Sicht Wesentliche wiedergeben werden, weshalb „Aussage gegen Aussage“ steht und in aller Regel das Gericht nicht in der Lage sein wird, von bewiesenen Tatsachen auszugehen. Da ein schriftlicher Vertrag nicht vorliegt, scheidet das Beweismittel **„U"** aus. Das Beweismittel **„Z"** ist das unsicherste, da Zeugen sowohl in der Wahrnehmung von Abläufen, vor allem aber in der Erinnerung an sie die „menschliche Schwäche" subjektiver Aufnahme des Geschehens und des Vergessens zeitigen. Daher ist grundsätzlich ein solcher Rechtsstreit für den Kläger mit einem hohen Prozessrisiko behaftet.

Hat jedoch der Arbeitgeber seiner Nachweispflicht gem. § 2 NachwG nicht Genüge geleistet, folgt aus dem Zweck des Gesetzes eine „Beweiserleichterung": Der klagende Arbeitnehmer braucht „nur" schlüssig einen Vertragsabschluss mit einem bestimmten Inhalt zu behaupten. Der Arbeitgeber muss hierauf substantiiert seine Gegenposition darstellen **und beweisen**. Das „Beweisrisiko" liegt folglich bei ihm.

2.1.2 Das Allgemeine Gleichbehandlungsgesetz (AGG)

Gleichbehandlung

Ziel des Gesetzes ist es, Benachteiligungen „aus Gründen der Rasse oder wegen der ethnischen Herkunft, des Geschlechts, der Religion oder Weltanschauung, einer Behinderung, des Alters oder der sexuellen Identität zu verhindern oder zu beseitigen" **(§ 1 AGG)**. Das Gesetz ist zu beachten u. a. bei den „Auswahlkriterien und Einstellungsbedingungen und für den Zugang zu unselbstständiger Erwerbstätigkeit" **(§ 2 Abs. 1 Nr.1 AGG)** und bei der Festlegung von „Beschäftigungs- und Arbeitsbedingungen einschließlich Arbeitsentgelt und Entlassungsbedingungen" **(§ 2 Abs. 1 Nr.2 AGG)**.

Daraus folgt: Bei einer Einstellungsentscheidung des Arbeitgebers sind Diskriminierungsverbote zu beachten. Die Zurückweisung einer weiblichen Bewerberin, die schwerbehindert, bereits 55 Jahre alt und offensichtlich (Hautfarbe, Sprache oder Name) nicht Inländerin ist, kann vierfach gegen das gesetzliche Benachteiligungsverbot verstoßen. Bereits im Einstellungsgespräch sind entsprechende Fragen zu vermeiden: „Wie wollen Sie als einzige Frau in einer Gruppe von ausschließlich Männern arbeiten?", oder: „Homosexuelle haben in meinem Betrieb keinen Platz", oder: „Sprechen Sie inzwischen wenigstens einigermaßen die deutsche Sprache?" Solche Äußerungen können zu einem Schadensersatzanspruch gem. § 15 AGG führen, dessen Höhe bis zu drei Monatseinkommen betragen kann, wenn die Bewerbung keinen Erfolg hat.

2.1.3 Fragerecht bei Vertragsschluss

Nicht nur diskriminierende Fragen sind unzulässig, sondern auch Fragen, die gegen das Grundrecht der Menschenwürde und der Selbstbestimmung (Art. 1 und 2 GG) verstoßen.

Beispiele

Fragerecht

- Die Frage an eine Bewerberin, ob sie schwanger sei, stellt eine typische geschlechtsspezifische Diskriminierung dar mit der Folge, dass sie nicht wahrheitsgemäß beantwortet werden muss. Ausnahme: Eine radiologische Arztpraxis sucht eine Arzthelferin; hier ist wegen des Gefährdungspotenzials der Röntgenstrahlen die Frage berechtigt. Ähnliches gilt bei Arbeitsplätzen mit einer für das werdende Leben gefährlichen Konzentration von Schadstoffen in der Atemluft, auch wenn zulässige maximale Belastungswerte nicht überschritten werden.
- Die Frage nach der Religionszugehörigkeit ist nur berechtigt, wenn sie von einem kirchlichen Arbeitgeber gestellt wird. Ob sie auch berechtigt ist, wenn die Kirche eine staatliche Aufgabe wie z. B. die Führung eines Krankenhauses übernommen hat und der oder die Bewerber/Bewerberin keinen religiösen Auftrag erfüllen soll, kann bezweifelt werden. Zwar garantiert Art. 140 GG i. V. m. Art. 137 Weimarer Verfassung die Unabhängigkeit der Kirche vom Staat und das Recht, ihre eigenen Angelegenheiten selbst zu ordnen und zu verwalten. Jedoch ist z. B. die Führung eines Krankenhauses keine unmittelbar kirchlich-religiöse Aufgabe. Die Bewerber auf eine Stelle als Reinigungskraft brauchen daher auch bei einem kirchlichen Arbeitgeber die Frage nach der Religionszugehörigkeit nicht zu beantworten.
- Nur ein Arbeitgeberverband darf Bewerber nach einer Mitgliedschaft in der Gewerkschaft, nur eine politische Partei darf nach der politischen Meinung fragen. Alle anderen Arbeitgeber habe das Recht auf Selbstbestimmung eines Bewerbers zu berücksichtigen.
- Nur wenn die Stelle eines Kassierers oder Vermögensverwalters besetzt werden soll, ist die Frage nach Vorstrafen wegen Vermögensdelikten zulässig.
- Die Frage nach einer Behinderung ist differenziert zu betrachten: Einerseits darf niemand wegen seiner Behinderung benachteiligt werden (Art. 3 Abs. 3 S. 2 GG, § 1 AGG). Andererseits hat ein Arbeitgeber, der im Jahresdurchschnitt mindestens 20 Arbeitsplätze je Monat eingerichtet hat, die Pflicht, mindestens 5 % der Arbeitsplätze mit schwerbehinderten Menschen zu besetzen (§ 154 SGB IX). Aus Letzterem folgt, dass der Arbeitgeber ein berechtigtes Interesse daran hat zu wissen, ob er mit der beabsichtigten Einstellung dieser Beschäftigungspflicht genügen wird. Die Frage wird daher als zulässig anzusehen sein mit der Folge, dass sie vom Bewerber wahrheitsgemäß beantwortet werden muss.

Der Bewerber muss nicht auf seine Eigenschaft als schwerbehinderter Mensch ungefragt beim Einstellungsgespräch hinweisen, es sei denn, er erkennt, dass der Grund seiner Behinderung mit der vorgesehenen Arbeitspflicht unvereinbar ist.

Wie bei jedem Vertragsschluss besteht auch bei der Anbahnung eines Arbeitsverhältnisses die Pflicht zu wahrheitsgemäßen Angaben. Wird diese Pflicht verletzt, begründet dies ein **Anfechtungsrecht** gem. den §§ 119 ff BGB. Mit dem Recht zur Anfechtung wird die Freiheit von fehlerhaften Vorstellungen bei Abschluss eines Vertrages, also bei Abgabe der zum Vertrag führenden Willenserklärung (Angebot und Annahme) geschützt. Insbesondere die wahrheitswidrige Antwort auf eine zulässige Frage kann als „arglistige Täuschung" i. S. v. § 123 BGB bewertet werden.

Anfechtung

Ist eine Anfechtung fristgerecht gem. den §§ 121, 124 BGB erklärt und begründet, bewirkt sie gem. § 142 BGB, dass das angefochtene Rechtsgeschäft „als von Anfang an nichtig anzusehen" ist. Dies bedeutet grundsätzlich, dass die ausgetauschten Leistungen rückabgewickelt werden müssen, da die vertragliche Grundlage entfallen ist. Bei einem Kaufvertrag z. B. sind bei begründeter Anfechtung einerseits der verkaufte Gegenstand und andererseits der bezahlte Kaufpreis zurückzugeben. Bei begründeter Anfechtung eines Arbeitsvertrages bedeutet dies, dass einerseits die bislang erfolgte Arbeitsleistung und andererseits die erhaltene Vergütung zurückgegeben werden müssten. Dass dies nicht möglich ist, ergibt sich von selbst: Die erbrachte Arbeitsleistung kann nicht zurückgegeben, z. B. eine errichtete Mauer kann nicht abgebaut werden. Daher wirkt im Arbeitsrecht eine begründete Anfechtung des Arbeitsvertrages entgegen § 142 BGB **nicht** auf den Zeitpunkt des Vertragsschlusses **zurück**, sondern sie wirkt „ab jetzt", d. h., ab dem Zugang der Anfechtungserklärung. Sie hat somit eine „sofortige Wirkung", vergleichbar einer außerordentlichen Kündigung gem. § 626 BGB. **Beachte jedoch:** Die Anfechtung schützt einen „ungetrübten" Vertragsschluss, die fristlose Kündigung dient der Beseitigung einer durch einen „wichtigen Grund" nach Vertragsschluss geschehenen Beeinträchtigung der Vertragsbeziehung. Anfechtung und Kündigungserklärung sind daher voneinander streng zu unterscheidende Willenserklärungen, die nicht „kompatibel" sind, also nicht etwa durch Umdeutung gem. § 140 BGB in die andere verändert werden können.

2.1.4 Die Befristung

Wird ein Arbeitsverhältnis befristet, d. h. für eine bestimmte Dauer abgeschlossen, endet es gem. § 620 BGB mit dem Ablauf der Zeit, für die es eingegangen wurde. Die Vereinbarung einer Befristung im Arbeitsvertrag ist grundsätzlich zulässig.

Da die zeitliche Befristung eines Arbeitsverhältnisses schlicht durch Zeitablauf zur Beendigung führt, ist die Versuchung aus Sicht eines Arbeitgebers groß, alle Arbeitsverhältnisse zu befristen, um, falls er sich von einem Arbeitnehmer trennen will, die strengen Vorgaben des Kündigungsschutzgesetzes vermeiden zu können. Die Befristungsabrede kann daher die Umgehung eines Gesetzes bedeuten, was gem. § 134 BGB ihre Nichtigkeit zur Folge hat. Damit dennoch die vorübergehende Beschäftigung von Arbeitnehmern rechtlich möglich ist, wurde entsprechend der von der Rechtsprechung entwickelten Grundsätze das **Teilzeit- und Befristungsgesetz (TzBfG)** erlassen.

Gem. **§ 14 Abs. 1 TzBfG** ist die Befristung zulässig, wenn sie durch einen sachlichen Grund gerechtfertigt, sie insbesondere vereinbart ist, weil

Zweckbefristung

- der betriebliche Bedarf an Arbeitsleistung nur vorübergehend ist (Nr. 1),
- dem Arbeitnehmer im Anschluss an Ausbildung oder Studium der Übergang in eine Anschlussbeschäftigung erleichtert werden soll (Nr. 2),
- der Arbeitnehmer zur Vertretung eines anderen beschäftigt wird (Nr. 3),
- die Eigenart der Arbeitsleistung eine Befristung rechtfertigt (Nr. 4),
- sie der Erprobung dient oder in der Person des Arbeitnehmers liegende Gründe gegeben sind (Nrn. 5 und 6) oder schließlich
- der Arbeitnehmer aus Haushaltsmitteln vergütet wird, die für eine befristete Beschäftigung bestimmt sind oder weil die Befristung auf einem gerichtlichen Vergleich beruht (Nrn. 7 und 8).

Die befristete Beschäftigung eines Saisonarbeiters (z. B. Erntehelfer, Bedienung in einer Gartenwirtschaft im Sommer) entspricht Nr. 1, die Vertretung für einen Arbeitnehmer z. B. in Elternzeit (vgl. ausdrücklich § 21 **Bundeselterngeld- und Elternzeitgesetz – BEEG –**, wonach die Befristung für über 3 Jahre während eines mutterschutzrechtlichen Beschäftigungsverbots, der Elternzeit und der Dauer einer notwendigen Einarbeitungszeit einen sachlichen Grund darstellt) ist in Nr. 3 geregelt.

Zeitbefristung

§ 14 Abs. 2 TzBfG lässt die „**kalendermäßige** Befristung" eines Arbeitsverhältnisses zu, auch wenn ein sachlicher Grund nicht gegeben ist. Hiernach ist die Befristung jedoch längstens für die Dauer von zwei Jahren und innerhalb dieser Zeit die höchstens dreimalige Verlängerung der Befristung zulässig (es können daher insgesamt vier z. B. 6-Monatsverträge geschlossen werden).

Eine solche Zeitbefristung ist unzulässig, wenn zwischen Arbeitgeber und Arbeitnehmer in der Vergangenheit bereits ein befristetes oder unbefristetes Arbeitsverhältnis bestanden hat (§ 14 Abs. 2 Satz 2 TzBfG). Die Rechtsprechung des Bundesarbeitsgerichts (BAG) hatte versucht, den Begriff der „Vergangenheit" nach Sinn und Zweck der gesetzlichen Regelung auf einen Zeitraum von 3 Jahren vor erneutem Vertragsschluss zu begrenzen. Dies hat indessen das Bundesverfassungsgericht (BVerfG) nicht zuerkannt (Entscheidung vom 06.06.2018), sodass auch das BAG sogar eine 8-jährige Karenzzeit als nicht gegeben erkannt hat.

Gem. § 14 Abs. 2a TzBfG ist bei Neugründung eines Unternehmens, die keine Neustrukturierung sein darf, eine sachgrundlose Befristung bis zur Dauer von vier Jahren zulässig. Eine zulässige Fünf-Jahres-Befristung ergibt sich aus § 14 Abs. 3 TzBfG bei Einstellung eines über 52 Lebensjahre alten, mindestens 4 Monate lang Beschäftigungslosen (Anmerkung: Ob diese gesetzliche Regelung nicht gegen Art. 3 Abs. 3 GG, § 1 AGG wegen Benachteiligung aus Gründen des Alters verstößt, mag zu bedenken sein; eine gerichtliche Entscheidung dazu gibt es noch nicht).

Schriftform

Die Wirksamkeit einer Befristungsabrede bedarf in jedem Fall der Schriftform, wie sich aus **§ 14 Abs. 4 TzBfG** ergibt. Endet ein Gespräch über die befristete Anstellung zwischen Arbeitgeber und Arbeitnehmer z. B. mit den Worten: „Sie können morgen um 8.00 Uhr beginnen. Um 9.00 Uhr machen wir's dann schriftlich", ist die Befristung hinfällig, wenn es tatsächlich so geschieht: Eine zulässige Befristung muss schriftlich **vor** Aufnahme der Tätigkeit erfolgt sein. Das Arbeitsverhältnis ist nach rechtsunwirksamer Befristung „auf unbestimmte Zeit geschlossen" **(§ 16 TzBfG)**. Will der Arbeitnehmer die Unwirksamkeit der Befristung geltend machen, muss er dies innerhalb einer Frist von **drei Wochen** spätestens nach dem vereinbarten Ende beim Arbeitsgericht durch eine Klage auf Feststellung, dass das Arbeitsverhältnis nicht aufgrund der Befristung beendet ist **(§ 17 TzBfG)**, verfolgen. Erhebt der Arbeitnehmer nicht spätestens drei Wochen nach dem verabredeten Ende eine solche Feststellungsklage, gilt die Befristungsabrede als rechtswirksam.

Schließlich: Ein **zeitbefristetes** Arbeitsverhältnis endet mit Ablauf der Zeit, für die es eingegangen wurde **(§ 15 Abs. 1 TzBfG)**. Es bedarf keiner weiteren Erklärungen. Ein **zweckbefristetes** Arbeitsverhältnis endet mit Erreichen des Zwecks (z. B. der Vertretungsfall endet, da der Arbeitnehmer aus der Elternzeit zurückkehrt), jedoch „frühestens **zwei Wochen**" nach Zugang der schriftlichen Unterrichtung durch den Arbeitgeber über den Zeitpunkt der Zweckerreichung (**§ 15 Abs. 2 TzBfG**). Ein rechtswirksam befristetes Arbeitsverhältnis ist im Übrigen „unkündbar", es sei denn, im Arbeitsvertrag oder in einem anwendbaren Tarifvertrag ist eine ordentliche Kündigung vereinbart. Das Recht zu einer außerordentlichen Kündigung ist hiervon unberührt **(§ 15 Abs. 3 TzBfG)**.

2.1.5 Grenzen der Vertragsfreiheit

Gem. § 134 BGB ist ein Rechtsgeschäft, das gegen ein gesetzliches Verbot verstößt, nichtig, wenn sich aus dem Gesetz nicht ein anderes ergibt. Das Arbeitsrecht ist von einer Vielzahl von Schutzgesetzen geprägt. Vertragliche Vereinbarungen, die gegen sie verstoßen, sind daher nichtig.

Nachfolgende **Beispiele** seien an dieser Stelle hervorgehoben:

- **Urlaub**

  Kein Verzicht

  Das „Mindesturlaubsgesetz für Arbeitnehmer" **(BUrlG)** gibt vor, dass jeder Arbeitnehmer in jedem Kalenderjahr Anspruch auf bezahlten Urlaub hat (§ 1 BUrlG), der „mindestens" 24 Werktage umfasst (§ 3 BUrlG). Diese Vorgaben sind unabdingbar; von ihnen kann nicht abgewichen werden (§ 13 BUrlG, nach welchem jedoch durch Tarifvertrag mit Ausnahme der genannten §§ 1, 2 und 3 von den übrigen Regelungen des Gesetzes abgewichen werden kann). Abweichungen zugunsten des Arbeitnehmers sind jedoch zulässig.

  Wird im Arbeitsvertrag eine 5-Tage-Woche und der jährliche Urlaub mit 20 Arbeitstagen vereinbart, ist dies gesetzeskonform: Der Anspruch auf Urlaub beträgt nach § 3 BUrlG 24 Werktage je Kalenderjahr; Werktage sind alle Tage, die nicht Sonn- oder Feiertage sind (§ 3 Abs. 3 BUrlG), also grundsätzlich 6 Tage je Woche (Montag bis Samstag); das BUrlG sichert somit einen Urlaubsanspruch von 4 Wochen (24:6); dem entspricht der Anspruch von 20 Arbeitstagen bei vereinbarter 5-Tage-Woche (20:5).

- **Kündigungsschutz**

  Nach dem Inhalt des Kündigungsschutzgesetzes **(KSchG)** ist die Kündigung eines Arbeitsverhältnisses durch den Arbeitgeber, wenn der Arbeitnehmer länger als 6 Monate (vgl. § 1 Abs. 1 KSchG; Wartezeit) in einem Betrieb mit mehr als zehn Arbeitnehmern (vgl. § 23 KSchG) beschäftigt wird, nur dann rechtlich möglich, wenn sie „sozial gerechtfertigt" ist. Eine Vereinbarung etwa des Inhalts, dass die Wartezeit 1 Jahr beträgt, ist nicht möglich, da dadurch der Schutzzweck des Gesetzes umgangen wird. Eine Vereinbarung jedoch, nach welcher auf die Wartezeit verzichtet wird, ist als eine Regelung zugunsten des Arbeitnehmers zulässig.

- **Mutterschutz**

  Das Mutterschutzgesetz **(MSchG)** beinhaltet unter bestimmten Voraussetzungen das Verbot der Beschäftigung einer Schwangeren (§§ 3 bis 6 und 16 MSchG) sowie die Regelung, dass die Kündigung gegenüber einer schwangeren Arbeitnehmerin „unzulässig" ist (§ 17 MSchG). Vereinbarungen, die dem entgegenstehen, sind unwirksam.

- **Schwerbehindertenschutz**
  Die gesetzlichen Regelungen zur „Rehabilitation und Teilhabe behinderter Menschen" (Sozialgesetzbuch Neuntes Buch - **SGB IX**) sieht ausdrücklich die Pflicht des Arbeitgebers vor, der jahresdurchschnittlich mindestens 20 Arbeitsplätze je Monat eingerichtet hat, schwerbehinderte Menschen auf mindestens 5 Prozent dieser Arbeitsplätze zu beschäftigen (§ 154 SGB IX). Erfüllen Arbeitgeber diese Beschäftigungspflicht nicht, wird dies gem. § 160 SGB IX mit einer sogenannten „Ausgleichsabgabe" sanktioniert.

- **Arbeitszeit**
  Die Vereinbarung einer Arbeitszeit von täglich 10 Stunden verstößt gegen das Arbeitszeitgesetz (**ArbZG**), nach dessen § 3 die „werktägliche" Arbeitszeit 8 Stunden nicht überschreiten darf.

- Die (klarstellende) Vereinbarung im schriftlichen Arbeitsvertrag eines Arbeitgebers, der seinen Betrieb im Jahr 2004 gegründet hat und nicht mehr als zehn Arbeitnehmer beschäftigt, das Kündigungsschutzgesetz (KSchG) finde keine Anwendung, ist kein Verstoß gegen das Gesetz, da dieses für sogenannte „Kleinbetriebe" nicht gilt **(§ 23 Abs. 1 KSchG)**.

- Eine Regelung im Arbeitsvertrag, nach welcher Vergütung im Krankheitsfall erst nach 1-monatiger Beschäftigung gezahlt werde, ist (teil-)nichtig, da gem. **§ 3 Abs. 3 EntgfzG** (Entgeltfortzahlungsgesetz) die Krankenvergütung bereits nach vier Wochen beansprucht werden kann. Gem. § 140 BGB wäre diese Klausel umzudeuten in das richtige, dem Gesetz entsprechend Gewollte.

- Die Vereinbarung, in den ersten 6 Monaten der Beschäftigung gelte eine Kündigungsfrist von zwei Wochen, verstößt gegen § 622 **Abs. 1 BGB.** Eine solche kurze Kündigungsfrist ist jedoch bei **ausdrücklicher** Vereinbarung einer „Probezeit" gem. § 622 Abs. 3 BGB zulässig.

- Die Vereinbarung eines Stundenlohnes, der niedriger als der Tariflohn ist, verstößt gegen das Gesetz **(§ 4 TVG)**, wenn die Arbeitsvertragsparteien tarifgebunden oder die Regelungen des Tarifvertrags allgemeinverbindlich sind.

Zusammenfassung: Die Freiheit, einen Arbeitsvertrag zu schließen, ist fast „grenzenlos". Die inhaltliche Ausgestaltung eines Arbeitsvertrags ist nur begrenzt möglich.

2.2 Wesen des Arbeitsvertrages

Ist ein Arbeitsvertrag formlos und anfechtungsfrei zustande gekommen, ergibt sich der Inhalt der Vertragsbeziehung zunächst aus den §§ 611 ff BGB. **Arbeit**

Vergütung

Nach § 611 BGB ist die Hauptleistungspflicht des Arbeitnehmers die „Leistung der versprochenen Dienste" (Arbeit) und die des Arbeitgebers die „Gewährung der vereinbarten Vergütung". Dabei geht § 612 BGB davon aus, dass eine Vergütung als stillschweigend vereinbart gilt, wenn die Dienst-(oder Arbeits-)leistung „den Umständen nach" nur gegen eine Vergütung zu erwarten ist, um entsprechende Leistungen aus Freundschaft oder Nachbarschaftshilfe davon abzugrenzen. Ist die Höhe der Vergütung (Stundenlohn oder Festgehalt) nicht vereinbart, ist die **„übliche Vergütung** als vereinbart anzusehen" (§ 612 Abs. 2 BGB). Diese ist regional bestimmt (im Norden wird dieselbe Tätigkeit ggfls. anders vergütet als im Süden, Westen und – derzeit erst recht – im Osten).

Übliche Vergütung

Mindestlohn

Mindestlohn

Als die in § 612 BGB erwähnte „taxmäßige" Vergütung kann der seit 01.01.2015 eingeführte gesetzliche Mindestlohn (seit 01.01.2022 in Höhe von € 9,82, ab 01.07.2022 in Höhe von € 10,45 und ab 01.10.2022 in Höhe von € 12,-) angesehen werden. Durch das **Mindestlohngesetz** (MiLoG) wird der in § 138 BGB normierte Gedanke des Schutzes vor sittenwidrigen Rechtsgeschäften bzw. vor „Wucher" (§ 138 Abs. 2 BGB: Schutz vor einem Rechtsgeschäft, welches unter „Ausbeutung der Zwangslage" oder der „Unerfahrenheit" für Leistungen sich Vermögensvorteile versprechen lässt, die „in einem auffälligen Missverhältnis zu der Leistung stehen") für das Arbeitsrecht präzisiert. Nach diesem Gesetz hat „jede Arbeitnehmerin und jeder Arbeitnehmer Anspruch auf Zahlung eines Arbeitsentgelts mindestens in Höhe des Mindestlohns" (**§ 1 Abs. 1 MiLoG**). Vereinbarungen, die diesen Anspruch unterschreiten, seine Geltendmachung beschränken oder ausschließen, sind insoweit unwirksam (**§ 3 MiLoG**). Neben der Pflicht des Arbeitgebers zur Dokumentation der täglichen Arbeitszeit der beschäftigten Arbeitnehmer (**§ 17 MiLoG**) sei auf die Definition des Arbeitnehmerbegriffs in **§ 22 MiLoG** aufmerksam gemacht: Hiernach werden „Praktikanten" u. a. auch dann als Arbeitnehmer gewertet, wenn sie länger als drei Monate beschäftigt sind (§ 22 Abs. 1 MiLoG). Dabei werden Kinder und Jugendliche (vgl. § 2 Abs. 1 und 2 JArbSchG) ebenso von dem Schutz des Mindestlohngesetzes herausgenommen wie Auszubildende; Letzteres dürfte einzusehen sein. Dass bis zur Vollendung des 18. Lebensjahres der Schutz versagt wird, hat seine Begründung darin, dass einerseits Kinder und Jugendliche zur Aufbesserung des Taschengelds häufig geringfügige Tätigkeiten (z. B. das Austragen von Zeitschriften) übernehmen, was nicht zu unterbinden ist, und andererseits das Eingehen eines Arbeitsverhältnisses mit Mindestlohn anstelle eines Berufsausbildungsverhältnisses nicht attraktiv gemacht bzw. ausgeschlossen werden soll.

2.2.1 Arbeitnehmerhaftung

Schadensersatz

Aus der Fremdbestimmtheit der Arbeitsleistung, d.h. aus der Tatsache, dass der Arbeitnehmer im Interesse des Arbeitgebers tätig wird, und aus der weiteren Tatsache, dass bei der täglichen Verrichtung unaufmerksames Handeln nur allzu menschlich ist und Fehler geschehen können, hat sich das „Privileg" der Arbeitnehmerhaftung entwickelt. Während die Bürger für Schäden, die durch ihr Handeln entstehen, haften müssen, wenn sie schuldhaft, d.h. vorsätzlich oder fahrlässig gehandelt haben **(§ 823 BGB)**, gelten für Arbeitnehmer andere Maßstäbe:

Entsteht durch fehlerhaftes Verhalten bei Verrichtung der arbeitsvertraglichen, angewiesenen Leistung ein Schaden, haftet der Arbeitnehmer nicht, wenn er nur fahrlässig gehandelt, er also die „im Verkehr erforderliche Sorgfalt außer Acht" gelassen hat **(§ 276 Abs. 2 BGB)**.

Er haftet jedoch, wenn er **vorsätzlich** (z.B. „Ich will, dass mein Werkstück beschädigt wird" oder: „Auch wenn ein Schaden entsteht - ich nehme ihn in Kauf") einen Schaden herbeiführt oder wenn er bei Schadensverursachung **grob fahrlässig** handelt. Darunter ist ein besonders eklatantes, jedermann ersichtliches leichtfertiges Tun zu verstehen. Wann grobe Fahrlässigkeit gegeben ist, hängt - wie immer - vom jeweiligen Einzelfall ab.

Beispiele für grobe Fahrlässigkeit

Grobe Fahrlässigkeit

- Das Führen eines Kraftfahrzeuges unter Alkoholeinfluss.
- Das Fahren ohne Fahrerlaubnis, es sei denn, der Arbeitgeber hat die Fahrt in Kenntnis des Fehlens ausdrücklich angeordnet.
- Die Häufung von Fehlleistungen trotz ausdrücklicher Hinweise und Anweisungen.

Bei einem sogenannten „mittleren" Verschulden, welches zwischen leichter und grober Fahrlässigkeit einzuordnen ist, haften Arbeitnehmer und Arbeitgeber anteilig entsprechend ihrem jeweiligen Verschulden (vgl. § 254 BGB).

§ 619 a BGB regelt, dass „abweichend von § 280 Abs. 1 BGB (...) der Arbeitnehmer Ersatz für den aus der Verletzung einer Pflicht (...) entstehenden Schaden nur zu leisten hat, wenn er die Pflichtverletzung zu vertreten hat". Dies bedeutet eine Umkehr der Beweislast dahingehend, dass der Arbeitgeber darlegen und beweisen muss, dass, wann und wie der Arbeitnehmer sich bei Schadensverursachung vorsätzlich oder grob fahrlässig verhalten hat. Dies bewirkt je nach Einzelfall, dass im Falle der Nichtbeweisbarkeit ein Schadensersatzanspruch des Arbeitgebers nicht gerichtlich durchgesetzt werden kann.

Auch die Haftung des Arbeitgebers gegenüber dem Arbeitnehmer und ggfls. dessen Hinterbliebenen bei Eintritt eines „Personenschadens“ aus Anlass der arbeitsvertraglichen Tätigkeit ist gem. **§ 104 SGB VII** eingeschränkt: Der Arbeitgeber hat nur dann Schadensersatz zu leisten, wenn er „den Versicherungsfall“, d. h. den Arbeitsunfall vorsätzlich herbeigeführt hat.

2.2.2 Rechte und Pflichten

Dem „Recht, von einem anderen ein Tun oder Unterlassen zu verlangen (Anspruch)“, wie in § 194 BGB definiert wird, entspricht die Pflicht auf der anderen Seite des (Arbeits-)Vertrags: Das eine ist die Kehrseite des anderen.

Leistung und Gegenleistung eines Vertragsverhältnisses stehen in einem sogenannten „synallagmatischen Verhältnis“ (ohne Leistung keine Gegenleistung). Im Arbeitsverhältnis stellt sich dies teilweise anders dar: Obwohl keine Arbeit geleistet wird, hat der Arbeitnehmer Anspruch auf Vergütung in folgenden Fällen:

Annahmeverzug

- **§ 615 BGB:** „Kommt der Dienstberechtigte (der Arbeitgeber) mit der Annahme der Dienste in Verzug, so kann der Verpflichtete (der Arbeitnehmer) die vereinbarte Vergütung verlangen, ohne zur Nacharbeit verpflichtet zu sein.“ Dies bedeutet, dass der Arbeitgeber Lohn zu zahlen hat, auch wenn er z. B. mangels Auftrags den Arbeitnehmer nicht beschäftigen kann.

  Achtung aus Arbeitnehmersicht: Der Arbeitgeber hat in solchen Situationen ein berechtigtes Interesse daran, den Arbeitnehmer „in Urlaub zu schicken“; einigen sich beide Seiten ausdrücklich oder stillschweigend auf z. B. zwei Tage Urlaub, sind die Voraussetzungen des § 615 BGB nicht (mehr) gegeben. Der sogen. Annahmeverzug des Arbeitgebers erfordert, dass der Arbeitnehmer seine Arbeitskraft zur rechten Zeit, am rechten Ort und in der arbeitsvertragsentsprechenden Weise (letztlich vergeblich) anbietet.
- Nicht nur an Sonn-, sondern auch an Feiertagen dürfen Arbeitnehmer grundsätzlich nicht beschäftigt werden **(§ 9 ArbZG)**. Dennoch hat der Arbeitgeber dann, wenn Arbeitszeit infolge eines gesetzlichen Feiertages ausfällt, dem Arbeitnehmer das Arbeitsentgelt zu bezahlen, das er erhalten hätte, wenn kein Arbeitsausfall gewesen wäre **(§ 2 EntgfzG)**.
- Wird ein Arbeitnehmer infolge Krankheit arbeitsunfähig, behält er, wenn ihn daran kein Verschulden trifft, den Anspruch auf Vergütung bis zu einer Dauer von 6 Wochen **(§ 3 EntgfzG)**.
- Eine schwangere Arbeitnehmerin darf, wenn nach ärztlichem Attest Leben oder Gesundheit der werdenden Mutter oder ihres Kindes gefährdet sind, nicht

beschäftigt werden **(§ 16 MSchG)**. Dennoch behält sie unter den Voraussetzungen des § 18 MSchG ihren Anspruch auf Vergütung.

- Während des „bezahlten Erholungsurlaubs“ (§ 1 BUrlG) wird keine Arbeit geleistet; gleichwohl hat der Arbeitnehmer Anspruch auf Vergütung („Urlaubsentgelt“ gem. § 11 BUrlG).

2.2.3 Haupt- und Nebenleistungspflicht

Die **Hauptleistungspflicht des Arbeitnehmers** besteht darin, die vereinbarte Tätigkeit im vereinbarten Umfang am vereinbarten Ort zur vereinbarten Zeit zu verrichten, also Arbeit zu leisten, die Arbeitskraft zur Verfügung zu stellen.

Die **Hauptleistungspflicht des Arbeitgebers** ist die rechtzeitige, dem Arbeitsvertrag entsprechende Vergütung der zur Verfügung gestellten Arbeitskraft.

Das Arbeitsvertragsgefüge stellt grundsätzlich ein Dauerschuldverhältnis dar. Es ist in der Regel auf unbestimmte Zeit angelegt und beinhaltet auch eine persönliche Beziehung zwischen den Vertragsparteien. Daraus ergibt sich unter dem Gesichtspunkt der gegenseitigen Rücksichtnahme und Achtung eine Vielzahl von Nebenleistungspflichten.

Für den **Arbeitnehmer** sind folgende **Nebenpflichten** gegeben:

- Im Falle einer krankheitsbedingten Arbeitsunfähigkeit ist er verpflichtet, seine Verhinderung **unverzüglich**, d. h. ohne schuldhaftes Zögern dem Arbeitgeber mitzuteilen. Diese eigentlich selbstverständliche Pflicht (schließlich muss der Arbeitgeber wissen, ob der Arbeitnehmer wie geplant eingesetzt werden kann oder ob organisatorische Maßnahmen zu treffen sind) ist in § 5 **EntgfzG** geregelt.
- Erkennt der Arbeitnehmer eine Gefährdung des Auftrags (z. B. der Akquisiteur erfährt, dass der Mitbewerber günstigere Preise bietet, oder der Kraftfahrer sieht, dass der Öldruck im Fahrzeug gefallen ist), ist er nach allgemeinen Grundsätzen verpflichtet, dies dem Arbeitgeber mitzuteilen.
- Der Arbeitnehmer ist dem Arbeitgeber gegenüber zu **Loyalität** verpflichtet. Dies bedeutet, dass er einerseits das Ansehen des Arbeitgebers nicht beeinträchtigen und andererseits dem Arbeitgeber keine Konkurrenz bieten darf (er darf sich im Geschäftsbereich des Arbeitgebers weder selbst konkurrierend betätigen, auch nicht außerhalb der geschuldeten Arbeitszeit, noch sich an dem Unternehmen eines Wettbewerbers beteiligen).

- Über Betriebs- und Geschäftsgeheimnisse hat der Arbeitnehmer Stillschweigen zu bewahren. Er darf also Dritten gegenüber weder über Einzelheiten geschäftlicher Beziehungen des Arbeitgebers zu Kunden oder zu seiner Bank sprechen noch Produktionsweisen, etwa chemische Formeln oder angewandte Techniken berichten.
- Mit zur Verfügung gestellten Arbeitsmitteln hat der Arbeitnehmer sorgsam umzugehen.

Die **Nebenpflichten des Arbeitgebers** sind insbesondere die Folgenden:

- Fürsorgepflicht: Auf persönliche, auch private Belange des Arbeitnehmers soll Rücksicht genommen werden. Der Arbeitseinsatz muss etwa bei einer vorübergehenden gesundheitlichen Leistungseinschränkung der Fähigkeit angepasst werden. Bei der Frage der Urlaubsgewährung ist die Berücksichtigung „sozialer Gesichtspunkte“ ausdrücklich normiert **(§ 7 Abs. 1 BUrlG)**.
- Gem. § 617 BGB ist der Arbeitgeber zur Gesundheitsfürsorge gegenüber einem in häuslicher Gemeinschaft aufgenommenen Arbeitnehmer verpflichtet.
- Gem. § 618 BGB hat der Arbeitgeber die Pflicht, Gefahren „für Leben und Gesundheit“ am Arbeitsplatz auszuschließen. Dazu gehört auch die Beachtung der umfangreichen Regelungen im Infektionsschutzgesetz (IfSG), wie z. B. aus § 28 Abs. 1 Nr. 14 und den nachfolgenden Vorgaben, welche auch der pandemischen Situation ab 2022 entsprechen, deutlich wird.
- Der Arbeitgeber hat die übergebenen Arbeitspapiere sorgsam aufzubewahren und nach Beendigung des Arbeitsverhältnisses an den Arbeitnehmer herauszugeben. Ein Zurückbehaltungsrecht („Ich gebe die Papiere erst heraus, wenn ich das überlassene Werkzeug zurückerhalte“) existiert nicht.

2.2.4 Nachvertragliche Pflichten

Für den **Arbeitnehmer** gilt es, bei und nach Beendigung des Arbeitsverhältnisses die ihm überlassenen Werkzeuge, Geschäftsunterlagen, Schlüssel, Firmenfahrzeuge u. Ä. an den Arbeitgeber herauszugeben. Ein Zurückbehaltungsrecht („Erst, wenn ich den restlichen Lohn erhalte“) ist ihm **nicht** gegeben, da er grundsätzlich „Besitzdiener“ des Arbeitgebers an den ihm überlassenen Gegenständen (vgl. § 855 BGB) ist.

Nach Beendigung des Arbeitsverhältnisses ist der Arbeitnehmer „frei“, dem bisherigen Arbeitgeber Konkurrenz zu machen. Ein dem entgegenstehendes Verbot besteht nicht mehr, es sei denn, Arbeitnehmer und Arbeitgeber vereinbarten ein Wettbewerbsverbot, was gem. § 110 GewO (Gewerbeordnung) zulässig ist.

Wettbewerbsverbot

Ein solches vertragliches **Wettbewerbsverbot** ist den strengen Anforderungen der §§ 74 ff HGB unterworfen: Es muss vor, nicht bei oder gar nach Beendigung des Arbeitsverhältnisses **schriftlich** vereinbart sein. Es ist nur „verbindlich", wenn sich der Arbeitgeber verpflichtet, für die Dauer des Verbotes eine Entschädigung zu bezahlen, die mindestens die Hälfte der zuletzt bezogenen jahresdurchschnittlichen Vergütung beträgt (sog. **Karrenzentschädigung** gem. § 74 Abs. 2 HGB), und es ist unwirksam, wenn es für mehr als 2 Jahre vereinbart wurde (§ 74 a Abs. 1 HGB). Schließlich muss das Wettbewerbsverbot dem „Schutz eines berechtigten geschäftlichen Interesses" des Arbeitgebers dienen (§ 74 a Abs. 1 HGB) und „nach Ort, Zeit oder Gegenstand (keine) unbillige Erschwerung des Fortkommens" des Arbeitnehmers darstellen.

Beispiele

- Ein Wettbewerbsverbot mit einem Facharbeiter dürfte nicht von einem berechtigten geschäftlichen Interesse des Arbeitgebers getragen sein. Ein solches mit dem Leiter der Forschungsabteilung, dessen intime Kenntnis technischer Produktionsweisen für Dritte sehr interessant sein dürfte, ist dagegen gerechtfertigt.
- Die Vereinbarung eines Wettbewerbsverbots zwischen einem Arbeitgeber, der ausschließlich in Süddeutschland Kunden hat, und einem hoch qualifizierten Mitarbeiter für den gesamten Raum Deutschlands, ist unverbindlich, da ein „berechtigtes" Interesse des Arbeitgebers nicht gegeben ist und da ein solches weiträumiges Wettbewerbsverbot nach dem „Ort (...) eine unbillige Erschwerung des Fortkommens" (§ 74 a Abs. 1 HGB) enthält.

Fehlt eines der genannten Elemente (Schriftform, Karrenzentschädigung, Zweijahresgrenze, berechtigtes Interesse, keine unbillige Erschwerung), ist das Wettbewerbsverbot unwirksam, der Arbeitnehmer also frei, dem bisherigen Arbeitgeber gegenüber zu konkurrieren. Sind alle Elemente gegeben, ist der Arbeitnehmer an das Verbot gebunden. Er muss sich auf die Karrenzentschädigung anderweitig erzieltes Einkommen **anrechnen** lassen, wenn beides (Entschädigung und anderweitiges Einkommen) zusammen mehr als 110% seines beim bisherigen Arbeitgeber erzielten Einkommens beträgt. War der Arbeitnehmer wegen des Wettbewerbsverbotes gezwungen, seinen Wohnsitz zu verlegen, erhöht sich diese Grenze auf 125% (74c HGB). Verstößt der Arbeitnehmer gegen das Wettbewerbsverbot, verliert er den Anspruch auf Karrenzentschädigung, und er hat, sofern dies mit dem Wettbewerbsverbot vereinbart wurde, eine **Vertragsstrafe** zu bezahlen (75 c HGB).

Kenntnisse und Fähigkeiten, die der Arbeitnehmer bei seinem bisherigen Arbeitgeber erworben hat, darf er nach seinem Ausscheiden verwerten. Fügt er indessen seinem ehemaligen Arbeitgeber „in einer gegen gute Sitten verstoßenden Weise vorsätzlich Schaden zu", ist er zum Ersatz des Schadens verpflichtet **(§ 826 BGB)**. Daher ist vor allem der Umgang mit Geschäfts- und Betriebsgeheimnissen aus dem bisherigen Arbeitsverhältnis sehr sorgsam abzuwägen.

Zeugnis

Zu den nachvertraglichen Pflichten des **Arbeitgebers** ist neben der Pflicht zur Herausgabe ordnungsgemäß ausgefüllter Arbeitspapiere insbesondere die Pflicht zur Erteilung eines Zeugnisses zu zählen. Gem. § 630 BGB hat er auf Wunsch des Arbeitnehmers ein Zeugnis schriftlich zu erteilen, aus welchem sich Inhalt und Dauer des Arbeitsverhältnisses ergeben (sogen. einfaches Zeugnis). Auf Verlangen des Arbeitnehmers ist nicht nur die Tätigkeit näher zu beschreiben, sondern auch über Leistung und Führung Auskunft zu geben (sogen. **qualifiziertes Zeugnis**). Dabei ist einerseits der Inhalt des Arbeitsverhältnisses und gegebenenfalls dessen Entwicklung so genau wie möglich zu beschreiben, wobei der Arbeitgeber frei ist, Schwerpunkte zu bilden und herauszuheben, und andererseits ist die Leistung zu bewerten, also in einer Gesamtschau ohne Berücksichtigung einzeln gebliebener Ereignisse zum Ausdruck zu bringen, ob und wie sehr der Arbeitgeber mit den Leistungen des Arbeitnehmers insgesamt zufrieden war. Das Zeugnis hat schließlich der **Wahrheit** zu entsprechen, seine Formulierung soll widerspruchsfrei und von einem dem beruflichen Fortkommen des Arbeitnehmers dienlichen **Wohlwollen** getragen sein. Es darf keine Merkmale oder Formulierungen enthalten, die den Zweck haben, eine andere Aussage zu treffen (§ 109 GewO).

2.2.5 Folgen bei Pflichtverletzung

Konsequenzen aus Pflichtverletzungen beider Arbeitsvertragsparteien sind an dieser Stelle rasch beschrieben: Wird nicht vertragsgerecht geleistet, hat der Gläubiger der Forderung das Recht, den anderen zur Leistung aufzufordern, ihn abzumahnen und im Falle der Nichtabhilfe das Vertragsverhältnis zu kündigen und/oder Schadensersatz zu verlangen. Der Gläubiger hat im Übrigen ein Leistungsverweigerungs- oder Zurückbehaltungsrecht: Wird die Vergütung nicht bezahlt, kann der Arbeitnehmer weitere Arbeitsleistungen ablehnen **(§ 273 BGB)**. Legt der Arbeitnehmer eine Arbeitsunfähigkeitsbescheinigung nicht vor, ist der Arbeitgeber zur Verweigerung der Krankenvergütung berechtigt (**§ 7 EntgfzG**). Beseitigt der Arbeitgeber eine Belästigung oder sexuelle Belästigung am Arbeitsplatz nicht oder trifft er keine Maßnahme zur Unterbindung, sind die Betroffenen berechtigt, ihre Tätigkeit einzustellen, ohne den Anspruch auf Vergütung zu verlieren **(§ 14 AGG)**.

2.2.6 Exkurs: Die Abmahnung

An dieser Stelle sei erwähnt, dass z. B. das Kündigungsrecht wegen einer Pflichtverletzung grundsätzlich eine vorausgegangene, vergeblich gebliebene **Abmahnung** erfordert, unabhängig davon, ob es die Kündigung des Arbeitgebers oder die außerordentliche Kündigung des Arbeitnehmers betrifft.

So hat z. B. ein Arbeitnehmer, dessen Vergütung längere Zeit ausblieb, zwar grundsätzlich ein außerordentliches Kündigungsrecht gem. § 626 BGB, jedoch darf er den Arbeitgeber damit nicht überraschen. Er ist vielmehr verpflichtet, den Arbeitgeber auf seine Kündigungsabsicht hinzuweisen, sollte die offene Vergütung nicht in angemessener Zeit geleistet werden.

Abmahnung

Zwar mag der Arbeitgeber ein ordentliches, je nach Einzelfall ein außerordentliches Kündigungsrecht haben, wenn z. B. der Arbeitnehmer vertraglich festgelegte Arbeitszeiten nicht einhält, er also zu spät zur Arbeit kommt und/oder sie zu früh verlässt. Der Kündigung muss indessen im Regelfall die „Ankündigung einer Kündigung" vorausgehen, damit der Arbeitnehmer Gelegenheit hat, seine Fehlleistung abzustellen. Die Abmahnung hat in diesem Sinne eine von der Rechtsprechung entwickelte grundsätzliche Bedeutung. Sie ist das Recht des Gläubigers, auf den Erhalt der versprochenen Leistung hinzuwirken, und sie entspricht dem Gebot der gegenseitigen Rücksichtnahme, welches das Arbeitsverhältnis in besonderem Maße prägt. Um als Vorbereitung einer ggfls. nicht zu vermeidenden Kündigung wirksam dienen zu können, soll sie nach formalisierten Kriterien insbesondere

- die Pflichtverletzung genau beschreiben (z. B.: „... am 17.04. statt um 8.00 Uhr erst um 10.00 Uhr die Arbeit angetreten") und
- dem Arbeitnehmer deutlich machen, dass im Wiederholungsfall der Fortbestand des Arbeitsverhältnisses gefährdet ist.

Die Abmahnung ist nicht an eine Form gebunden, sie kann also auch mündlich erteilt werden. Aus Gründen der Beweisbarkeit ist indessen eine schriftliche Abmahnung zu empfehlen, deren Erhalt quittiert wird.

Der von einer Abmahnung betroffene Arbeitnehmer hat Anspruch darauf, dass die Abmahnung beseitigt wird, wenn ihr Anlass nicht gegeben oder unzutreffend geschildert ist. Er kann diesen Anspruch mit einer auf Entfernung der Abmahnung gerichteten **Klage** vor dem Arbeitsgericht verfolgen. In einem vom BAG entschiedenen Fall hatte der Arbeitgeber wegen dreier verschiedener Anlässe den Arbeitnehmer in einem Schreiben abgemahnt. Nachdem ein Anlass nicht gegeben war, wurde das Abmahnungsschreiben von dem Gericht insgesamt für unzutreffend angesehen und der Arbeitgeber verpflichtet, das Abmahnungsschreiben zu entfernen.

Die Frage, **wie oft** vor Ausspruch einer Kündigung abgemahnt werden soll, sorgt gelegentlich für Verwirrung, weshalb an dieser Stelle darauf hingewiesen sei, dass

- die Wiederholung eines gleichartigen Vertragsverstoßes ein Kündigungsrecht begründet (Zuspätkommen, unentschuldigtes Fehlen sind gleichartige Verstöße, die Beleidigungen von Kunden oder Mitarbeitern sind dazu nicht gleichartig),
- zwischen der Erteilung einer Abmahnung und dem Wiederholungsfall ein **zeitnaher** Zusammenhang gegeben sein muss (nach der Rechtsprechung des BAG kann dieser Zeitraum nicht näher definiert werden, da es auf die Gewichtigkeit der Vertragsverletzung im jeweiligen Einzelfall ankommt) und
- bei zeitnaher Wiederholung eines bereits abgemahnten, **gleichartigen** Pflichtverstoßes ein Kündigungsrecht gegeben sein kann (vor 10 Jahren wegen unentschuldigten Fehlens abgemahnt und heute der Wiederholungsfall: kein zeitnaher Zusammenhang mehr; letzte Woche den Kunden übel beschimpft und deshalb abgemahnt, heute die Mitarbeiterin im Büro beleidigt: zeitnahe Wiederholung eines gleichartigen Sachverhalts). Ob die nach Wiederholung eines abgemahnten Sachverhalts erklärte Kündigung rechtswirksam ist, hängt wie immer von den jeweiligen Umständen des Einzelfalles und den gesetzlichen Voraussetzungen einer Kündigung (§§ 626 BGB, 1 KSchG) ab.

Fallbeispiel zur Kompetenzüberprüfung

Beim Einstellungsgespräch nach seiner Schwerbehinderung befragt, verneint der Arbeitnehmer diese. Der Arbeitgeber (25 beschäftigte Arbeitnehmer) bietet ihm eine auf 2 Jahre befristete Beschäftigung ab 1. März an, womit der Arbeitnehmer einverstanden ist. Den am zweiten Arbeitstag vorgelegten schriftlichen, befristeten Arbeitsvertrag unterzeichnet er. Am 3. Oktober ist der neue Arbeitnehmer auftragsgemäß mit dem Firmen-Kombi unterwegs und stößt beim Einparken rückwärts gegen einen Baum. Kotflügel und Rücklichter hinten rechts am Fahrzeug sind beschädigt. Vom Arbeitgeber zum Ersatz des Schadens aufgefordert, legt der Arbeitnehmer, der 7 Monate beanstandungsfrei mitgearbeitet hat, mit der Bitte um zusätzlichen Urlaub einen Ausweis vor, der seine seit 5 Jahren bestehende Schwerbehinderung belegt. Er erklärt, Schadensersatz leiste er nicht. Der Arbeitgeber bittet um Überprüfung der Frage, wie sich die Rechtslage darstellt, ob er denn nichts machen könne.

Antworten

1. Die wahrheitswidrige Verneinung der Schwerbehinderung begründet grundsätzlich ein Anfechtungsrecht gem. § 123 BGB. Da sich der Arbeit-

nehmer jedoch 7 Monate bewährt und beanstandungslos mitgearbeitet hat, ist ein Anfechtungsrecht nicht mehr gegeben.

2. Täuschung bei Vertragsschluss - ein Kündigungsrecht?
   Die Kündigung eines Arbeitsverhältnisses dient der Beseitigung von aufgetretenen Störungen beim Austausch der Leistungen. Da solche Störungen nicht aufgetreten sind (vom Unfall abgesehen), ist ein Kündigungsrecht nicht gegeben.
3. Kündigung wegen des Unfalles?
   Der Arbeitnehmer hat die Wartezeit des § 1 Abs. 1 KSchG erfüllt, da er länger als 6 Monate beschäftigt ist. Der Betrieb ist kein „Kleinbetrieb" gem. § 23 Abs. 1 KSchG. Das KSchG ist folglich zu beachten. Im Übrigen hat der Arbeitnehmer auch die Wartezeit des § 173 SGB IX erfüllt, sodass eine Kündigung nur nach vorheriger Zustimmung des Integrationsamtes möglich wäre (§ 168 SGB IX).
   Der unfallbedingte Schaden am Firmenfahrzeug kann als Grund im Verhalten des Arbeitnehmers eine Kündigung nicht sozial rechtfertigen, da er relativ geringfügig und nur mit leichter Fahrlässigkeit des Arbeitnehmers entstanden ist.
4. Befristung
   Da die gem. § 14 Abs. 4 TzBfG gebotene Schriftform der Befristungsabrede erst nach Aufnahme der Tätigkeit gewahrt wurde, ist die Befristung unwirksam.
5. Schadensersatz?
   Den Schaden am Fahrzeug hat der Arbeitnehmer fahrlässig verursacht, da er beim Rückwärtsfahren die „im Verkehr erforderliche Sorgfalt" (§ 276 Abs. 2 BGB) außer Acht gelassen hat. Da jedoch die Arbeitnehmerhaftung für Schäden, die bei angewiesener Tätigkeit entstehen, privilegiert ist und da weder Vorsatz noch grobe Fahrlässigkeit zu erkennen sind, ist ein Anspruch auf Schadensersatz nicht gegeben.
6. Als Schwerbehinderter hat der Arbeitnehmer gem. § 208 SGB IX Anspruch auf einen bezahlten zusätzlichen Urlaub von 5 Arbeitstagen je Jahr. Dem steht nicht entgegen, dass der Arbeitgeber erst nach 7 Monaten davon erfuhr, dass der Arbeitnehmer Schwerbehinderter ist.

3. Der Urlaub

Urlaub ist als bezahlte Freistellung von der Arbeitspflicht zum Zweck der Erholung zu verstehen. Der Anspruch auf Urlaub ist höchstpersönlicher Art. Er kann daher nicht abgetreten werden. Er ist jedoch vererblich (siehe nachfolgend Abschnitt 3.7).

Urlaub

Die Urlaubsansprüche der Arbeitnehmer sind in vielen Tarif- und Arbeitsverträgen insbesondere bezüglich der Dauer des Urlaubs vom Gesetz abweichend geregelt. Dennoch gelten die gesetzlichen Regeln (grundsätzlich) auch für sie. Das „Mindesturlaubsgesetz für Arbeitnehmer" (**BUrlG**) jedenfalls garantiert, dass die Arbeitnehmer jährlich mindestens vier Wochen Urlaub zu beanspruchen haben, und regelt, wie der Urlaubsanspruch erfüllt wird.

Handlungssituation (Fallbeispiel)

Geselle Paul, seit vielen Jahren bei der Firma Roth beschäftigt, hatte vom 2. bis 30. Januar 2012 Urlaub von 4 Wochen erhalten. Da er dabei einen Arbeitgeber kennenlernte, der ihm viel bessere Konditionen versprach, erklärt er mit dem am selben Tag übergebenen Schreiben vom 1. Februar 2012 die Kündigung seines bisherigen Arbeitsvertrages. Der bisherige Arbeitgeber, Meister Roth, Inhaber des Betriebes, ist enttäuscht und fragt, zu welchem Zeitpunkt das Arbeitsverhältnis aufgrund der Kündigung endet und ob er den zu viel gewährten Urlaub zurückverlangen könne.

3.1 Urlaubsjahr gleich Kalenderjahr

Übertragung

Gem. den §§ 1, 7 Abs. 3 BUrlG hat jeder Arbeitnehmer in jedem Kalenderjahr Anspruch auf Urlaub, der im **laufenden Kalenderjahr** gewährt und genommen werden muss. Dies bedeutet grundsätzlich, dass ein bis zum 31. Dezember noch nicht genommener Urlaub verfällt. Allerdings ist nach der Rechtsprechung von EuGH und BAG (Urteil vom 19.02.2019) der Arbeitgeber verpflichtet, den Arbeitnehmer ggfs. „klar und rechtzeitig" darauf hinzuweisen, dass ein (Rest-)Anspruch auf Urlaub (noch) besteht. Die Bindung des Urlaubsanspruches an das Kalenderjahr bezweckt, ein Ansammeln von Urlaubsansprüchen über mehrere Jahre hinweg - auch wenn sich Arbeitgeber und Arbeitnehmer einig sind - zu verhindern.

Kann aus **„dringenden betrieblichen Gründen"** der Urlaub nicht (vollständig) im Kalenderjahr genommen werden, ist seine Übertragung in das Folgejahr, jedoch nur bis längstens 31. März von Gesetzes wegen zulässig (§ 7 Abs. 3 BUrlG). Ein solcher dringender Grund ist z. B. gegeben, wenn die Erkrankung einiger Arbeitnehmer der Urlaubsgewährung deshalb entgegensteht, weil die Abteilung, die Produktion oder

der geschäftliche Betrieb stillgelegt würde, ginge der letzte verbliebene Arbeitnehmer in Urlaub.

Kann der Urlaub aus **„in der Person des Arbeitnehmers liegenden Gründen“** nicht im laufenden Kalenderjahr genommen werden, ist eine Übertragung ins Folgejahr gleichfalls zulässig. Ein solcher persönlicher Grund ist insbesondere eine eingetretene Arbeitsunfähigkeit infolge Krankheit. (Merke: Urlaubsfähigkeit setzt Arbeitsfähigkeit voraus, was aus § 9 BUrlG folgt, da hiernach ärztlich nachgewiesene Krankheitstage auf den Urlaub nicht angerechnet werden.) Da nach europäischem Recht Arbeitsunfähigkeit infolge Krankheit einem Urlaubsanspruch nicht entgegenstehen darf, ist die Begrenzung der Übertragung auf das erste Quartal des Folgejahres europarechtswidrig, wie der Europäische Gerichtshof (EuGH) entschieden hat. Nach inzwischen feststehender Rechtsprechung des BAG und des EuGH ist es nicht europarechtswidrig, wenn im Falle ganzjähriger Arbeitsunfähigkeit der Übertragungszeitraum auf 15 Monate begrenzt wird (BAG, 9 AZR 353/10 vom 07.08.2012 und EuGH, C-214/10 vom 22.11.2011). D.h., ein Urlaubsanspruch aus dem Jahr 2020, der wegen krankheitsbedingter Arbeitsunfähigkeit nicht erfüllt werden kann, ist maximal bis 31.03.2022 übertragbar.

3.2 Teil- und Vollanspruch

Gem. § 4 BUrlG entsteht der „volle“ Urlaubsanspruch erst nach einer **Wartezeit** von 6 Monaten ab Beginn des Arbeitsverhältnisses. Die Wartezeit muss nur einmal, nicht jedes Jahr aufs Neue erfüllt werden. Erst nachdem also das Arbeitsverhältnis ein halbes Jahr bestanden hat, kann ein Urlaub von 24 Werktagen (nicht: Arbeitstagen!) gefordert werden.

Wartezeit

Aber auch in dieser Wartezeit entstehen Urlaubsansprüche: Gem. § 5 BUrlG erweitert sich für jeden vollen Monat des Bestehens des Arbeitsverhältnisses der Urlaubsanspruch um ein Zwölftel des Gesamtanspruches. Der Urlaubsanspruch wächst also zeitanteilig um ein Zwölftel je vollen Monat bis zum „vollen“ Anspruch heran. Die Regelungen des § 5 BUrlG genauer betrachtet ergeben Folgendes:

- Kann die Wartezeit von 6 Monaten nicht erfüllt werden, weil das Arbeitsverhältnis am 1. Juli oder später begonnen hat (§ 5 Abs. 1 Buchst. **a** BUrlG) oder
- endet das Arbeitsverhältnis vor Ablauf der Wartezeit, also im ersten halben Jahr seines Bestehens (§ 5 Abs. 1Buchst. **b** BUrlG) oder
- scheidet der Arbeitnehmer nach erfüllter Wartezeit in der ersten Hälfte des laufenden Kalenderjahres, d.h. bis einschließlich 30. Juni aus dem Arbeitsverhältnis aus (§ 5 Abs. 1 Buchst. **c** BUrlG),

Teilurlaub

ist ein zeitanteiliger Anspruch auf Urlaub entstanden. Hieraus ergibt sich eine weitere Folge: Die Regelung des § 5 Abs. 1 c BUrlG bedeutet zugleich, dass ein Arbeitnehmer, der in der zweiten Jahreshälfte, also am 1. Juli oder danach ausscheidet, einen vollen, ungekürzten und nicht „gezwölftelten“ Urlaubsanspruch erworben hat.

Beispiel

Unterstellt, Ostersonntag fällt im laufenden Jahr auf den 15. April und ein Arbeitnehmer, der nach Vertrag von Montag bis Freitag zur Arbeitsleistung verpflichtet ist und am 1. Januar diesen Jahres sein Arbeitsverhältnis begonnen hat, wünscht sich für die Woche vor und die Woche nach Ostern Urlaub. Hat er Anspruch?

Antwort

Nach dem Gesetz hat der Arbeitnehmer Anspruch auf 24 Werktage, also auf 4 Wochen Urlaub im Jahr. Nach dem Arbeitsvertrag (Montag bis Freitag) ist eine Woche mit 5 Arbeitstagen anzusetzen, daher von einem Urlaubsanspruch insgesamt von 20 Arbeitstagen auszugehen. Da das Arbeitsverhältnis am 1. Januar begonnen hat, besteht es im April erst 3 **volle** Monate. Die Wartezeit ist nicht erfüllt, dennoch ist ein zeitanteiliger Urlaubsanspruch entstanden, der mit $3/12 = 1/4$ und daher mit 5 Arbeitstagen gegeben ist.

Hieraus folgt, dass der Arbeitnehmer Anspruch auf Urlaub in der Woche vor (Montag bis Donnerstag, Karfreitag ist ein gesetzlicher Feiertag) oder nach Ostern (Ostermontag ist gesetzlicher Feiertag, daher von Dienstag bis Freitag) und auf einen weiteren Urlaubstag hat, nicht jedoch im gewünschten Umfang.

3.3 Gewährung des Urlaubs

Urlaubsgewährung

Der Wortlaut von § 7 Abs. 1, Abs. 2 und Abs. 3 BUrlG macht deutlich: Urlaub wird vom Arbeitgeber „gewährt“. Ein Recht des Arbeitnehmers zur „Selbstbeurlaubung“ gibt es also nicht, auch nicht, wenn der Arbeitgeber trotz gegebenem Anspruch die bezahlte Freistellung verweigert.

Gem. § 7 **Abs. 1 BUrlG** ist der Arbeitgeber verpflichtet, bei der zeitlichen Festlegung des Urlaubs den **Wunsch des Arbeitnehmers** zu berücksichtigen. Hieraus folgt, dass eine einseitige, vom Arbeitgeber bestimmte Urlaubsfestlegung grundsätzlich ausgeschlossen ist. Ausnahmen:

- Besteht in einem Betrieb ein gewählter Betriebsrat und hat der Arbeitgeber mit diesem gem. § 87 Abs. 1 Nr.5 BetrVG einen Urlaubsplan erstellt, ist dieser für den Arbeitnehmer verbindlich.

- Im Bereich des Handwerks sind, sofern dies üblich, sogen. Handwerkerferien für den Arbeitnehmer verbindlich.
- Schließlich ist der Arbeitgeber berechtigt, in einem gekündigten Arbeitsverhältnis den Urlaub des Arbeitnehmers in den Verlauf der Kündigungsfrist zu legen.

Der Urlaubswunsch des Arbeitnehmers ist nur dann nicht zu beachten, wenn ihm Urlaubswünsche anderer Arbeitnehmer entgegenstehen, die aus sozialen Gründen den Vorrang verdienen. D. h., Arbeitnehmer mit schulpflichtigen Kindern können gegenüber einem kinderlosen Arbeitnehmer bevorzugt werden, wenn es um Urlaub in der Zeit z. B. der Sommerferien („Große Ferien“) geht. Auch dringende betriebliche Belange können dem Urlaubswunsch entgegenstehen, wobei ein strenger Maßstab („dringende“) anzulegen ist. D. h., nur unvorhergesehene, nicht planbare Umstände des Betriebs stellen dringende Belange dar. So ist z. B. die Erkrankung des Stellvertreters ein solcher Grund oder eine von außen bestehende Gefahr für den Betrieb, etwa durch Hochwasser.

Nach Durchführung einer Kur (Maßnahme der medizinischen Rehabilitation) ist auf Wunsch des Arbeitnehmers ein anschließender Urlaub zu gewähren. Eine der vorgenannten Einschränkungen besteht hier nicht (§ 7 Abs. 1 Satz 2 BUrlG).

Gem. § 7 **Abs. 2 BUrlG** ist der Urlaub „zusammenhängend“, also grundsätzlich in einem Block zu gewähren. Sind indessen dem entgegenstehende „dringende“ betriebliche Gründe oder in der Person des Arbeitnehmers liegende Gründe gegeben, die eine Teilung „erforderlich“ machen, kann der Urlaub gestückelt werden. Dabei ist jedoch, um den Urlaubszweck der Erholung zu erreichen, eine bezahlte Freistellung von mindestens 12 Werktagen (also zwei Wochen) zu gewähren, wenn ein entsprechender Urlaubsanspruch dem Arbeitnehmer gegeben ist. Das Gesetz will damit sicherstellen, dass der Urlaub, auch wenn dies dem Wunsch beider Seiten entspricht, nicht tageweise genommen und gewährt, der Erholungszweck also vereitelt wird.

Ein einmal gewährter, zeitlich festgelegter Urlaub kann im Übrigen einseitig, also ohne Einvernehmen, weder vom Arbeitnehmer noch vom Arbeitgeber storniert werden.

Nur dann, wenn der Urlaub „wegen Beendigung“ des Arbeitsverhältnisses nicht mehr genommen und gewährt werden kann, ist der Anspruch gem. § 7 **Abs. 4** BUrlG in Geld auszuzahlen, also **abzugelten**.

Dem Erholungszweck zuwider wäre im Übrigen eine **Erwerbstätigkeit** während des Urlaubs. Daher ist dies dem Arbeitnehmer gem. § 8 BUrlG ausdrücklich untersagt.

Wird der Arbeitnehmer während eines gewährten und angetretenen Urlaubs arbeitsunfähig krank, werden die durch ärztliches Attest nachgewiesenen Krankheitstage auf den Urlaub nicht „angerechnet“ **(§ 9 BUrlG)**.

3.4 Vergütung während des Urlaubs (Urlaubsentgelt)

Während der bezahlten Freistellung von der Arbeitspflicht hat der Arbeitnehmer Anspruch auf Vergütung. Gem. § 11 BUrlG ist diese aus dem Durchschnitt der dem Urlaub vorausgegangenen drei Monate („dreizehn Wochen") zu bemessen, wobei die „zusätzlich für Überstunden" geleisteten Zahlungen nicht mit einzubeziehen, Sachbezüge indessen, wenn sie in der Urlaubszeit nicht geleistet werden, in Geld „angemessen" zu bezahlen sind. Letzteres bedeutet, dass z. B. ein Zuschuss zum Mittagessen („Essensgeld") bei der Urlaubsvergütung zu berücksichtigen ist.

Urlaubsentgelt

Das Gesetz kennt kein sogenanntes „zusätzliches Urlaubsgeld". Solche Ansprüche sind in Arbeits- oder häufig in Tarifverträgen geregelt. Wegen der Vielzahl tariflicher Voraussetzungen (siehe bei „Tarifbindung") kann hier nicht darauf eingegangen werden.

3.5 Zu viel Urlaub erhalten? Kein Doppelanspruch

Fall 1

Ein Arbeitnehmer, seit vielen Jahren beschäftigt, hat im laufenden Kalenderjahr seinen Urlaub vollständig erhalten. Er möchte dennoch im Dezember weitere 2 Wochen Urlaub. Er einigt sich mit seinem Arbeitgeber, dass er diesen Urlaub im Vorgriff auf das Folgejahr erhält. Am 2. Januar des Folgejahres kündigt der Arbeitnehmer gem. § 622 BGB fristgerecht zum 31. Januar. Der Arbeitgeber verlangt hierauf den im Dezember gewährten Urlaub zurück. Ist das rechtlich möglich?

Fall 2

Ein langjährig beschäftigter Arbeitnehmer erhält im Januar auf Wunsch 4 Wochen Urlaub. Er kündigt fristgerecht zum 31. März. Der Arbeitgeber ist der Meinung, er schulde für das laufende Jahr nur ¼ des Urlaubs, und er verlangt daher ¾ des gewährten Urlaubs zurück. Zu Recht?

Fall 3

Der Arbeitnehmer aus Fall 1, der am 1. April ein neues Arbeitsverhältnis begonnen hat, verlangt von seinem neuen Arbeitgeber am 1. Oktober, ab 15.10. vier Wochen Urlaub zu erhalten. Hat er Anspruch darauf?

Antworten

zu 1

Urlaubsjahr ist das Kalenderjahr, d. h., der Urlaub ist an das Kalenderjahr gebunden (der Wortlaut in § 1 BUrlG: „in jedem Kalenderjahr ..." und in § 7 Abs. 3 BUrlG: „... muss im laufenden Kalenderjahr gewährt und genommen werden" macht dies deutlich). Daher ist ein Urlaub im Vorgriff rechtlich nicht möglich. Ein dennoch gewährter Urlaub kann nicht zurückgefordert werden.

zu 2

Wie aus der Regelung des § 5 Abs. 3 BUrlG deutlich wird, kann das für den zu viel gewährten Urlaub bezahlte Urlaubsentgelt nicht zurückverlangt werden, auch wenn der Arbeitnehmer lediglich ¼ des Jahresurlaubs hätte beanspruchen können.

zu 3

Zwar hat der Arbeitnehmer ab 1.10. die Wartezeit des § 4 BUrlG erfüllt. Jedoch besteht ein Urlaubsanspruch deshalb nicht, weil gem. § 6 BUrlG der Arbeitnehmer von seinem früheren Arbeitgeber bereits den gesetzlichen Jahresurlaub erhalten hat. Der frühere Arbeitgeber ist daher verpflichtet, bei Beendigung des Arbeitsverhältnisses eine sogenannte „Urlaubsbescheinigung" über den von ihm gewährten oder abgegoltenen Urlaub zu erteilen. Der neue Arbeitgeber kann die Vorlage dieser Bescheinigung verlangen, um zu erfahren, ob er dem Urlaubswunsch entsprechen muss oder nicht.

3.6 Unabdingbarkeit

Das Mindesturlaubsgesetz (BUrlG) bedeutet, dass von ihm nicht abgewichen werden kann. Zur Verstärkung dieses Minimums regelt § 13 BUrlG, dass insbesondere § 1 (in jedem Kalenderjahr), § 2 (das Gesetz gilt für Arbeiter, Angestellte und Auszubildende, also für alle Arbeitnehmer) und § 3 Abs. 1 BUrlG (mindestens 24 Werktage) unabdingbar sind. Die weiteren Vorschriften des Gesetzes können indessen durch Tarifvertrag geändert werden, der bei nicht tarifgebundenen Arbeitnehmern und Arbeitgebern nur bei ausdrücklicher Vereinbarung seiner Anwendung den Urlaubsanspruch bestimmt. Eine Abweichung vom Gesetz durch Arbeitsvertrag ist schließlich nicht möglich, wenn dies zuungunsten des Arbeitnehmers geschieht.

Fallbeispiel zur Kompetenzüberprüfung

Geselle Paul, seit vielen Jahren bei der Firma Roth beschäftigt, hatte vom 2. bis 30. Januar 2012 Urlaub von 4 Wochen erhalten. Da er dabei einen Arbeitgeber kennenlernte, der ihm viel bessere Konditionen versprach, erklärt er mit dem am selben Tag übergebenen Schreiben vom 1. Februar 2012 die Kündigung seines bisherigen Arbeitsvertrages. Der bisherige Arbeitgeber, Meister Roth, Inhaber des Betriebes, ist enttäuscht und fragt,

1. zu welchem Zeitpunkt das Arbeitsverhältnis aufgrund der Kündigung endet und
2. ob er den zu viel gewährten Urlaub zurückverlangen könne.

Antwort

1. Für die Kündigung des Arbeitnehmers ist gem. § 622 Abs. 1 BGB eine Frist von 4 Wochen zum 15. oder Letzten des Monats gegeben. Da die Kündigung am 1. Februar übergeben wurde und da 2012 ein Schaltjahr war, wirkt die fristgerechte Kündigung zum 29. Februar.
2. Da somit Geselle Paul nach (vor vielen Jahren) erfüllter Wartezeit in der ersten Hälfte des Kalender- und damit des Urlaubsjahres ausscheidet, hat er gem. § 5 Abs. 1 Buchstabe c BUrlG für die beiden vollen Monate des Bestehens des Arbeitsverhältnisses in Januar und Februar Anspruch auf lediglich $^{2}/_{12}$ des Jahresurlaubs. Er hat also zu viel Urlaub erhalten. Dennoch: Gem. § 5 Abs. 3 BUrlG ist ein Anspruch des Arbeitgebers auf Rückzahlung des zu viel gezahlten Urlaubsentgelts nicht gegeben.

3.7 Besonderheiten

Obwohl der Anspruch auf bezahlte Freistellung von der Arbeitspflicht (Urlaub) höchstpersönlicher Natur und an das Urlaubs-, also an das Kalenderjahr gebunden ist, ergibt sich nach neuester Rechtsprechung des EuGH und des BAG Folgendes:

Zum einen wird es im Rahmen der allgemeinen Privatautonomie als zulässig angesehen, arbeitsvertraglich zu vereinbaren, dass nicht genommener (Rest-)Urlaub in das Folgejahr übertragen wird. Von den oben unter Ziffer 3.1 aufgezeigten Bedingungen kann somit durch Vertrag abgewichen werden.

Zum anderen hat der Anspruch auf Urlaub vergleichbar dem Vergütungsanspruch geldwerten Charakter (vgl. oben Ziffer 3.2: Das zeitanteilige Anwachsen des Urlaubsanspruchs in der Wartezeit macht dies deutlich). Dies bedeutet, dass im Falle des Todes des Arbeitnehmers nicht nur dessen unerfüllt gebliebenen Vergütungsansprüche, sondern auch sein Urlaubsanspruch auf die Erben des Arbeitnehmers übergehen mit folgender Maßgabe: Das Arbeitsverhältnis endet mit dem Tod des Arbeitnehmers (vergleiche nachfolgend Ziffer 11.1). Sein Anspruch auf bezahlte Freistellung kann daher „wegen Beendigung“ nicht mehr erfüllt werden, sodass sich gem. § 7 Abs.4 BUrlG der Urlaubsanspruch folglich in einen Anspruch auf Abgeltung des Urlaubs umwandelt. Dieser Abgeltungsanspruch ist vererblich.

Fallbeispiel zur Kompetenzüberprüfung

Der Arbeitgeber beschäftigt seit 01. Januar vor 4 Jahren Herrn Rüstig, einen 68-jährigen Rentner, mit dem er im schriftlichen Arbeitsvertrag vereinbart hat, dass er 450,- € je Monat bei einer wöchentlichen Arbeitszeit von 4 Stunden je Arbeitstag, Montag bis Freitag, erhält und dass „restlicher Urlaub in das Folgejahr übertragen wird". Am 02. April des laufenden Jahres verstirbt Rüstig ohne je Urlaub beantragt und erhalten zu haben. Sein Sohn als alleiniger Erbe stellt dies bei der Durchsicht der Papiere fest und fordert den Arbeitgeber auf, nicht nur den offen gebliebenen Urlaub, sondern auch die richtige Vergütung auszubezahlen. Kann der Sohn Zahlungen verlangen?

Antwort

Vergütung? Ein Anspruch ist gegeben, da die Vereinbarung einer Vergütung von 450,- € für eine Wochenarbeitszeit von 20 Stunden, also eine monatliche Arbeitszeit von 80 Stunden gegen die Vorgaben des Mindestlohngesetzes verstößt, nachdem sich hieraus ein Stundenlohn von 5,63 € (aufgerundet) errechnet. Ein restlicher Vergütungsanspruch in Höhe der Differenz zum jeweils aktuellen Mindestlohn ist daher gegeben und auf den Erben übergegangen. Dem steht das Rechtsinstitut der Verwirkung nicht entgegen: Selbst wenn Herr Rüstig über 4 Jahre hinweg (= sogenanntes Zeitmoment) die Vergütung ohne Reklamationen hingenommen hat (sogenanntes Umstandsmoment) ist die Verwirkung gem. § 3 MiLoG ausgeschlossen. Mit der Einrede der Verjährung muss indessen gerechnet werden.

Urlaub? Für 4 Jahre ist ein Urlaubsanspruch des Herrn Rüstig mit jeweils $^{12}/_{12}$, für das Jahr seines Todes sind $^{3}/_{12}$ (für jeden vollen Monat, also für Januar bis März) des Urlaubsanspruchs entstanden und unerfüllt geblieben, weshalb insgesamt $^{51}/_{12}$ nach Arbeitsvertrag „fortzuschreiben" waren. Da sein Arbeitsverhältnis mit dem Tod endete, ist dieser Anspruch gem. § 7 Abs.4 BUrlG abzugelten. Der Abgeltungsanspruch ist vererblich. Er kann von dem Sohn als Erbe im Umfang von 4 ¼ Monatsvergütungen, errechnet auf der Basis des seit 2015 geltenden Mindestlohngesetzes (MiLoG) zu Recht gefordert werden.

4. Das Entgeltfortzahlungsgesetz

Zwei weitere Ausnahmen vom Prinzip „Keine Leistung ohne Gegenleistung" regelt das „Gesetz über die Zahlung des Arbeitsentgelts an Feiertagen und im Krankheitsfall" **(EntgfzG)** unter nachfolgenden Voraussetzungen:

4.1 Die Feiertagsvergütung

Feiertagsvergütung

Nach § 9 Arbeitszeitgesetz (ArbZG) dürfen grundsätzlich Arbeitnehmer an Sonn- und gesetzlichen Feiertagen „von 0.00 bis 24.00 Uhr" nicht beschäftigt werden. Liegt in der Arbeitswoche von Montag bis Samstag ein gesetzlicher Feiertag auf einem dieser Werktage, fällt wegen des Beschäftigungsverbots die Arbeitsleistung des Arbeitnehmers aus. Um den Arbeitnehmer dennoch nicht vergütungslos zu lassen, hat der Arbeitgeber gem. **§ 2 EntgfzG** die Vergütung für diejenige Arbeitszeit zu bezahlen, die „infolge" des gesetzlichen Feiertages ausfällt.

„Infolge" bedeutet, dass zwischen dem Ausfall von Arbeitszeit und dem gesetzlichen Feiertag ein **ursächlicher Zusammenhang** bestehen muss, damit von einer Vergütungspflicht ausgegangen werden kann. Haben etwa Arbeitnehmer und Arbeitgeber für die Woche vor und für die Woche nach Ostern unbezahlten Urlaub vereinbart, ist ein solcher Kausalzusammenhang nicht gegeben mit der Konsequenz, dass sowohl der Karfreitag als auch der Ostermontag nicht zu vergüten sind.

Der Ursachenzusammenhang wird in § 2 Abs. 2 EntgfzG noch einmal verdeutlicht, da hiernach auch dann, wenn Arbeitszeit durch Kurzarbeit nach den Vorgaben der §§ 95 ff SGB III ausfällt und wenn an den Tagen vor und nach einem Feiertag Kurzarbeitergeld bezahlt wird, der Ausfall am Feiertag als Ausfalltag nach Abs. 1 anzusehen, Feiertagsvergütung also zu bezahlen ist.

Der Anspruch auf Feiertagsvergütung entfällt indessen, wenn der Arbeitnehmer an den Arbeitstagen unmittelbar vor oder nach dem Feiertag **„unentschuldigt"** der Arbeit ferngeblieben ist (§ 2 Abs. 3 EntgfzG). „Unentschuldigt" bedeutet ein Fehlen ohne rechtfertigenden Grund. Ein Arbeitnehmer, der arbeitsunfähig erkrankt ist, dies dem Arbeitgeber jedoch (noch) nicht mitgeteilt, sein Fehlen also nicht entschuldigt hat, fehlt nicht „unentschuldigt" im Sinne des § 2 Abs. 3 EntgfzG.

Die Höhe der Entgeltzahlung wird aus dem sogenannten „Lohnausfallprinzip" ermittelt: Es ist das Entgelt zu bezahlen, das der Arbeitnehmer ohne den Arbeitszeitausfall erhalten hätte. Wird z. B. in der Woche, in die ein Feiertag fällt, arbeitstäglich 9 Stunden gearbeitet, ist der Feiertag mit 9 Stunden zu vergüten.

4.2 Entgeltfortzahlung im Krankheitsfall

Krankheitsvergütung

Wird ein Arbeitnehmer durch Arbeitsunfähigkeit infolge Krankheit an der Arbeitsleistung gehindert, behält er gleichwohl für die Dauer von 6 Wochen den Anspruch auf Vergütung, sofern er die Arbeitsunfähigkeit nicht selbst verschuldet hat **(§ 3 Abs. 1 EntgfzG)**.

Handlungssituation (Fallbeispiel)

Ein Flaschner, seit 2 Jahren beschäftigt, hat sich als Amateurfußballer im Frühjahr bei einem Fußballturnier den rechten Fußknöchel gebrochen, weshalb er 4 Wochen arbeitsunfähig war. Im Sommer dieses Jahres erleidet er beim Einsatz für seine Mannschaft eine schwerwiegende „Oberschenkelzerrung im linken Bein". Er ist deswegen vom 15. August bis 12. September (4 Wochen lang) arbeitsunfähig. Nachdem er am 13. September die Arbeit wieder aufgenommen hat, erleidet er am 15. September einen Verkehrsunfall, weshalb er für 4 Wochen bis 13. Oktober arbeitsunfähig ist. Am 12. Oktober diagnostiziert sein behandelnder Arzt eine Lungenentzündung, wegen der er bis 9. November (weitere 4 Wochen) arbeitsunfähig ist.

Der Inhaber des Sanitärbetriebes, dem Arbeitsunfähigkeitsbescheinigungen stets ordnungsgemäß vorgelegt wurden, fragt entsetzt, ob er tatsächlich für insgesamt 16 Wochen in diesem Jahr Krankenvergütung bezahlen muss (Antwort am Ende des Kapitels).

4.2.1 Die Voraussetzungen im Einzelnen

- **„Krankheit"** ist sehr vereinfacht jede Abweichung körperlicher oder seelischer Art vom Normalzustand (die Frage, was die Norm ist, soll und kann hier nicht abschließend diskutiert werden; mit „Durchschnitt" oder „in aller Regel" wird man sich dem Begriff „Abweichung" nähern können).

Arbeitsunfähigkeit

- **Arbeitsunfähigkeit** bedeutet, dass der Arbeitnehmer nicht in der Lage ist, seine im Arbeitsvertrag geregelte Leistungspflicht zu erfüllen. **Das heißt:** Ein Arbeitnehmer mit sitzender Bürotätigkeit, der sich am Sprunggelenk eine Bänderzerrung zugezogen hat, ist zwar krank (Abweichung vom Normzustand), in aller Regel jedoch nicht arbeitsunfähig, da er mit bandagiertem Knöchel seine Schreibtischtätigkeit unbeeinträchtigt ausüben kann. Ein Dachdecker indessen ist bei gleichem Befund nicht mehr in der Lage, trotz schienender Bandage sicheren Fußes auftreten zu können. Er ist arbeitsunfähig.

- Damit ein Anspruch gem. § 3 EntgfzG gegeben ist, muss zwischen Krankheit und Arbeitsunfähigkeit ein **Ursachenzusammenhang** bestehen.

  Beispiel: Ein in Untersuchungshaft genommener Arbeitnehmer ist arbeitsunfähig, da ihm die Möglichkeit der freien Bewegung fehlt. Da dies jedoch nicht „infolge" Krankheit eingetreten ist, besteht kein Vergütungsanspruch.

Verschulden

- **„... ohne dass ihn ein Verschulden trifft"** hat einen anderen Verschuldensbegriff zum Inhalt als § 276 BGB: Handelt hiernach schon schuldhaft, wer „die im Verkehr erforderliche Sorgfalt außer Acht lässt", wer sich also fahrlässig verhält (§ 276 Abs. 2 BGB), wird ein Selbstverschulden gem. § 3 EntgfzG nur dann anzunehmen sein, wenn eine besonders eklatante, einem jeden erkenntliche und gegen jedes selbstverständliche Eigeninteresse verstoßende Sorglosigkeit gegeben ist.

  Beispiele:

  - Wer nahe einer Verkehrsampel ohne deren Beachtung im Feierabendverkehr eine stark befahrene Straße zu überqueren versucht und dabei verletzt wird, hat seine Arbeitsunfähigkeit selbst verschuldet.
  - Wer als Autofahrer, ohne den Sicherheitsgurt angelegt zu haben, bei einem Unfall verletzt wird, handelt gegen jedes Eigeninteresse sorglos.
  - Gleiches gilt bei dem Unfall eines Motorradfahrers, der keinen Helm getragen hat.
  - Gleiches gilt auch bei einem Verkehrsteilnehmer, der nach Genuss von Alkohol oder anderen Betäubungsmitteln nur noch eingeschränkt fahrtauglich ist.

  Die Teilnahme am **Sport** kann grundsätzlich nicht als gesundheitsgefährdend angesehen werden, auch wenn sich (je nach Sportart) die Verletzungsgefahr erhöht. Auch das Ausüben einer sogenannten „besonders gefährlichen" Sportart führt im Falle einer Verletzung nicht zur Erfüllung des Begriffes „selbstverschuldet". Allerdings ist dies nur dann der Fall, wenn sich der Arbeitnehmer an die Regeln der Sportart hält, er die Technik der Sportart kennengelernt und geübt hat und er bei Ausübung des Sports seine körperliche Leistungsfähigkeit nicht deutlich überschreitet. Die Gerichte haben Amateurboxen, Drachenfliegen, die Teilnahme an Motorradrennen und Kickboxen als „besonders gefährliche Sportart" bewertet, nicht jedoch Fuß- oder Handball.

- **„Bis zur Dauer von sechs Wochen"** bedeutet, dass im Falle einer Krankheit, die 6 Wochen oder länger andauert und Arbeitsunfähigkeit zur Folge hat, der Vergütungsanspruch für diese Zeit erhalten bleibt. Das bedeutet zugleich, dass eine weitere, andere Krankheitsursache erneut den Anspruch auf Vergütung auslöst (§ 3 Abs. 1 EntgfzG).

Aus § 3 Abs. 1 EntgfzG wird zugleich deutlich, dass im Falle einer erneuten Arbeitsunfähigkeit infolge **derselben** Krankheit Krankenvergütung erst wieder zu beanspruchen ist, wenn seit Beginn der ersten Arbeitsunfähigkeit 12 Monate abgelaufen sind (§ 3 Abs. 1 Nr. 2 EntgfzG). Liegt zwischen der erneuten krankheitsbedingten Arbeitsunfähigkeit und dem Ende der letzten, aus denselben Krankheitsgründen gegeben gewesenen ein Zeitraum von 6 Monaten, gilt die Wiederholung als Neuerkrankung (§ 3 Abs. 1 Nr.1 EntgfzG) mit der Folge eines erneuten sechswöchigen Anspruchs auf Vergütung.

4.2.2 Wartezeit

Wartezeit

Der Anspruch auf Krankenvergütung entsteht erstmals nach einer vierwöchigen ununterbrochenen Dauer des Arbeitsverhältnisses **(§ 3 Abs. 3 EntgfzG)**. Wie diese Frist berechnet wird, ergeben die §§ 187 ff BGB.

Zur Verdeutlichung: Beginnt ein Arbeitsverhältnis am 1. Februar, endet die Wartezeit mit Ablauf des 28. Februars (4 Wochen = 4 x 7 Kalendertage). Im Schaltjahr ist ein Anspruch auf Krankenvergütung ab 29. Februar, im Normaljahr ab 1. März gegeben.

4.2.3 Die Höhe des Anspruchs

Vergütungshöhe

Das im Krankheitsfall fortzuzahlende Entgelt bemisst sich aus der für den Arbeitnehmer **„maßgebenden regelmäßigen** Arbeitszeit“ (§ 4 Abs. 1 EntgfzG). Das bedeutet, dass das zusätzlich für Überstunden gezahlte Entgelt und Leistungen, die der Arbeitnehmer für Aufwendungen erhält, welche im Falle der Arbeitsunfähigkeit tatsächlich nicht entstehen, nicht in die Berechnung der Krankenvergütung mit einzubeziehen sind. Leistungen für Aufwendungen sind z. B. Reisekosten, Trennungsentschädigungen, Schmutz- und sonstige Erschwerniszulagen, welche als zusätzliche Vergütung bezahlt werden, die also nicht zur Vergütung an sich zu rechnen sind (§ 4 Abs. 2 EntgfzG). Leistungsprämien, Akkordvergütungen sind indessen in die Krankenvergütung mit einzuberechnen.

Sondervergütungen, die nach Arbeitsvertrag zusätzlich zum Arbeitsentgelt geleistet werden, dürfen gem. **§ 4a EntgfzG** durch Vereinbarung etwa im Arbeitsvertrag gekürzt werden, wenn mindestens ein Viertel des im Jahresdurchschnitt auf einen Arbeits- bzw. Krankheitstag fallenden Entgelts bezahlt wird.

4.2.4 Pflichten des Arbeitnehmers im Krankheitsfall

Anzeigepflicht

Ist der Arbeitnehmer arbeitsunfähig erkrankt, so hat er dies und die voraussichtliche Dauer dem Arbeitgeber „unverzüglich“, d. h. ohne schuldhaftes Säumen **anzu-**

zeigen. Er hat also noch vor einem eventuellen Arztbesuch den Arbeitgeber zu informieren, sei es durch telefonische Mitteilung oder durch einen Angehörigen als Boten (dessen Säumnis, etwa weil der Bote erst noch Besorgungen macht, gehen zulasten des Arbeitnehmers). Die Anzeigepflicht ist eigentlich selbstverständlich: Der Arbeitgeber soll in der Lage sein, auf den Ausfall sogleich zu reagieren. Als sogenannte Nebenvertragspflicht ist sie ausdrücklich in **§ 5 Abs. 1 EntgfzG** geregelt.

Gleichfalls geregelt ist in dieser Norm, dass der Arbeitnehmer im Falle einer Arbeitsunfähigkeit, die länger als 3 Kalendertage dauert, darüber spätestens am darauffolgenden Arbeitstag eine ärztliche Bescheinigung vorzulegen hat.

Nachweispflicht

Beispiel: Erkrankt der Arbeitnehmer, dessen 5-Tage-Woche Montag und Freitag umfasst, länger als drei Tage (in der Woche vor Ostern ab Dienstag), so hat er eine ärztliche Arbeitsunfähigkeitsbescheinigung (oft abgekürzt: AUB) spätestens am Dienstag nach Ostern, dem auf die drei Kalendertage folgenden ersten Arbeitstag, vorzulegen.

Der Arbeitgeber ist gem. § 5 Abs. 1 Satz 3 EntgfzG berechtigt, vom Arbeitnehmer die Vorlage einer ärztlichen Bescheinigung bereits ab dem ersten Krankheitstag zu verlangen. Dafür braucht er keinen rechtfertigenden Grund, sofern er Grenzen des Diskriminierungsverbots (z. B. „alle Mitarbeiter mit Migrationshintergrund“ oder „alle Männer“ oder „alle Jungen“ oder „alle Andersgläubigen“) beachtet.

„AUB“

Zur Arbeitsunfähigkeitsbescheinigung: Sie besagt, dass der Arzt den Patienten untersucht, eine medizinische Diagnose (Krankheit) erhoben und deren Unvereinbarkeit mit der arbeitsvertraglichen Leistungspflicht des Patienten (Arbeitsunfähigkeit) festgestellt hat. Sie genießt einen „hohen Beweiswert“ für die Richtigkeit, der allerdings durch entsprechende Tatsachen erschüttert werden kann.

Beispiel: Der Arbeitnehmer erbittet für nächste Woche Urlaub, den der Arbeitgeber (keine Vertretung möglich, da der Vertreter selbst in Urlaub oder arbeitsunfähig erkrankt ist) aus dringenden betrieblichen Gründen trotz Ankündigung des Arbeitnehmers, falls er keinen Urlaub erhalte, käme eine Krankmeldung, verweigert. Der Beweiswert der hiernach für diese Woche vorgelegten AUB ist erschüttert mit der Folge, dass im Rechtstreit der Arbeitnehmer beweisen muss, dass er tatsächlich arbeitsunfähig erkrankt war.

Informationspflicht

Gem. **§ 6 Abs. 2 EntgfzG** ist der Arbeitnehmer verpflichtet, dem Arbeitgeber alle erforderlichen Informationen zu geben, die notwendig sind, wenn der Arbeitgeber einen Anspruch aus übergegangenem Recht geltend machen kann. Wenn nämlich der Arbeitnehmer gegen einen Dritten Anspruch auf Schadensersatz geltend machen kann („aufgrund gesetzlicher Vorschriften“, d. h. insbesondere gem. § 823 BGB), weil der Dritte ihn schuldhaft verletzt und dadurch seine Arbeitsunfähigkeit verursacht hat, geht sein Anspruch auf Ausgleich des Verdienstausfalls auf den Arbeitgeber über, soweit dieser Entgeltfortzahlung geleistet hat. Um diesen **„Forderungsübergang bei Dritthaftung"** gegenüber dem Schädiger des Arbeitnehmers verfolgen zu können, benötigt der Arbeitgeber Auskunft über alle Umstände des Schädigungsereignisses.

4.2.5 Leistungsverweigerungsrecht des Arbeitgebers

Solange der Arbeitnehmer eine (spätestens am ersten Arbeitstag nach 3 Kalendertagen) erforderliche Arbeitsunfähigkeitsbescheinigung nicht vorlegt oder sofern er den Übergang seines Schadensersatzanspruches gegen einen Dritten auf den Arbeitgeber verhindert (weil er z. B. die erforderlichen Auskünfte nicht erteilt; vgl. § 6 EntgfzG), hat der Arbeitgeber das Recht, die Krankenvergütung nicht zu bezahlen **(7 EntgfzG)**.

4.2.6 Anlasskündigung

Anlasskündigung

Der Anspruch auf Krankenvergütung endet mit dem Ende des Arbeitsverhältnisses. Ist das Arbeitsverhältnis mit der Grundkündigungsfrist von 4 Wochen zum Monatsende, z. B. am 1. März zum 31. März gekündigt und erkrankt der Arbeitnehmer danach ab 5. März arbeitsunfähig für die Dauer von 6 Wochen (also bis zum 16. April), so endet der Vergütungsanspruch am 31. März.

Anders liegt der Fall, wenn sich z. B. der seit 5 Monaten beschäftigte Arbeitnehmer am 14. März zum wiederholten Male arbeitsunfähig erkrankt meldet und der Arbeitgeber die für die Probezeit vereinbarte kurze Kündigungsfrist am 15. März zum Monatsende nutzen will, um „nicht schon wieder" Vergütung ohne Gegenleistung zahlen zu müssen. Zwar endet das Arbeitsverhältnis aufgrund der rechtswirksamen schriftlichen Kündigung am 31. März. Jedoch hat der Arbeitgeber „aus Anlass" der Arbeitsunfähigkeit gekündigt, weshalb er gem. **§ 8 EntgfzG** verpflichtet ist, für die Dauer von gegebenenfalls 6 Wochen (also bis zum 25. April) Entgeltfortzahlung zu leisten. Kündigt der Arbeitgeber in diesem Fall, weil die Probezeit ergab, dass der Arbeitnehmer sich nicht bewährt hat, ist eine „Anlasskündigung" nicht gegeben.

4.2.7 Unabdingbarkeit

Gem. **§ 12 EntgfzG** kann von diesem Gesetz nicht zuungunsten des Arbeitnehmers abgewichen werden. Ausnahmen sind durch die „tarifliche Öffnungsklausel" möglich, nach der gem. **§ 4 Abs. 4 EntgfzG** die Bemessungsgrundlage für die Berechnung der Krankenvergütung durch Tarifvertrag vom Gesetz abweichend festgelegt werden kann. Im Geltungsbereich des Tarifvertrages kann, falls Tarifbindung nicht gegeben ist, die Anwendung der Regelungen des Tarifvertrages arbeitsvertraglich geregelt werden.

Fallbeispiel zur Kompetenzüberprüfung

Ein Flaschner, seit 2 Jahren beschäftigt, hat sich als Amateurfußballer im Frühjahr bei einem Fußballturnier den rechten Fußknöchel gebrochen, weshalb er 4 Wochen arbeitsunfähig war. Im Sommer dieses Jahres erleidet er beim Einsatz für seine Mannschaft eine schwerwiegende „Oberschenkelzerrung im linken Bein". Er ist deswegen vom 15. August bis 12. September (4 Wochen lang) arbeitsunfähig. Nachdem er am 13. September die Arbeit wieder aufgenommen hat, erleidet er am 15. September einen Verkehrsunfall, weshalb er für 4 Wochen bis 13. Oktober arbeitsunfähig ist. Am 12. Oktober diagnostiziert sein behandelnder Arzt eine Lungenentzündung, wegen der er bis 9. November (weitere 4 Wochen) arbeitsunfähig ist.

Der Inhaber des Sanitärbetriebes, dem Arbeitsunfähigkeitsbescheinigungen stets ordnungsgemäß vorgelegt wurden, fragt entsetzt, ob er tatsächlich für insgesamt 16 Wochen in diesem Jahr Krankenvergütung bezahlen muss.

Antwort

Alle Arbeitsunfähigkeitszeiten beruhen auf unterschiedlichen Krankheitsursachen, weshalb grundsätzlich für die Zeiten „Fußknöchel", „Oberschenkelzerrung" und „Verkehrsunfall" Arbeitsentgelt im Krankheitsfall zu bezahlen ist (Umkehrschluss aus § 3 Abs. 1 S. 2 EntgfzG: Nur bei „derselben" Krankheit ist die Krankenvergütung auf 6 Wochen begrenzt). Allerdings ist die Krankheit „Lungenentzündung" während der Zeit „Verkehrsunfall" eingetreten, sodass durch sie keine erneute Pflicht zur Entgeltfortzahlung ausgelöst, sondern die Arbeitsunfähigkeitszeit „Verkehrsunfall" auf insgesamt 6 Wochen verlängert wird. Die Vergütungspflicht wegen Krankheit endet daher nach insgesamt 14 Wochen.

5. Das Arbeitszeitgesetz

Die wesentlichen Vorgaben des Arbeitszeitgesetzes **(ArbZG)**, das der Sicherheit, dem Gesundheitsschutz und dem Schutz der Arbeitsruhe an Sonn- und Feiertagen dient (§ 1 ArbZG), sind wie folgt zusammengefasst:

Höchstarbeitszeit

- § 3 ArbZG: Die **werktägliche** Arbeitszeit darf 8 Stunden nicht übersteigen. Dies bedeutet, dass grundsätzlich von Montag bis Samstag und damit insgesamt an 48 Stunden je Arbeitswoche gearbeitet werden darf. Dies bedeutet zugleich, dass auch der Arbeitnehmer, der eine 5-Tage-Woche vereinbart hat, an 48 Stunden geteilt durch 5 Arbeitstage, also 9,6 Stunden je Arbeitstag beschäftigt werden darf. Das Gesetz geht erkennbar davon aus, dass eine Jahresarbeitszeit von 8 Stunden je Werktag mal 6 Werktage je Woche mal 48 Wochen je Jahr (dies ergibt sich daraus, dass das Jahr 52 Wochen hat, von denen der gesetzliche Urlaubsanspruch von 4 Wochen je Jahr abzuziehen ist), also insgesamt 2.304 Arbeitsstunden je Jahr möglich sind. Es will zugleich die Flexibilisierung der Arbeitszeit etwa durch Arbeitszeitkonten oder durch Gleitzeitarbeit im vorgegebenen Rahmen fördern.

  Dem entspricht es, dass das Gesetz eine Verlängerung auf maximal 10 Stunden je Werktag erlaubt, jedoch zugleich vorgibt, dass innerhalb eines halben Jahres der Durchschnitt von 8 Stunden je Werktag nicht überschritten wird (§ 3 Satz 2 ArbZG).

Pausen

- Gem. § 4 ArbZG ist die tägliche Arbeit durch feststehende Ruhepausen zu unterbrechen, welche mindestens 30 Minuten bei einer Arbeitszeit von mehr als 6 Stunden bzw. 45 Minuten bei mehr als 9 Stunden betragen müssen, welche in mindesten 15-minütige Unterbrechungen aufgeteilt werden können. Dabei ist zu beachten, dass Arbeitnehmer nicht länger als 6 Stunden hintereinander ohne Ruhepause beschäftigt werden dürfen.
- Gem. § 5 ArbZG ist grundsätzlich den Arbeitnehmern nach Beendigung der Arbeit bis zum nächsten Arbeitsbeginn eine ununterbrochene Ruhezeit von mindestens 11 Stunden zu gewähren.
- Für Nacht- und Schichtarbeit stellt § 6 ArbZG besondere Vorgaben auf, die einfach nachzulesen und daher an dieser Stelle nicht vertieft darzustellen sind. Auf die in § 7 ArbZG enthaltene tarifliche Öffnungsklausel soll gleichfalls nur aufmerksam gemacht werden.
- Gem. § 9 ArbZG ist die Beschäftigung von Arbeitnehmern an Sonn- und gesetzlichen Feiertagen grundsätzlich nicht zulässig. Für bestimmte Branchen und Berufe lässt § 10 ArbZG indessen unter eingeschränkten Voraussetzungen

Sonn- und Feiertagsarbeit zu, wobei dann gem. § 11 ArbZG für diese ausnahmsweise Beschäftigung Ausgleichsregelungen wie etwa ein „Ersatzruhetag" vorgegeben sind.

6. Das Pflegezeitgesetz (PflegeZG)

Pflegezeit

Das Pflegezeitgesetz (PflegeZG) vom 28. Mai 2008 dient dem Zweck, Arbeitnehmern die Möglichkeit einzuräumen, Beruf und familiäre Pflege in häuslicher Umgebung zu vereinbaren, wenn „nahe" Angehörige pflegebedürftig sind **(§ 1 PflegeZG)**. Um dies zu erreichen, sieht das Gesetz zwei Möglichkeiten vor.

6.1 Kurzeitige Arbeitsverhinderung

Akute Pflege

Arbeitnehmer haben Anspruch darauf („das Recht ..."), der Arbeit bis zu 10 Arbeitstage fernzubleiben, wenn dies **erforderlich** ist, um für einen pflegebedürftigen nahen Angehörigen „in einer **akut** aufgetretenen Pflegesituation" entweder eine „bedarfsgerechte Pflege" zu organisieren oder eine pflegerische Versorgung in diesen (in aller Regel) zwei Wochen sicherzustellen **(§ 2 Abs. 1 PflegeZG)**. Unter **„nahen Angehörigen"** sind Ehe-/Lebenspartner, Kinder, Eltern und Geschwister zu verstehen **(§ 7 Abs. 3 PflegeZG)**.

Vergütung

Ein Arbeitnehmer, der wegen einer kurzfristig aufgetretenen Pflegenotwendigkeit an der Arbeitsleistung verhindert ist, muss dies und die voraussichtliche Dauer der Verhinderung dem Arbeitgeber unverzüglich, also ohne schuldhaftes Säumen, mitteilen und auf Verlangen des Arbeitgebers eine ärztliche Bescheinigung über den Pflegefall und die Erforderlichkeit der Pflege vorlegen **(§ 2 Abs. 2 PflegeZG)**. Sind diese Voraussetzungen gegeben, ist der Arbeitgeber zur Fortzahlung der Vergütung nur dann verpflichtet, wenn sich diese Pflicht aus einer Vereinbarung oder aus „anderen gesetzlichen Vorschriften" ergibt. Eine solche „andere" Vorschrift ist § 616 BGB, wonach der Vergütungsanspruch des Arbeitnehmers erhalten bleibt, wenn er für eine „verhältnismäßig nicht erhebliche Zeit" an der Arbeitsleistung verhindert ist, ohne dass ihn daran ein Verschulden trifft.

Beispiele zu § 616 BGB:

- Der Arbeitnehmer ist ehrenamtlicher Richter und wird zur Teilnahme an einer eintägigen Sitzung des Gerichts herangezogen. Der Vergütungsanspruch bleibt bestehen.
- Der Arbeitnehmer muss seinen Wohnungswechsel bei der Behörde anmelden und deshalb am Vormittag zum Einwohnermeldeamt. Der Anspruch auf Vergütung ist gegeben.

- Ob auch eine kurzfristige, im Sinne von § 615 BGB sicherlich „unverschuldete“ Pflegenotwendigkeit bis zur Dauer von 10 Arbeitstagen als „verhältnismäßig nicht erhebliche Zeit“ angesehen werden kann, ist noch nicht durch das BAG entschieden.

6.2 Pflegezeit

Pflege

Will ein Arbeitnehmer einen pflegebedürftigen nahen Angehörigen in häuslicher Umgebung pflegen, hat er gegenüber einem Arbeitgeber, der **mehr als fünfzehn** Arbeitnehmer beschäftigt, Anspruch auf vollständige oder teilweise Freistellung von der Arbeitspflicht **(§ 3 PflegeZG)**. Der Arbeitnehmer hat insoweit die Pflicht, die Pflegebedürftigkeit nachzuweisen (§ 3 Abs. 2 PflegeZG), seinen Willen spätestens 10 Arbeitstage vor Beginn der Pflege schriftlich anzukündigen und den Zeitraum nebst Umfang der Freistellung (vollständig oder halbtags) mitzuteilen (§ 3 Abs. 3 PflegeZG).

Dauer

Die **Dauer** der Pflegezeit ist für jeden pflegebedürftigen nahen Angehörigen auf maximal **6 Monate** begrenzt, wobei dem Arbeitgeber ein vorzeitiger Wegfall der Pflegebedürftigkeit unverzüglich mitzuteilen ist, wenn die ursprünglich in Anspruch genommene Pflegezeit entsprechend verkürzt werden soll (§ 4 PflegeZG).

6.3 Kündigungsschutz

Sonderkündigungsschutz

Um Arbeitnehmer, die ihrer familiären Verantwortung gerecht werden, vor Entlassung zu schützen, ist es dem Arbeitgeber untersagt, ab der Ankündigung bis zur Beendigung der kurzzeitigen Arbeitsverhinderung des § 2 PflegeZG oder dem Ende der Pflegezeit nach § 3 PflegeZG zu kündigen **(§ 5 Abs. 1 PflegeZG:** „... darf nicht ... kündigen ...“). In besonderen Fällen (z. B. betriebsbedingte oder verhaltensbedingte Kündigung, fristlose Kündigung aus wichtigem Grund) darf er nur mit einem Bescheid der für den Arbeitsschutz zuständigen Behörde, nach welchem die Kündigung für zulässig erklärt wird, das Arbeitsverhältnis einseitig beenden (§ 5 Abs. 2 PflegeZG).

6.4 Befristete Arbeitsverträge

Die befristete Beschäftigung eines Vertreters für den kurzzeitig i. S. v. § 2 PflegeZG verhinderten oder in Pflegezeit gem. § 3 PflegeZG befindlichen Arbeitnehmer ist zulässig: Das Gesetz definiert einen solchen Fall als „sachlichen Grund für die Befristung“ **(§ 6 PflegeZG)**, verlangt jedoch, dass die Dauer der Befristung kalendermäßig bestimmt, bestimmbar oder dem Vertretungszweck entnehmbar sein muss.

Dabei ist zu beachten, dass nach allgemeiner Regel gem. § 14 Abs. 4 TzBfG die Vereinbarung einer solcherart befristeten Beschäftigung stets der **Schriftform** bedarf (siehe oben Abschnitt 2.1.4).

Fallbeispiel zur Kompetenzüberprüfung

Paul Schlau ist seit 1. Februar beim Sanitärbetrieb Rohr zusammen mit weiteren vierzehn Arbeitnehmern beschäftigt. Ihm kommt zu Ohren, dass der Chef mit seiner Leistung nicht zufrieden ist und beabsichtigt, ihn innerhalb der vereinbarten sechsmonatigen Probezeit, die am 30. Juli endet, zu kündigen. Da kommt es ihm gerade recht, dass seine verwitwete Mutter aufgrund ihres hohen Alters und ihrer Gebrechlichkeit pflegebedürftig und nicht mehr in der Lage ist, selbstständig zu leben, sodass er sich auch auf ärztliches Anraten entschließt, sie bei sich aufzunehmen. Unter Vorlage einer entsprechenden Bescheinigung der Pflegekasse teilt er dem Inhaber der Firma am 20. Juni schriftlich mit, dass er in 2 Wochen die Mutter in häuslicher Pflege aufnehmen wird und daher ein halbes Jahr vollständig freigestellt werden möchte. Jetzt steht der Entschluss des Inhabers fest: Mit am 24. Juni übergebenem Schreiben kündigt er das Arbeitsverhältnis zum 8. Juli.

Frage: Ist die Kündigung wirksam?

Antwort

Zwar beschäftigt die Firma mehr als zehn Arbeitnehmer (vgl. § 23 KSchG), den Arbeitnehmer Schlau jedoch noch keine 6 Monate (§ 1 Abs. 1 KSchG), sodass die Kündigung grundsätzlich frei von den Voraussetzungen des KSchG ist, also keiner Begründung bedarf. Dennoch könnte der Rechtswirksamkeit der Kündigung § 5 PflegeZG (Sonderkündigungsschutz) entgegenstehen.

Schlau macht die in § 3 PflegeZG vorgesehene „Pflegezeit" geltend, welche die vollständige Freistellung von der Arbeitspflicht für die häusliche Pflege einer nahen Angehörigen, der Mutter, ermöglicht. Da dies indessen nur für Betriebe gilt, die mehr als 15 Arbeitnehmer beschäftigen, ist ein solcher Anspruch auf Freistellung nicht gegeben. Der Sonderschutz des § 5 PflegeZG entfällt. Die Kündigung ist rechtswirksam und im Übrigen fristgerecht (Probezeit; § 622 Abs. 3 BGB) erklärt.

Anmerkung: Hätte Schlau eine kurzzeitige Arbeitsverhinderung gem. § 2 PflegeZG so (zu einem späteren Zeitpunkt) geltend gemacht, dass er eine Freistellung von 10 Tagen erreicht, und hätte er mit diesen Tagen die Wartezeit des § 1 KSchG erfüllt, wäre nicht nur ein Sonderkündigungsschutz während der 10 Tage gegeben gewesen, sondern auch nach Erfüllung der sechsmonatigen Wartezeit der allgemeine Kündigungsschutz eingetreten. Eine Kündigung wäre daher nur noch mit einem konkreten Grund im Sinne des § 1 Abs. 2 KSchG (hier: Schlecht- oder Minderleistung als verhaltensbedingter Grund) möglich gewesen.

7. Das Mutterschutzgesetz (MSchG)

Ehe und Familie stehen unter „besonderem Schutz" der staatlichen Ordnung, jede Mutter hat Anspruch auf den Schutz und die Fürsorge der Gemeinschaft. Diese in Art. 6 Abs. 1 und 2 GG normierten Grundrechte der Verfassung werden mit dem Mutterschutzgesetz arbeitsrechtlich umgesetzt. Ein erster Blick (siehe oben, Abschnitt 1.3) auf dieses Gesetz hat deutlich gemacht, dass der Schutz der werdenden und der gewordenen Mutter mit den Normen der im Mutterschutzgesetz geregelten Beschäftigungsverbote und ihres erhöhten Schutzes vor Kündigungen nicht unerhebliche Eingriffe in den „eingerichteten und ausgeübten Gewerbebetrieb" des Arbeitgebers mit sich bringen, welche jedoch nach dem Geist der Verfassung hinzunehmen sind.

7.1 Beschäftigungsverbote

Beschäftigungsverbot

Eine Schwangere darf ganz allgemein nicht beschäftigt werden, wenn dies für das Leben oder die Gesundheit von Mutter oder Kind bei Fortdauer der Beschäftigung gefährdend ist, sofern dies durch ein ärztliches Zeugnis (Attest) nachgewiesen ist **(§ 16 MSchG)**.

Gem. § 4 MSchG darf der Arbeitgeber eine Schwangere oder stillende Frau nicht länger als 8,5 Stunden (sofern sie älter als 18 Jahre ist) bzw. 8 Stunden (sofern sie jünger ist) beschäftigen. Er muss ihr eine Ruhezeit von mindestens 11 Stunden gewähren. Genauere Details ergibt der Gesetzestext.

§ 5 MSchG untersagt eine Beschäftigung zwischen 20 Uhr und 6 Uhr (Nachtarbeit) und nach § 6 MSchG ist eine Beschäftigung an Sonn- und Feiertagen (mit der Ausnahmemöglichkeit gem. § 6 Abs. 1 Satz 2 Nr. 1 bis 4 MSchG) verboten.

Was herkömmlicherweise als „Mutterschutz" verstanden wird, ist in § 3 MSchG geregelt: Nach dessen **Absatz 1** dürfen werdende Mütter in den letzten 6 Wochen **vor** der prognostizierten Entbindung nicht beschäftigt werden, es sei denn, sie erklären sich ausdrücklich und jederzeit widerruflich zur Arbeitsleistung bereit. Nach dessen **Absatz 2** darf die Arbeitnehmerin **nach** Entbindung bis zum Ablauf von 8 Wochen (ggfs. unter der Voraussetzung der Ziffern 1 bis 3 dieses Absatzes 12 Wochen) nicht beschäftigt werden.

Schließlich ergeben die §§ 9 ff. MSchG umfassende Vorgaben zum „betrieblichen Gesundheitsschutz". So hat der Arbeitgeber gem. § 10 MSchG ggfs. erforderliche Schutzmaßnahmen durchzuführen. Er darf keine Tätigkeiten ausüben lassen, bei denen die Schwangere Gefahrstoffen ausgesetzt ist (§ 11 Abs. 1 MSchG) bzw. mit „Biostoffen" in Kontakt kommen kann (§ 11 Abs. 2 MSchG). Ebenso sind physikalische Einwirkungen insbesondere durch Strahlungen, Erschütterungen, Vibrationen und Lärm bzw. durch Hitze, Kälte und Nässe untersagt (§ 11 Abs. 3 MSchG). Tätigkeiten, wie sie in § 11 Abs. 5 MSchG aufgezählt und beschrieben werden, sind ebenso untersagt, wie Akkord-, Fließ-, bzw. „getaktete" Arbeit mit vorgegebener Geschwindigkeit (§ 11 Abs. 6 MSchG).

Damit der Arbeitgeber all dies beachten kann, soll (nicht: muss) ihm die Arbeitnehmerin gem. § 15 MSchG ihre Schwangerschaft und den voraussichtlichen Entbindungstermin mitteilen (Absatz 1) und ihm auf Verlangen ein ärztliches Zeugnis vorlegen (Absatz 2).

Legt sie ihm ein ärztliches Zeugnis darüber, dass eine Fortdauer der Beschäftigung für sie oder ihr Kind gesundheitsgefährdend ist vor, darf der Arbeitgeber sie unabhängig von den vorgenannten Schutzvorgaben überhaupt nicht beschäftigen (§ 16 MSchG).

7.2 Vergütungsanspruch während Beschäftigungsverbot

Vergütung

Nach § 18 MSchG ist der Arbeitgeber verpflichtet, an die schwangere Arbeitnehmerin, die er wegen eines Beschäftigungsverbotes nicht tätig werden lassen darf, den Durchschnittsverdienst der dem Verbot vorausgehenden 3 Monate (und bestehet das Arbeitsverhältnis noch nicht so lange: den Durchschnitt seit Bestehen) zu bezahlen. Dies gilt nicht für die Beschäftigungsverbote 6 Wochen vor und 8 Wochen nach Entbindung. Für diese „Schutzfristen" erhält die Arbeitnehmerin gem. § 19 MSchG Mutterschaftsgeld von der gesetzlichen Krankenkasse **und** vom Arbeitgeber gem. § 20 MSchG einen Zuschuss, errechnet aus dem Unterschiedsbetrag zwischen € 13,- und dem Netto-Entgelt kalendertäglich. Wie das durchschnittliche Arbeitsentgelt ermittelt wird, ergibt sich aus § 21 MSchG, auf dessen detaillierte Regelungen in den Absätzen 1 und 2 an dieser Stelle verwiesen wird. Aufmerksam gemacht werden soll indessen auf § 21 Abs. 4 MSchG. Nach dieser Vorgabe ist eine „dauerhafte Änderung" der Vergütungshöhe maßgeblich für die gesamte Leistungspflicht des Arbeitgebers. Tritt also etwa eine Tariflohn- oder Gehaltserhöhung während eines Beschäftigungsverbotes ein, ist die erhöhte Vergütung zu leisten.

Beispiel

Eine Ärztin, die zu Jahresbeginn einen Arbeitsvertrag mit einem Krankenhaus geschlossen hat, nach welchem das Anstellungsverhältnis am 1. April beginnt und der sie verpflichtet, nach einer Einarbeitung ab 1. Mai Nacht- und Sonntagsarbeit zu leisten, wofür sich ihre Vergütung ab Mai um 20% erhöht, tritt die Stelle an und teilt sogleich mit, dass sie schwanger ist. Obwohl sie ab Mai weder nachts noch an Sonn- und Feiertagen beschäftigt werden darf, hat sie Anspruch auf die ab Mai um 20% erhöhte Vergütung.

Die Frage, ob die schwangere Serviererin in einem Bierlokal mit angeschlossenem Hotelbetrieb nicht als Bedienung eingesetzt werden darf, weil sie „regelmäßig Lasten von mehr als 5 kg befördern“ muss, und ob der Arbeitgeber berechtigt ist, sie im Hotel am Empfang mit einer ausschließlich sitzenden Tätigkeit zu beschäftigen, kann nur nach dem Arbeitsvertrag und einem dementsprechenden Weisungsrecht des Arbeitgebers beantwortet werden. Der Arbeitsvertrag „Serviererin“ kann nicht einseitig durch das Weisungsrecht in einen Arbeitsvertrag „Empfangsdame“ geändert werden.

Ist eine Arbeitnehmerin arbeitsvertraglich ausschließlich für Akkordarbeit eingestellt, kann sie im Falle der Schwangerschaft nicht im Wege des Weisungsrechts in Zeitarbeit umgesetzt werden.

7.3 Der besondere Kündigungsschutz

„Die Kündigung (des Arbeitsverhältnisses) gegenüber einer Frau ist unzulässig

1. während ihrer Schwangerschaft,
2. bis zum Ablauf von 4 Monaten nach einer Fehlgeburt nach der 12. Schwangerschaftswoche und
3. bis zum Ende ihrer Schutzfrist nach der Entbindung, mindestens jedoch bis zum Ablauf von 4 Monaten nach der Entbindung“ **(§ 17 Abs. 1 MSchG).**

7.3.1 Unmissverständliche Regelung – Verbot jeder Kündigung

Sonderkündigungsschutz

Sie setzt voraus, dass die Arbeitnehmerin zum Zeitpunkt des Zugangs der Kündigung schwanger und dem kündigenden Arbeitgeber die Schwangerschaft bekannt ist oder ihm innerhalb einer Frist von 2 Wochen nach Zugang der Kündigung mitgeteilt wird. Eine Überschreitung dieser 2-Wochen-Frist ist für den Sonderkündigungsschutz unschädlich, wenn dies auf einem von der Arbeitnehmerin nicht zu vertretenden Grund beruht und wenn die Mitteilung unverzüglich nachgeholt wird.

Beispiele

- Eine Arbeitnehmerin, deren Monatszyklen schon immer unregelmäßig sind, besucht wegen Unterleibsbeschwerden ihren Gynäkologen, der feststellt, dass sie im dritten Monat schwanger ist. Dies teilt sie am nächsten Tag ihrem Arbeitgeber mit, der ihr vor 2 Monaten schriftlich eine Kündigung erklärt hatte.

  Da ihr Monatszyklus unregelmäßig ist (medizinisch keine Seltenheit), beruht die Unkenntnis von der Schwangerschaft auf einem nicht von der Arbeitnehmerin zu vertretenden Grund. Die außerhalb der 2-Wochen-Frist erfolgte und damit verspätete Mitteilung an den Arbeitgeber ist unverzüglich („am nächsten Tag"), also ohne schuldhaftes Säumen geschehen, weshalb der Sonderkündigungsschutz des § 9 Abs. 1 MSchG der Arbeitnehmerin erhalten bleibt.

- Eine Arbeitnehmerin, die zum Zeitpunkt des Zugangs der Kündigung weiß, dass sie schwanger ist, die aber erst nach 3 Wochen Kenntnis von ihrem besonderen Schutz vor einer Kündigung erhält und daraufhin sogleich dem Arbeitgeber mitteilt, dass sie im 2. Monat ist, hat den Sonderkündigungsschutz verwirkt, da sie die verspätete Mitteilung zu vertreten hat: Die Unkenntnis fällt in ihre Verantwortung.

7.3.2 Kein absoluter Schutz vor Kündigungen

Sind **„besondere"** Fälle gegeben, die „mit dem Zustand einer Frau während der Schwangerschaft oder ihrer Lage bis zum Ablauf von 4 Monaten nach der Entbindung" nicht in einem Zusammenhang stehen, kann die Kündigung **„ausnahmsweise"** von der **Mutterschutzbehörde (§ 17 Abs. 2 MSchG)** für zulässig erklärt werden.

Verwaltungsverfahren

- **„Besondere Fälle":**
  Dazu zählen Sachverhalte, die grundsätzlich eine außerordentliche Kündigung rechtfertigen können, die aber über die Voraussetzungen des § 626 BGB hinaus weitere gewichtige Störungen des Vertrags darstellen müssen oder die als außergewöhnliche Umstände eine Kündigung rechtfertigen. Schwerwiegende Vertragsverletzungen wie Diebstahl, Unterschlagung nicht unerheblicher Werte, schwerwiegende Tätlichkeiten gegen Mitarbeiter, Kunden oder den Arbeitgeber, die Stilllegung des Betriebes oder dessen wirtschaftliche Gefährdung zählen zu solchen Gründen.

- **„Ausnahmsweise":**
  Mit dieser Vorgabe gibt das Gesetz der zur Entscheidung angerufenen Mutterschutzbehörde bei der Frage der Zulässigkeit einer Kündigung einen Ermessens-

spielraum. Dieser kann gerichtlich überprüft werden: Wenn der Arbeitgeber, wie es das Mutterschutzgesetz vorschreibt, bevor er kündigen will, die Entscheidung der Behörde beantragt (wobei er gegebenenfalls die Frist des § 626 Abs. 2 BGB beachten muss) und wenn die Behörde mit einem sogenannten Verwaltungsakt seinem Antrag nicht entspricht, hat der Arbeitgeber gegen die Entscheidung der Behörde Rechtsbehelfe, die ganz allgemein nach dem Verwaltungsverfahrensrecht zunächst als Widerspruch und sodann, falls erfolglos, als Anfechtungsklage vor dem Verwaltungsgericht zu erheben sind. Gleiches gilt für die schwangere Arbeitnehmerin, sofern die Mutterschutzbehörde dem Antrag des Arbeitgebers entspricht.

Diese Vorgaben können dazu führen, dass zunächst in einem ggfls. gerichtlichen Verfahren vor dem Verwaltungsgericht die Frage der Zulässigkeit einer Kündigung über 3 Instanzen umstritten sein kann, an welches sich im Falle der rechtskräftigen Entscheidung der Zulässigkeit einer Kündigung und einer hierauf erklärten Kündigung ein arbeitsgerichtliches Verfahren anschließen kann, welches, wiederum über 3 Instanzen geführt, das denkbare Ergebnis erbringt, dass die Kündigung rechtswirksam das Arbeitsverhältnis auflöst. Das inzwischen längst geborene Kind dürfte nahe der Schulreife sein.

Zusammenfassung:

Grundsätzlich ist die Kündigung gegenüber einer Arbeitnehmerin ab Beginn ihrer Schwangerschaft und bis zum Ablauf von 4 Monaten nach Entbindung unzulässig. In besonderen Fällen, die von erheblichem Gewicht sein müssen, kann ausnahmsweise durch den Arbeitgeber und nur dann gekündigt werden, wenn er zuvor bei der Mutterschutzbehörde seinen Kündigungswillen dargetan und beantragt hat, die Kündigung für zulässig zu erklären, **und** wenn die Behörde seinem Antrag entspricht.

7.3.3 Gebot der Schriftform und der Angabe des Grundes

Kündigungsform

Hat der Arbeitgeber einen für ihn positiven Bescheid der Mutterschutzbehörde ggfls. erstritten, kann er gegenüber der werdenden oder gewordenen Mutter nur schriftlich kündigen (insoweit entspricht das MSchG dem aus § 623 BGB zu entnehmenden Schriftformgebot). Dabei muss er den als zulässig erkannten Kündigungsgrund im Kündigungsschreiben angeben **(§ 17 Abs. 2 Satz 2 MSchG)**. Eine Kündigung, die dem nicht entspricht, ist bereits aus formalen Gründen rechtsunwirksam.

8. Die Elternzeit

Das Gesetz zum Elterngeld und zur Elternzeit **(BEEG)** ist arbeitsrechtlich für das Verhältnis der Arbeitsvertragsparteien erst ab den §§ 15 ff BEEG von Bedeutung, nachdem in den §§ 1 bis 12 BEEG die Voraussetzungen des Elterngeldes geregelt sind. Dieses trägt im Übrigen „der Bund" (§ 12 Abs. 2 BEEG), also die Bundesrepublik, und nicht eines der Bundesländer.

8.1 Anspruch auf Elternzeit und/oder Verringerung der Arbeitszeit

Elternzeit

Anspruch auf Elternzeit gegen ihren Arbeitgeber haben Väter und Mütter eines Kindes, das mit ihnen im Haushalt lebt und von ihnen betreut und erzogen wird, bis zu dessen Vollendung des 3. Lebensjahres (§ 15 Abs. 1 BEEG). Die Eltern können auch 24 Monate davon zwischen dem 3. Geburtstag und dem vollendeten 8. Lebensjahr des Kindes (anteilig) in Anspruch nehmen (§ 15 Abs. 2 BEEG). Diese Zeit kann auf die Eltern anteilig aufgeteilt werden, wobei eine Erwerbstätigkeit während der Elternzeit bis höchstens 30 Wochenstunden zulässig ist, was dann, wenn Teilzeit bei einem anderen Arbeitgeber geleistet werden soll, der Zustimmung des Arbeitgebers bedarf (§ 15 Abs. 3, und 4 BEEG).

Eltern können gegenüber ihrem Arbeitgeber eine Verringerung der Arbeitszeit und deren Verteilung („Ausgestaltung") verlangen, wenn der Arbeitgeber mehr als fünfzehn Arbeitnehmer beschäftigt, das Arbeitsverhältnis länger als 6 Monate besteht, dringende betriebliche Gründe nicht entgegenstehen und der Anspruch 7 Wochen vor Beginn der Teilzeittätigkeit schriftlich dem Arbeitgeber mitgeteilt wird (§ 15 Abs. 5, 6 und 7 BEEG).

Diese Regelungen entsprechen fast wortgleich den Vorgaben eines anderen Gesetzes: Gem. **§ 8 TzBfG** kann der Arbeitnehmer, der länger als 6 Monate bei einem Arbeitgeber mit mehr als fünfzehn Beschäftigten tätig ist, die Verringerung der Arbeitszeit verlangen. Dem hat der Arbeitgeber zu entsprechen, es sei denn, „betriebliche Gründe" stehen dem entgegen, wobei solche Gründe insbesondere dann gegeben sein können, wenn durch die Verringerung die Organisation, der Arbeitsablauf oder die Sicherheit im Betrieb „wesentlich" beeinträchtigt wird oder sie „unverhältnismäßige Kosten" veranlasst (§ 8 Abs. 5 TzBfG). **Beachte:** Nach § 15 Abs. 7 Nr. 4 BEEG können nur „dringende" betriebliche Gründe dem Teilzeitwunsch entgegengestellt werden. Solche Gründe können z. B. gegeben sein, wenn für den einzigen Meister mit Ausbildungsberechtigung ein Vertreter auf dem Arbeitsmarkt nicht gefunden werden kann.

Will ein Arbeitnehmer Elternzeit in Anspruch nehmen, muss er dies spätestens 7 bzw. 13 Wochen vor Beginn schriftlich vom Arbeitgeber verlangen (§ 16 Abs. 1 Nr. 1 und 2 MSchG). Im Übrigen kann sein allgemeiner Urlaubsanspruch im Kalenderjahr für jeden vollen Monat der Elternzeit um ein Zwölftel gekürzt werden - vgl. § 17 BEEG (das bedeutet: Ist der Arbeitnehmer vom 1. Januar bis 31. Dezember in Elternzeit, kann sein Urlaubsanspruch um $^{12}/_{12}$, also vollständig gekürzt werden; ist er vom 01. April bis 31. Dezember in Elternzeit, beträgt die Kürzung $^{9}/_{12}$ = ¾).

8.2 Sonderkündigungsschutz

Nach § 18 BEEG darf das Arbeitsverhältnis vom Arbeitgeber ab dem Zeitpunkt des Verlangens der Elternzeit und während dieser Zeit nicht gekündigt werden. Wie beim Mutterschutzgesetz ist auch hier die Möglichkeit gegeben, in „besonderen" Fällen und „ausnahmsweise" durch die Mutterschutzbehörde eine Kündigung für zulässig erklären zu lassen.

8.3 Befristete Arbeitsverträge

Wird für die Arbeitnehmerin für die Zeit eines Beschäftigungsverbotes während ihrer Schwangerschaft und nach der Entbindung und für eine anschließende Elternzeit ein Vertreter befristet eingestellt, so ist diese Befristung sachlich gerechtfertigt. Sie bedarf der Schriftform (§ 14 Abs. 4 TzBfG), muss kalendermäßig bestimmt oder bestimmbar oder dem Vertretungszweck („Elternzeitvertretung") zu entnehmen sein (§ 21 BEEG, gleichlautend mit § 6 PflegeZG). Dieser befristete Vertrag kann, wenn der in Elternzeit befindliche Arbeitnehmer die Elternzeit gem. den Vorgaben des § 16 BEEG vorzeitig beendet, vom Arbeitgeber mit einer Frist von mindestens 3 Wochen und frühestens zum Ende der Elternzeit gekündigt werden, wobei auf eine solche Kündigung das Kündigungsschutzgesetz ausdrücklich nicht anzuwenden ist (§ 21 Abs. 4 und 5 BEEG).

Befristung

9. Jugendarbeitsschutz

Das „Gesetz zum Schutze der arbeitenden Jugend" (JArbSchG) soll nur zum Teil erläutert werden.

Nach **§ 2 JArbSchG** ist „Kind", wer noch nicht 15 Jahre alt, ist „Jugendlicher", wer 15, aber noch nicht 18 Jahre alt ist.

Gem. **§ 5 JArbSchG** ist die Beschäftigung von Kindern verboten. Hiervon lassen die Absätze 2 und 3 sowie § 6 JArbSchG Ausnahmen zu, deren Vorgaben für sich selbst sprechen und die in der „Verordnung über den Kinderarbeitsschutz" näher beschrieben werden. Sie werden deshalb an dieser Stelle nicht im Einzelnen erläutert.

Nach **§ 8 JArbSchG** dürfen Jugendliche nicht mehr als 8 Stunden täglich und nicht mehr als 40 Stunden je Woche beschäftigt werden. Dabei sind gem. § 11 JArbSchG festzulegende Ruhepausen einzuhalten. Die Beschäftigungszeit ist grundsätzlich gem. § 14 nur zwischen 6.00 und 20.00 Uhr möglich. Für Jugendliche gilt eine gesetzliche 5-Tage-Woche (**§ 15 JArbSchG**) und das grundsätzliche Verbot einer Beschäftigung an Samstagen und Sonntagen (**§§ 16, 17 JArbSchG**).

Der Arbeitgeber hat den Jugendlichen für den **Besuch der Berufsschule** und für die Teilnahme an **Prüfungen** freizustellen (**§§ 9, 10 JArbSchG**). Er hat ihnen bezahlten Erholungsurlaub für jedes Kalenderjahr zu gewähren, der, abhängig vom Alter des Jugendlichen bis zu 30 Werktage betragen kann **(§ 18 JArbSchG)**.

Schließlich sei darauf hingewiesen, dass die Beschäftigung Jugendlicher mit „gefährlichen Arbeiten“ (§ 22 JArbSchG), mit „Akkord- oder tempoabhängiger Arbeit“ (§ 23 JArbSchG) und „unter Tage“ (§ 24 JArbSchG) grundsätzlich verboten ist.

10. Schwerbehindertenschutz

Schwerbehinderte

Die gesetzlichen Regelungen im neunten Buch des Sozialgesetzbuches (SGB IX) beinhalten ganz allgemein Vorgaben zur „Rehabilitation und Teilhabe behinderter Menschen“ am Leben in der Gesellschaft. § 2 Abs. 1 SGB IX bestimmt, dass Menschen, deren körperliche Funktion, geistige Fähigkeit oder seelische Gesundheit mit hoher Wahrscheinlichkeit länger als 6 Monate von dem für das Lebensalter typischen Zustand abweicht, weshalb ihre Teilhabe am Leben in der Gesellschaft beeinträchtigt ist, als behinderte Menschen angesehen werden. § 2 Abs. 2 SGB IX beschreibt Menschen als „schwerbehindert“, wenn bei ihnen ein Grad der Behinderung von wenigstens 50 vorliegt, soweit sie sich im Geltungsbereich dieses Gesetzes, also innerhalb der Bundesrepublik Deutschland aufhalten. Insbesondere in den §§ 151 ff. SGB IX finden sich sodann die einschlägigen arbeitsrechtlichen Vorgaben.

10.1 Beschäftigungspflicht

Gem. § 154 SGB IX sind Arbeitgeber, die mindestens 20 Arbeitsplätze unterhalten (wobei auch Stellen, auf denen Auszubildende beschäftigt werden, mitzählen - vgl. § 156 Abs. 1 SGB IX), verpflichtet, von diesen wenigstens 5 % mit schwerbehinderten Menschen zu besetzen. Erfüllt der Arbeitgeber diese Pflicht nicht, hat er gem. § 160 SGB IX eine „Ausgleichsabgabe“ zwischen derzeit 125,- € und 320,- € jährlich zu bezahlen (§ 160 Abs. 3 SGB IX). Diese Abgabe fließt in einen „Ausgleichsfond“ (§ 161 SGB IX).

Die §§ 163 ff. SGB IX regeln Beschäftigungs- und Berücksichtigungspflichten des Arbeitgebers im weiteren Detail. So soll bei der Besetzung freier Stellen die Bundesagentur für Arbeit zur Vermittlung arbeitsloser schwerbehinderter Menschen eingeschaltet und Vermittlungsvorschläge bzw. Bewerbungen schwerbehinderter Menschen mit der gem. § 177 SGB IX in Betrieben mit wenigstens fünf beschäftigten Schwerbehinderten gewählten sogenannten „Schwerbehindertenvertretung" beraten werden. Insbesondere hat der Arbeitgeber gem. § 164 Abs. 4 SGB IX den Anspruch schwerbehinderter Mitarbeiter auf eine ihren Kenntnissen und Fähigkeiten entsprechende Beschäftigung, auf ihre bevorzugte Berücksichtigung bei innerbetrieblichen Bildungs- und Förderungsmaßnahmen, auf ihren erleichterten Zugang zu außerbetrieblichen Maßnahmen der beruflichen Bildung, auf behindertengerechte Einrichtung der Arbeitsstätten und auf Ausstattung des Arbeitsplatzes mit erforderlichen technischen Hilfen zu erfüllen.

10.2 Das „Betriebliche Eingliederungsmanagement"

Gem. **§ 167 Abs. 2 SGB IX** hat der Arbeitgeber dann, wenn ein Mitarbeiter innerhalb eines Jahres länger als 6 Wochen arbeitsunfähig ist, unter Einschaltung des ggfls. gewählten Betriebsrats und der ggfls. gewählten Schwerbehindertenvertretung wie auch mit Zustimmung des Mitarbeiters zu klären, wie die Arbeitsunfähigkeit möglichst überwunden werden und mit welchen Leistungen oder Hilfen einer erneuten Arbeitsunfähigkeit vorgebeugt und der Arbeitsplatz erhalten werden kann. Dieses sogenannte „betriebliche Eingliederungsmanagement" gilt allgemein. Der Arbeitgeber hat es zu bemühen, auch wenn der arbeitsunfähige Mitarbeiter kein schwerbehinderter Mensch ist.

10.3 Sonderkündigungsschutz

„Die Kündigung des Arbeitsverhältnisses eines schwerbehinderten Menschen durch den Arbeitgeber bedarf der vorherigen Zustimmung des Integrationsamtes" **(§ 168 SGB IX)**.

Sonderkündigungsschutz

Auch diese Vorgabe ist (ähnlich § 9 MSchG) eindeutig. Selbst wenn der Arbeitgeber den schwerbehinderten Mitarbeiter bei einem schwerwiegenden Vertragsverstoß auf frischer Tat ertappt, z. B. beim Griff in die Kasse, aus der er 2.000,- € entnimmt, ist eine hierauf sogleich erklärte schriftliche Kündigung unwirksam, auch wenn sie nach § 626 BGB rechtswirksam wäre: Die **„vorherige"** Zustimmung des Integrationsamtes ist unverzichtbar. Sie kann auch nicht im Nachhinein eingeholt werden.

Beispiel

Der Inhaber eines Galvanik-Betriebs sieht am 15. März, wie der schwerbehinderte Mitarbeiter den Kofferraum seines Pkws mit Werkzeugen und mit etwa 20 Kupferplatten füllt. Gegen die ihm sogleich erklärte schriftliche außerordentliche Kündigung erhebt der Mitarbeiter am 16. März Klage beim Arbeitsgericht. Dieses bestimmt einen Termin zur Güteverhandlung auf den 30. März. In dieser Verhandlung erfährt der Arbeitgeber, dass seine ohne Zustimmung des Integrationsamtes erklärte Kündigung unwirksam ist, weshalb er sogleich am 31. März den erforderlichen Antrag beim Integrationsamt schriftlich einreicht.

Folge:

Das Integrationsamt kann nicht nachträglich über die bereits am 15. März erklärte Kündigung entscheiden. Es wird einer beabsichtigten, künftigen Kündigung nicht zustimmen, da am 31. März die Frist des § 626 Abs. 2 BGB verstrichen ist und da der Antrag auf Zustimmung außerhalb dieser in **§ 174 Abs. 2 SGB IX** gleichlautend geregelten Frist gestellt wurde: Das Recht zur außerordentlichen Kündigung erlischt, wenn seit Kenntnis des wichtigen Grundes mehr als 2 Wochen verstrichen sind.

Der Arbeitgeber muss, wenn er die Kündigung gegenüber einem schwerbehinderten Arbeitnehmer beabsichtigt, unabhängig davon, ob dies eine außerordentliche oder fristgerechte Kündigung sein soll, gem. § 170 SGB IX zunächst schriftlich die Zustimmung beim Integrationsamt beantragen. Das Integrationsamt hat hierauf gem. den §§ 170 Abs. 2 und 3, 171 SGB IX ein Anhörungsverfahren durchzuführen, an welchem auch der betroffene Arbeitnehmer zu beteiligen ist, und sodann den Antrag des Arbeitgebers zu bescheiden. Diese Entscheidung stellt einen **Verwaltungsakt** der Behörde dar, gegen welchen der Arbeitgeber, falls er abschlägig beschieden wurde, Widerspruch und im Falle dessen Erfolglosigkeit, Anfechtungsklage beim Verwaltungsgericht erheben kann. Die gleichen Rechtsbehelfe stehen dem schwerbehinderten Arbeitnehmer zu, falls das Integrationsamt dem Antrag des Arbeitgebers stattgibt, der Kündigungsabsicht also die Zustimmung erteilt. Erst nach rechtskräftigem Abschluss des verwaltungsgerichtlichen Verfahrens mit dem Ergebnis der erteilten Zustimmung darf eine Kündigung erklärt werden, gegen welche der Arbeitnehmer Klage beim Arbeitsgericht erheben kann.

Wartezeit

Der Sonderkündigungsschutz für schwerbehinderte Arbeitnehmer setzt gem. **§ 173 SGB IX** die Erfüllung einer **Wartezeit** voraus: Er besteht nicht, wenn das Arbeitsverhältnis zum Zeitpunkt des Zugangs der Kündigung noch nicht länger als 6 Monate bestanden hat.

Beispiel: Das Arbeitsverhältnis mit einem schwerbehinderten Arbeitnehmer hat am 1. April begonnen. Mit Schreiben vom 30. September, das er am selben Tag zur Post gibt und das dem Arbeitnehmer am 1. Oktober zugeht, kündigt der Arbeitgeber fristgerecht. Diese Kündigung ist unwirksam, da sie dem Arbeitnehmer nach Ablauf der bis 30. September dauernden Wartezeit zuging und ohne Zustimmung des Integrationsamtes erklärt wurde.

10.4 Mehrarbeit und Zusatzurlaub

Sofern dies ein schwerbehinderter Mitarbeiter verlangt, ist er von der Pflicht zur Leistung von Mehrarbeit, also von Arbeit, die über die arbeitsvertraglich vereinbarte oder tarifvertraglich vorgegebene Arbeitszeit hinausgeht, freizustellen **(§ 207 SGB IX)**.

Schwerbehinderte Menschen haben gem. § 208 SGB IX Anspruch auf zusätzlichen bezahlten Urlaub je Urlaubsjahr im Umfang von 1 Arbeitswoche, was sich daraus ergibt, dass das Gesetz zwar von „5 Arbeitstagen“ spricht, aber bei einer anderen Verteilung auf mehr oder weniger Arbeitstage je Kalenderwoche einen entsprechend erhöhten oder verminderten Zusatzurlaub erwähnt.

Fallbeispiel zur Kompetenzüberprüfung

Geselle Fleiß, 55 Jahre alt und seit seiner Ausbildung in der Schreinerei Holz beschäftigt, ist seit 5 Jahren Schwerbehinderter (Ausweis vorhanden), wovon er aber aus Scham dem Inhaber Holz, mit dem er schon im Kindergarten zusammen gewesen ist, nie etwas berichtet hat. Aufgrund eines Terminauftrages macht Holz Druck: Er verlangt Mehrarbeit von seinen Mitarbeitern, die von Montag bis Freitag 11 Stunden und am Samstagvormittag 4 Stunden arbeiten sollen. Fleiß kann und will nicht mehr. Er outet sich als Schwerbehinderter, lehnt die geforderte Mehrarbeit ab und verlangt für die zurückliegenden 5 Jahre den offenen Zusatzurlaub von 5 Wochen.

Holz fragt, ob er die Mehrarbeit verlangen kann und ob er den zusätzlichen Urlaub gewähren muss.

Antworten

1. Mehrarbeit

Das verlangte Volumen von Mehrarbeit ist rechtswidrig, da gem. § 3 ArbZG die werktägliche Arbeitszeit 8 Stunden und im Ausnahmefall 10 Stunden nicht überschreiten darf. Schon alleine deshalb ist Fleiß nicht verpflichtet, die geforderte Mehrarbeit zu leisten. Hinzu kommt, dass Schwerbehinderte gem. § 207 SGB IX verlangen können, von Mehrarbeit freigestellt zu werden.

2. Zusatzurlaub

Gem. § 208 SGB IX hat Fleiß Anspruch auf zusätzlichen Urlaub von 5 Arbeitstagen je Urlaubsjahr, da er schwerbehindert ist. Dem steht nicht entgegen, dass der Arbeitgeber Holz bislang davon keine Kenntnis hatte. Das Verlangen von Fleiß jedoch, den Zusatzurlaub seit Feststellung seiner Schwerbehinderung, also für die zurückliegenden 5 Jahre zu erhalten, ist ohne Anspruchsgrundlage, da der Zusatzurlaub dasselbe „Schicksal" erfährt wie der Urlaubsanspruch, der an das Kalenderjahr gebunden ist und daher, sofern noch nicht genommen, am 31.12. erlischt. Dies bedeutet, dass mit Ausnahme des laufenden Jahres die Ansprüche aus den ersten 4 Jahren erloschen und daher nicht mehr zu fordern sind.

11. Die Beendigung eines Arbeitsverhältnisses

Das Ende eines Arbeitsverhältnisses kann durch unterschiedliche Sachverhalte, die aufgrund eingetretener Tatsachen oder rechtlicher Gestaltungen bestehen, herbeigeführt werden.

11.1 Tod

Ein „natürliches" Ende des Arbeitsverhältnisses tritt mit dem Tod des Arbeitnehmers ein, da das Arbeitsverhältnis höchstpersönlicher Art ist und seine Rechte und Pflichten nicht vererblich sind (bereits entstandene Ansprüche etwa auf Vergütung gehen indessen auf die Erben des verstorbenen Arbeitnehmers über).

Beendigung

Der Tod des Arbeitgebers, der z. B. Inhaber eines Handwerksbetriebs war, führt nicht zur Beendigung des Arbeitsverhältnisses, da der Betrieb vererblich ist und der (Fort-) Bestand des Betriebes daher zunächst unberührt bleibt. Nur wenn die Erben beschließen, den Betrieb stillzulegen, kann die Beendigung von ihnen etwa durch eine Kündigung des Arbeitsverhältnisses herbeigeführt werden.

11.2 Rente

Das Arbeitsverhältnis endet nicht „automatisch", wenn der Arbeitnehmer Altersruhegeld (Rente) oder Rente wegen verminderter Erwerbsfähigkeit erhält. Denn zum einen ist es dem Arbeitnehmer nicht verwehrt, trotz Rente (weiter) zu arbeiten. Zum anderen ist gem. § 41 SGB IV (Sozialgesetzbuch zur Gesetzlichen Rentenversicherung) der Anspruch des Arbeitnehmers auf eine Rente wegen Alters kein Grund für eine Kündigung des Arbeitgebers. Im Falle der Rente wegen verminderter Erwerbsfähigkeit ist indessen eine weitere Betätigung durch Arbeit ausgeschlossen (entweder

Arbeit, dann keine Rente, oder Rente, weil Arbeit nicht möglich). Soll bei Eintritt in den Rentenstand das Arbeitsverhältnis beendet werden, bedarf es einer rechtlichen Gestaltung, die schriftlich **(§ 623 BGB)** etwa durch Kündigung oder Aufhebungsvertrag erfolgen kann.

11.3 Insolvenz

Auch wenn die Insolvenz des Arbeitgebers bzw. seines Betriebs eintritt, führt dies nicht „automatisch" zu einer Beendigung des Arbeitsverhältnisses. Die eingetretene Zahlungsunfähigkeit des Betriebs lässt dessen Bestand (zumindest zunächst) unberührt. Wird ein Insolvenzverfahren vom Amtsgericht eröffnet und ein Insolvenzverwalter eingesetzt, ist es gerade das Interesse, den Betrieb weiterzuführen, um nach Möglichkeiten einer Sanierung oder des Verkaufs des Betriebs zu suchen. Erst wenn dies ohne Aussicht auf Erfolg erscheint, wird die Entscheidung zur Stilllegung des Betriebes fallen, und erst dann können Arbeitsverhältnisse durch rechtliche Gestaltung wie z. B. Kündigung oder Aufhebungsvertrag beendet werden.

11.4 Befristung

Ein Arbeitsverhältnis, das befristet ist, endet mit Ablauf der Zeit, für das es eingegangen wurde, oder mit Erreichen des Zwecks, für den es begründet wurde (vgl. Abschnitt 2.1.4). Die Beendigung durch Befristung ist nur dann rechtswirksam, wenn die Befristung vor Arbeitsbeginn **schriftlich** vereinbart wurde (14 Abs. 4 TzBfG).

11.5 Anfechtung

Wie bei jedem Vertrag können auch beim Arbeitsvertrag die bei Vertragsschluss gewechselten Willenserklärungen unter den Voraussetzungen der §§ 119, 123 BGB angefochten werden. Dabei dürfte in der Praxis die Anfechtung wegen Irrtums (§ 119 BGB) weniger von Bedeutung sein als eine Anfechtung wegen arglistiger Täuschung (§ 123 BGB): Unter dem Gesichtspunkt des „Eingehungsbetruges" können sowohl Arbeitnehmer wie auch Arbeitgeber bei Verhandlung über den Abschluss eines Arbeitsvertrags den Verhandlungspartner täuschen, etwa wenn der Arbeitgeber beste Konditionen, hohe Löhne, sichere Arbeitsplätze behauptet, den Arbeitnehmer hart arbeiten lässt und die Vergütung monatelang schuldig bleibt, oder wenn der Arbeitnehmer unter Vorlage gefälschter Urkunden eine Qualifikation behauptet, die er nicht hat.

Die fristgerecht erklärte und begründete Anfechtung einer Willenserklärung bei Vertragsschluss (z. B. der Annahme des Angebots) bewirkt die Beendigung des Arbeitsverhältnisses mit dem Zeitpunkt des Zugangs der Anfechtungserklärung (vgl. im Übrigen Abschnitt 2.1.3)

11.6 Der Aufhebungsvertrag

Aufhebungsvertrag

Fall 1:

Ein junger Arbeitnehmer, alleinstehend und von einem kleinen Erbe überrascht, beschließt, die Welt, „solange die Kohle reicht“, zu erobern. Er verabschiedet sich am Freitag von seinem Arbeitgeber mit den Worten: „Ich bin dann mal weg.“ Ab dem folgenden Montag bleibt er der Arbeit fern. Ein besorgter Brief des Arbeitgebers, der wissen will, ob ihm etwas geschehen sei, kommt mit dem Vermerk „Adressat unbekannt verzogen“ ebenso zurück wie die eine Woche später wegen unentschuldigten Fehlens schriftlich erteilte Abmahnung. Als der Arbeitgeber nach 2 weiteren Wochen persönlich die schriftliche Kündigung unter der ihm bekannten Anschrift des Arbeitnehmers abgeben will, findet er weder ein Namensschild noch einen mit seinem Namen versehenen Briefkasten. Weitere Nachforschungen nach dem Verbleib des Arbeitnehmers sind erfolglos. Nach 2 Jahren taucht der Weltenbummler am Montag pünktlich zu Arbeitsbeginn im Betrieb wieder auf, grüßt fröhlich und bittet um vertragsgerechte Zuweisung einer Aufgabe: „Da bin ich wieder. Ich will arbeiten.“

Fragen

1. Hat er Anspruch auf Beschäftigung?
2. Hat er Anspruch auf Vergütung der zurückliegenden 2 Jahre?

Antworten

Selbst wenn mit den Worten „Ich bin dann mal weg“ der Wille zur Beendigung des Arbeitsvertrags zum Ausdruck kommt, ist eine solche Kündigung des Arbeitnehmers unwirksam, weil jede Kündigung gem. § 623 BGB der Schriftform bedarf. Vom Weltenbummler ist also das Arbeitsverhältnis nicht wirksam gekündigt oder beendet worden. Die Kündigung des Arbeitgebers hat das Arbeitsverhältnis nicht beendet, da sie nicht zuging. Selbst wenn sie mit rechtfertigendem Grund (unberechtigtes Fernbleiben von der Arbeit) erklärt wurde, hat sie das Arbeitsverhältnis nicht aufgelöst.

Da eine rechtswirksame Beendigung/Auflösung des Arbeitsverhältnisses nicht bewirkt wurde, besteht es fort. Da es (fort-)besteht, hat der Weltenbummler Anspruch auf vertragsgerechte Beschäftigung.

Seit „Montag vor 2 Jahren" blieb der Weltenbummler ohne rechtfertigenden Grund der Arbeit fern. Er hat daher keinen Vergütungsanspruch, da er weder arbeitsunfähig erkrankt noch in bewilligtem Urlaub war noch der Arbeitgeber sich im Verzug der Annahme seiner Arbeitsleistung befand.

So, wie ein Arbeitsverhältnis durch Abschluss eines Arbeitsvertrages begründet wird, so kann es durch einen Vertrag beendet/aufgelöst/aufgehoben werden. Dabei sind außer der gem. § 623 BGB gebotenen Schriftform keine besonderen Vorgaben zu beachten. Ein solcher Aufhebungsvertrag kommt zustande wie jeder andere Vertrag auch: Zwei sich deckende, übereinstimmende Willenserklärungen (Angebot und Annahme) werden anfechtungsfrei ausgetauscht, der wesentliche Inhalt (Beendigung sofort oder zum Datum „x") steht fest.

Fall 2:

Der Arbeitgeber ertappt die Kassiererin, die den Kaufpreis für Waren im Wert von 15,20 € entgegengenommen hat, ohne ihn in die Kasse einzugeben. Die sofortige Kassenüberprüfung ergibt einen Fehlbetrag in Höhe von 15,20 €, weshalb der Arbeitgeber der Kassiererin erklärt, sie erhalte eine außerordentliche Kündigung, sofern sie einen Aufhebungsvertrag nicht annehme. Zu Hause angekommen reut es die Kassiererin, einen Aufhebungsvertrag unterzeichnet zu haben.

Frage: Was kann sie rechtlich gegen den Aufhebungsvertrag tun?

Antwort

Ein Vertrag im Sinne der §§ 312 ff BGB liegt nicht vor, da nicht eine „entgeltliche Leistung" Gegenstand des Aufhebungsvertrags ist. Ein Widerrufsrecht ist daher nicht gegeben.

Die Kassiererin könnte den Aufhebungsvertrag wegen rechtswidriger Drohung (§ 123 BGB) anfechten. Dabei ist nach der Rechtsprechung die Ankündigung einer außerordentlichen Kündigung als Drohung im Sinne des § 123 BGB zu bewerten, die allerdings nur dann nicht rechtswidrig ist, wenn aufgrund eines gegebenen Sachverhalts ein vernünftiger Arbeitgeber eine außerordentliche Kündigung ernsthaft in Erwägung zieht. Dies bedeutet: Das nicht ordnungsgemäße Kassieren des Kaufpreises stellt einen wichtigen Grund gem. § 626 BGB dar, der das Vertrauen in die Redlichkeit einer Kassiererin erschüttert und grundsätzlich einer weiteren Zusammenarbeit entgegenstehen kann. Eine außerordentliche Kündigung ist nicht abwegig, auch nicht für einen vernünftigen Arbeitgeber, weshalb die Drohung mit ihr keine „rechtswidrige" Drohung darstellt. Eine Anfechtung des Aufhebungsvertrags ist somit nicht zu begründen.

Beachte: Ein Aufhebungsvertrag bedarf zu seiner Wirksamkeit gem. § 623 BGB der Schriftform. Die mündliche Äußerung des Arbeitnehmers „Chef, ich will nicht mehr!" und die mündliche Antwort des Arbeitgebers „Einverstanden. Die Papiere mache ich bis morgen fertig." können als Angebot und Annahme, also als Willenserklärungen zum Abschluss eines Aufhebungsvertrags verstanden werden. Da sie jedoch nur mündlich ausgetauscht wurden, ist ein Aufhebungsvertrag nicht zustande gekommen.

11.7 Die Kündigung

Die Kündigung ist als Willenserklärung „empfangsbedürftig", d. h., sie setzt - um überhaupt als Willenserklärung wirksam zu werden - voraus, dass sie dem Empfänger zugeht. Sie geht, mündlich erklärt, dem Empfänger zu, auch wenn dieser sich die Ohren zuhält. Sie geht ihm schriftlich zu, auch wenn er das Schreiben nach Erhalt, ohne es gelesen zu haben, wegwirft oder zerreißt.

Schriftform

Die Kündigung eines Arbeitsverhältnisses setzt gem. § 623 BGB weiter voraus, dass sie **schriftlich** erklärt wird. Die Äußerung des Arbeitnehmers „Ich komme nie mehr wieder in diesen Betrieb, ich bin dann mal weg!" ist als Erklärung des Beendigungswillens und damit als Kündigung zu bewerten. Sie ist dennoch unwirksam, weil sie dem Schriftform-Gebot des § 623 BGB nicht entspricht. Die Vorgabe des Gesetzes richtet sich also an beide Seiten des Arbeitsvertrags.

Nach allgemeinen Grundsätzen geht die empfangsbedürftige Willenserklärung zu, wenn sie derart in den Herrschaftsbereich des Empfängers gelangt, dass der Absender auf die Möglichkeit der Kenntnisnahme vertrauen darf.

- Die Kündigung geht zu, wenn das Schreiben dem Empfänger ausgehändigt wird (zum Beweiszweck gegen Quittung).
- Sie geht zu, wenn sie in den Briefkasten des Empfängers eingebracht wird, denn der mit Namen versehene Briefkasten ist dem „Herrschaftsbereich" zuzurechnen. Problem: Wie kann der Zugang bewiesen werden?

  Eine Versendung per Normalbrief mit der Post kann den Zugang nicht beweisen. Eine Versendung per Einschreiben oder Einschreiben mit Rückschein ist nur dann beweisfähig, wenn das Schreiben dem Empfänger ausgehändigt wird; wird er nicht erreicht und das Einschreiben trotz Benachrichtigungsschein nicht abgeholt, sendet die Post das Einschreiben an den Absender zurück: Das Schreiben ging nie dem Empfänger zu.

  Eine Versendung per „Einwurfeinschreiben" ist indessen zur Beweisführung über den Zugang geeignet, da der Vorgang dokumentiert wird.

Wird das Kündigungsschreiben von einem Boten überbracht (ausgehändigt oder in den Briefkasten eingeworfen), sollte der Bote als eventueller Zeuge vom Inhalt des Briefes Kenntnis haben.

11.7.1 Die ordentliche Kündigung

Unter „ordentliche" Kündigung wird die „fristgerechte" Kündigung verstanden. Sie ist das rechtliche Instrument, um ein Vertragsverhältnis einseitig zu beenden, und hat für das Arbeitsverhältnis die Grundlage in § 622 BGB. Dessen „Grundkündigungsfrist" beträgt für Arbeitnehmer und Arbeitgeber 4 Wochen zum Fünfzehnten oder zum Letzten des Monats (vgl. im Übrigen zu den weiteren Inhalten des § 622 BGB oben, Abschnitt 1.3).

11.7.2 Die außerordentliche Kündigung

Fristlose Kündigung

Ist ein „wichtiger Grund" gegeben (sind also Tatsachen vorhanden, die als wichtiger Grund zu bewerten sind), kann das „Dienstverhältnis" (darunter ist auch das Arbeitsverhältnis zu verstehen) von jeder Vertragsseite (also von Arbeitnehmer oder Arbeitgeber) ohne Einhaltung einer Frist gekündigt werden. Dies gilt indessen nur dann, wenn es aufgrund gegebener **„Tatsachen"** dem Kündigenden **„unzumutbar"** ist, eine Kündigungsfrist (oder die Zeit einer Befristung) einzuhalten. Bei der Überprüfung dieser Voraussetzungen sind zum einen **„alle Umstände** des Einzelfalles" zu berücksichtigen und zum anderen die beiderseitigen **„Interessen"** gegeneinander „abzuwägen" **(§ 626 Abs. 1 BGB)**.

Das solcherart gesetzlich definierte Recht zur fristlosen Kündigung macht deutlich, dass nicht jedes rechtswidriges Verhalten ein außerordentliches Kündigungsrecht gewissermaßen „automatisch" begründet: Es müssen neben einer gegebenen Tatsache die Voraussetzungen „unzumutbar", „alle Umstände des Einzelfalles berücksichtigen" und „Abwägung der Interessen" erfüllt sein.

Beispiele

- Die Verkäuferin in der Backwarenabteilung eines Kaufhauses verspürt etwa eine Stunde vor Geschäftsschluss großen Hunger, weshalb sie ohne Bezahlung einen Bienenstich (Verkaufspreis 1,50 €) aus dem Regal nimmt und verspeist.

  Die Wegnahme einer im Eigentum des Arbeitgebers stehenden Ware stellt als Unterschlagung oder Diebstahl einen wichtigen Grund gem. § 626 BGB dar, da es auf den Wert der Sache nicht ankommt. Die Beschädigung des Eigentums des Arbeitgebers durch eine Verkäuferin, deren Aufgaben und Tätigkeit ein hohes

Vertrauen in ihre Redlichkeit beim Umgang mit Ware und Geld des Arbeitgebers erfordert, stellt dieses Vertrauen infrage und macht eine weitere Beschäftigung unzumutbar (BAG, Urteil vom 17.05.1984).

- Die Kassiererin eines Lebensmittelgeschäftes nimmt, nachdem sie einige Tage lang zwei Bons für Leergut von einem Kunden abgelegt, jedoch nicht eingelöst gesehen hatte, diese an sich, löst sie ein und behält den Gegenwert von insgesamt 1,30 € für sich.

  Selbst wenn dadurch das für die Tätigkeit einer Kassiererin in besonderem Maße vorausgesetzte Vertrauen in ihre Redlichkeit berührt sein könnte, ist weder ein Eigentumsrecht noch ein anderes Recht des Arbeitgebers, der keinen Anspruch auf die liegengebliebenen Bons eines Kunden hat, verletzt. Ein wichtiger Grund ist somit nicht gegeben, jedenfalls ist bei einer angenommenen Pflichtwidrigkeit der Kassiererin allenfalls eine Abmahnung gerechtfertigt (BAG, Urteil vom 10.06.2010 - 2 AZR 541/09).

- Der Mitarbeiter einer Papierrecycling-Firma findet in dem zu entleerenden Papier-Container ein neuwertiges Camping-Kinderbett, welches er gut gebrauchen kann. Er wird beobachtet, wie er das Bett in seinen Pkw verstaut.

  Selbst wenn davon auszugehen ist, dass derjenige, der Altpapier oder andere Dinge in den Container einbringt, sein Eigentum auf den Eigentümer des Containers übertragen und dass dieser Eigentum an den eingebrachten Gegenständen begründen will, dass also ein sachenrechtlicher Übergang des Eigentums stattgefunden hat, und weiter: selbst wenn der Mitarbeiter das Eigentum seines Arbeitgebers verletzt, ein wichtiger Grund gem. § 626 BGB also gegeben ist, sprechen die Umstände des Falles (Altpapier, zufälliger Fund, kein erkennbares Interesse des Arbeitgebers an dem Erwerb von Kinderbetten) dafür, dass eine fristlose Kündigung nicht veranlasst ist.

- Der arbeitsunfähig erkrankte Montagearbeiter wird beobachtet, wie er den Marktstand seiner Lebensgefährtin in der Zeit der bescheinigten Arbeitsunfähigkeit morgens auf- und nachmittags abbaut.

  Ein wichtiger Grund ist gegeben: Der Montagearbeiter verrichtet, wenn auch im privaten Bereich, eine seiner arbeitsvertraglichen Leistungspflicht vergleichbare Tätigkeit; er hat seine Arbeitsunfähigkeitsbescheinigung erschlichen, was auch als Betrug gewertet werden kann. Umstände, die dies anders gewichten lassen, sind nicht erkennbar. Das Interesse des Arbeitgebers an der Vorlage von der Wahrheit entsprechenden Arbeitsunfähigkeitsbescheinigungen ist höher zu gewichten als das Interesse des Arbeitnehmers an der Aufrechterhaltung des Arbeitsverhältnisses.

- Eine Mitarbeiterin, die, obwohl sie es sich immer wieder verbeten hat, jeden Tag von ihrem Arbeitgeber aufgefordert wird, mit ihm zusammen nach Feierabend bei einem Gläschen Sekt seine Briefmarkensammlung anzuschauen, kündigt schließlich fristlos. Rechtswirksam?

  Sie hat einen wichtigen Grund (sexuelle Belästigung), der es ihr unzumutbar macht, ihre Arbeit fortzusetzen, wobei kein Umstand ersichtlich ist, der dem entgegensteht und wobei die Abwägung der beiderseitigen Interessen aufseiten des Arbeitgebers keinerlei anzuerkennendes Interesse erbringt. Die außerordentliche Kündigung der Mitarbeiterin ist wirksam.

- Der seit vielen Jahren im Lager eines amerikanischen Kaufhauses beschäftigte Mitarbeiter entnimmt aus der Eiswürfelmaschine etwa 2 kg Eis, das er in seine mitgebrachte Plastiktüte verpackt, die er in seinen Pkw verbringt, um an diesem heißen Tag die im Kofferraum befindlichen Getränke zu kühlen. 3 kg abgepackter Eiswürfel werden für 2,20 € an Kunden verkauft. Die Mitarbeiter sind in der heißen Jahreszeit berechtigt, ein oder zwei Eiswürfel zur Kühlung von Getränken aus der Eismaschine kostenlos zu entnehmen. Der beobachtete Mitarbeiter, der noch nie Anlass zu Beanstandungen gab, wird wegen Diebstahls fristlos entlassen. Rechtswirksam?

  Die Wegnahme von Ware auch von geringem Wert stellt grundsätzlich einen wichtigen Grund gem. § 626 BGB dar. Der stets ohne Beanstandungen beschäftigte Mitarbeiter hätte dennoch vor einer Kündigung abgemahnt werden müssen. Im Rahmen der zu prüfenden und gegeneinander abzuwägenden Interessen erweist sich das Interesse des Arbeitgebers an der Beachtung seines Eigentums als hoch. Das Interesse des Arbeitnehmers an der Aufrechterhaltung seines jahrelang unbeanstandet gebliebenen Arbeitsverhältnisses ist jedoch höher zu gewichten, zumal die Beschäftigten berechtigt waren, Getränke mit Eis aus der Maschine zu kühlen. Ohne vorausgegangene, „einschlägige" Abmahnung ist die fristlose Kündigung rechtsunwirksam.

- Am ersten Urlaubstag des Buchhalters entdeckt dessen Vertreter die „vergessenen" Listen, aus denen sich ergibt, dass der Buchhalter seit Jahren regelmäßig Beträge zwischen 2,- € und 50,- € auf sein privates Konto überwiesen hat. Über die Gesamtsumme von etwa 25.000,- € entsetzt, erklärt der Arbeitgeber nach Rückkehr des Buchhalters aus einem dreiwöchigen Urlaub an dessen erstem Arbeitstag die fristlose Kündigung. Rechtswirksam?

  Ein wichtiger Grund gem. § 626 BGB ist ohne Frage gegeben. Umstände, die für den Buchhalter sprechen, sind nicht erkennbar. Die Interessen des Arbeitgebers sind nach Zerstörung des Vertrauens in die Redlichkeit höher zu gewichten. Die

Kündigung ist dennoch gem. § 626 BGB unwirksam, weil sie verfristet ist: Nach Absatz 2 dieser Norm kann eine außerordentliche Kündigung nur innerhalb einer Frist von 2 Wochen ab Kenntnis des wichtigen Grundes erklärt werden.

Wiederholende Zusammenfassung zu § 626 BGB

Gem. § 626 Abs. 1 BGB ist eine außerordentlichen Kündigung nur dann rechtswirksam, wenn ein „wichtiger Grund" gegeben ist, wenn unter Berücksichtigung aller „Umstände des Einzelfalles" bei gleichzeitiger „Abwägung der beiderseitigen Interessen" es dem Kündigenden „unzumutbar ist, eine Kündigungsfrist einzuhalten oder den Ablauf der Befristung" abzuwarten. Hieraus ergibt sich, dass eine fristlose Kündigung nur als „ultima ratio", also nur dann in Betracht kommt, wenn andere Maßnahmen nicht (mehr) genügen, um eine Störung des Vertragsverhältnisses zu beseitigen. Dies wiederum bedeutet, dass grundsätzlich vor Ausspruch einer solchen Kündigung zu überprüfen ist, ob nicht eine **Abmahnung** geeignet ist, künftig ein Fehlverhalten des Arbeitnehmers zu verhindern.

Das Geschehene mag so schlimm gewesen sein, wie es vorstellbar ist: Wenn bis zum Ausspruch einer außerordentlichen Kündigung mehr als 2 Wochen nach Kenntniserlangung vom wichtigen Grund verstrichen sind, ist das Kündigungsrecht gem. **§ 626 Abs. 2 BGB** verwirkt.

11.7.3 Änderungskündigung

Änderungskündigung

Unter bestimmten Konstellationen, insbesondere bei Anwendbarkeit des KSchG (vgl. nachfolgend Kapitel 12), kann, wenn sich die Bedingungen des Arbeitsverhältnisses geändert haben und eine einvernehmliche Vertragsänderung nicht zu erzielen ist, vom Arbeitgeber eine „Änderungskündigung" erklärt werden. Darunter ist eine unmissverständliche **Kündigung** zu verstehen (fristgerecht oder fristlos je nach Einzelfall), die mit einem konkreten **Angebot** auf Fortsetzung des Vertrages zu geänderten Bedingungen verbunden ist. Unter den Voraussetzungen des KSchG hat dabei der Arbeitnehmer vier Handlungsmöglichkeiten:

1. Erklärt er sich einverstanden, besteht sein Arbeitsverhältnis geändert fort.
2. Will oder kann er die geänderten Bedingungen nicht annehmen und erhebt er keine Klage, endet sein Arbeitsverhältnis infolge der Kündigung.
3. Erhebt er Klage, wird vom Arbeitsgericht überprüft, ob die Kündigung sozial gerechtfertigt, also rechtswirksam ist. Wird der Klage stattgegeben, besteht das Arbeitsverhältnis fort. Wird sie abgewiesen, hat das Arbeitsverhältnis durch Kündigung geendet.

4. Gem. § 2 KSchG kann der Arbeitnehmer innerhalb dreier Wochen nach Zugang der Änderungskündigung gegenüber dem Arbeitgeber erklären, dass er die Änderungskündigung unter Vorbehalt ihrer sozialen Rechtfertigung annimmt (sogenannte **Vorbehaltserklärung**). Erhebt er innerhalb dreier Wochen nach Zugang der Kündigung Klage gegen die Änderungskündigung, wird durch das Arbeitsgericht geprüft, ob die **Änderung** der Arbeitsbedingungen sozial gerechtfertigt ist mit dem Ergebnis, dass dann, wenn die Klage abgewiesen ist, das Arbeitsverhältnis verändert, wenn ihr stattgegeben wird, das Arbeitsverhältnis zu den bisherigen Bedingungen fortbesteht. Das Arbeitsverhältnis bleibt in jedem Fall, verändert oder wie zuvor, erhalten.

11.7.4 Druckkündigung

Druckkündigung

Wird von außen, d. h. von Dritten, auf den Arbeitgeber Druck dahingehend ausgeübt, einen bestimmten Arbeitnehmer zu entlassen, kann ihm, auch wenn tatsächlich ein konkreter Grund für eine Kündigung nicht gegeben ist, ein Kündigungsrecht nicht versagt werden. Dieses steht indessen unter sehr engen Voraussetzungen.

So muss zum einen ein **ernsthafter** Druck auf den Arbeitgeber ausgeübt werden, der entweder von Kunden („Wenn dieser Mitarbeiter weiterhin für die Bearbeitung meiner Aufträge eingesetzt wird, endet unsere Beziehung") ausgeht oder von Mitarbeitern („Entweder dieser Mitarbeiter verlässt den Betrieb, oder wir werden alle kündigen") ausgeübt wird. Erst nachdem der Arbeitgeber sich zum anderen gewissermaßen **schützend** vor den Betroffenen gestellt und **versucht** hat, den Druck im Ergebnis erfolglos abzuwenden, kann eine Kündigung, auch wenn sie nicht durch gem. § 1 KSchG zu beweisende Tatsachen sozial zu rechtfertigen ist, rechtswirksam erfolgen.

11.7.5 Verdachtskündigung

Verdachtskündigung

In ähnlicher Weise kann der geäußerte Verdacht, ein Mitarbeiter verhalte sich vertrags- oder rechtswidrig, eine Kündigung des Arbeitgebers rechtswirksam veranlassen, was jedoch nur dann der Fall sein wird, wenn erstens ein **konkreter Verdacht** auf unredliches, vertragswidriges Verhalten geäußert wird, zweitens der Arbeitgeber sich bemüht hat, den Verdacht **aufzuklären**, und drittens den Betroffenen zu dem gegen ihn geäußerten Verdacht **angehört** hat. Schließlich: Ist der Verdacht trotz aller Bemühungen nicht ausgeräumt und beeinträchtigt dieser das Vertrauen in den Betroffenen, kann der Arbeitgeber rechtswirksam kündigen. **Beachte:** Die Anhörung des betroffenen Arbeitnehmers ist eine unverzichtbare Voraussetzung.

12. Das Kündigungsschutzgesetz (KSchG)

Das ursprünglich zum Schutz vor willkürlichen Kündigungen geschaffene Gesetz hat in seiner heutigen Fassung, mit seinem heutigen Inhalt den Zweck, den Fortbestand eines Arbeitsverhältnisses, das Grundlage für die Existenz des Arbeitnehmers und seiner Familie ist, zu sichern, sodass es durch den Arbeitgeber nur dann einseitig beendet werden soll, wenn dies notwendig ist, um aufgetretene Störungen zu beseitigen. Die Rechtswirksamkeit der Kündigung des Arbeitgebers ist nur dann gegeben, wenn die Kündigung **„sozial gerechtfertigt"** ist (§ 1 Abs. 1 KSchG).

12.1 Voraussetzungen

Das Kündigungsschutzgesetz ist nicht für alle Kündigungen aller Arbeitgeber von Bedeutung. Um es überhaupt anwenden zu können, müssen 3 Voraussetzungen erfüllt sein:

Wartezeit

- Gem. **§ 1 Abs. 1 KSchG** muss der Arbeitnehmer länger als 6 Monate ohne Unterbrechung in dem kündigenden Betrieb beschäftigt gewesen sein, er muss also die sogenannte **Wartezeit** von 6 Monaten erfüllt haben.

  Für ein Arbeitsverhältnis, das am 1. April begonnen hat, endet die Wartezeit mit Ablauf des 30. September. Eine Kündigung, die dem Arbeitnehmer am 1. Oktober zugeht, ist nach der Wartezeit zugegangen und daher (wenn die weiteren Voraussetzungen gegeben sind) unwirksam, wenn sie „sozial ungerechtfertigt" ist. Es kommt entscheidend auf den Zeitpunkt des **Zugangs** der Kündigung an. Der Arbeitgeber, der ohne die Vorgaben des KSchG kündigen will, muss also seine Kündigung spätestens am 30. September, 24.00 Uhr, zugehen lassen (0.00 Uhr wäre bereits zu spät!). Dass eine einzuhaltende Kündigungsfrist (im Regelfall 4 Wochen zum Fünfzehnten oder zum Monatsende) das Arbeitsverhältnis erst zum 31. Oktober beendet, ist unerheblich.

Kleinbetrieb

- Gem. § 23 Abs. 1KSchG hat der Kündigungsschutz für sogenannte **Kleinbetriebe** keine Bedeutung. Aus der jüngeren Geschichte ist die etwas verwirrende Definition des Kleinbetriebs, der durch die Zahl der beschäftigten Arbeitnehmer bestimmt wird, erklärbar, da diese Zahl mehrfach durch den Gesetzgeber geändert wurde: Aus der Zeit der „Kohl-Regierung" stammt die Regelung in § 23 Abs. 1 Satz 2 KSchG, nach der das KSchG für Betriebe, in denen zehn (zuvor waren es sechs) oder weniger Arbeitnehmer beschäftigt werden, nicht gilt. Aus der Gesetzgebung zu Zeiten der „Rot-Grünen" Koalition, die zunächst die Zahl auf fünf gesenkt hatte, stammt die heutige Vorgabe, dass in Betrieben, in denen zehn oder weniger Arbeitnehmer beschäftigt werden, das KSchG für diejenigen

Arbeitnehmer nicht gilt, deren Arbeitsverhältnis nach dem 31.12.2003 begonnen hat. Hieraus resultiert nach inzwischen 10 Jahren die nicht mehr allzu häufige, aber dennoch denkbare Konstellation, dass in einem Betrieb, der bis 2003 sechs Arbeitnehmer beschäftigte und ab 2004 weitere vier Arbeitnehmer einstellte, heute noch die sechs „Altarbeitnehmer" Kündigungsschutz genießen, die vier Neuen jedoch nicht.

Der „Kleinbetrieb" wird also durch die Zahl der beschäftigten Arbeitnehmer bestimmt, wobei Auszubildende ausdrücklich nicht mitgezählt werden („ausschließlich der zur Berufsausbildung Beschäftigten", § 23 Abs. 1 Satz 1 KSchG). Auch wenn der Geschäftsführer einer GmbH einen Anstellungsvertrag mit der Gesellschaft hat, ist er kein Arbeitnehmer, da er nach den Vorgaben des GmbH-Gesetzes die Gesellschaft nach innen und außen vertritt, der Geschäftsführer damit ihr „Organ" ist. **Teilzeitbeschäftigte** werden (wie in anderen gesetzlichen Vorgaben auch; vgl. z.B. § 622 Abs. 5 Satz 2 BGB) entsprechend ihrer regelmäßigen Teilzeit mit 0,5 (bei nicht mehr als 20 Stunden je Woche) und mit 0,75 (bei nicht mehr als 30 Stunden je Woche) gewichtet. Im Übrigen kommt es auf die Zahl der regelmäßig Beschäftigten an, sodass gelegentliche Aushilfen nicht zu berücksichtigen sind.

„Nicht mehr als ..." bedeutet hiernach, dass kein Kleinbetrieb mehr gegeben ist, wenn der Arbeitgeber 5,25 bzw. 10,25 Arbeitnehmer beschäftigt. Berechnungsbeispiel: Eine Teilzeitkraft mit 20 Wochenstunden, eine weitere mit 30 Wochenstunden zählen als 0,5 und 0,75, zusammen also 1,25, und dazu 4 bzw. 9 Vollzeitkräfte ergeben 5,25 bzw. 10,25 Arbeitnehmer.

- Die dritte Voraussetzung folgt aus den §§ 4, 7 KSchG: Will ein gekündigter Arbeitnehmer geltend machen, dass seine Kündigung rechtsunwirksam ist, muss er innerhalb einer Frist von drei Wochen nach Zugang der Kündigung Klage gegen die Kündigung beim Arbeitsgericht erheben (§ 4 KSchG). Geschieht dies nicht, gilt seine Kündigung „als von Anfang an rechtswirksam" (§ 7 KSchG).

12.2 „Sozial ungerechtfertigte" Kündigungen

Gem. § 1 Abs. 1 KSchG ist die Kündigung eines Arbeitgebers, der mehr als fünf bzw. zehn Arbeitnehmer beschäftigt, gegenüber einem Arbeitnehmer, der länger als 6 Monate von ihm beschäftigt wird, rechtsunwirksam, wenn sie nicht „sozial gerechtfertigt" ist.

Was darunter zu verstehen ist, erläutert § 1 Abs. 2 KSchG: Eine Kündigung ist sozial ungerechtfertigt, wenn sie nicht durch Gründe „in der Person" oder „im Verhalten" des Arbeitnehmers bedingt ist oder wenn keine „dringenden betrieblichen Erfordernisse“ gegeben sind, die einer „Weiterbeschäftigung“ des Arbeitnehmers „entgegenstehen“. Die Kündigungsgründe müssen demnach der Sphäre des Arbeitnehmers **personenbedingt** oder **verhaltensbedingt** oder der Sphäre des Arbeitgebers **betriebsbedingt** zuzurechnen sein. Dies bedeutet im Einzelnen:

12.2.1 Personenbedingte Gründe

Personenbedingt

In der Person des Arbeitnehmers liegende Gründe sind solche, die nicht vom Willen beeinflusst oder gesteuert werden können. Dazu gehört z. B. der Verlust von Fähigkeiten, Leistung, Eignung, Qualifikation oder die Unfähigkeit, ggfls. nach Veränderung der Arbeitsbedingungen durch Modernisierung erforderliche zusätzliche Qualifikationen zu erwerben. Arbeitsunfähigkeit infolge lang andauernder oder häufig wiederkehrender Krankheit kann ein (typischer) personenbedingter Grund für eine Kündigung sein. Am Beispiel der „krankheitsbedingten“ Kündigung lassen sich die Voraussetzungen der „personenbedingten“ Gründe darstellen:

Entgegen einem weitverbreiteten Irrtum kann wegen, während und trotz Erkrankung des Arbeitnehmers gekündigt werden, dies jedoch nur, wenn

- erhebliche Krankheitszeiten gegeben sind, die
- für die Zukunft Ähnliches erwarten lassen, wobei
- es unzumutbar geworden sein muss, Ausfälle des Arbeitnehmers zu überbrücken,
- wenn betriebliche Interessen durch den Ausfall beeinträchtigt werden und
- die Berücksichtigung der Interessen von Arbeitgeber und Arbeitnehmer einer Kündigung nicht entgegenstehen.

Im Einzelnen:

Ausfall

„Erhebliche Krankheitszeiten“: Bei einer Arbeitsunfähigkeit von bis zu 6 Wochen je Jahr entfällt der Anspruch auf Vergütung nicht. Daher müssen deutlich höhere krankheitsbedingte Fehlzeiten gegeben sein, um den Begriff „erheblich“ zu erfüllen. In absoluten Zahlen lässt sich dies indessen nicht beschreiben, da Krankheitszeiten in einem „jungen“ Arbeitsverhältnis anders zu gewichten sind als bei einer langjährigen Vertragsbeziehung und da es auf die Art der krankheitsbedingten Ausfälle (einmalige, lang andauernde Arbeitsunfähigkeit oder wiederkehrende kürzere Ausfallzeiten mit unterschiedlichen Ursachen) ankommt.

Negativprognose

„Ähnliches in Zukunft“: Aus dem Krankheitsverlauf in der Vergangenheit müssen vergleichbare künftige Zeiten des Ausfalls zu besorgen sein **(„negative Prognose“)**. Ob und wie dies zu belegen ist, hängt von der jeweiligen Ursache der Arbeitsunfähigkeit ab. Nach operativer Entfernung des Blinddarms, der Mandeln oder der Weisheitszähne ist eine Wiederholung gleich gelagerter Ursachen ausgeschlossen. Bei einer Erkrankung an der Wirbelsäule kann besorgt werden, dass LWS- und HWS-Syndrome sich ablösen. Aus dem Verlauf von Krankheitszeiten in der Vergangenheit, ggfls. deren zunehmender Tendenz, kann der Arbeitgeber, der die jeweiligen Diagnosen nicht kennt, zunächst die negative Vorherschau begründen. Der erkrankte Arbeitnehmer kann die Negativprognose jedoch durch Darlegung der Ursachen im Einzelnen widerlegen.

„Unzumutbare Überbrückung“: Denkbar ist, dass der Ausfall des Erkrankten von seinen Kollegen durch entsprechende Mehrarbeit ausgeglichen oder dass, vor allem bei längerem Ausfall, eine Ersatzkraft befristet eingestellt wird. Erst wenn dies ausscheidet, weil die Kollegen Mehrarbeit ablehnen oder eine Ersatzkraft nicht zu finden ist, kann von einer Unzumutbarkeit in diesem Sinne ausgegangen werden.

„Beeinträchtigung betrieblicher Interessen“: Eine außergewöhnliche Belastung des Arbeitgebers mit besonders hohen Lohnfortzahlungskosten insbesondere bei häufigen Erkrankungen mit unterschiedlichen Ursachen kann als eine solche Beeinträchtigung angesehen werden. Gleiches gilt, wenn ein Vertreter des Erkrankten nur durch kosten- und/oder zeitintensive Maßnahmen in die Lage der Vertretung gesetzt werden muss.

„Interessenabwägung“: Das Interesse des Arbeitnehmers am Erhalt seines Arbeitsplatzes wird insbesondere durch die Dauer seiner Betriebszugehörigkeit wie auch durch seine familiäre Lage und sein Lebensalter geprägt. Das Interesse des Arbeitgebers an einer dauerhaften Besetzung des Arbeitsplatzes bzw. an der Lösung des beeinträchtigten Austauschverhältnisses steht dem entgegen. Dabei ist davon auszugehen, dass dem Arbeitgeber umso höhere Fürsorge für den Erkrankten abzuverlangen ist, je länger ein Arbeitsverhältnis Bestand hat.

Die Prüfung der Voraussetzungen einer personenbedingten Kündigung nach Vorgesagtem macht deutlich, dass eine Kündigung grundsätzlich dem Gebot der **Verhältnismäßigkeit** zu entsprechen hat, sie also erst dann sozial gerechtfertigt sein kann, wenn andere, geringer einschneidende Maßnahmen nicht (mehr) möglich sind.

12.2.2 Verhaltensbedingte Gründe

Verhaltensbedingt

Während personenbedingte Gründe mit dem Satz „Ich will, doch ich kann nicht!“ umschrieben werden können, lassen sich Gründe im Verhalten mit „Ich kann, aber ich will nicht!“ beschreiben. Unter den Begriff „verhaltensbedingt“ sind alle denkbaren Sachverhalte einzuordnen, wie z. B. nicht vertragsgemäße Arbeitsleistung, strafrechtlich relevantes Fehlverhalten bei der Arbeit, illoyales Verhalten gegenüber dem Arbeitgeber u. Ä. Wer zum Ausgleich für sein Zuspätkommen früher als vereinbart die Arbeit wieder verlässt, verhält sich nicht vertragsgerecht. Wer den Vorgesetzten, einen Mitarbeiter oder einen Kunden beleidigt oder durch eine Tätlichkeit verletzt, verhält sich ebenso strafrechtlich relevant wie derjenige, der Waren, Werkzeuge oder andere Arbeitsmaterialien stiehlt oder unterschlägt. Wer bei Arbeitsantritt den Arbeitgeber nicht grüßt, verstößt gegen keine vertragliche oder sonstige Pflicht. Ein vergleichbar rüpelhaftes Verhalten des Mitarbeiters mit Kundenkontakt kann jedoch eine Kündigung sozial rechtfertigen.

Abmahnung

Nach dem für jede Arbeitgeberkündigung geltenden Gebot der **Verhältnismäßigkeit** kommt ein Kündigungsrecht aus verhaltensbedingten Gründen grundsätzlich jedoch erst in Betracht, wenn ein vergleichbarer Sachverhalt (im Ergebnis erfolglos) zuvor **abgemahnt** worden war (zur Abmahnung vgl. Abschnitt 2.2.6). Zeigt sich der Arbeitnehmer im Kritikgespräch uneinsichtig („Nein, ich werde immer erst 15 Minuten später zur Arbeit kommen, weil mir die frühere Straßenbahn zu früh ist"), kann eine förmliche Abmahnung entfallen.

12.2.3 Dringende betriebliche Erfordernisse

betriebsbedingt

Der Wortlaut von § 1 Abs. 2 KSchG macht deutlich: Auch wenn betriebliche Gründe gegeben sind, rechtfertigt dies alleine eine Kündigung nicht, da **dringende** betriebliche **Erfordernisse** gegeben sein müssen, die einer **Weiterbeschäftigung** des Arbeitnehmers **entgegenstehen**. Wann diese Voraussetzungen gegeben sind, lässt sich für den Fall einer Betriebsschließung einfach darstellen: Entschließt sich der Arbeitgeber ernsthaft, aus welchen Motiven auch immer, sich aus seiner unternehmerischen Betätigung zurückzuziehen und seinen Betrieb stillzulegen, ist die zum Zeitpunkt der Stilllegung und gem. § 622 BGB fristgerecht erklärte Kündigung aus dringenden betrieblichen Erfordernissen sozial gerechtfertigt, da nach Stilllegung des Betriebes eine weitere Beschäftigung nicht mehr möglich ist.

Komplexer ist der Sachverhalt einer teilweisen Stilllegung: Hier setzt die soziale Rechtfertigung voraus, dass aufgrund konkret zu benennender inner- oder außerbetrieblicher Verhältnisse eine unternehmerische Entscheidung getroffen wird, nach der betriebliche Strukturen so neu angelegt oder verändert werden, dass ein gegebener Bedarf nach der Arbeitskraft von präzise zu bestimmenden Arbeitnehmern in Wegfall geraten ist oder geraten wird. Insoweit muss transparent sein, dass und weshalb genau bestimmte Mitarbeiter nicht mehr benötigt werden. Die unternehmerische Entscheidung, eine Abteilung zu schließen, eine bestimmte Maschine nicht mehr einzusetzen, die Produktion von Zwischenprodukten einzustellen und sich bei deren Beschaffung am Markt zu bedienen, also Zulieferer einzuschalten, ist gerichtlich (im Kündigungsschutzprozess) nicht zu überprüfen. Geprüft jedoch wird die Frage, ob und wie genau sich diese Entscheidung auf den Arbeitsplatz des oder der Gekündigten auswirkt.

12.2.4 Einschub: § 613 a BGB

Betriebsübergang

Entschließt sich ein Arbeitgeber etwa aus Altersgründen, sich zur Ruhe zu setzen und den Betrieb aufzugeben, wird er (sofern keine übernehmenden Nachfolger gegeben sind) versuchen, den erfolgreichen Betrieb zu veräußern. Dies bedeutet im Sinne der betriebsbedingten Kündigung, dass eine ernsthafte Schließung des Betriebs nicht angenommen werden kann.

Wird der Betrieb tatsächlich **„durch Rechtsgeschäft"** (das kann z. B. ein Kauf- oder ein Pachtvertrag sein) auf einen Erwerber übertragen, bleiben hiervon die Arbeitsverhältnisse unberührt. Vielmehr tritt der Erwerber in die Arbeitsverhältnisse mit allen bestehenden Rechten und Pflichten anstelle des bisherigen Arbeitgebers ein (§ 613 a Abs. 1 BGB). Um diesen Bestand zu schützen, ist gem. § 613 a Abs. 4 BGB eine Kündigung des bisherigen oder des neuen Inhabers „wegen" des Betriebsüberganges unwirksam.

12.2.5 Sozialauswahl

Sozialauswahl

Ist bei der Stilllegung eines Teiles oder einer Abteilung des Betriebs der Bedarf nach einer weiteren Beschäftigung einer bestimmten Anzahl von Arbeitnehmern entfallen, kann die Kündigung des Arbeitgebers dennoch sozial ungerechtfertigt sein, wenn der Arbeitgeber bei der Auswahl der Gekündigten die Dauer ihrer **Betriebszugehörigkeit**, ihr **Lebensalter**, ihre **Unterhaltspflichten** und ihre **Schwerbehinderung** nicht oder nicht ausreichend berücksichtigt hat (§ 1 Abs. 3 KSchG).

Diese sozialen Auswahlkriterien sind ambivalent, d. h., sie stehen beliebig nebeneinander. Dies bedeutet im Einzelnen, dass

- der erst relativ kurz tätige Mitarbeiter vor dem langjährig Beschäftigten,
- der jüngere vor dem älteren Arbeitnehmer,
- der Arbeitnehmer ohne Kinder vor dem Vater einer vielköpfigen Familie und
- der nicht beeinträchtigte vor dem schwerbehinderten Arbeitnehmer

zu entlassen ist, wobei unterschiedliche Kombinationen dieser Kriterien je nach Lage des Sachverhalts denkbar sind. So mag der 40-jährige, seit 5 Jahren beschäftigte Vater von drei schulpflichtigen Kindern gegenüber dem seit 20 Jahren beschäftigten und 50 Jahre alten Arbeitnehmer, dessen fünf Kinder längst eigenständig sind, oder der Alleinerziehende mit einem Kind gegenüber einem „Doppelverdiener" mit drei Kindern schutzbedürftiger sein.

Diese Kriterien setzen voraus, dass **vergleichbare Arbeitnehmer** zur Kündigung auszuwählen sind. Vergleichbar in diesem Sinne sind nur diejenigen, die aufgrund ihrer geschuldeten Tätigkeit sich **gegenseitig** ersetzen oder vertreten können, die also austauschbar sind (horizontale Vergleichbarkeit). Insoweit kann zwar der Meister einen Gesellen vertreten, nicht jedoch umgekehrt, sodass die Auswahl nicht zwischen einem ledigen, jungen und erst seit Kurzem beschäftigten Meister und einem langjährig beschäftigten Gesellen zu treffen ist, der älter und Ernährer einer vielköpfigen Familie ist. Von diesen Kriterien kann im Übrigen abgewichen werden, wenn die Weiterbeschäftigung einzelner Arbeitnehmer wegen ihrer „Kenntnisse, Fähigkeiten und Leistungen“ im „berechtigten betrieblichen Interesse“ liegt oder wenn dies der „Sicherung einer ausgewogenen Personalstruktur des Betriebes“ dient (§ 1 Abs. 3 Satz 2 KSchG).

12.3 Die 3-Wochen-Frist

Klagefrist

Wie bereits erwähnt, muss der gekündigte Arbeitnehmer, wenn er sich gegen die Kündigung wehren will, gem. § 4 KSchG innerhalb einer Frist von 3 Wochen nach Zugang der schriftlichen Kündigung Klage beim Arbeitsgericht erheben mit dem Ziel, feststellen zu lassen, dass sein Arbeitsverhältnis durch die Kündigung nicht aufgelöst ist. Erhebt er eine solche Klage nicht, gilt die Kündigung „als von Anfang an rechtswirksam“ **(§ 7 KSchG)**.

Zum Zugang der Kündigung vgl. oben Abschnitt 11.7 und zur Fristberechnung vgl. die §§ 187, 188, 193 BGB. **Beispiel:** Geht die Kündigung am Samstag, dem 2. des Monats zu, ist – da der letzte Tag der 3-Wochen-Frist auf einen Samstag, den 23. des Monats fällt – die Klage spätestens am ersten Werktag danach, das ist Montag, der 25. des Monats, und wenn dies etwa Oster- oder Pfingstmontag ist, am Dienstag danach zu erheben (§ 193 BGB).

Beispiel

Ein Arbeitnehmer befindet sich auf einer vierwöchigen Urlaubsreise. Bei seiner Rückkehr findet er zu Hause in seinem Briefkasten die schriftliche Kündigung des Arbeitgebers vor, die dort unstreitig an seinem ersten Urlaubstag eingeworfen worden war. Was kann er gegen diese Kündigung tun?

Antwort

Die 3-Wochen-Frist ist verstrichen, da die Kündigung am ersten Urlaubstag, also vor mehr als 3 Wochen zuging. Da indessen der Arbeitnehmer von der Existenz der Kündigung nichts wusste, er also nicht in der Lage war, rechtzeitig Klage zu erheben und da er insoweit Sorgfaltspflichten mangels Kenntnis nicht missachten konnte, kann er gem. **§ 5 Abs. 1 KSchG** die **nachträgliche Zulassung** der Klage bei gleichzeitiger Klageerhebung **beantragen**. Er hat dabei allerdings eine weitere in **§ 5 Abs. 3 KSchG** geregelte Frist von zwei Wochen ab Kenntnis (hier: nach

Urlaubsrückkehr) zu beachten und den Antrag zu begründen, was im Beispiel etwa durch Vorlage kopierter Reiseunterlagen geschehen kann.

Der Antrag an das Gericht, die Klage nachträglich zuzulassen, setzt voraus, dass der Gekündigte „trotz aller ihm nach Lage der Umstände **zumutbaren Sorgfalt"** an der Fristwahrung gehindert war. Der Gekündigte hat sich um die Wahrung der Frist zu bemühen. Die **Unkenntnis** dieser Frist oder der Irrglaube, die Frist beginne erst nach Ablauf der Kündigungsfrist, schützen **nicht**. Wer daher

- nach erfolgter Kündigung einen Freund, ein Mitglied des Betriebsrats, den Sachbearbeiter für die Vermittlung Arbeitsloser bei der Bundesagentur für Arbeit um Rat fragt, erfüllt nicht alle zumutbare Sorgfalt, da erkennbar diese Personen nicht zur Rechtsberatung berufen sind (das gilt auch für den genannten Sachbearbeiter),
- am Tag des Abflugs in einen vierwöchigen Urlaub auf den Malediven die Kündigung erhält und erst nach Urlaubsrückkehr die Klage erhebt, hat nicht der zumutbaren Sorgfalt entsprochen, da auch von seinem Ferienort aus per Telefon oder sonstige IT-Medien ein Freund, Nachbar oder Verwandter beauftragt werden kann, Klage zu erheben.

12.4 Beweislast

Ist rechtzeitig Klage erhoben oder wurde die Klage durch eine gerichtliche Entscheidung nachträglich zugelassen, hat der Arbeitgeber die seine Kündigung bedingenden Tatsachen, also das Vorhandensein von personen-, verhaltens- oder betriebsbedingten Gründen zu beweisen **(§ 1 Abs. 2 Satz 4 KSchG)**. Wie dies auch im arbeitsgerichtlichen Kündigungsschutzverfahren nach den Regeln der ZPO erfolgen kann, ist in Abschnitt 2.1.1 beschrieben, wobei in einem solchen Prozess durch das Gesetz die Beweislast nicht dem Kläger (Arbeitnehmer), sondern dem Beklagten (Arbeitgeber) auferlegt ist.

Ist in einem Kündigungsschutzprozess die Sozialauswahl des Gekündigten streitig, hat der klagende Arbeitnehmer gem. **§ 1 Abs. 3 Satz 3 KSchG** diejenigen Tatsachen zu beweisen, die die getroffene Auswahl fehlerhaft machen.

Für Betriebe, in denen ein Betriebsrat gewählt ist und die mehr als zwanzig Arbeitnehmer beschäftigen, regelt § 1 Abs. 5 KSchG im Falle einer Betriebsänderung, also einer teilweisen Stilllegung, Beweiserleichterungen für den Arbeitgeber, wenn aus solchem Anlass ein **Interessenausgleich** zwischen Arbeitgeber und Betriebsrat vereinbart und darin der Kreis der zu entlassenden Arbeitnehmer namentlich bestimmt ist: Dann ist zum einen die „Betriebsbedingtheit" der Kündigung zu vermuten und zum anderen die getroffene Auswahl der Gekündigten nur noch auf „grobe Fehler" zu überprüfen.

12.5 Die Abfindung

Die Sicherung des Bestands von Arbeitsverhältnissen ist Ziel und Zweck des KSchG. Daher ist nach dessen Vorgaben eine Abfindung die ausdrückliche Ausnahme, auch wenn die gerichtliche und außergerichtliche Praxis der Beilegung bzw. der Vermeidung von Rechtsstreitigkeiten, also die Vereinbarungen von Vergleichen, anderes vermuten lässt. Während in der genannten Praxis die Auseinandersetzung zwischen Arbeitnehmer und Arbeitgeber über die Rechtswirksamkeit einer Kündigung des Arbeitgebers durch eine Einigung beigelegt wird, nach welcher das Arbeitsverhältnis endet und an den Arbeitnehmer eine steuerlich privilegierte Abfindung bezahlt wird, sieht das KSchG nur die beiden nachfolgenden Ausnahmen mit eine Anspruch auf Abfindung vor:

12.5.1 Abfindung zur Vermeidung einer Klage

Nach § 1 a KSchG ist ein Anspruch des Arbeitnehmers auf Auszahlung einer Abfindung nur dann gegeben, wenn

- der Arbeitgeber eine wegen dringender betrieblicher Erfordernissen veranlasste Kündigung erklärt,
- er in seiner (schriftlichen!) Kündigung erklärt, dass diese betriebsbedingt ist und dass eine Abfindung gezahlt wird, wenn der Arbeitnehmer keine Klage gegen sie innerhalb der 3-Wochen-Frist erhebt und
- wenn der Arbeitnehmer tatsächlich keine Kündigungsschutzklage innerhalb dieser Frist erhebt.

Der Abfindungsanspruch bemisst sich in einem solchen Fall gem. § 1 a Abs. 2 KSchG auf 0,5 Bruttomonatsgehälter je Jahr der Betriebszugehörigkeit des Arbeitnehmers.

12.5.2 Abfindung im Prozess

Wird ein Kündigungsschutzprozess geführt und

- stellt das Arbeitsgericht durch **Urteil** fest, dass die Kündigung das Arbeitsverhältnis **nicht** aufgelöst hat
  und
- **beantragen** Arbeitnehmer oder Arbeitgeber oder beide im Rechtsstreit vor Abschluss der mündlichen Verhandlung die **Auflösung** des Arbeitsverhältnisses,

entscheidet das Gericht im selben Urteil, dass das Arbeitsverhältnis zum Zeitpunkt des Ablaufs der ordentlichen Kündigungsfrist aufgelöst und der Arbeitgeber zur Zahlung einer „angemessenen" Abfindung verurteilt wird **(§ 9 KSchG)**. Dabei sind die Auflösungsanträge im Einzelnen zu begründen.

So hat der **Arbeitnehmer** in seinem Antrag mit ggfls. zu beweisenden Tatsachen darzulegen, dass und weshalb genau ihm die Fortsetzung des Arbeitsverhältnisses nicht mehr **zuzumuten** ist. Diese Unzumutbarkeit kann grundsätzlich nur aus der inhaltlichen Auseinandersetzung im oder in Zusammenhang mit dem Rechtsstreit und nicht z. B. daraus resultieren, dass der Arbeitnehmer inzwischen eine neue, besser vergütete Stelle gefunden hat.

Der Auflösungsantrag des **Arbeitgebers** setzt voraus, dass er durch ggfls. zu beweisende Tatsachen darlegt, weshalb Gründe gegeben sind, aus denen eine **den Betriebszwecken dienliche Zusammenarbeit** mit dem Arbeitnehmer nicht mehr zu erwarten ist, z. B. weil der Arbeitnehmer sich als unbelehrbar gezeigt hat.

Gem. § 10 KSchG beträgt die Höhe der Abfindung bis zu 12 Monatseinkommen. Sie erhöht sich, wenn der Arbeitnehmer 50 oder 55 Jahre alt und er 15 oder 20 Jahre beschäftigt ist, auf 15 oder 18 Bruttomonatseinkommen. Die Höhe der Abfindung ist abhängig vom Lebensalter und einer gezeigten Betriebstreue.

Zusammenfassung:

Nur dann, wenn das Arbeitsgericht **durch Urteil** feststellt, dass das Arbeitsverhältnis durch die arbeitgeberseitige Kündigung nicht aufgelöst wird, **und** wenn eine Partei im selben Prozess einen begründeten **Auflösungsantrag** gestellt hat, wird der Arbeitgeber bei gleichzeitiger Auflösung des Arbeitsverhältnisses zur Zahlung einer Abfindung verurteilt.

12.6 Rechtsfolgen bei Abschluss des Kündigungsprozesses

Wird durch rechtskräftiges Urteil des Arbeitsgerichts die Klage des Arbeitnehmers gegen seine Kündigung abgewiesen, folgt hieraus, dass das Arbeitsverhältnis durch die Kündigung des Arbeitgebers aufgelöst ist. Wird der Klage jedoch stattgegeben, besteht das Arbeitsverhältnis fort („... durch die Kündigung nicht aufgelöst ..."; vgl. § 4 KSchG) mit der Folge, dass grundsätzlich der Arbeitnehmer zur Rückkehr in den Betrieb und der Arbeitgeber zu seiner weiteren Beschäftigung verpflichtet sind. Da im Allgemeinen dieses Ergebnis lange nach Ablauf der Kündigungsfrist liegt, stellt sich die Frage, wie die Zeit zwischen Ablauf der Kündigungsfrist und dem Abschluss des Prozesses zu behandeln ist bzw. was sich ergibt, wenn der Arbeitnehmer nicht an seinen ursprünglichen Arbeitsplatz zurückkehren möchte.

12.6.1 Vergütung aus Annahmeverzug

Vergütung

Mit Erhebung der Kündigungsschutzklage bringt der Arbeitnehmer zum Ausdruck, dass er in diesem Betrieb weiterhin arbeiten möchte. Der Arbeitgeber, der von der rechtswirksamen Beendigung des Arbeitsverhältnisses ausgegangen ist und den Arbeitnehmer nicht beschäftigt, befindet daher grundsätzlich im Verzug der Annahme der Arbeitsleistung des Arbeitnehmers mit der Folge aus § 615 BGB: Er hat die Vergütung auch für die Zeit nach Ablauf der Kündigungsfrist zu bezahlen. Der Arbeitnehmer muss sich dabei gem. **§ 11 Nrn. 1 bis 3 KSchG** jedoch anrechnen lassen, was er an Arbeitslosengeld erhielt (Nr. 3), was er anderweitig verdiente (Nr. 1) oder was er hätte verdienen können, wenn er die Annahme einer „zumutbaren" Arbeit nicht „böswillig" unterlassen hätte (Nr. 2).

Anrechnung

- **Nr. 3** bedeutet, dass der Arbeitgeber den Bruttolohn abrechnen, das Arbeitslosengeld (oder ähnliche Leistungen) an die leistende Stelle abzuführen und den restlichen Nettolohn an den Arbeitnehmer zu bezahlen hat.
- **Nr. 1** bedeutet, dass bei anderweitigem Verdienst in gleicher Höhe oder höher eine Nachzahlungsdifferenz nicht besteht, bei einem geringeren Verdienst jedoch die Differenz nachzuzahlen ist.
- **Nr. 2** bedeutet, dass dann, wenn der Arbeitnehmer eine mögliche und zumutbare Arbeit vorsätzlich nicht annimmt in der Absicht, seinem Arbeitgeber gezielt die Leistungspflicht aus Annahmeverzug abverlangen zu können, ein fiktives Einkommen angerechnet wird. Das bloße Unterlassen der Arbeitslosmeldung ist für sich alleine genommen ebenso wenig böswillig wie der Nichtantritt einer zumutbaren anderweitigen Arbeitsstelle.

12.6.2 Neues Arbeitsverhältnis

Will der Arbeitnehmer ein neues, in der Zwischenzeit eingegangenes Arbeitsverhältnis nicht aufgeben, kann er dem bisherigen Arbeitgeber gegenüber die Rückkehr trotz des seiner Klage stattgebenden Urteils verweigern. Dies hat binnen einer **Frist von einer Woche** nach Rechtskraft des arbeitsgerichtlichen Urteils zu erfolgen. Rechtskräftig wird ein Urteil, wenn die Rechtsmittel der Berufung, der Revision oder der Rechtsbehelf der sogenannten Nichtzulassungsbeschwerde innerhalb der jeweiligen Notfrist von einem Monat nach Zustellung der Entscheidung nicht eingelegt werden. Verweigert der Arbeitnehmer innerhalb der Wochenfrist die Rückkehr, erlischt sein bisheriges Arbeitsverhältnis. Dies hat zur Folge, dass der o.g. Anspruch auf Vergütung nur für die Zeit zwischen dem Ausscheiden beim bisherigen und dem Antritt beim neuen Arbeitgeber gegeben ist **(§ 12 KSchG)**.

13. Sonderkündigungsschutz

Unter bestimmten Voraussetzungen kann ein Arbeitsverhältnis durch den Arbeitgeber nicht bzw. nur „erschwert" gekündigt werden.

13.1 Besondere Fälle (Wiederholung)

Sonderkündigungsschutz

Die Kündigung gegenüber Schwangeren ist unzulässig (§ 17 MSchG; vgl. Abschnitt 7.3) und gegenüber einem Schwerbehinderten nur mit vorheriger Zustimmung des Integrationsamts möglich (§ 168 SGB IX; vgl. Abschnitt 10.3). Ähnliches gilt für Arbeitnehmer in Pflege- und in Elternzeit (§ 5 PflegeZG; vgl. Abschnitt 6.3 und § 18 BEEG; vgl. Abschnitt 8.2), bei denen eine Kündigung nur möglich ist, wenn zuvor die dazu berufene Behörde entschieden hat. Vor Ausspruch einer unvermeidlich gewordenen Kündigung muss eine entsprechende Entscheidung der mit dem Schutz der genannten Personenkreise beauftragten Behörde beantragt werden. Es muss der Kündigung also ein Verfahren der Verwaltung vorausgehen, welches im Falle streitiger Verwaltungsentscheidung nach allgemeinen öffentlich-rechtlichen Grundsätzen vor dem **Verwaltungsgericht** überprüft werden kann.

13.2 Besonderer Schutz des Betriebsrats

Betriebsrat

Nach § 15 KSchG werden die Organe nach den Personalvertretungsgesetzen und dem Betriebsverfassungsgesetz, welche wegen ihres Auftrags, die Interessen ihrer Wähler zu vertreten, sich der Gefahr der Unbeliebtheit ausgesetzt sehen können, vor Kündigungen in besonderer Weise geschützt. Am Beispiel der Betriebsratsmitglieder soll dies aufgezeigt werden:

Gem. § 15 Abs. 1 KSchG ist die Kündigung eines **Betriebsratsmitglieds** „unzulässig", es sei denn, ein wichtiger Grund ist gegeben. Bei einer solchen Kündigung jedoch, die den Voraussetzungen des § 626 BGB aufgrund gegebener Tatsachen entsprechen muss, ist die **Zustimmung** des Betriebsratsgremiums zur Kündigungsabsicht vorausgesetzt. Dies erfordert, dass der Arbeitgeber den Betriebsrat vor Ausspruch der Kündigung gem. **§ 103 BetrVG** über den Sachverhalt informieren und die Zustimmung des Betriebsrats einholen muss. Verweigert der Betriebsrat, aus welchen Gründen auch immer, die Zustimmung, kann der Arbeitgeber erst kündigen, wenn er die Ersetzung der Zustimmung in einem beim **Arbeitsgericht** zu führenden sogenannten Beschlussverfahren beantragt und das Arbeitsgericht „unter Berücksichtigung aller Umstände" die Zustimmung des Betriebsrats ersetzt hat.

Der Sonderkündigungsschutz für Betriebsratsmitglieder besteht nach Beendigung ihres Amtes fort: Gem. § 15 Abs. 1 Satz 2 BetrVG kann in dem nachfolgenden Jahr nur aus wichtigem Grund im Sinne des § 626 BGB gekündigt werden.

Auch Arbeitnehmer, die als Mitglieder des für die Durchführung der Betriebsratswahl erforderlichen **Wahlvorstands** aktiv sind, können ab dem Zeitpunkt ihrer Bestellung bis zum Abschluss der Wahl („Bekanntgabe des Wahlergebnisses") gem. **§ 15 Abs. 3 KSchG** nur außerordentlich (§ 626 BGB) und mit Zustimmung des Betriebsrats (§ 103 BetrVG) gekündigt werden. Gleiches gilt für die **Bewerber** um ein Betriebsratsamt ab dem Zeitpunkt der Aufstellung des Wahlvorschlags. Nach Abschluss der Wahl entfällt das Zustimmungserfordernis des § 103 BetrVG.

Schließlich: Arbeitnehmer, die zur Durchführung einer Betriebsratswahl **aufrufen**, können ab dem Zeitpunkt ihres Einsatzes („Einladung oder Antragstellung") bis zum Wahlabschluss nur außerordentlich gekündigt werden. Dieser besondere Schutz gilt nur für die ersten drei in einem Wahlaufruf genannten Arbeitnehmer **(§ 15 Abs. 3 a KSchG)**.

Gem. **§ 15 Abs. 4 und 5 KSchG** gilt dieser Sonderkündigungsschutz der vorausgehenden Absätze 1 bis 3 bei vollständiger bzw. teilweiser Stilllegung des Betriebes nicht bzw. nur eingeschränkt.

14. Das Arbeitsgericht

Die Geschichte der „Gerichte für Arbeitssachen" (§ 1 Arbeitsgerichtsgesetz – ArbGG) ist relativ jung: Nachdem gegen Ende des 19. Jahrhunderts bei fortschreitender Industrialisierung aus dem Bedürfnis heraus, Konflikte zwischen Arbeitnehmer und Arbeitgeber beizulegen, sich zunächst paritätisch besetzte betriebliche Schlichtungsausschüsse entwickelt hatten, entstand in der Weimarer Demokratie die Arbeitsgerichtsbarkeit auf der Grundlage eines 1927 in Kraft getretenen Gesetzes.

Arbeitsgericht

Die streitigen Entscheidungen der Arbeitsgerichte werden durch sogenannte „Kammern" getroffen, einem Spruchkörper, der sich aus einem Berufs- und zwei ehrenamtlichen Richtern zusammensetzt. Diese ehrenamtlichen Richter werden zum einen von den Gewerkschaften und den Arbeitgeberverbänden den Arbeitsgerichten vorgeschlagen und zum anderen nach ihrer Ernennung so zu Sitzungen herangezogen, dass stets ein von der Gewerkschaft und ein vom Arbeitgeberverband vorgeschlagener Richter an der Entscheidungsfindung der Kammer teilnimmt. Diese gesetzlichen Vorgaben haben sich aus der Geschichte der Arbeitsgerichtsbarkeit fortgeschrieben.

Das Arbeitsgericht ist „ausschließlich" zuständig für alle sogenannten „bürgerlichen" Rechtsstreitigkeiten zwischen Arbeitnehmern und Arbeitgebern im sogenannten Urteilsverfahren (verkürzte Darstellung, vgl. im Einzelnen § 2 ArbGG) und für „Angelegenheiten" aus dem Betriebsverfassungsgesetz im sogenannten Beschlussverfahren (ebenso verkürzt, vgl. **§ 2 a ArbGG**). Da Arbeitsrecht Zivilrecht ist, gelten für die Verfahren vor dem Arbeitsgericht die Vorgaben der **ZPO** (Zivilprozessordnung) neben denen des Arbeitsgerichtsgesetzes **(ArbGG)**.

Die Arbeitsgerichtsbarkeit umfasst drei Instanzen: das Arbeits-, das Landesarbeits- und das Bundesarbeitsgericht. Letzteres ist als „Revisionsgericht" für die Beurteilung von Rechtsfragen zuständig, während beim Arbeits- und Landesarbeitsgericht auch der tatsächliche Sachverhalt, der einer Entscheidung zugrunde liegt, ermittelt werden soll.

Einige Besonderheiten des Verfahrens beim Arbeitsgericht sollen an dieser Stelle aufgezeigt werden:

14.1 Der Gütetermin

Gütetermin

Ist eine Klage beim Arbeitsgericht eingegangen und registriert, wird sie zugleich mit der Ladung zum Termin der beklagten Partei zugestellt. Die anberaumte mündliche Verhandlung beginnt gem. § 54 ArbGG vor dem Vorsitzenden (Berufsrichter) alleine und hat den Zweck, eine gütliche Einigung der Parteien zu fördern bzw. herbeizuführen. Dabei kann der vorsitzende Richter die Parteien des Rechtsstreits zur weiteren Güteverhandlung an einen sogenannten „Güterichter" verweisen (§ 54 Abs. 6 ArbGG) und/oder ihnen eine Mediation (vgl. § 54 a ArbGG) vorschlagen Gelingt eine gütliche Einigung nicht, wird die streitige Verhandlung vor der Kammer ggfls. in einem weiteren Termin fortgesetzt.

Kammertermin

Auch bei der Verhandlung vor der Kammer ist das Gericht aufgefordert, eine gütliche Beilegung des Rechtsstreits zu fördern. Die Kammer entscheidet - gelingt eine Einigung nicht, endet diese Instanz durch Urteil oder Beschluss. Gegebenenfalls ist das Ergebnis nach Beratung durch eine Mehrheitsentscheidung herbeizuführen, bei der die ehrenamtlichen und der Berufsrichter gleiches Stimmrecht haben.

14.2 Besondere Prozessförderung in Kündigungsverfahren

Gem. § 61 a ArbGG sind Verfahren, die das Bestehen oder Nichtbestehen eines Arbeitsverhältnisses zum Gegenstand haben, vorrangig zu erledigen, indem ein erster Termin („Gütetermin") innerhalb von 2 Wochen nach Klageingang stattfinden und indem die streitige Verhandlung vor der Kammer mit kurzen, zweiwöchigen Fristen zur schriftlichen Stellungnahme der Parteien vorbereitet werden soll.

Der Beschleunigung dient im Übrigen ganz allgemein, dass gegen Versäumnisurteile des Arbeitsgerichts nur binnen einer Notfrist von einer Woche (ZPO: 2 Wochen) Einspruch eingelegt werden kann **(§ 59 ArbGG)**.

14.3 Kostenprivileg

Im Unterschied zu einem zivilrechtlichen Verfahren vor dem Amts- oder Landgericht, in dem allgemein derjenige die Kosten des Gerichts sowie die eigenen und die Anwaltskosten des Prozessgegners zu tragen hat, der den Rechtsstreit verliert, regelt § 12 a ArbGG u. a., dass in der ersten Instanz, also beim Arbeitsgericht, im oben erwähnten Urteilsverfahren „kein Anspruch der obsiegenden Partei" auf Erstattung der durch die Beauftragung eines Prozessbevollmächtigten oder Beistandes entstandenen Kosten besteht. Dies gilt für das zweit- und drittinstanzliche Verfahren nicht. Das stets vorhandene Kostenrisiko eines Rechtsstreits wird der Höhe nach für die erste Instanz eingeschränkt.

Wird vor einer streitigen Verhandlung die **Klage zurückgenommen** oder wird der Rechtsstreit durch **Vergleich** beendet, entfallen gerichtliche Gebühren. Auch das oben erwähnte „Beschlussverfahren" (Angelegenheiten u. a. nach dem BetrVG) ist gerichtskostenfrei. Schließlich: Im arbeitsgerichtlichen Verfahren werden keine Vorschüsse auf Gerichtskosten erhoben. Die aus dem jeweiligen Streitwert eines Rechtsstreits zu ermittelnden gerichtlichen Gebührensätze sind niedriger als beim Amts- oder Landgericht.

15. Das Betriebsverfassungsgesetz (BetrVG)

In unserer heutigen demokratischen Gesellschaft wurde und wird das Thema „Mitbestimmung" fortlaufend mehr oder weniger intensiv diskutiert. Für den Bereich des Arbeitsrechts hat diese Diskussion u. a. zu dem im Jahr 1972 verkündeten BetrVG geführt, das eine Mitwirkung der Arbeitnehmer bei der betrieblichen Betätigung ihres Arbeitgebers in Form einer „repräsentativen Demokratie im Kleinen" beinhaltet.

Wahlberechtigung

Gem. § 1 BetrVG werden in Betrieben mit in der Regel fünf ständigen wahlberechtigten Arbeitnehmern, von denen drei wählbar sind, Betriebsräte gewählt. **Wahlberechtigt** sind alle Arbeitnehmer, die das 18. Lebensjahr vollendet haben (§ 7 BetrVG). Anmerkung: Darin liegt keine Benachteiligung wegen des Alters, da jüngere Arbeitnehmer unter den Voraussetzungen des § 60 BetrVG an der Wahl der „Jugend- und Auszubildendenvertretung" teilnehmen können.

Wählbarkeit

Wählbar sind alle Wahlberechtigten, die mindestens 6 Monate dem Betrieb angehören (§ 8 BetrVG).

Das Organ der Interessenvertretung der Arbeitnehmer, der Betriebsrat, besteht je nach Größe des Betriebs aus einer Person oder als Gremium aus mehreren Mitgliedern (vgl. § 9 BetrVG). Der Betriebsrat wird für 4 Jahre gewählt **(§ 21 BetrVG)** und durch den Vorsitzenden bzw. dessen Stellvertreter vertreten **(§ 26 BetrVG)**.

Dass Betriebsräte gewählt werden, bedeutet im Übrigen nicht, dass Wahlen durchgeführt werden müssen, sondern vielmehr, dass Betriebsratswahlen selbstverständlich sind und unter keinen Umständen behindert werden dürfen (vgl. § 119 BetrVG: Die Behinderung einer Betriebsratswahl ist strafbewehrt). Ob ein Betriebsrat gewählt werden soll, bleibt der Initiative der Arbeitnehmer vorbehalten.

Ist ein Betriebsrat gewählt, haben er und der Arbeitgeber „vertrauensvoll" und „zum Wohl der Arbeitnehmer und des Betriebes" zusammenzuarbeiten (§ 2 Abs. 1 BetrVG). Dies bedeutet nicht nur, dass der Betriebsrat ein weitgehendes Unterrichtungsrecht hat (vgl. z. B. § 90 BetrVG: Unterrichtungs- und Beratungsrecht des Betriebsrats bei der Gestaltung von Arbeitsplätzen und Arbeitsabläufen; **§ 92 BetrVG:** Informationsanspruch über die Personalplanung), sondern dass ihm **Mitbestimmungsrechte** eingeräumt sind.

Mitbestimmung

- So können gem. **§ 87 Abs. 1 BetrVG** ausdrücklich u. a. „Fragen der Ordnung des Betriebs" (z. B. Alkohol- oder Rauchverbot - Nr. 1), der Beginn und das Ende der Arbeitszeit nebst Pausen (Nr. 2) oder eine „vorübergehende Verkürzung oder Verlängerung der Arbeitszeit" (z. B. Mehrarbeit, um die fristgerechte Erledigung eines Terminauftrages sicherzustellen - Nr. 3) nur mit **Zustimmung** des Betriebsrats vom Arbeitgeber geregelt werden. Dies bestärkt § 87 Abs. 2 BetrVG dadurch, dass im Falle der Nichteinigung zwischen Arbeitgeber und Betriebsrat „die Einigungsstelle" verbindlich entscheidet. Diese **Einigungsstelle** wird gem. **§ 76 Abs. 2 BetrVG** als innerbetrieblicher Schlichtungsausschuss mit Vertretern des Arbeitgebers und des Betriebsrat paritätisch besetzt; ein neutraler Vorsitzender, auf dessen Person sich Arbeitgeber und Betriebsrat einigen müssen, wird in die Einigungsstelle berufen; sie wird in aller Regel von Fall zu Fall („nach Bedarf" - vgl. § 76 Abs. 1 BetrVG) gebildet.
- Gem. § 99 BetrVG können sogenannte „personelle Einzelmaßnahmen" nur mit Zustimmung des Betriebsrats vom Arbeitgeber durchgeführt werden. Solche Maßnahmen sind die Einstellung, die Versetzung oder die tarifvertragliche Ein- oder Umgruppierung eines Arbeitnehmers. Verweigert der Betriebsrat einer solchen Maßnahme seine Zustimmung, darf sie nur durchgeführt werden, wenn der Arbeitgeber in einem **arbeitsgerichtlichen** Beschlussverfahren die Zustimmung ersetzt erhält (§ 99 Abs. 4 BetrVG).

- Ein weiteres Mitbestimmungsrecht des Betriebsrats ist in § 103 BetrVG geregelt: Nach dieser Norm bedarf die beabsichtigte Kündigung des Arbeitgebers gegenüber einem Mitglied des Betriebsrats der ausdrücklichen Zustimmung des Gremiums. Auch hier kann, sofern der Betriebsrat die Zustimmung verweigert, der Arbeitgeber sie in einem **arbeitsgerichtlichen** Beschlussverfahren ersetzen lassen (§ 103 Abs. 2 BetrVG; vgl. Kapitel 13.2).

Anhörung

- Schließlich: Bei der Kündigung des Arbeitgebers gegenüber einem Arbeitnehmer ist der Betriebsrat gem. **§ 102 BetrVG** zu beteiligen. Eine „ohne Anhörung des Betriebsrats ausgesprochene Kündigung ist unwirksam". Die bedeutet, dass **vor jeder** Kündigung der Arbeitgeber den Betriebsrat über seine Kündigungsabsicht und die Gründe für seine Kündigung im Detail zu unterrichten hat. Auch wenn der Betriebsrat bei einer ordentlichen (fristgerechten) Kündigung widerspricht, weil einer der in § 102 Abs. 3 Nr. 1 bis 5 BetrVG aufgezählten Sachverhalte gegeben ist, kann der Arbeitgeber die Kündigung „aussprechen", d. h. gem. § 623 BGB schriftlich erklären. Der frist- und ordnungsgemäß erklärte Widerspruch begründet „lediglich" einen Anspruch des gekündigten Arbeitnehmers, wenn er gegen die Kündigung Klage beim Arbeitsgericht erhoben hat, während des Kündigungsprozesses und nach Ablauf der Kündigungsfrist tatsächlich weiterbeschäftigt zu werden.

Beispiel

Als der Inhaber eines Malerbetriebes mit 25 Arbeitnehmern von der Verabschiedung des Kunden, der soeben einen erledigten Auftrag mit 1.800,– € bar bezahlt hat, in das Büro zurückkehrt, um den Geldbetrag im Safe zu sichern, überrascht er dort den seit 2 Monaten beschäftigten Aushilfsarbeiter Brut, der in einer Hand die Geldscheine, in der anderen Hand ein blutiges Messer hält und zu dessen Füßen die Leiche des Gesellen Tapfer liegt. Er überwältigt Brut, hält ihn fest, verfasst ein Schreiben, mit der er „fristlos und zugleich hilfsweise innerhalb der vertraglich vereinbarten Probezeit mit der Frist von 2 Wochen" kündigt, und händigt dem Täter das Schreiben aus, bevor dieser von der herbeigerufenen Polizei abgeführt wird. Beim Abendessen erfährt er von seiner Ehefrau, er solle den Betriebsrat davon unterrichten, was er in der Aufregung vergessen hatte. Dies holt er am nächsten Tag nach, indem er dem Betriebsratsmitglied Klug, Schriftführer des Betriebsrats, gleich zu Arbeitsbeginn die Vorkommnisse schildert. 3 Tage später geht beim Inhaber die schriftliche Stellungnahme des Betriebsrats ein, mit der der Betriebsrat der Kündigung widerspricht, da der Mitarbeiter Brut so weiter beschäftigt werden könne, dass er keinen Zugang zum Büro hat.

Fragen

1.) Ist der Widerspruch des Betriebsrats zu beachten?

2.) Ist die Kündigung rechtswirksam?

Antworten

zu 1.)

Der Widerspruch des Betriebsrats ist unbeachtlich, da ein Widerspruchsrecht gem. § 102 Abs. 3 BetrVG nur bei einer ordentlichen Kündigung vorgesehen ist. Soweit eine „hilfsweise" fristgerechte Kündigung infrage steht, entspricht die Begründung des Betriebsrats keinem der in § 102 Abs. 2 Nr. 1 bis 5 vorgesehenen Sachverhalte, auch nicht der Nr. 2, da die Vermeidung des Zugangs zum Büro keinen „anderen Arbeitsplatz" darstellt.

zu 2.)

Der Sachverhalt rechtfertigt eine außerordentliche Kündigung, denn die Wegnahme des Geldes und die Tötung des Mitarbeiters sind wichtige Gründe im Sinne von § 626 BGB, die es unzumutbar machen, mit dem Täter weiterhin zusammenzuarbeiten, auch wenn die Kündigungsfrist innerhalb der Probezeit nur 2 Wochen beträgt. Umstände, die gegen eine Kündigung sprechen, sind nicht ersichtlich. Schützenswerte Interessen des Mitarbeiters Brut sind nicht gegeben.

Die Kündigung ist dennoch aus zwei Gründen rechtsunwirksam. Zum einen hat der Arbeitgeber das Anhörungsverfahren gem. § 102 BetrVG nicht ordnungsgemäß eingeleitet, da er sich nicht an den Vorsitzenden des Betriebsrats oder dessen Stellvertreter gewandt hat (vgl. § 26 Abs. 1 BetrVG: Der Vorsitzende vertritt den Betriebsrat; nur er bzw. sein Stellvertreter ist zur Entgegennahme von Erklärungen an den Betriebsrat berechtigt). Zum anderen ist die Anhörung des Betriebsrats nicht vor der Kündigung erfolgt. Auch wenn der Täter die Wartezeit gem. § 1 KSchG noch nicht erfüllt hat, hätte der Betriebsrat, wie immer, vor der Kündigung angehört werden müssen.

III. Steuerrecht

Verf.: Jörg Knies

1. Begriffsbestimmung, Sinn und Zweck, Steueraufkommen, Gesetzgebung und Verwaltung

Nach § 3 Abs.1 der Abgabenordung (AO) sind Steuern Geldleistungen, die nicht eine Gegenleistung für eine besondere Leistung darstellen und von einem öffentlich-rechtlichen Gemeinwesen zur Erzielung von Einnahmen allen auferlegt werden, bei denen der Tatbestand zutrifft, an den das Gesetz die Leistungspflicht knüpft; die Erzielung von Einnahmen kann Nebenzweck sein.

Die im Rahmen dieser Vorschrift beschriebenen Geldleistungen der Steuerpflichtigen haben zwei Funktionen: zum einen dienen sie der Finanzierung von Aufwendungen des Staates im weitesten Sinne, zum anderen aber auch der Durchsetzung politischer Ziele.

Steuereinnahmen

Das Aufkommen an Steuereinnahmen beträgt etwa - einschließlich der Steuereinnahmen in den Bundesländern, Gemeinden und Kirchen - im Jahre 2020 insgesamt **mehr als 717,7 Milliarden €** und fließt aus etwa 40 verschiedenen Steuern. Im Vergleich zum Jahr 2018, in dem 776,3 Milliarden € eingenommen wurden, ist das ein deutlicher Zuwachs.

Den größten Anteil daran „bringt“ die Umsatzsteuer mit über 218 Milliarden €, gefolgt von der Lohnsteuer mit etwas über 207 Milliarden €.

Das deutsche Steuerrecht ist in Bundesgesetzen, Landesgesetzen und Kommunalsatzungen geregelt. Davon zu unterscheiden ist die Ertragshoheit, also die Frage, wem (Bund, Länder oder Gemeinden) das Steueraufkommen zusteht.

Abgabenordnung

Als Rahmengesetz regelt insbesondere die Abgabenordnung (AO), welche Behörden für die Erhebung der Steuern zuständig sind, wer eine Steuer schuldet oder für sie haftet, welche Rechte und Pflichten der Bürger und die Finanzbehörden haben, wie man sich gegen Entscheidungen der Finanzbehörden zur Wehr setzen kann, wie und unter welchen Voraussetzungen Steuern eingetrieben werden können und unter welchen Voraussetzungen Steuerstraftaten vorliegen. Die AO enthält damit die entscheidenden Vorschriften des Steuerverfahrensrechts.

Das materielle Steuerrecht, also das Inhaltliche, wird für die verschiedenen Steuerarten in den Einzelsteuergesetzen (z. B. EStG, UStG, KStG, GewStG usw.) hinsichtlich Steuerpflicht oder Steuervergünstigung, Bemessungsgrundlagen und Steuersatz geregelt.

Im folgenden Teil werden die im Rahmen der Besteuerung bedeutsamen Vorschriften der Abgabenordung im Überblick dargestellt. Im Anschluss daran werden vor allen

Dingen Grundzüge der Einkommenssteuer, der Körperschaftssteuer, der Gewerbesteuer, der Umsatzsteuer und der Erbschafts- und Schenkungssteuer erläutert.

2. Die Abgabenordung (AO)

Die Abgabenordnung (AO) und ihre Nebenvorschriften (z. B. die Betriebsprüfungsordnung) bilden eine Art **„Grundgesetz zur Besteuerung"**. In der AO und ihren Nebengesetzen sind Bestimmungen enthalten, die das Besteuerungsverfahren auf allen Ebenen ordnen, die Vorgehensweise der Steuerverwaltung und die Rechte der Bürger festschreiben.

2.1 Das Steuerermittlungs- und Festsetzungsverfahren

Steuerveranlagung

Das sog. **Veranlagungsverfahren** ist ein förmliches Verfahren zur Festsetzung von Steuern und Steuerbemessungsgrundlagen. Im Rahmen der „Steuerveranlagung" entsteht beispielsweise aus der Steuererklärung, die vom Bürger beim Finanzamt abgegeben wird, der Steuerbescheid.

Es sind also die folgenden drei Schritte durchzuführen:

Steuererklärung

1. **Abgabe einer Steuererklärung** (schriftlich, elektronisch [ELSTER] oder Erklärung zur Niederschrift), wobei die Erklärungen ganz überwiegend digital abzugeben sind.
   Wird eine Steuererklärung ggf. trotz Erinnerung des Steuerpflichtigen durch das Finanzamt nicht beigebracht, so kann das Finanzamt die jeweiligen Besteuerungsgrundlagen nach **pflichtgemäßem Ermessen** schätzungsweise festsetzen (§ 162 AO).

2. **Prüfung der vorgelegten Steuererklärung durch das Finanzamt.**
   Die Prüfung der Steuererklärung und der zusätzlich beigefügten Unterlagen kann zur Berichtigung der gemachten Angaben führen. Die Berichtigungen setzen im Allgemeinen zumindest eine Unterrichtung des Stpfl., in Angelegenheiten von Bedeutung aber auch seine Mitwirkung voraus.

   Beispiele:
   Die Beantwortung von Rückfragen, die Beibringung zusätzlich erbetener Unterlagen, Aufforderung zur Rücksprache an Amtsstelle, die Vorlage von Geschäftsbüchern und die Nachschau des Beamten.

3. **Der schriftliche Steuerbescheid.**
   Nach dem abschließenden Ergebnis der Erörterung wird ein **schriftlicher Steuerbescheid** erlassen. Dieser Steuerbescheid wird zumeist endgültig sein. Er kann aber auch

- **„unter dem Vorbehalt der Nachprüfung (§ 164 AO)“** oder
- **„als vorläufiger Bescheid“ (§ 165 AO)** erteilt werden.

Im Steuerbescheid werden ggf. die Abweichungen von der Steuererklärung und/ oder Begründungen für ergänzende Schätzungen erläutert.

2.2 Der Steuerbescheid

Steuerverwaltungsakt (§ 118 AO) ist jede Verfügung, Entscheidung oder andere hoheitliche Maßnahme, die eine Steuerbehörde zur Regelung eines Einzelfalles auf dem Gebiet des Steuerrechts trifft und die auf unmittelbare Rechtswirkung nach außen gerichtet ist. Steuerbescheide sind mithin die weitaus wichtigsten und häufigsten Verwaltungsakte der Finanzbehörden.

Steuerbescheid

Steuerbescheide sind Verwaltungsakte, durch die Finanzbehörden ein Festsetzungs- oder Ermittlungsverfahren abschließen.

Die Steuerbescheide sind als Abschluss eines Veranlagungsverfahrens schriftlich zu erteilen (§ 155 AO).

Ein Steuerbescheid, der durch die Post im Inland übermittelt wird, gilt nach § 122 Abs. 2 Nr. 1 AO als am dritten Tage nach der Aufgabe zur Post bekannt gegeben, außer wenn er nicht oder zu einem späteren Zeitpunkt zugegangen ist; im Zweifel hat die Behörde den Zugang des Bescheids und den Zeitpunkt des Zugangs nachzuweisen.

Der Erlass endgültiger Steuerbescheide ist die Regel. Doch gibt es vor allen Dingen zwei Ausnahmen:

Vorbehalt der Nachprüfung

1. **Steuerbescheide unter Vorbehalt der Nachprüfung** (§ 164 AO) kann die Steuerbehörde erlassen, wenn ein Steuerfall nicht abschließend geprüft wurde. Die Behörde braucht ihr Vorgehen nicht zu begründen. Solange der Vorbehalt der Nachprüfung wirksam ist, kann die **Steuerfestsetzung jederzeit aufgehoben oder geändert** werden. Durch Eintritt der Verjährung (§ 169 AO) entfällt der Nachprüfungsvorbehalt. Nach Durchführung einer Außenprüfung (Betriebsprüfung) ist der Vorbehalt der Nachprüfung aufzuheben, wenn sich Änderungen gegenüber der bisherigen Steuerfestsetzung nicht ergeben.

2. **Vorläufige Steuerbescheide** (§ 165 AO) können erlassen werden, soweit ungewiss ist, ob die Voraussetzungen für die Entstehung einer Steuer eingetreten sind.

Die vorläufige Steuerfestsetzung kann mit einer Steuerfestsetzung unter Vorbehalt der Nachprüfung verbunden werden. Soweit die Finanzbehörde eine Steuer vorläufig festgesetzt hat, kann sie die Festsetzung aufheben oder ändern. Wenn die Ungewissheit beseitigt ist, ist eine vorläufige Steuerfestsetzung aufzuheben, zu ändern oder für endgültig zu erklären.

2.3 Aufhebung und Änderung von Steuerbescheiden

Aufhebung und Änderung von Steuerbescheiden

Aufhebung und Änderung von Steuerbescheiden ist möglich, wenn

- der Bescheid durch unlautere Mittel, durch Drohung oder arglistige Täuschung erschlichen wurde,
- der Bescheid von sachlich unzuständiger Stelle erlassen wurde,
- mit Zustimmung des Stpfl. eine höhere Steuer festgesetzt wurde und
- auf einen vom Stpfl. vor Ablauf der Einspruchsfrist gestellten Antrag der festgesetzte Steuerbetrag herabgesetzt wird (§ 172 AO).

Berechtigungsfälle

Berichtigung ist außerdem innerhalb der Verjährungsfrist auch nach Bestandskraft in den nachstehend aufgeführten verschiedenen Fällen möglich:

- bei **Vorliegen offenbarer Unrichtigkeiten** (Verschreiben, Verrechnen etc.) im Sinne des § 129 AO, die der Steuerbehörde bei Abfassung des Bescheides unterlaufen sind;

- bei **vorläufigen und unter Vorbehalt der Nachprüfung ergangenen Steuerbescheiden;**

- bei **Änderung von Grundlagenbescheiden** bis zum Eintritt der Verjährung (§ 175 Abs. 1 Nr. 1 AO). Derartige Grundlagenbescheide sind:
  - Einheitswertbescheide,
  - Steuermessbescheide,
  - Zerlegungsbescheide,
  - Bescheide über einheitliche Feststellungen,
  - Bescheide über gesonderte Feststellungen.

  Die Berichtigungsmöglichkeit der darauf aufbauenden Steuerfestsetzungen endet nach § 175 AO in diesen Fällen nicht vor Ablauf von zwei Jahren nach Bekanntgabe des (berichtigten) Grundlagenbescheides (§ 171 (10) AO).

- bei **Vorliegen neuer Tatsachen oder Beweismittel** (§ 173 AO)
  Führt das Bekanntwerden neuer Tatsachen zu einer höheren Steuer, so können Steuerbescheide aufgehoben oder geändert werden, wenn die zu berichtigenden Steuerbescheide nicht aufgrund einer Außenprüfung erlassen wurden. Diese Einschränkung entfällt, wenn Steuerhinterziehung oder leichtfertige Steuerverkürzung vorgelegen hat.

Werden neue Tatsachen oder Beweismittel bekannt, die zu einer niedrigeren Steuer führen, so erfolgt Berichtigung des Steuerbescheides, wenn den Stpfl. kein grobes Verschulden an der zu berichtigenden überhöhten Steuerfestsetzung trifft.

Berichtigung von Steuerbescheiden

Beispiel

Ein Stpfl. hat trotz Aufforderung keine ESt-Erklärung eingereicht. Das FA hat daraufhin die Besteuerungsgrundlagen geschätzt und einen vorbehaltlosen ESt-Bescheid erteilt. Nach Unanfechtbarkeit reicht der Stpfl. die ESt-Erklärung ein. Aufgrund der Angaben in der Erklärung würde sich eine niedrigere ESt ergeben.

Eine Änderung des ESt-Bescheides ist infolge groben Verschuldens des Stpfl. am nachträglichen Bekanntwerden der steuermindernden Tatsachen nicht möglich.

- bei **widerstreitenden Steuerfestsetzungen** (§ 174 AO) in verschiedenen Steuerbescheiden

Beispiel

Sachverhalte werden in mehreren Jahren bei der Steuerfestsetzung berücksichtigt, obwohl sie nur in einem Jahr hätten beachtet werden dürfen; oder Sachverhalte sind unberücksichtigt geblieben, weil man irrtümlich davon ausging, dieser Sachverhalt sei bereits in einem Steuerbescheid gewürdigt worden.

Berichtigungen dieser Art sind nur selten anzutreffen.

- bei **Berichtigung von Rechtsfehlern** (§ 177 AO)
  Liegen die Voraussetzungen für die Berichtigung von Steuerbescheiden vor, so sind, soweit die Änderung reicht, auch Rechtsfehler, die bei Erlass des zu berichtigenden Bescheides unterlaufen sind, aber nicht Anlass für die Berichtigung waren, zugunsten und zuungunsten des Stpfl. zu berichtigen.

- bei **Verlustrücktrag**
  Von Amts wegen wird gemäß § 10d Abs. 1 EStG der Verlustabzug durchgeführt.

Rechtsfehler der Behörde

Rechtsfehler der Behörde sind keine berichtigungsfähigen offenbaren Unrichtigkeiten, selbst dann nicht, wenn die irrtümlich zugrunde gelegte Vorschrift bei der Anwendung üblicherweise keinerlei Schwierigkeiten bereitet. **Erklärungsfehler des Stpfl.** sind keine offenbaren Unrichtigkeiten im Sinne des Gesetzes und können auch nicht nach dieser Vorschrift berichtigt werden.

Vertrauensschutz besteht bei Aufhebung und Änderung von Steuerbescheiden (§ 176 AO): Es darf nicht zuungunsten des Stpfl. berücksichtigt werden, wenn

- das Bundesverfassungsgericht die Nichtigkeit eines Gesetzes feststellt, auf der die bisherige Steuerfestsetzung beruht oder
- sich die zu beachtende Rechtsprechung geändert hat, die die Steuerbehörde bei der bisherigen Festsetzung angewendet hat.

2.4 Das Rechtsbehelfsverfahren

Rechtsbehelfe gegen Steuerbescheide

Wenn der Stpfl. mit dem Steuerbescheid oder anderen Verwaltungsakten nicht einverstanden ist, kann er mit Rechtsbehelfen dagegen vorgehen. Vorgesehen als Rechtsmittel sind

- außergerichtliche Rechtsbehelfe (Einspruch) und
- gerichtliche Rechtsbehelfe (Klage beim Finanzgericht und Revision beim Bundesfinanzhof).

Über die außergerichtlichen Rechtsbehelfe, die den gerichtlichen vorgeschaltet sind, entscheidet die Finanzbehörde, die den Bescheid erlassen hatte, in einem erneuten Verfahren selbst.

Die Fristen zur Rechtsmitteleinlegung betragen allgemein einen Monat, gerechnet von der Bekanntgabe des beanstandeten Verwaltungsaktes (§ 355 Abs. 1 AO). Fehlt dem Verwaltungsakt eine Rechtsbehelfsbelehrung, so beträgt die Frist zur Rechtsmitteleinlegung ein Jahr.

Die Finanzbehörde kann dem Einspruchsführer zur Beibringung von Unterlagen und Beweismitteln zur Begründung seines Einspruchs eine angemessene Frist setzen. **Bei Versäumen dieser Frist bleiben diese Beweismittel bei der Entscheidung über den Rechtsbehelf unberücksichtigt.**

2.4.1 Einspruch gegen einen Steuerbescheid

Einspruch

Außergerichtlicher Rechtsbehelf ist der Einspruch.

Der Einspruch (§ 347 AO) gegen einen Steuerbescheid oder Verwaltungsakt kann innerhalb der gesetzlichen Einspruchsfrist (ein Monat; Vorsicht: das sind nicht unbedingt vier Wochen) eingelegt werden, soweit der Stpfl. durch diesen Bescheid beschwert ist (§ 350 AO), d.h. Grund hat, sich in irgendeiner Weise **benachteiligt zu fühlen**.

Die Behörde, die den angefochtenen Verwaltungsakt erlassen hat, prüft aufgrund des Einspruchs ihre Maßnahme erneut. Als Ergebnis kann sie dem Einspruch

- in vollem Umfang stattgeben,
- im Einverständnis mit dem Stpfl. dem Einspruch teilweise stattgeben oder
- den Fall an die Rechtsbehelfsstelle zur Bearbeitung und Entscheidung abgeben. Die Rechtsbehelfsstelle ist eine Stelle des Finanzamtes, die von der Stelle, die den angefochtenen Akt zu vertreten hat, getrennt ist.

Einsprüche, denen die Veranlagungsdienststellen nicht abhelfen, werden von den gesonderten Rechtsbehelfsstellen des Finanzamtes abschließend bearbeitet. Diese **Rechtsbehelfsstellen** ersetzen faktisch die untere Instanz der Finanzgerichtsbarkeit.

Die Rechtsbehelfsstellen des Finanzamtes können dem Einspruch

- in vollem Umfang oder
- teilweise stattgeben oder
- die Steuer höher festsetzen (verbösern [§ 367 (2) AO]).

Das außergerichtliche Rechtsbehelfsverfahren wird wie das ursprüngliche Veranlagungsverfahren erneut durch schriftlichen Bescheid (Einspruchsentscheidung) abgeschlossen, es sei denn, die streitenden Parteien ziehen einen einvernehmlichen Verfahrensabschluss anderer Art vor.

Kosten

Das **Einspruchsverfahren** bei der Rechtsbehelfsstelle des Finanzamtes ist **kostenfrei**. Kosten werden erst im gerichtlichen Rechtsbehelfsverfahren erhoben.

Gegen den zurückweisenden oder verbösernden Einspruchsbescheid ist der gerichtliche Rechtsbehelf **„Klage beim Finanzgericht"** gegeben. Eine Klage vor dem FG löst zunächst Kosten aus.

Finanzgerichte haben den Rang von Obergerichten.

2.4.2 Auswirkungen der Einlegung eines Einspruchs (§ 361 AO)

Keine Aussetzung der Vollziehung

Die Einlegung von Einsprüchen setzt die Vollziehung des angefochtenen Verwaltungsaktes, insbesondere die Erhebung einer Abgabe, nicht aus. Das Gleiche gilt für Folgebescheide, die auf einem angefochtenen Grundlagenbescheid beruhen.

Die Finanzbehörde, die den angefochtenen Verwaltungsakt erlassen hat, kann die Vollziehung aber aussetzen, wenn ernstliche Zweifel an der Rechtmäßigkeit des Verwaltungsaktes bestehen oder wenn eine sofortige Vollziehung unbillig erscheint. Soweit die Vollziehung eines Grundlagenbescheides ausgesetzt wird, ist auch ein Folgebescheid auszusetzen.

Die Aussetzung der Vollziehung ist grundsätzlich bei der Finanzbehörde zu beantragen, die den angefochtenen Verwaltungsakt erlassen hat (§ 361 Abs. 2 S. 1 AO). Folgende Voraussetzungen müssen nach § 362 Abs. 2 S. 2 AO vorliegen:

- der angefochtene Verwaltungsakt muss einen aussetzungsfähigen Inhalt haben (z. B. Geldleistungen),
- der Verwaltungsakt, dessen Vollziehung ausgesetzt werden soll, muss mit einem Rechtsbehelf angefochten worden sein,
- es müssen ernstliche Zweifel an der Rechtmäßigkeit oder unbillige Härte vorliegen. Ernstliche Zweifel können z. B. vorliegen, wenn
  - eine neue Rechtsfrage aus dem Gesetz nicht eindeutig zu beantworten ist,
  - der BFH eine Rechtsfrage noch nicht entschieden hat oder
  - die Finanzgerichte eine Rechtsfrage unterschiedlich beurteilen.

  Gefährdet z. B. die Steuerzahlung die wirtschaftliche Existenz eines Stpfl., so liegt eine unbillige Härte vor.

2.4.3 Gerichtliche Rechtsbehelfe

Gerichtliche Rechtsbehelfe

Die **Finanzgerichtsordnung** regelt das weitere Verfahren vor den Finanzgerichten. Von einem Eingehen auf die gerichtlichen Rechtsbehelfe (Klage an das Finanzgericht und Revision beim Bundesfinanzhof) wird abgesehen. Jeder Stpfl. wird gut beraten sein, wenn er vor Gericht einen sachverständigen Prozessbevollmächtigten (z. B. Steuerberater, Fachanwalt für Steuerrecht) hinzuzieht, um seine Beschwerden klären zu lassen.

2.5 Die Außenprüfung durch die Finanzbehörden

Außenprüfung

Die Außenprüfungen werden vereinzelt von den zuständigen Sachbearbeitern der Steuerbehörden, im Allgemeinen aber von den nachstehenden besonderen Dienstzweigen

- (allgemeine) Betriebsprüfung
- Lohnsteueraußenprüfung
- Umsatzsteuersonderprüfung durchgeführt.

Die Betriebsprüfung ist der wichtigste Zweig der Außenprüfung der Finanzverwaltung.

2.5.1 Gesetzliche Grundlagen der Betriebsprüfung

Die gesetzlichen Grundlagen der Außenprüfung findet man in den §§ 193 bis 207 AO. Darüber hinaus wird die Betriebsprüfung in der Betriebsprüfungsordnung, einer allgemeinen Verwaltungsvorschrift, näher umschrieben.

Führt die allgemeine Betriebsprüfung in der Regel umfassende Prüfungen durch, so haben die übrigen Prüfungsstellen der Finanzverwaltung begrenzte Prüfungsaufgaben, die sich zum Teil schon aus der Bezeichnung ablesen lassen. Hier soll die allgemeine Betriebsprüfung eingehender betrachtet werden.

Zulässigkeit von Außenprüfungen

Die **Zulässigkeit von Außenprüfungen** ist in § 193 AO geregelt.

Der Außenprüfung unterliegen in der Regel Unternehmer, die über gewerbliche, land- und forstwirtschaftliche oder freiberufliche Betriebe verfügen (Betriebsprüfung).

Außenprüfungen bei nicht unternehmerisch tätigen Stpfl. sind vorgesehen, wenn diese Personen

- verpflichtet sind, für Rechnung anderer Personen Steuern abzuführen (Arbeitgeber, Lohnsteueraußendienst), oder wenn
- die für die Besteuerung erheblichen Verhältnisse der Aufklärung bedürfen und eine Prüfung an Amtsstelle nicht zweckmäßig erscheint.

Steuerpflichtige, bei denen die Summe der positiven Einkünfte nach § 2 Abs. 1 Nrn. 4 bis 7 des EStG mehr als 500.000,- € im Kalenderjahr beträgt, haben nach § 147a AO die Aufzeichnungen und Unterlagen über die den Überschusseinkünften zugrunde liegenden Einnahmen und Werbungskosten sechs Jahre aufzubewahren. Im Falle der Zusammenveranlagung sind für die Feststellung des Überschreitens des Betrags von 500.000,- € die Summe der positiven Einkünfte nach Satz 1 eines jeden Ehegatten maßgebend. Das Vorliegen dieser Unterlagen bei diesen „eher reichen" Steuerpflichtigen kann dann die Prüfung erleichtern.

2.5.2 Zweck und Umfang einer Außenprüfung (§ 194 AO)

Zweck und Umfang

Die Außenprüfung dient der Ermittlung der steuerlichen Verhältnisse. Sie kann eine oder mehrere Steuerarten umfassen oder sich auf bestimmte Sachverhalte beschränken und für ein oder mehrere Jahre durchgeführt werden.

Die **Prüfung von Personengesellschaften** (z. B. GbR, OHG, KG) umfasst auch die steuerlichen Verhältnisse der Gesellschafter (Mitunternehmer) insoweit, als diese für den Prüfungszweck von Bedeutung sind. Über diese Feststellungen hinaus können die weitergehenden steuerlichen Verhältnisse von Gesellschaftern und Überwachungsorganen in die Prüfung der Gesellschaft einbezogen werden, wenn das im Einzelfall zweckmäßig erscheint.

Verhältnisse Außenstehender, die für die Besteuerung dieser Personen von Bedeutung sein können und die anlässlich einer Prüfung festgestellt werden, dürfen der zuständigen Steuerbehörde mitgeteilt werden (**Kontrollmitteilungen**). Eine

Prüfung allein oder überwiegend zur Beschaffung von Kontrollmaterial, das andere Personen betrifft, ist jedoch unzulässig.

2.5.3 Prüfungsanordnung (§ 196 AO)

Anordnung einer Außenprüfung

Die Anordnung einer Außenprüfung ist ein Steuerverwaltungsakt, der der **Schriftlichkeit** bedarf.

Im Prüfungsauftrag, der in Abschrift dem Stpfl. fast immer vor Beginn der Prüfung bekannt gegeben wird, sind

- die Rechtsgrundlagen der beabsichtigten Prüfung,
- der oder die zu prüfenden Personen,
- der Prüfer und
- die zu prüfenden Steuern, Steuerabschnitte oder andere prüfungswürdige Sachverhalte

aufzuführen.

Darüber hinaus wird allgemein auch der Prüfungsbeginn angegeben.

Die **Erweiterung eines Prüfungsauftrages** auf

- zusätzliche Steuerabschnitte oder
- weitere Einzelsteuern oder andere Sachverhalte

hat ebenfalls schriftlich zu erfolgen.

Anordnung und Zeitpunkt von Prüfungsmaßnahmen stehen **in pflichtgemäßem Ermessen** der Finanzverwaltung. Ein Anspruch auf Durchführung einer Prüfung besteht nicht. Der Stpfl. hat allerdings einen Anspruch auf fehlerfreie Ausübung des pflichtgemäßen Ermessens bei Auswahl der zu prüfenden Betriebe. Gegen die Prüfungsanordnung ist der Einspruch möglich.

Nach Bekanntgabe der Prüfungsanordnung ist eine sog. strafbefreiende Selbstanzeige grds. nicht mehr möglich (vgl. § 371 Abs. 2 AO).

Rechtsbehelf

Rechtsbehelf gegen eine Prüfungsanordnung

Rechtsbehelfe gegen eine Prüfungsanordnung können beispielsweise wie folgt begründet werden:

- die Prüfungsanordnung sei durch eine unzuständige Stelle ergangen,
- der Stpfl. unterliege nicht der Außenprüfung,
- die Prüfungsanordnung/Erweiterung sei nicht schriftlich ergangen,

- die Prüfungsanordnung übersteige die durch die Betriebsprüfungsordnung gesetzten Grenzen,
- die zeitliche Erweiterung sei unzulässig,
- ein Antrag auf Terminverlegung werde unbegründet abgelehnt,
- die Prüfung beziehe sich auf verjährte Zeiträume,
- die Prüfung erfolge trotz Änderungssperre (§ 173 (2) AO),
- der beauftragte Prüfer sei kraft Gesetzes ausgeschlossen oder befangen.

2.5.4 Prüfungsgrundsätze (§ 199 AO)

Die Erzielung von Mehrsteuern ist nicht Zweck der Prüfung. Die Prüfer haben die tatsächlichen und rechtlichen Verhältnisse, die für die Steuerpflicht und für die Bemessung der Steuer maßgebend sind (Besteuerungsgrundlagen), **zugunsten wie zuungunsten des Stpfl.** zu prüfen.

Prüfungsgrundsätze

Bei der Durchführung einer Prüfung sind im Rahmen der Ermessensausübung die Grundsätze der Verhältnismäßigkeit der Mittel und des geringstmöglichen Eingriffs zu beachten. Die Prüfungen sind auf das Wesentliche abzustellen und ihre Dauer **auf das notwendige Maß zu beschränken**. Es müssen nicht alle Prüfungsgebiete mit der gleichen Gründlichkeit geprüft werden, die Bildung von Prüfungsschwerpunkten ist zulässig.

Die Unterrichtung des Stpfl. während der Prüfung über die festgestellten Sachverhalte und die möglichen Auswirkungen ist vorgesehen, wenn dadurch der Zweck und der Ablauf der Prüfung nicht beeinträchtigt werden.

Ergibt sich während einer Prüfung der Verdacht einer Steuerstraftat und wird aufgrund dessen ein **Strafverfahren** eingeleitet, so ist der Stpfl. zu unterrichten. Außerdem ist er zu belehren, dass seine Mitwirkung im Besteuerungsverfahren nicht mehr erzwungen werden kann. Das heißt, er kann seine Aussagen verweigern.

Die angewandten **Prüfungsmethoden** sind weder gesetzlich noch durch Verwaltungsanweisungen vorgeschrieben. Meist werden Plausibilitätsprüfungen, Einzelproben, Vermögenszuwachsrechnungen, Ein- und Ausgangsrechnungen oder private Geldverbrauchskontrollen durchgeführt. Daneben wird von der Steuerbehörde gesammeltes Kontrollmaterial verwertet.

2.5.5 Vorherige Ankündigung der Außenprüfung

Ankündigung einer Außenprüfung

Die vorherige Ankündigung einer Außenprüfung durch die anordnende Behörde ist die Regel. Dem betroffenen Stpfl. wird allgemein eine Durchschrift der Prüfungsanordnung übersandt und dadurch die beabsichtigte Prüfung bekannt gegeben. Die vorherige Bekanntgabe kann unterbleiben, wenn der Prüfungszweck dadurch gefährdet würde.

Bei gleichzeitiger Prüfung der steuerlichen Verhältnisse von Gesellschaftern oder Mitgliedern von Aufsichtsorganen im Rahmen einer Betriebsprüfung ist für jede Person eine besondere Prüfungsanordnung erforderlich.

2.5.6 Beginn einer Außenprüfung

Der Prüfungsbeginn hemmt den Ablauf der Verjährungsfristen für Steuerfestsetzungen (§ 171 Abs. 4 AO). Das Erscheinen des Prüfers schließt schon eine strafbefreiende Selbstanzeige nach § 371 Nr. 1 AO aus. Wegen dieser Bedeutung ist der Prüfungsbeginn unter Angabe von Ort und Datum aktenkundig zu machen (§ 198 Abs. 2 AO).

Mit dem Erscheinen des Prüfers allein hat die Prüfung jedoch noch nicht begonnen. Die **Prüfungshandlungen müssen ernsthaft aufgenommen** worden sein, um eine Verjährungshemmung auszulösen. Missbräuchliche Prüfungsanordnungen allein zum Zweck der Verjährungshemmung sollen dadurch verhindert werden.

2.5.7 Mitwirkungspflichten bei der Prüfung (§ 200 AO)

Mitwirkungspflichten

Zur **Vorbereitung einer Betriebsprüfung** sollten

- Geschäftsbücher und Belegsammlungen,
- Jahresabschlüsse mit Unterlagen,
- Ausfertigungen wichtiger Verträge,
- Belege über größere Anschaffungen und ganz allgemein über die Besteuerungsunterlagen bereitgestellt werden.

Es sollten Auskunftspersonen bestimmt und vorbereitet werden.

Der Stpfl. hat bei der Feststellung der Sachverhalte, die für die Besteuerung erheblich sein können, mitzuwirken. Er hat insbesondere Auskünfte zu erteilen, Aufzeichnungen, Bücher und Geschäftspapiere und andere Urkunden zur Einsicht vorzulegen und die erforderlichen Erläuterungen zu geben. Die Betriebsprüfer erhalten Zugriff auf die elektronische Buchführung der Unternehmen.

Sind der Stpfl. und die von ihm benannten Personen zu zweckdienlichen Auskünften nicht in der Lage, so kann der Prüfer auch andere Betriebsangehörige um Auskunft ersuchen. Darüber sollte der Stpfl. aber vorher unterrichtet werden, damit erforderlichenfalls andere Auskunftspersonen benannt werden können. Der Stpfl. hat ein Recht, bei der Befragung von Auskunftspersonen anwesend zu sein.

Der Steuerberater hat ein Auskunftsverweigerungsrecht, von dem ihn der Stpfl. entbinden kann. Wird der Steuerberater vom Stpfl. als Auskunftsperson benannt, so entfällt auch sein Auskunftsverweigerungsrecht.

Zur Durchführung der Prüfung hat der Stpfl. einen geeigneten Geschäftsraum zur Verfügung zu stellen. Der Prüfer ist berechtigt, **Grundstücke und Betriebsräume** zu betreten und zu besichtigen. Ein Betreten der **Privatwohnung** ist dagegen nur mit Einwilligung des Stpfl. gestattet. In gegenseitigem Einvernehmen kann die Prüfung auch in den Privaträumen des Stpfl. oder in den Praxisräumen des Beraters durchgeführt werden.

2.5.7.1 Verweigerung der Mitwirkung bei der Prüfung

Keine Verweigerung zur Mitwirkung

Mitwirkungsverweigerung steht dem Stpfl. allgemein nicht zu. Die Mitwirkung des Stpfl. bei den Prüfungsarbeiten kann gem. §§ 328, 329 AO erzwungen werden (Zwangsgeld, Ersatzvornahme, unmittelbarer Zwang).

2.5.7.2 Gläubigerbenennung (§ 160 AO)

Diese auch als **„Schmiergeldbestimmung"** bezeichnete Vorschrift verbietet den Abzug geltend gemachter Schulden, Lasten und Zahlungen, wenn die Gläubiger bzw. Zahlungsempfänger nicht benannt werden. § 160 AO ist zwar eine Ermessensbestimmung, die Behörden wenden sie aber regelmäßig an, um Steuerausfälle zu vermeiden.

2.5.8 Schlussbesprechung und Prüfungsergebnis

2.5.8.1 Schlussbesprechung

Über das Ergebnis einer Außenprüfung soll eine Besprechung abgehalten werden, es sei denn, das Prüfungsergebnis führt zu keinen Änderungen von Besteuerungsgrundlagen, oder der Stpfl. verzichtet auf die Abhaltung einer **Schlussbesprechung**.

Schlussbesprechung

Zur Vornahme einer Schlussbesprechung sollten die zu erörternden Feststellungen und Maßnahmen vorher überlegt und rechtzeitig bekannt gemacht werden, damit Gegendarstellungen vorbereitet werden können.

Die Teilnehmer einer Schlussbesprechung liegen nicht von vornherein fest. Der Stpfl. kann sich vertreten lassen. Von der Steuerbehörde wird regelmäßig der Prüfer - bzw. der leitende Prüfer bei Fällen von größerem Gewicht - teilnehmen. Darüber hinaus steht die Teilnahme weiterer Personen (Sachbearbeiter, Vorsteher des Finanzamtes) im Ermessen der Verwaltung. Bei der Schlussbesprechung sind strittige Sachverhalte sowie deren rechtliche Beurteilung zu erörtern.

Besteht die Möglichkeit, dass nach dem Prüfungsergebnis ein Straf- oder Bußgeldverfahren durchgeführt werden muss, so soll der Stpfl. darauf hingewiesen werden.

Nach § 204 AO hat der Stpfl. die Möglichkeit, im Anschluss an eine Außenprüfung eine verbindliche Zusage der Finanzbehörden zu beantragen, wie ein für die Vergangenheit geprüfter und im Prüfungsbericht dargestellter Sachverhalt in Zukunft steuerrechtlich behandelt wird (§ 204 AO). Voraussetzung ist, dass die Kenntnis der künftigen steuerrechtlichen Behandlung für die geschäftlichen Maßnahmen des Stpfl. von Bedeutung sind.

2.5.8.2 Bekanntgabe des Prüfungsergebnisses (§ 202 AO)

Prüfungsbericht

Der **schriftliche Prüfungsbericht**, der das Ergebnis einer Prüfung darstellt, ist kein Verwaltungsakt. Er besitzt keine Regelungswirkung und hat keine Bindungswirkung.

Im Prüfungsbericht sind die für die Besteuerung erheblichen Feststellungen in tatsächlicher und rechtlicher Hinsicht sowie die Änderungen von Besteuerungsgrundlagen darzustellen. Auf Antrag hat die Steuerbehörde den Bericht vor seiner Auswertung zuzusenden und dem Stpfl. Gelegenheit zur Stellungnahme zu geben.

Führt eine Prüfung zu keiner Änderung der Besteuerungsmerkmale, so genügt es, dies schriftlich mitzuteilen.

Rot- oder Grünberichte werden zur Unterrichtung von Strafsachenstellen und für andere interessierte Stellen häufig zusätzlich zum offiziellen Bericht gefertigt. Bei einem sog. „Rotbericht“ (er wird auf rotem Papier verfasst) hat der Prüfer einen Verdacht bzgl. des Vorliegens einer Straftat. Es handelt sich hier um persönliche Stellungnahmen des Prüfers, die vor allem Nachfragen der den Bericht auswertenden Stellen von vornherein vermeiden helfen sollen. Die Bekanntgabe dieser Berichtsteile kann nicht erzwungen werden.

2.5.9 Verfahrensvorschriften für die Betriebsprüfung

2.5.9.1 Betriebsgrößenklassen

Betriebsgrößenklassen

Zur Durchführung der Betriebsprüfungen werden die für eine Prüfung in Betracht kommenden Unternehmen in regelmäßigen – meist dreijährigen – Abständen in Größenklassen eingeteilt und den in Betracht kommenden Prüfungsämtern und Prüfungsstellen zugeordnet.

Man unterscheidet dabei

Großbetriebe (G) | Mittelbetriebe (M) | Kleinbetriebe (K) | Kleinstbetriebe (Kst).

Einordnung der Betriebe zum 1. 1. 2019 in Betriebsgrößenklassen durch das BMF-Schreiben vom 13.04.2018: Einheitliche Abgrenzungsmerkmale für den 21. Prüfungsturnus (1. 1. 2019)

Betriebsart[1]	Betriebsmerkmale (in €)	Großbetriebe (G)	Mittelbetriebe (M)	Kleinbetriebe (K)
Handelsbetriebe (H)	Umsatzerlöse oder steuerlicher Gewinn über	8,6 Mio. 335.000,-	1.100.000,- 68.000,-	210.000,- 44.000,-
Fertigungsbetriebe (F)	Umsatzerlöse oder steuerlicher Gewinn über	5,2 Mio. 300.000,-	610.000,- 68.000,-	210.000,- 44.000,-
Freie Berufe (FB)	Umsatzerlöse oder steuerlicher Gewinn über	5,6 Mio. 700.000,-	990.000,- 65.000,-	210.000,- 44.000,-
Andere Leistungsbetriebe (AL)	Umsatzerlöse oder steuerlicher Gewinn über	6,7 Mio. 400.000,-	910.000 77.000,-	210.000 44.000,-
Kreditinstitute (K)	Aktivvermögen oder steuerlicher Gewinn über	175 Mio. 670.000,-	42 Mio. 230.000,-	13 Mio. 57.000,-
Versicherungsunternehmen Pensionskassen (V)	Jahresprämieneinnahmen über	36 Mio.	6 Mio.	2,2 Mio.
Land- und forstwirtschaftliche Betriebe (LuF)	Wirtschaftswert der selbst bewirtschafteten Fläche oder steuerlicher Gewinn über	1.200.000,- 185.000,-	610.000,- 68.000,-	210.000,- 44.000,-

1 Mittel-, Klein- und Kleinstbetriebe, die zugleich die Voraussetzungen für die Behandlung als sonstige Fallart erfüllen, sind **nur** dort zu erfassen.

Eine Einordnung in Größenklassen nach Wirtschaftszweigen findet sich im BMF-Schreiben vom 20.04.2022 (IV A 8 - S 1451/19).

2.5.9.2 Großbetriebe

Großbetriebe werden von dafür vorgesehenen Groß- und Konzernbetriebsprüfungsfinanzämtern geprüft. **Großbetriebe**

Der jeweilige Prüfungszeitraum soll an den vorhergehenden Prüfungszeitraum anschließen, sodass eine **lückenlose (Anschluss-)Prüfung** gewährleistet ist.

2.5.9.3 Mittel- und Kleinbetriebe

Mittel- und Kleinbetriebe

Die Amtsbetriebsprüfungsstellen der örtlich zuständigen Finanzämter prüfen Mittel- und Kleinbetriebe in eigener Verantwortung.

Bei diesen Betrieben soll der Prüfungszeitraum nicht mehr als drei Besteuerungszeiträume umfassen.

Dadurch ergeben sich ungeprüfte Abschnitte zwischen den einzelnen Prüfungszeiträumen.

Für die „alten“ Bundesländer ergab sich zuletzt ein durchschnittlicher Prüfungsturnus für Mittelbetriebe von mehr als 11 Jahren und für Kleinbetriebe von etwa 45 Jahren.

Ausdehnung des vorgesehenen Prüfungszeitraumes von drei Jahren ist möglich, wenn

- mit größeren Mehrsteuerbeträgen oder
- größeren Steuererstattungen zu rechnen ist oder
- der Verdacht einer Steuerstraftat oder Steuerordnungswidrigkeit besteht.

Die Ausdehnung des Prüfungszeitraums ist jeweils von der Steuerbehörde zu begründen und in einem ergänzenden Prüfungsauftrag bekannt zu geben.

2.5.9.4 Kleinstbetriebe

Kleinstbetriebe

Kleinstbetriebe sind Unternehmen, die die unteren Merkmalsgrenzen der Buchführungsverpflichtung nicht erreichen. Sie werden nur bei Bedarf in begründeten Ausnahmefällen geprüft. Die Betriebsprüfer der Finanzverwaltung sind bereits im Innendienst erprobte Beamte und Verwaltungsangestellte, die auf die Prüfungsaufgaben besonders vorbereitet worden sind.

Steuerstrafrecht

2.6 Das Steuerstrafrecht

2.6.1 Steuerhinterziehung (§ 370 AO)

In § 370 AO werden die einzelnen Tatbestände der Steuerhinterziehung und deren Strafe genannt. Das Strafmaß reicht von der Geldstrafe bis hin zu einer Freiheitsstrafe von maximal zehn Jahren. Die Steuerhinterziehung kann nur vorsätzlich begangen werden. Der Begriff des Vorsatzes ist gesetzlich nicht definiert; er lässt sich aber aus §§ 16, 17 StGB ableiten. Danach ist Vorsatz „das Wissen und Wollen“ der Tatbestandsverwirklichung.

2.6.2 Leichtfertige Steuerverkürzung (§ 378 AO)

Wer als Stpfl. eine der in § 370 AO bezeichneten Taten leichtfertig begeht, handelt ordnungswidrig. Diese Ordnungswidrigkeit kann nur mit einer Geldstrafe belegt werden, eine Freiheitsstrafe ist nicht möglich.

Die entgeltliche Weitergabe von Belegen wird als Steuerordnungswidrigkeit geahndet (s. § 379 Abs. 1 AO). Es werden z. B. bei Internetauktionen Tankquittungen zum Kauf angeboten, die die Käufer dann als Betriebsausgabe/Werbungskosten geltend machen. Die Weitergabe gegen Entgelt stellt nunmehr eine Ordnungswidrigkeit dar. Eine unbeabsichtigte Verschaffung der Verfügungsmacht an Belegen bspw. durch das Zurücklassen von Kassenbelegen an der Verkaufstheke führt dagegen zu keiner Ordnungswidrigkeit.

2.6.3 Selbstanzeige (§ 371 AO)

Durch eine wirksame Selbstanzeige verschafft sich der Stpfl. einen persönlichen Strafausschließungsgrund, d. h., er kann nicht bestraft oder mit einer Geldbuße belegt werden. **Selbstanzeige**

Die enorme Zahl von strafbefreienden Selbstanzeigen sowie die Neuauslegung wesentlicher Tatbestandsmerkmale von § 371 AO durch den BGH-Beschluss vom 20. 5. 2010 haben den Gesetzgeber motiviert, die Rahmenbedingungen für strafbefreiende Selbstanzeigen kritisch zu überdenken. Mit dem Schwarzgeldbekämpfungsgesetz vom 28. April 2011 hat der Gesetzgeber die strafbefreiende Selbstanzeige neu geregelt. Bei Selbstanzeigen nach § 371 AO, die vor dem Inkrafttreten der Neuregelung bei der zuständigen Finanzbehörde eingegangen sind, ist § 371 AO in der bis zu diesem Zeitpunkt geltenden Fassung mit der Maßgabe anzuwenden, dass im Umfang der gegenüber der zuständigen Finanzbehörde berichtigten, ergänzten oder nachgeholten Angaben Straffreiheit eintritt. Das Gleiche gilt im Fall der leichtfertigen Steuerverkürzung für die Anwendung des § 378 Absatz 3 AO.

Der Stpfl. muss seine vorsätzlich falschen Angaben zu allen unverjährten Straftaten in vollem Umfang berichtigen, ergänzen bzw. nachholen.

- Berichtigen bedeutet, dass der Stpfl. seine unrichtigen Angaben durch richtige ersetzen muss.
- Ergänzen bedeutet, dass der Stpfl. seine unvollständigen Angaben vervollständigen muss und
- Nachholen bedeutet, dass der Stpfl. die Angaben nachholen muss, z. B. durch Nachreichung der Steuererklärung.

Keine strafbefreiende Selbstanzeige liegt daher vor, wenn der Stpfl. lediglich mitteilt, dass er eine Steuerstraftat begangen habe.

Soweit der „Täter" der Regelung des § 371 Abs.1 AO entsprechend eine Erklärung gegenüber dem Finanzamt abgibt, kann er dennoch keine Straffreiheit erlangen, wenn einer der sog. Sperrgründe des § 371 Abs. 2 AO vorliegt. Soweit die Voraussetzungen des § 371 Abs. 2 AO gegeben sind, ist eine strafbefreiende Selbstanzeige nicht möglich. Die in § 371 Abs. 2 AO genannten Ausschließungsgründe der strafbefreienden Wirkung der Selbstanzeige haben ihren Grund in der fehlenden Freiwilligkeit in diesen Fallkonstellationen.

Seit dem 01.01.2015 sind die Hürden für eine wirksame Selbstanzeige erheblich höher geworden. Insbesondere ist zu beachten, dass (schon) bei einem hinterzogenen Betrag ab 25.000 € je Tat ein „Strafzuschlag" zu zahlen ist.

3. Einkommensteuer

Einkommensteuer

Die Einkommensteuer besteuert die **Leistungsfähigkeit natürlicher Personen**, die sich im sog. zu versteuernden Einkommen ausdrückt. Sie begegnet uns in folgenden drei Erhebungsformen:

- **veranlagte Einkommensteuer** (Grundform)
- **Lohnsteuer** (Erhebung durch Einbehaltung vom Arbeitslohn)
- **Abgeltungsteuer** (Pauschaltarif von 25 %).

Zusammen mit der veranlagten Einkommensteuer und der Lohnsteuer werden auch die sogenannten **Zuschlagsteuern, Kirchensteuer** und den **Solidaritätszuschlag, erhoben**.

Grundlagen der Besteuerung

Grundlagen der Einkommensbesteuerung sind

- das Einkommensteuergesetz (EStG),
- die Einkommensteuer-Durchführungsverordnung (EStDV),
- die Lohnsteuer-Durchführungsverordnung (LStDV),
- die Einkommensteuerrichtlinien (EStR) und
- die Lohnsteuerrichtlinien (LStR).

Die Richtlinien beinhalten keine allgemein verbindlichen Normen, sondern sind nur **Anweisungen des Finanzministeriums an die nachgeordneten Behörden**, wie bei der Steuerfestsetzung zu verfahren ist. Das bedeutet, die Finanzämter sind an die dortigen Regelungen gebunden, nicht jedoch Steuerberater, Gerichte oder die Steuerbürger. Sie sind aber wegen ihrer leichter verständlichen Darstellung der Vorschriften für die Alltagsarbeit von nicht zu unterschätzender Bedeutung und faktisch unentbehrlich.

3.1 Persönliche Steuerpflicht

Nach § 1 Abs.1 EStG sind natürliche Personen mit Wohnsitz oder ihrem gewöhnlichen Aufenthalt in der BRD unbeschränkt einkommensteuerpflichtig. Persönliche Steuerpflicht

Dabei spielt die Staatsangehörigkeit und auch das Lebensalter keine Rolle. Die unbeschränkte Steuerpflicht erstreckt sich grundsätzlich auf das **gesamte Welteinkommen**. Durch Doppelbesteuerungsabkommen, in denen die Staaten die „Steuerquellen" - meist nach dem Belegenheitsprinzip - untereinander aufteilen, wird die Weltausdehnung ganz erheblich wieder eingeschränkt. Derzeit bestehen mit mehr als 90 Staaten Doppelbesteuerungsabkommen.

Bei Personen ohne Wohnsitz oder gewöhnlichen Aufenthalt im Inland kann die BRD zunächst nur deren inländische Einkünfte besteuern (vgl. § 1 Abs.4 EStG). Soweit also beispielsweise der Brasilianer A, der in Rio lebt und arbeitet, in der BRD eine Wohnung vermietet, werden die Einkünfte aus der vermieteten Wohnung von der BRD besteuert, nicht jedoch auch sein in Rio erwirtschafteter Arbeitslohn.

Im umgekehrten Fall jedoch, in dem ein in Deutschland wohnhafter Arbeitnehmer eine Wohnung in Rio vermietet, wird zunächst der Arbeitslohn, der in der BRD erwirtschaftet wird, und auch die Vermietungseinnahmen aus der Wohnung der deutschen Besteuerung unterworfen. Auf die deutsche Steuer können dann ggf. die Steuern aus Brasilien angerechnet werden.

3.2 Sachliche Steuerpflicht - Ermittlung des zu versteuernden Einkommens

Das zu versteuernde Einkommen bildet die Bemessungsgrundlage für die Höhe der Einkommensteuer, die vom Finanzamt festzusetzen ist. Es lässt sich also vereinfacht sagen, dass die Einkommensteuerbelastung von der Höhe des zu versteuernden Einkommens abhängt (vgl. § 2 Abs.5 und § 2 Abs.6 EStG). Sachliche Steuerpflicht

Das zu versteuernde Einkommen ist ganz überwiegend nach den Regelungen des EStG wie folgt zu ermitteln:

1.	Summe der Einkünfte aus den Einkunftsarten
2.	+ Hinzurechnungsbetrag (§ 52 Abs. 3 Satz 3 EStG sowie § 8 Abs. 5 Satz 2 AIG)
3.	**= Summe der Einkünfte**
4.	- Altersentlastungsbetrag (§ 24a EStG)
5.	- Entlastungsbetrag für Alleinerziehende (§ 24b EStG)
6.	- Freibetrag für Land- und Forstwirte (§ 13 Abs. 3 EStG)

7.	**= Gesamtbetrag der Einkünfte (§ 2 Abs. 3 EStG)**
8.	- Verlustabzug nach § 10d EStG
9.	- Sonderausgaben (§§ 10, 10a, 10b, 10c EStG)
10.	- außergewöhnliche Belastungen (§§ 33 bis 33c EStG)
11.	- Steuerbegünstigung der zu Wohnzwecken genutzten Wohnungen, Gebäude und Baudenkmale sowie der schutzwürdigen Kulturgüter (§§ 10e bis 10i EStG, § 52 Abs. 21 Satz 6 EStG i. d. F. vom 16.4.1997, BGBl. I S. 821 und § 7 FördG)
12.	+ zuzurechnendes Einkommen gem. § 15 Abs. 1 AStG
13.	**= Einkommen (§ 2 Abs. 4 EStG)**
14.	- Freibeträge für Kinder (§§ 31, 32 Abs. 6 EStG)
15.	- Härteausgleich nach § 46 Abs. 3 EStG, § 70 EStDV
16.	**= zu versteuerndes Einkommen (§ 2 Abs. 5 EStG)**

Ermittlung der Einkünfte

3.3 Ermittlung der Einkünfte

3.3.1 Die Einkunftsarten und ihre Einkünfte

Das EStG unterscheidet zwischen sieben Einkunftsarten. Diese sieben Einkunftsarten sind in § 2 (1) EStG in den sieben Nummern genannt. Die dort genannten Einkunftsarten werden in zwei „Untergruppen“ eingeteilt. Zum einen in die sog. Gewinneinkunftsarten und zum anderen die Überschusseinkunftsarten.

Gewinneinkünfte

Gewinneinkunftsarten sind die Einkünfte aus

- Land- und Forstwirtschaft
- Gewerbebetrieb
- selbstständige Arbeit

und als

Überschusseinkünfte

Überschusseinkunftsarten geregelt sind die Einkünfte aus

- nichtselbstständiger Arbeit
- Kapitalvermögen
- Vermietung und Verpachtung
- sonstige Einkünfte.

Die Ermittlung der Einkünfte ist ein in sich abgeschlossener Vorgang im Rahmen der Steuerfestsetzung.

Beispiele

Buchabschluss eines Gewerbebetriebes für ein Wirtschaftsjahr (Gewinnermittlung), Überschuss der Einnahmen über die Werbungskosten aus einem Mietshaus für ein Kalenderjahr, Einkünfte aus einem Arbeitsverhältnis für ein Jahr (abgeschlossene Lohnsteuerkarte), Errechnung der Einkünfte aus einer Rente während eines Jahres.

Bei Vorlage der jährlichen Einkommensteuererklärung sollte man auch ohne ausdrückliche Aufforderung zu den verschiedenen Einkunftsarten besondere Ermittlungsunterlagen beifügen, damit sich die Steuerbehörde eine Vorstellung über deren Errechnung machen kann. Beide Arten der Einkünfteermittlung - Gewinn bzw. Überschuss der Einnahmen über die Werbungskosten - haben nicht nur verschiedene Bezeichnungen, sondern führen auch zu unterschiedlichen materiellen Ergebnissen.

3.3.1.1 Ermittlung der Gewinne

Gewinnermittlung

Gewinn ist der Unterschiedsbetrag zwischen dem Kapital eines Unternehmens am Anfang und am Ende des Jahres, vermindert um Privateinlagen und vermehrt um Privatentnahmen im Laufe dieses Jahres (§ 4 (1) EStG. **Gewinn** kann auch als Unterschied zwischen **Erträgen und Aufwendungen** eines Unternehmens im jeweiligen (Wirtschafts-)Jahr definiert werden.

Er ist das Ergebnis eines Vergleichs der Entwicklung der Vermögenswerte, die einer Einkunftsart der Einkunftsarten 1-3 gewidmet sind **(Bestandsvergleich, Bilanzvergleich)**.

3.3.1.2 Überschuss der Einnahmen über die Werbungskosten

Überschuss der Einnahmen über die Werbungskosten

Der Überschuss der Einnahmen über die Werbungskosten resultiert dagegen aus einer einfachen Gegenüberstellung der **Einnahmen** und bestimmter **Ausgaben**, die im Laufe eines Jahres im Rahmen einer Einkunftsart der Einkunftsarten 4-7 anfallen.

Wertschwankungen der einer Einkunftsart (Nr. 4-7) gewidmeten Vermögensgegenstände bleiben dabei unbeachtet. Ausgenommen sind jedoch regelmäßige Absetzungen für Abnutzung für Gebäude und andere für mehrere Jahre nutzbare Wirtschaftsgüter.

Beispiele

In einem Mietshaus auftretende wertmindernde Schäden durch Feuchtigkeit, Kursverluste oder Gewinne durch Wertschwankungen bei Aktien und Anteilen (Ausnahmen bei § 20 (2) EStG).

3.3.1.3 Unternehmerische Einkünfte (Nr. 1–3)

Unternehmerische Einkünfte

Gewinn-Einkünfte gehen den Überschuss-Einkünften vor. Die Einkünfte der verschiedenen Einkunftsarten werden bei der Ermittlung des **Gesamtbetrages der Einkünfte** untereinander ausgeglichen: Verluste der einen mit Gewinnen oder Überschüssen der anderen Einkunftsarten (Nr. 4–7).

Beispiele

Wird ein Grundstück im Rahmen eines eigenen Gewerbebetriebs genutzt, so werden daraus keine Mieteinkünfte erzielt, sondern das Grundstück ist notwendig als **Betriebsvermögen** zu behandeln.

Der Inhaber eines Gewerbebetriebes kann für seine Mitarbeit im Unternehmen zur steuerlichen Gewinnermittlung keinen Lohn absetzen. Seine Arbeitsleistung erhöht zwangsläufig den Gewinn des Unternehmens.

3.3.2 Die Abgrenzung der Einkunftsarten

Zuordnung zu Einkunftsarten

Die Zuordnung der Einnahmen zu einer der sieben Einkunftsarten (vgl. Abschnitt 3.3.1) ergibt sich für den Stpfl. meist schon aus den äußeren Umständen seiner Tätigkeit und ist daher fast immer unproblematisch. Sie kann aber in Grenzbereichen Schwierigkeiten bereiten.

Beispiele

Ist eine Gärtnerei als Gewerbebetrieb oder als landwirtschaftliches Unternehmen zu beurteilen? Ist ein Architekturbüro als freiberufliches Unternehmen oder - weil der Inhaber auch Bauausführungen übernimmt - als Gewerbebetrieb anzusehen? Ist ein Kunstschmied dem Kunstgewerbe oder den freien Berufen zuzuordnen?

Die zutreffende Einordnung ist für die Frage der Heranziehung eines Gewinnes zur Gewerbesteuer oder für die Gewährung von Freibeträgen, die bei einzelnen Einkunftsarten vorgesehen sind, oft von nicht zu unterschätzender steuerlicher Bedeutung.

Solche **Grenzfälle** erfordern zur Findung der endgültigen und zutreffenden Entscheidung nicht selten langwierige Verhandlungen mit der Finanzverwaltung, Prüfungsmaßnahmen und sogar die Führung von Rechtsbehelfen gegen die feststellende Behörde. Ein Eingehen auf diese wenigen Fälle würde den Rahmen dieser Schrift überschreiten.

Grenzfälle

3.3.3 Steuerfreie Einkünfte und Freibeträge

3.3.3.1 Steuerfreie Einkünfte

In den §§ 3 bis 3c EStG werden als steuerfreie Einkünfte fast 70 verschiedene Einnahmearten aufgelistet. Es sind insbesondere:

Steuerfreie Einkünfte

- Leistungen der Kranken- und Unfallversicherungen
- Mutterschaftsgeld, Arbeitslosengeld
- Kapitalabfindungen der gesetzlichen Rentenversicherung
- aus öffentlichen Kassen gezahlte Auslösungen
- Ehrensold für Ordensträger
- Trinkgelder
- Aufwandsentschädigung für nebenberufliche Übungsleiter
- Leistungen nach dem Bundeskindergeldgesetz
- unentgeltliche Bereitstellung von Berufskleidung
- Stipendien aus öffentlichen Mitteln
- Leistungen der Arbeitgeber für die Zukunftssicherung der Arbeitnehmer
- Zuschläge für Sonntags-, Feiertags- oder Nachtarbeit in begrenztem Umfang und viele andere Befreiungen
- Leistungen aus der Pflegeversicherung (§ 3 Nr. 36 EStG).

Diese Befreiungen sind den Begünstigten im Allgemeinen bekannt. Sie führen im Steuerverfahren kaum zu Schwierigkeiten. Eine genaue Aufzählung ist daher hier nicht erforderlich.

Der Freibetrag für nebenberufliche Tätigkeiten (§ 3 Nr. 26 EStG) bis zur Höhe von 3.000,- € wird häufig geltend gemacht. Erwähnt sei, dass bei Inanspruchnahme dieser Vergünstigung keine mit der Tätigkeit in Zusammenhang stehenden Aufwendungen abgesetzt werden können.

Freibetrag

In diesem Zusammenhang ist auch § 3 Nr. 11 a EstG zu erwähnen. Demnach werden Arbeitgeberleistungen bis zu einem Betrag von 1.500,- € steuerfrei gestellt, sofern diese zusätzlich zum ohnehin geschuldeten Arbeitslohn aufgrund der Corona-Krise an die Mitarbeiter geleistet werden. Die steuerfreie Arbeitgeberleistung kann vom 01.03.2020 bis zum 31.03.2022 erbracht werden.

3.3.4 Abgrenzung der Lebenshaltungskosten von den Einkünften

Aufwendungen für den privaten Lebensbereich sind nur in den beiden nachstehend aufgeführten besonderen, gesetzlich geregelten Ausnahmefällen abzugsfähig. Absetzen kann man

- Sonderausgaben gemäß § 10 EStG und
- außergewöhnliche Belastungen gemäß §§ 33-33c EStG).

Lebenshaltungskosten

§ 12 EStG schließt den Abzug privater Lebenshaltungskosten grundsätzlich aus und führt nachstehende Bereiche besonders auf. Nicht abzugsfähige Lebenshaltungskosten sind (§ 12 EStG):

- Kosten der Haushaltsführung und des Lebensunterhalts
- Repräsentationsaufwendungen
- Zuwendungen an unterhaltsberechtigte Personen, auch wenn diese Leistungen aufgrund rechtlicher Verpflichtungen geleistet wurden
- Aufwendungen für Personensteuer (ESt, KSt, VSt, ErbSt) sowie
- Geldstrafen, Bußgelder, Ordnungsgelder und Verwarnungsgelder. Das Abzugsverbot für Geldbußen gilt nicht, soweit der wirtschaftliche Vorteil, der durch den Gesetzesverstoß erlangt wurde, abgeschöpft worden ist, wenn die Steuern vom Einkommen und Ertrag, die auf den wirtschaftlichen Vorteil entfallen, nicht abgezogen worden sind.

Teilweise betriebliche Aufwendungen

Die Vorschrift ist von großer praktischer Bedeutung, weil fast jeder Stpfl. geneigt ist, auch die **teilweise betrieblichen Aufwendungen** als abzugsfähig zu behandeln.

Beispiele

Die Bewirtung eines Geschäftsfreundes in der Privatwohnung, Zahlung überhöhter Vergütungen an nahe Angehörige, Abzug von Verkehrsstrafen, die wegen unzulässigen Verhaltens bei Geschäftsfahrten verhängt wurden, Kosten von Ferienwohnungen, die auch Geschäftsfreunden zur Verfügung gestellt werden, Kosten aus der Unterhaltung von Jagden oder Segelbooten, die geschäftlichen Zwecken dienen.

3.3.5 Liebhaberei

Liebhaberei

Sind Einkünfte nicht ernsthaft gewollt und wird sich um ihre Erzielung und Steigerung auch nicht nachhaltig bemüht, nimmt man Liebhaberei an.

Beispiele

Ein Briefmarkensammler erzielt gelegentlich Einkünfte aus dem Verkauf von Marken; ein Sportfahrer erzielt Preise bei Wettbewerbsveranstaltungen; ein Industrieller hat Verluste aus einem von ihm bewirtschafteten landwirtschaftlichen Gut.

Einkünfte aus Liebhaberei unterliegen nicht der Einkommensteuer. Doch stellt sich ein Problem, wenn Stpfl. negative Einkünfte aus Liebhabereitätigkeiten erzielen und bei Festsetzung der Einkommensteuer diese Verluste mit positiven Einkünften ausgleichen wollen.

Die Finanzverwaltung verweigert den Abzug solcher Verluste. Sie verlangt regelmäßig, glaubhaft zu machen, dass die „verlustbringende Betätigung" auch ernsthaft auf Erzielung von positiven Einkünften gerichtet ist und auf längere Sicht auch zu regelmäßigen positiven Einkünften zu führen verspricht. Kann der Antragsteller dieses glaubhaft machen, so kann er seine Verluste mit anderen Einkünften ausgleichen und dadurch seine steuerliche Belastung mindern.

3.3.6 Gewinnermittlung nach Steuerrecht

Die Gewinnermittlung betrifft die unternehmerischen Einkunftsarten § 2 (1) Nr. 1-3 EStG, also die sog. Gewinneinkunftsarten. Sie wird in den §§ 4 bis 7k EStG behandelt.

Gewinnermittlung durch Bestandsvergleich

Gewinne werden grundsätzlich durch Bestandsvergleich zwischen dem Betriebsvermögen eines Unternehmens am Beginn und zum Ende des Geschäftsjahres ermittelt.

Wirtschaftsjahr für die Gewinnermittlung ist grundsätzlich das Kalenderjahr.

Gewerbetreibende, deren Firma im Handelsregister eingetragen ist, können jedoch ihre Gewinne nach einem **vom Kalenderjahr abweichenden Wirtschaftsjahr** ermitteln.

3.3.6.1 Gewinnermittlungsarten

Gewinnermittlungsarten

- **Gewinnermittlung nach § 5 EStG**

  Die Gewinnermittlung nach § 5 EStG betrifft buchführungspflichtige oder freiwillig kaufmännische Bücher führende Gewerbetreibende.

  Sie schließt an die kaufmännischen Buchführungspflichten (§§ 238 ff. HGB) an und ist die am häufigsten anzutreffende Art der Gewinnermittlung.

- **Gewinnermittlung nach § 4 Abs. 1 EStG**

  Buchführungspflichtige Personen mit Einkünften aus Land- und Forstwirtschaft oder buchführende Unternehmer mit Einkünften aus selbstständiger Arbeit ermitteln ihre Gewinne nach § 4 Abs. 1 EStG.

  Für diesen Personenkreis gelten die Vorschriften des Handelsgesetzbuches (HGB) nicht unmittelbar. Die Gewinnermittlung geht daher grundsätzlich von steuerrechtlichen Vorschriften aus. Diese Bestimmungen verweisen aber wiederum auf die handelsrechtlichen Buchführungsvorschriften, die sinngemäß anzuwenden seien.

  Der Unterschied zwischen den beiden Gewinnermittlungsarten durch Bestandsvergleich nach § 5 EStG bzw. § 4 (1) EStG ist kaum nennenswert.

- **Gewinnermittlung nach § 4 Abs. 3 EStG**

  Die Gegenüberstellung der Betriebseinnahmen und Betriebsausgaben ohne Berücksichtigung von Wertschwankungen des Betriebsvermögens ist eine vereinfachte Form der Gewinnermittlung.

  Diese vereinfachte Form ist ähnlich einer Überschussrechnung zur Ermittlung der Einkünfte aus den Einkunftsarten § 2 (1) 4-7 EStG.

  Sie wird angewendet
  - von einer Großzahl nebenberuflich tätiger Gewerbetreibender mit Unternehmen kleineren Umfangs,
  - von Freiberuflern mit Unternehmen aller Größenklassen, die allgemein nicht zur Buchführung verpflichtet sind und daher diese Gewinnermittlungsart für ihre Zwecke besonders geeignet halten, und
  - häufiger von neu gegründeten Betrieben in der Anfangszeit.

- **Gewinnermittlung nach § 13a EStG**

  „Nichtbuchführende Landwirte“ können ihre Gewinne nach Maßgabe eines amtlichen, auf den Einheitswert aufbauenden Verfahrens (§ 13a EStG) ermitteln.

  Die **Gewinnermittlung nach § 13a EStG** ist eine amtlich vorgesehene Gewinnermittlungsart und dient der Arbeitsvereinfachung. Sie befreit die kleinen - häufig auch nebenberuflich betriebenen - landwirtschaftlichen Unternehmen von sämtlichen Aufzeichnungspflichten (keine Belegaufbewahrung, kein Anlagenverzeichnis).

- **Gewinnermittlung durch Schätzung**

  Eine **Gewinnermittlung durch Schätzung der Besteuerungsgrundlagen (§ 162 AO) wird erforderlich**, wenn Gewerbetreibende oder freiberufliche Unternehmen keine ausreichenden Unterlagen zur Erfolgsermittlung beibringen. Man schätzt nach den jeweiligen Verhältnissen entweder den vollständigen Gewinn **(= griffweise Schätzung)**, oder man ergänzt die Angaben des Stpfl. **(= Zusatzschätzung)**.

  Geschätzt wird grundsätzlich ein Gewinn in Höhe des Betrages, der sich bei Gewinnermittlung durch Bestandsvergleich gem. §§ 4 (1), 5 EStG ergeben würde. Nur in Ausnahmefällen, wenn eindeutig zu erkennen ist, dass der zu schätzende Betrieb § 4 (3) EStG anwenden wollte, kann der Gewinn in Höhe des Gewinns der Überschussrechnung geschätzt werden.

3.3.6.2 Gewinn bei Geschäftsveräußerung (§§ 14–16 EStG)

Gewinne bei Geschäftsveräußerung

Die Geschäftsveräußerung oder Aufgabe eines Unternehmens ist als letzter Akt der Unternehmenstätigkeit (Land- und Forstwirtschaft, Gewerbebetrieb, selbstständige Arbeit) der Einkommensteuer zu unterwerfen.

Errechnet wird der **Veräußerungsgewinn** als Saldo der Gegenüberstellung vom Buchkapital des veräußerten Betriebs und den Veräußerungskosten mit dem erzielten Veräußerungserlös im Zeitpunkt des Verkaufs.

Die **Betriebsaufgabe** steht der Veräußerung gleich: An die Stelle des Veräußerungserlöses tritt dabei die Summe der Verkehrswerte der aus dem Betriebsvermögen in den Privatbereich überführten Gegenstände.

Steuerliche Begünstigung

Die Geschäftsveräußerung im Ganzen wird **steuerlich begünstigt**

- durch einen **ermäßigten Steuersatz** nach § 34 EStG unter der Voraussetzung, dass **alle „stillen Reserven"** des Betriebsvermögens bei der Veräußerung/Aufgabe voll aufgedeckt werden und zusätzlich, soweit
- die **Veräußerung nach Vollendung des 55. Lebensjahres** oder wegen dauernder Berufsunfähigkeit des Unternehmens erfolgt, durch einen Freibetrag von 45.000,- €. Dieser Freibetrag ist antragsgebunden, wird im Leben nur einmal gewährt und gegebenenfalls um den Betrag gekürzt, um den der Veräußerungsgewinn 136.000,- € übersteigt.

Die Wahlmöglichkeit, einen Freibetrag zu beantragen, ist häufig dafür ausschlaggebend, einen Veräußerungsgewinn überhaupt zu versteuern. Freibetrag und niedrigerer Steuersatz bei der Veräußerung führen zu einer größeren Steuerersparnis als die spätere Einkommensteuerminderung beim Erwerber durch Abschreibung von höheren Ausgangswerten.

Die **Gewinne aus Geschäftsveräußerung und Geschäftsaufgabe** werden stets gesondert neben den laufenden Gewinnen aus der gleichen Einkunftsart ermittelt und erst bei Errechnung des Gesamtbetrages der Einkünfte mit Verlusten des Stpfl. aus laufender Tätigkeit ausgeglichen. Dadurch soll der begünstigt besteuerte Betrag erhalten bleiben und nicht vorzeitig durch Addieren zu laufenden Verlusten aus noch fortgeführten Unternehmen ausgeglichen werden.

Bei **Leibrente als Veräußerungsentgelt** hat der Stpfl. ein Wahlrecht, ob er

- den mittels eines finanzmathematischen Gutachtens errechneten Veräußerungsgewinn **sofort versteuern will** (§ 16 (11) EStR) oder
- die Rentenzahlungen als nachträgliche Betriebseinnahmen gemäß § 24 EStG behandeln will.

Der **sofort zu versteuernde Gewinn** wird als Saldo zwischen dem finanzmathematisch ermittelten Rentenbarwert als Veräußerungsentgelt und der Summe aus Buchkapital und Veräußerungskosten errechnet.

Die nachträgliche Versteuerung der vereinbarten Renten führt nämlich erst dann zur Festsetzung von Steuerbeträgen, wenn die Summe der gezahlten Renten das buchmäßige Kapital des übertragenen Unternehmens übersteigt. Nicht selten erleben die Veräußerer diese Phase der Veräußerungsfolgen nicht mehr.

3.3.6.3 Gewinn als Überschuss der Betriebseinnahmen über die Betriebsausgaben gem. § 4 (3) EStG

Einnahmen-Überschuss-Rechnung (EÜR)

Die **Gewinnermittlung** ist auch möglich, indem der **Überschuss der Betriebseinnahmen über die Betriebsausgaben** errechnet wird (Einnahmen-Überschuss-Rechnung). Angewendet wird diese Vorschrift häufig von

- „kleineren", nicht zur Buchführung verpflichteten Unternehmen,
  (wenn der jährliche Gewinn unter 60.000 € bzw. die Jahresumsätze unter 600.000 € liegen)
- neu gegründeten, meist unbedeutenderen Betrieben,
- nebenberuflich unternehmerisch tätigen Personen und
- freiberuflich tätigen Unternehmen, die allgemein nicht zur Buchführung verpflichtet sind.

Vereinfachte Gewinnermittlung

Die vereinfachte Gewinnermittlung nach § 4 Abs. 3 EStG heißt Einnahmen-Überschuss-Rechnung (EÜR), weil sie (gezahlte) Betriebseinnahmen und Betriebsausgaben eines Jahres gegenüberstellt. Der Betriebsvermögensvergleich hingegen ordnet

Ertrag und Aufwand (z.B. entstandene Forderungen) je Jahr zu, unabhängig vom Zahlungszeitpunkt.

Buchungen der Betriebseinnahmen und Betriebsausgaben sind für die Anwendung des § 4 (3) EStG für diese vereinfachte Gewinnermittlungsart nicht vorgeschrieben. Bei den großen Unterschieden in Struktur, Größe und wirtschaftlicher Bedeutung der Unternehmen, die diese Gewinnermittlungsart anwenden, sind eingehende Bestimmungen zur Darstellung und zur Glaubhaftmachung der zutreffenden Gewinnermittelung auch kaum vorstellbar.

Beispiele

Angestellter Architekt, der Einkünfte aus einem oder zwei nebenberuflich auf eigene Rechnung erstellten Bauplänen erzielt; Kanzlei eines Rechtsanwaltes mit 30 Angestellten; Tankstelle, die auf Provisionsbasis arbeitet; Handwerksbetrieb im Anfangsstadium; Schreibbüro einer Mutter und Hausfrau.

Die Unternehmer müssen die geltend gemachten Gewinne durch Aufbereitung geeigneter Anschreibungen und Belege über Betriebseinnahmen und Betriebsausgaben glaubhaft machen.

Dabei werden die an diese Unterlagen zu stellenden Ansprüche mit der Größe des jeweiligen Betriebes steigen und sich in ihrer Bedeutung einer ordnungsmäßigen Buchführung angleichen.

Doch ist darauf hinzuweisen, dass auch bei Gewinnermittlung durch Einnahmen-Überschuss-Rechnung nachstehende Aufzeichnungen - auch ohne Verpflichtung zur Buchführung - erforderlich werden können:

- Aufzeichnung der umsatzsteuerlichen Entgelte nach § 22 UStG
- Aufzeichnung der Wareneingänge nach § 143 AO und
- Lohnaufzeichnungen für beschäftigte Arbeitnehmer.

Überschussermittlung

Die **Überschussermittlung** führt meistens zu einer günstigeren Besteuerung als der Bestandsvergleich. Der Grund liegt darin, dass nur die - im Zeitablauf erst später auftretenden - Zahlungsvorgänge, nicht aber schon die vorherliegenden Verpflichtungsgeschäfte (Debitoren und Kreditoren) die Einnahmen und Ausgaben tangiert haben.

Änderung der Gewinnermittlungsart

Bei **Änderung der Gewinnermittlungsart**, etwa Übergang zum Bestandsvergleich oder bei Aufgabe des Unternehmens sind die durch die Überschuss-Rechnung nicht berücksichtigten debitorischen und kreditorischen Geschäftsvorgänge nachträglich zu erfassen. Einzelheiten zur Errechnung des nachzuversteuernden Betrages ergeben sich aus R 4.6 EStR und Anlage zu R 1 EStR.

Ein beim Übergang von der Gewinnermittlung nach § 4 (3) EStG zum Bestandsvergleich entstehender Gewinn kann zur Vermeidung einer zu hohen Steuerprogression auf das Jahr des Überganges und die beiden folgenden Jahre gleichmäßig verteilt werden.

3.3.6.4 Betriebsausgaben

Betriebsausgaben

Betriebsausgaben sind alle Aufwendungen eines Unternehmers, die durch den Betrieb (Gewinneinkünfte) veranlasst sind (§ 4 Abs. 4 EStG).

Sie entsprechen den Aufwendungen der Buchführung und können im Allgemeinen bei der Gewinnermittlung abgesetzt werden.

Eingeschränkter Abzug

Einschränkung des Abzugs bestimmter Betriebsausgaben

Die großzügige Möglichkeit der Geltendmachung des Abzuges von Betriebsausgaben wurde in nachstehenden Fällen eingeschränkt:

- **Verpflegungsmehraufwendungen** bei Reisekosten (§ 4 (5) Nr. 5 EStG)
- **Aufwendungen für doppelte Haushaltsführung** (§ 4 (5) Nr. 6a EStG)
- **Fahrtkosten bei doppelter Haushaltsführung**
- **Kosten eines häuslichen Arbeitszimmers** (§ 4 (5) Nr. 6b EStG)
- **Zahlungen von z. B. Geldbußen** (§ 4 (5) Nr. 8 EStG)
- **Zahlung von Schmiergeldern und Vorteilsgewährungen** (§ 4 (5) Nr. 10 EStG).
- **Verlagerung von Zinsen in das Betriebsvermögen durch Zwei- oder Mehrkontenmodelle** wird durch § 4 Abs. 4a EStG ausgeschlossen.

Da diese Einschränkungen in gleicher Weise auch für den Abzug von Werbungskosten (§ 9 EStG) gelten, werden sie dort erläutert.

Ausgaben, die sowohl im betrieblichen wie auch im privaten Interesse liegen, dürfen den betrieblichen Gewinn nicht mindern.

Beispiel

Ein Unternehmer bewirtet einen seiner größten Kunden in der Privatwohnung. Die Aufwendungen dürfen nicht als Betriebsausgabe abgesetzt werden.

3.3.6.4.1 Reisekosten

Reisekosten

Bei den Reisekosten geht es insbesondere um Fahrtkosten, Verpflegungsmehraufwendungen, Übernachtungskosten sowie die Frage der Besteuerung von Dienstwagen.

Wenn Steuerpflichtige aus beruflichen (also als Arbeitnehmer wie auch als Gewerbetreibende oder selbstständig Tätige) Gründen unterwegs waren, können sie die Kosten, die ihnen dadurch entstanden sind, als Reisekosten in Form von Werbungskosten oder Betriebsausgaben behandeln.

Zu den Reisekosten zählen Fahrtkosten, Übernachtungskosten, Verpflegungsmehraufwand und Reisenebenkosten. Typische Beispiele für beruflich veranlasste Reisen sind Seminar-, Kunden- oder Messebesuchte.

Reisekosten sind dann als Werbungskosten abziehbar, wenn sie durch eine so gut wie ausschließlich beruflich veranlasste Auswärtstätigkeit entstanden sind. Ist eine Reise sowohl beruflich als auch privat veranlasst, können die Reisekosten in einen beruflichen und einen privaten Anteil aufgeteilt werden. Der berufliche Anteil ist dann als Werbungskosten oder Betriebsausgaben absetzbar. Bei einer untergeordneten betrieblichen/beruflichen Mitveranlassung (< 10 %) sind die Aufwendungen in vollem Umfang nicht als Betriebsausgaben/Werbungskosten abziehbar. Bei einer untergeordneten privaten Mitveranlassung (< 10 %) sind die Aufwendungen in vollem Umfang als Betriebsausgaben/Werbungskosten abziehbar.

Zentraler Punkt der Reisekostenregelung ist die gesetzliche Definition der ersten Tätigkeitsstätte. Der Arbeitnehmer kann je Dienstverhältnis höchstens eine erste Tätigkeitsstätte, ggfs. aber auch keine erste, sondern nur auswärtige Tätigkeitsstätten haben (§ 9 Abs. 4 S. 5 EStG). Die Bestimmung der ersten Tätigkeitsstätte erfolgt vorrangig anhand der dienst- oder arbeitsrechtlichen Festlegungen durch den Arbeitgeber. Sind solche nicht vorhanden oder sind die getroffenen Festlegungen nicht eindeutig, werden hilfsweise quantitative Kriterien herangezogen. Voraussetzung ist zudem, dass der Arbeitnehmer in einer der in § 9 Abs. 4 S. 1 EStG genannten ortsfesten Einrichtungen dauerhaft tätig werden soll.

- **Verpflegungsmehraufwendungen**
  Für eintägige auswärtige Tätigkeiten ohne Übernachtung kann ab einer Abwesenheit von mehr als 8 Stunden von der Wohnung und der ersten Tätigkeitsstätte eine Pauschale von 14,- € berücksichtigt werden. Dies gilt auch, wenn der Arbeitnehmer seine auswärtige berufliche Tätigkeit über Nacht (also an zwei Kalendertagen) ausübt - somit nicht übernachtet - und dadurch ebenfalls insgesamt mehr als 8 Stunden von der Wohnung und der ersten Tätigkeitsstätte abwesend ist. Ist der Arbeitnehmer an einem Kalendertag mehrfach oder über Nacht (an zwei Kalendertagen ohne Übernachtung) auswärts tätig, sind die Abwesenheitszeiten dieser Tätigkeiten zusammenzurechnen.

Verpflegungsmehraufwendungen

Beispiel

Arbeitnehmer C tritt am ersten Tag seine Inlandsreise um 16.00 Uhr an und kehrt am übernächsten Tag um 18.00 Uhr zurück. Steuerfrei ersetzt werden können: Am ersten Tag (Anreisetag) 14,- €, am zweiten Tag 28,- € und am letzten Tag (Abreisetag) 14,- €.

Der Abzug der Verpflegungspauschalen ist auf die ersten drei Monate einer längerfristigen beruflichen Tätigkeit an derselben Tätigkeitsstätte beschränkt. Ein Neubeginn dieser Dreimonatsfrist erfolgt, wenn eine Unterbrechung von mindestens vier Wochen vorliegt, unabhängig vom Anlass der Unterbrechung, also auch wenn der Grund der Unterbrechung beim Arbeitnehmer liegt (z. B Krankheit, Urlaub).

- **Fahrtkosten**

Fahrtkosten

Grundsätzlich gilt, dass für Fahrten des Arbeitnehmers von seiner Wohnung zu seiner ersten Tätigkeitsstätte die Entfernungspauschale angesetzt wird. Für alle weiteren Fahrten wird nach den allgemeinen Reisekostengrundsätzen abgerechnet.

- **Mahlzeitengestellung**

Verpflegungspauschalen

Der Arbeitnehmer erhält zusätzlich zur Mahlzeitengestellung eine Verpflegungspauschale. Diese Verpflegungspauschale wird typisierend um einen auf die Verpflegungspauschale für eine 24-stündige Abwesenheit bezogenen Pauschalsatz gekürzt wird, konkret um 20 Prozent für ein Frühstück (entspricht 5,60 €) und um 40 Prozent für Mittag- und Abendessen (entspricht 11,20 €).

Beispiel

Arbeitnehmer D ist auf einer dreitägigen Auswärtstätigkeit. Der Arbeitgeber hat zwei Übernachtungen mit Frühstück gebucht und bezahlt. D erhält zusätzlich eine Verpflegungspauschale. Der Arbeitgeber muss keinen geldwerten Vorteil versteuern. D kann folgende Pauschalen geltend machen: Anreisetag 14,- €, Abreisetag 14,- € und Zwischentag 28,- €; gesamt: 56,- €. Kürzung für zwei Frühstücke: 11,20 Euro (2 x 5,60 €).

- **Unterkunftskosten**

Kosten für Unterkunft

Beruflich veranlasste Unterkunftskosten im Rahmen einer längerfristigen Auswärtstätigkeit an ein- und derselben auswärtigen Tätigkeitsstätte sind im Zeitraum von 48 Monaten unbeschränkt steuerfrei ersetzbar bzw. als Werbungskosten abzugsfähig. Nach diesem Zeitraum werden sie nur noch bis zu einer Höhe der vergleichbaren Aufwendungen im Rahmen einer doppelten Haushaltsführung berücksichtigt.

Als Unterkunftskosten für eine doppelte Haushaltsführung im Inland können die dem Arbeitnehmer tatsächlich entstehenden Aufwendungen für die Nutzung der Unterkunft oder Wohnung angesetzt werden, maximal jedoch 1.000,- € im Monat, also 12.000,- € pro Jahr. Durch diese pauschale Obergrenze soll die oft schwere und nicht nachvollziehbare Prüfung nach der nach Lage, Ausstattung und Größe durchschnittlichen Wohnung von 60 qm entfallen.

Bei einer doppelten Haushaltsführung im Ausland bleiben die bisherigen Regelungen bestehen.

3.3.6.4.2 Nicht abzugsfähige Betriebsausgaben (§ 4 Abs. 5 bis 7 EStG)

Nicht abzugsfähige Betriebsausgaben gem. § 4 Abs. 5 EStG können zwar bei der steuerlichen Gewinnermittlung nicht gewinnmindernd abgesetzt werden, diese Aufwendungen behalten aber den Charakter von Betriebsausgaben.

Nicht abzugsfähige Betriebsausgaben

Dazu zählen

- Geschenke an betriebsfremde Personen, die im Jahr 35,- € übersteigen
- Bewirtungskosten aus geschäftlichem Anlass, soweit sie 70% der üblichen Aufwendungen übersteigen
- Aufwendungen für Ferienhäuser und ähnliche Einrichtungen für Personen, die nicht Arbeitnehmer des Unternehmens sind
- Aufwendungen für Jagd, Fischerei oder Segelyachten
- Mehrkosten für Verpflegungsaufwand, sofern sie bestimmte Pauschsätze übersteigen
- Aufwendungen für Fahrten zwischen Wohnung und Betriebsstätte in Höhe des positiven Unterschiedsbetrages zwischen 0,03 v. H. des Listenpreises des genutzten Fahrzeuges (§ 6 (1) Nr. 4 EStG) für jeden gefahrenen Entfernungskilometer und dem sich nach § 9 (1) Satz 3 Nr. 4 ergebenden Betrag.
  Ermittelt der Stpfl. die private Nutzung des Fahrzeuges nach § 6 (1) Nr. 4 Satz 3 EStG mit den tatsächlichen Kosten, so tritt an die Stelle des mit 0,03 v. H. ermittelten Betrages der tatsächliche Aufwand.
- Mehraufwand wegen einer aus betrieblichem Anlass begründeten doppelten Haushaltsführung, soweit bestimmte Zeiten oder Sätze überschritten werden
- Aufwendungen für ein häusliches Arbeitszimmer
- Aufwendungen, die nach allgemeiner Lebenserfahrung überhöht erscheinen
- Aufwendungen für Geldbußen, Strafen, Erzwingungs- und Ordnungsgelder
- Zinsen auf hinterzogene Steuern nach § 235 AO

- Zuwendung von Vorteilen und damit zusammenhängende Aufwendungen (Schmiergelder), wenn wegen dieser Zuwendung eine Strafe oder ein Bußgeld verhängt wurde.

Spenden

Aufwendungen zur Förderung staatspolitischer Zwecke (§ 10b (2) EStG) sind keine Betriebsausgaben. Sie können unter bestimmten Voraussetzungen bis zur Höhe von 1.650,- € (Ehegatten 3.300,- €) als private Spenden als Sonderausgaben abgesetzt werden.

Besondere Aufzeichnungen für Betriebsausgaben (separates Konto) sind erforderlich für

- Geschenke an betriebsfremde Personen
- Bewirtungen aus betrieblichem Anlass
- Ferien- und Gästehäuser
- beschränkt abzugsfähige Aufwendungen für ein häusliches Arbeitszimmer
- Jagd, Fischerei und Segelyachten
- Aufwendungen für Strafen und Bußgelder.

Die jeweiligen Aufwendungen sind einzeln, detailliert und getrennt von den übrigen Betriebsausgaben aufzuzeichnen, soweit sie nicht nach den vorstehenden Ausführungen bereits von vornherein vom Abzug ausgeschlossen sind (§ 4 (7) EStG).

Die Mehraufwendungen für Verpflegung i. S. d. § 4 Abs. 5 Satz 1 Nr. 5 EStG gehören nicht mehr zu den nach § 4 Abs. 7 EStG gesondert aufzuzeichnenden Betriebsausgaben.

3.4 Ermittlung des Überschusses der Einnahmen über die Werbungskosten

Die §§ 8-9 b EStG behandeln die Überschuss-Ermittlung der Einnahmen über die Werbungskosten.

3.4.1 Einnahmen (§ 8 EStG)

Einnahmen

Einnahmen sind alle Güter, die in Geld oder Geldeswert bestehen und dem Stpfl. im Rahmen der Einkunftsarten zufließen. Einnahmen im Rahmen der Gewinnermittlung sind in gleicher Weise zu umschreiben und zu bewerten.

Sachbezüge sind Einnahmen, die nicht in Geld bestehen (Wohnung, Kost, Waren, Dienstleistungen und andere). Sie sind mit den üblichen **Endpreisen** am Abgabeort anzusetzen.

Die **private Nutzung eines betrieblichen Fahrzeuges** ist je Kalendermonat mit 1% des Listenpreises dieses Pkws zuzüglich Sonderausstattungen einschließlich Umsatzsteuer als Sachbezug anzusetzen.

Bei Nutzung des Fahrzeuges auch für Fahrten zwischen Wohnung und Arbeitsstätte erhöht sich der Wert der zu versteuernden Nutzung um 0,03% des Listenpreises für jeden gefahrenen Kilometer der Entfernung zwischen Wohnung und Arbeitsstätte (§ 4 (1) Nr. 6 EStG). Nachweis des Wertes der Privatnutzung durch ein ordnungsmäßiges Fahrtenbuch ist ersatzweise möglich.

Der Nutzungswert für Familienheimfahrten bei doppelter Haushaltsführung ist nicht anzusetzen, soweit für die Fahrten ein Abzug von Werbungskosten nach § 9 (1) Satz 3 Nr. 5 EStG in Betracht käme.

Waren oder Dienstleistungen, die ein Arbeitnehmer aufgrund eines Dienstverhältnisses von seinem Arbeitgeber erhält und die nicht nach § 40 EStG pauschal versteuert werden, sind mit 96% der Endpreise, mit denen diese Güter fremden Letztverbrauchern angeboten werden, als Einnahmen zu erfassen. Diese Vorteile bleiben aber beim Arbeitnehmer steuerfrei, wenn sie im Kalenderjahr 1.080,- € nicht übersteigen (vgl. § 8 (3) EStG).

3.4.2 Werbungskosten (§ 9 EStG)

Werbungskosten

Werbungskosten sind Ausgaben zum Erwerb, zur Sicherung und Erhaltung der Einnahmen aus den Einkunftsarten nichtselbstständige Arbeit, Kapitalvermögen, Vermietung und Verpachtung sowie sonstigen Einkünften.

Abzugsfähige Werbungskosten

Abzugsfähig als Werbungskosten sind insbesondere nachstehende Ausgaben zur Einkünfteerzielung:

- Schuldzinsen (z. B. Zinsen für Anschaffungskosten eines Mietshauses). Die sich aus § 4 Abs. 4a EStG ergebenden Einschränkungen beim Abzug von Schuldzinsen sind bei der Ermittlung der abziehbaren Werbungskosten zu beachten.
- Steuern und Abgaben (z. B. Grundsteuer, Kraftfahrzeug- oder Versicherungssteuer)
- Beiträge zu Berufsständen
- Aufwendungen für Arbeitsmittel (typische Berufskleidung)
- Absetzungen für Abnutzung (AfA) (Miethaus, Bürogeräte)
- Aufwendungen für doppelte Haushaltsführung und
- Aufwendungen des Arbeitnehmers für die Wege zwischen Wohnung und erste Tätigkeitsstätte. Für jeden Arbeitstag, an dem der Arbeitnehmer die erste Tätigkeitsstätte aufsucht, ist eine Entfernungspauschale für jeden vollen Entfernungskilometer von 0,30 € pro km anzusetzen, höchstens jedoch 4.500,- € im

Kalenderjahr. Ein höherer Betrag als 4.500,- € ist anzusetzen, soweit der Arbeitnehmer einen eigenen oder ihm zur Nutzung überlassenen Pkw benutzt. Nach § 9 Nr. 4 S. 8 EStG ist hier zu beachten, dass zur Abgeltung der Aufwendungen für die Veranlagungszeiträume 2021 bis 2026 abweichend von den hier genannten Beträgen für jeden Arbeitstag, an dem der Arbeitnehmer die erste Tätigkeitsstätte aufsucht, eine Entfernungspauschale für jeden vollen Kilometer der ersten 20 Kilometer der Entfernung zwischen Wohnung und erster Tätigkeitsstätte von 0,30 € und für jeden weiteren vollen Kilometer
a) von 0,35 € für 2021,
b) von 0,38 € für 2022 bis 2026
anzusetzen ist, höchstens 4.500,- € im Kalenderjahr; ein anderer Betrag als 4.500,- € ist anzusetzen, soweit der Arbeitnehmer einen eigenen oder ihm zur Nutzung überlassenen Kraftwagen benutzt.

- Reisekosten
- Aufwendungen für die einmalige tägliche Fahrt zwischen Wohnung und erste Tätigkeitsstätte von Behinderten, deren Behinderung mehr als 70 % oder mehr als 50 % beträgt und die in ihrer Bewegungsfähigkeit beeinträchtigt sind, in tatsächlicher Höhe
- Aufwendungen für ein Arbeitszimmer.

Die Begriffe „Werbungskosten" und „Betriebsausgaben" decken sich nicht ganz. Der für die Gewinnermittlung anzuwendende Begriff der Betriebsausgaben ist umfassender als die Gesamtheit der in den Vorschriften meist nur einzeln aufgezählten Werbungskostenabzüge.

3.4.2.1 Einschränkungen beim Abzug von Werbungskosten

3.4.2.1.1 Doppelte Haushaltsführung

Eingeschränkter Abzug von Werbungskosten

Solange eine auswärtige Beschäftigungszeit als **Auswärtstätigkeit** und die damit verbundenen Aufwendungen als Reisekosten anzuerkennen sind, liegt keine doppelte Haushaltsführung vor.

Eine doppelte Haushaltsführung liegt nur dann vor, wenn der Arbeitnehmer außerhalb des Ortes, in dem er einen eigenen Hausstand unterhält, beschäftigt ist und auch am Beschäftigungsort übernachtet; die Anzahl der Übernachtungen ist unerheblich. Dabei muss die Begründung eines doppelten Haushalts, nicht hingegen deren Beibehaltung, beruflich veranlasst sein.

Notwendige Mehraufwendungen aus Anlass einer beruflichen oder betrieblichen doppelten Haushaltsführung können als Werbungskosten nach § 9 Abs. 1 Satz 3

Nr. 5 EStG oder als Betriebsausgaben nach § 4 Abs. 4 i. V. m. § 4 Abs. 5 Satz 1 Nr. 6a EStG abzugsfähig sein.

3.4.2.1.2 Umzugskosten

Kosten, die einem Arbeitnehmer durch einen beruflich veranlassten Wohnungswechsel entstehen, sind Werbungskosten. Bei einem beruflich veranlassten Wohnungswechsel können die tatsächlichen Umzugskosten grundsätzlich bis zur Höhe der Beträge als Werbungskosten abgezogen werden, die nach dem BUKG und der Auslandsumzugskostenverordnung (AUV) in der jeweils geltenden Fassung mit Ausnahme der §§ 11, 12 AUV sowie Maklergebühren für eine eigene Wohnung als Umzugskostenvergütung höchstens gezahlt werden könnten; dabei sind die Pauschbeträge für Verpflegungsmehraufwendungen nach § 4 Abs. 5 Satz 1 Nr. 5 EStG zu beachten. Werden die umzugskostenrechtlichen festgelegten Grenzen eingehalten, ist nicht zu prüfen, ob die Umzugskosten Werbungskosten darstellen.

3.4.2.1.3 Kosten für Telefon-, Internet- und Onlineverbindungen

Telekommunikationsaufwendungen sind Werbungskosten, soweit sie beruflich veranlasst sind. Als abzugsfähige Beträge werden die Verbindungsentgelte für berufliche Gespräche lt. Einzelnachweis anerkannt. Das Nutzungsentgelt für die Telefonanlage sowie der Grundpreis für die Anschlüsse werden entsprechend dem beruflichen Anteil der Verbindungsentgelte an den gesamten Verbindungsentgelten anerkannt. Ohne Einzelnachweis werden u. U. 20 % des Rechnungsbetrages, max. 20,– € monatlich anerkannt.

3.4.2.1.5 Aufwendungen für ein häusliches Arbeitszimmer

Nach der Regelung des § 4 Abs. 5 Satz 1 Nr. 6b EStG sind Aufwendungen für ein häusliches Arbeitszimmer sowie die Kosten der Ausstattung dann als Betriebsausgaben bzw. Werbungskosten abziehbar, wenn das Arbeitszimmer den Mittelpunkt der gesamten betrieblichen und beruflichen Betätigung bildet **oder für die betriebliche oder berufliche Tätigkeit kein anderer Arbeitsplatz zur Verfügung steht**. Im letzteren Fall wird die **Höhe der abziehbaren Aufwendungen auf 1.250,– €** begrenzt. Die Beschränkung der Höhe nach gilt nicht, wenn das Arbeitszimmer den Mittelpunkt der gesamten betrieblichen und beruflichen Betätigung bildet.

Im Zusammenhang mit der Corona-Krise ist hier Folgendes zu beachten: Wenn kein häusliches Arbeitszimmer vorliegt oder auf einen Abzug der Aufwendungen für ein häusliches Arbeitszimmer nach den Sätzen 2 und 3 verzichtet wird, dann kann der Steuerpflichtige für jeden Kalendertag, an dem er seine betriebliche oder berufliche Tätigkeit ausschließlich in der häuslichen Wohnung ausübt und keine außerhalb der häuslichen Wohnung gelegene Betätigungsstätte aufsucht, für seine gesamte betriebliche und berufliche Betätigung einen Betrag von 5,- € abziehen, höchstens jedoch 600,- € im Wirtschafts- oder Kalenderjahr als Aufwand ansetzen.

3.4.2.2 Pauschbeträge für Werbungskosten

Werbungskostenpauschbeträge

Pauschbeträge für Werbungskosten werden zur Arbeitsvereinfachung ohne Nachweis mit nachstehenden Beträgen bis zur Höhe der Einnahme der jeweiligen Einkunftsart als Abzug von Amts wegen berücksichtigt:

- 1.000,- € bei Einkünften aus nichtselbstständiger Arbeit; ab dem Jahr 2022 beträgt der Betrag 1.200,- €
- 102,- € bei Einkünften aus nichtselbstständiger Arbeit, soweit es sich um Versorgungsbezüge im Sinne des § 19 Absatz 2 handelt.

Werden Werbungskosten geltend gemacht, die diese Pauschbeträge übersteigen, so sind die gesamten Beträge nachzuweisen.

3.4.3 Gesamtbetrag der Einkünfte

Gesamtbetrag der Einkünfte

„Gesamtbetrag der Einkünfte" ist die Summe der positiven und negativen Einkünfte eines Stpfl. (bei Zusammenveranlagung die Einkünfte beider Ehepartner) aus den verschiedenen Erwerbstätigkeiten oder Einnahmequellen während eines Kalenderjahres, vermindert um den Altersentlastungsbetrag und den Freibetrag für Land- und Forstwirte.

Verlustausgleich

Dabei werden vorweg die verschiedenen positiven oder auch negativen Einkünfte innerhalb jeder einzelnen Einkunftsart im **horizontalen Verlustausgleich** aufgerechnet. Anschließend stellt man die positiven oder negativen Ergebniszahlen aller sieben Einkunftsarten und Gewinne aus Geschäftsveräußerungen im **vertikalen Verlustausgleich** zusammen.

3.4.3.1 Verluste beim Verlustausgleich

Kein Verlustausgleich

Beim Verlustausgleich bleiben unberücksichtigt:

- Verluste aus **privaten Veräußerungsgeschäften**. Diese dürfen nur mit Gewinnen aus privaten Veräußerungsgeschäften des gleichen Jahres ausgeglichen werden (§ 23 Abs. 3 S. 7 EStG).
- Bestimmte Verluste aus dem Bereich des § 20 EStG, also der Einkünfte aus Kapitalvermögen.

- Die Gewinne mindern jedoch nach Maßgabe des § 10d EStG die Einkünfte, die der Stpfl. in dem unmittelbar vorangegangenen oder in den folgenden Veranlagungszeiträumen aus privaten Veräußerungsgeschäften erzielt hat oder erzielt.
- Verluste aus **gewerblicher Tierzucht und Tierhaltung**. Sie dürfen nicht mit anderen, auch nicht mit anderen gewerblichen Einkünften verrechnet werden (§ 15 Abs. 4 EStG).
- Verluste aus **sonstigen Einkünften** i. S. d. § 22 Nr. 3 EStG, die nicht ausgeglichen werden dürfen.
- Aufwendungen im Zusammenhang mit **steuerfreien Einnahmen**, die nicht ausgleichsfähig und nicht nach § 10d EStG abzugsfähig sind (§ 3c EStG).
- Verluste bei **beschränkter Haftung von Mitunternehmern** (Kommanditisten), soweit für den Kommanditisten ein negatives Kapitalkonto entsteht (§ 15a EStG). Diese Verluste sind nur ausgleichsfähig mit späteren Gewinnen aus dem gleichen Beteiligungsverhältnis.
- Verluste aus **ausländischen Einkünften** i. S. d. § 2a EStG, die der Vollständigkeit halber erwähnt seien.

3.4.3.2 Abzüge nach Durchführung des Verlustausgleichs

Abzugsfähig nach Durchführung des horizontalen und vertikalen Verlustausgleichs sind dagegen:

- Altersentlastungsbetrag nach § 24a EStG
- Abzug für Land- und Forstwirte nach § 13 (3) EStG

3.4.3.3 Verrechnung negativer Einkünfte/Verlustabzug (§§ 2 Abs. 3, 10d EStG)

Der Verlustabzug bzw. die Berücksichtigung negativer Einkünfte erfolgt in folgender Reihenfolge:

1. **Ermittlung des Gesamtbetrages der Einkünfte**

2. **Verlustrücktrag**

   Abzug der negativen Einkünfte bis zu insgesamt 1.000.000 €, bei Zusammenveranlagung 2.000.000 € vorrangig vor Sonderausgaben, außergewöhnlichen Belastungen und sonstigen Abzugsbeträgen vom Gesamtbetrag der Einkünfte des vorangegangenen VZ.

3. **Verlustvortrag**

   a) Nicht ausgeglichene negative Einkünfte, die nicht nach 2. abgezogen werden können, sind in den folgenden VZ vom Gesamtbetrag der Einkünfte vorrangig vor Sonderausgaben, außergewöhnlichen Belastungen und sonstigen Abzugsbeträgen abzuziehen.

b) Der Verlustvortrag nach 3a) erfolgt jedoch nur bis zu einem Gesamtbetrag der Einkünfte von 1 Mio. € (bei Zusammenveranlagung bis 2 Mio. €) unbeschränkt, darüber hinaus nur bis zu 60 % des 1 Mio. €/2 Mio. € übersteigenden Gesamtbetrags der Einkünfte.

4. Verlustfeststellung

a) Der am Schluss des VZ verbleibende Verlustvortrag ist gesondert festzustellen.

b) Verbleibender Verlustvortrag sind nicht nach 2. zurückgetragene Beträge, vermehrt um den im vorangegangenen VZ festgestellten verbleibenden Verlustvortrag.

3.4.4 Sonderausgaben (§§ 10–10i EStG)

Sonderausgaben

Sonderausgaben sind Aufwendungen für die private Lebenshaltung, die **weder Betriebsausgaben noch Werbungskosten** sind, aber aufgrund besonderer gesetzlicher Vorschriften bei der Ermittlung des Einkommens - entgegen dem allgemeinen Abzugsverbot des § 12 EStG - abgesetzt werden können.

Sonderausgaben sind insbesondere:

- **Unterhaltszahlungen** an den geschiedenen oder dauernd getrennt lebenden Ehepartner bis zur Höhe von 13.805,- jährlich, soweit der Empfänger unbeschränkt einkommensteuerpflichtig ist oder in einem EU/EWR-Mitgliedstaat ansässig ist und der Antragsteller die Voraussetzungen nach § 1a EStG erfüllt, die Zuwendung versteuert und das durch Bescheinigung der ausländischen Steuerbehörde nachgewiesen hat (vgl. § 10 Abs. 1a Nr. 1 EStG).
- auf **besonderen Verpflichtungsgründen beruhende Renten** und dauernde Lasten, die nicht mit Einkünften in wirtschaftlichem Zusammenhang stehen, die bei der Veranlagung außer Betracht bleiben.
- **Vorsorgeaufwendungen;** dies sind Beiträge zu Kranken-, Unfall-, Haftpflicht-, Sozial-, Pflege- und Lebensversicherungen.
- **gezahlte Kirchensteuer**; Zahlung abzüglich eventueller Erstattungen im gleichen Jahr.
- **Ausbildungskosten** für die eigene erste Berufsausbildung in einem nicht ausgeübten Beruf.
- **Kinderbetreuungskosten:** ⅔ der Aufwendungen, max. 4.000,- € pro Kind.
- 30 % des Entgelts für den Besuch einer Ersatzschule oder Ergänzungsschule, das der Stpfl. für ein Kind, für das er einen Kinderfreibetrag erhält, zahlt.

3.4.4.1 Pauschaler Abzug von Sonderausgaben

Sonderausgabenpauschbetrag

Ohne Nachweis werden Sonderausgaben gemäß § 10c EStG pauschal abgesetzt:

- **Allgemeiner Pauschbetrag:** 36,- € (Ledige) bzw. 72,- € (Verheiratete) für Unterhaltsleistungen, dauernde Lasten, Kirchensteuer, Steuerberatungskosten, wenn keine höheren Beträge nachgewiesen werden.

Vorsorgepauschale für Lohnempfänger in Höhe von 20% des Arbeitslohnes bis zur Erreichung der höchstzulässigen Abzüge für **Vorsorgeaufwendungen**. Dieser Abzug wird in einem Zug mit der Berechnung der Lohnsteuer durchgeführt. Er dient der Arbeitserleichterung der Finanzämter mit der Folge, dass besondere Anträge auf Eintragung von Freibeträgen auf die Lohnsteuerkarte für Sonderausgaben bei Arbeitnehmern fast völlig entfallen.

3.4.4.2 Aufwendungen für steuerbegünstigte Zwecke (Spenden)

Spenden

Als Sonderausgaben können auch bestimmte Aufwendungen in jeweils gesetzlich gezogenen und öfters geänderten Grenzen bei der Ermittlung des Einkommens abgezogen werden. Solche Aufwendungen sind insbesondere Spenden und Beiträge.

3.4.4.3 Höchstbeträge für Vorsorgeaufwendungen (§ 10 Abs. 3 EStG)

Vorsorgeaufwendungen

Der Abzug der Vorsorgeaufwendungen, der die öffentliche Hand vor späteren überhöhten Sozialaufwendungen schützen soll, ist der Höhe nach eingeschränkt, damit nicht durch übermäßige Inanspruchnahme dieses Abzuges „steuerbegünstigt" Privatvermögen gebildet werden kann.

Bei den **Sonderausgaben** gelten betragsmäßige Beschränkungen für den Abzug:

- **Unterhaltsleistungen** an den geschiedenen/dauernd getrennt lebenden Ehegatten sind bis zu 13.805,- € je unterstützten Ehegatten abzugsfähig.
- **Vorsorgeaufwendungen** sind im Rahmen bestimmter Höchstbeträge abzugsfähig.
- **Aufwendungen für die Berufsausbildung** sind bis zu einem Höchstbetrag von 4.000,- € abzugsfähig.
- **Aufwendungen für steuerbegünstigte Zwecke (Spenden)** sind im Rahmen besonderer Höchstbeträge abzugsfähig.
- Aufwendungen für **Kinderbetreuung** sind mit zwei Drittel der Aufwendungen, maximal 4.000,- € je Kind abzugsfähig
- **Sonderausgabenpauschbetrag** für alle Sonderausgaben mit Ausnahme der Vorsorgeaufwendungen, und zwar für

- Alleinstehende: 36,- €
- Zusammenveranlagte Ehegatten: 72,- €.

3.4.4.4 Verlustausgleich, Verlustabzug

Verlustabzug (§ 10d EStG): Verluste eines Stpfl., die bei Ermittlung des Gesamtbetrags der Einkünfte nicht durch andere Einkünfte des gleichen Jahres ausgeglichen wurden, können bis zur Gesamthöhe von 1.000.000,- € erst ein Jahr zurück **(Verlustrücktrag)**, und der dann noch verbleibende Restbetrag des Verlustes unbegrenzt vorgetragen werden **(Verlustvortrag)**.

3.4.5 Außergewöhnliche Belastungen

Außergewöhnliche Belastungen

Außergewöhnliche Belastungen (§§ 33-33b EStG) sind Kosten der privaten Lebenshaltung (§ 12 EStG), die weder Betriebsausgaben noch Werbungskosten noch Sonderausgaben sind.

Sie werden **auf Antrag** bei Ermittlung des Einkommens abgesetzt, wenn sie

- als Aufwendungen den Stpfl. belasten,
- außergewöhnlich sind, also die Mehrzahl der Stpfl. gleicher Einkommens- oder Vermögensverhältnisse nicht treffen,
- zwangsläufig sind, sodass der Stpfl. sich ihnen aus tatsächlichen, rechtlichen oder sittlichen Gründen nicht entziehen kann (z. B. Unterstützung eines nicht unterhaltsberechtigten Angehörigen),
- über eine zumutbare Belastung hinausgehen und
- keine Kosten einer Diätverpflegung sind.

Die Durchsetzung solcher Abzüge, insbesondere solcher nicht typisierter Einzelfälle, fordert stets eingehende Begründungen sowohl der Sache wie auch der Betragshöhe nach.

Man unterscheidet Belastungen aus zwei unterschiedlichen Gruppen:

- **Allgemeine Belastungsgründe** ohne Sonderregelung (§ 33 EStG) nach Abzug einer zumutbaren Belastung.

  Beispiele:
  Krankheitskosten, Beerdigungskosten, übermäßige Körpergröße und viele andere Fälle.

- **Zumutbare Belastung:**
  Die selbst zu tragenden Anteile für Belastungen dieser Art werden in einem Vom-Hundert-Satz des Gesamtbetrages der Einkünfte errechnet. Dies ergibt sich aus

Zumutbare Belastungen

§ 33 Abs.3 EStG. Steuerliche Auswirkungen ergeben sich somit nur bzgl. der darüber hinausgehenden Aufwendungen.

Zumutbare Belastung			
Bei einem Gesamtbetrag der Einkünfte:	**bis** 15.340,- €	**von** 15.340,- € **bis** 51.130,- €	**über** 51.130,- €
Zumutbare Belastung:	%	%	%
1) bei Ledigen	5	6	7
2) bei Verheirateten	4	5	6
3) bis zwei Kinder	2	3	4
4) mit mehr als zwei Kindern	1	1	2

Die Einkommensteuerrichtlinien zu § 33 ff EStG erläutern zahlreiche Einzelheiten, die zur Anerkennung der vorstehend aufgeführten typisierten Belastungen zu beachten sind, ausführlich.

3.5 Erhebung der Einkommensteuer, Tarif und Zahlung

3.5.1 Einkommensteuerveranlagung

Die Einkommensteuer entsteht mit Ablauf des Veranlagungszeitraums. Veranlagungszeitraum ist jeweils das Kalenderjahr (§ 25 EStG).

Veranlagung nennt man die **formgerechte** Steuerfestsetzung nach

- Abgabe einer Steuererklärung
- Prüfung (Erörterung) der erklärten Besteuerungsmerkmale durch das Finanzamt und
- Festsetzung der Steuer durch schriftlichen Bescheid.

Einkommensteuererklärung

Die **Einkommensteuererklärung**, zu der jeder Steuerpflichtige in Erfüllung seiner Mitwirkungspflichten öffentlich durch Anzeige in der Tagespresse oder durch Übersendung von Vordrucken aufgefordert wird, ist im Allgemeinen bis zum 31. Juli des Folgejahres einzureichen. Fristverlängerung kann auf Antrag gewährt werden und wird allgemein Steuerberatern ohne Weiteres zugestanden. Steuerlich Beratene haben ohnehin bis zum 31.12. eine Frist zur Abgabe der ESt-Erklärung. Diese Fristen wurden bzgl. der Corona-Pandemie zum Teil etwas verzögert, gelten aber grundsätzlich weiterhin.

Erklärungsvordrucke

Die **Erklärungsvordrucke** zur Abgabe der Einkommensteuer bestehen insbesondere aus:

Mantelbogen und Anlagen

- **Mantelbogen** - ESt 1A - zur Angabe der Personalien, Kontoverbindung, der Sonderausgaben, außergewöhnlichen Belastungen und Hinweisen auf die Anzahl der folgenden amtlichen Anlagen (Einlagebogen)
- **Anlage Kinder** zur Ergänzung des Mantelbogens bei Berücksichtigung von Kindern bei der Einkommensteuerfestsetzung
- **Anlage N** zur Erklärung von Einkünften aus nichtselbstständiger Arbeit
- **Anlage KAP** zur Erklärung der Einkünfte aus Kapitalvermögen
- **Anlage SO** zur Erklärung der sonstigen Einkünfte
- **Anlage L** zur Erklärung von land- und forstwirtschaftlichen Einkünften
- **Anlage G** zur Erklärung von Einkünften aus Gewerbebetrieb
- **Anlage V** zur Erklärung von Einkünften aus Vermietung und Verpachtung. Für jedes Mietobjekt ist eine besondere „Anlage V" erforderlich.
- **Anlage Aus** für Einkünfte im Ausland
- **Anlage N-Aus** für Arbeitnehmer-Einkünfte aus dem Ausland
- **Besonderer Mantelbogen** - ESt 1 B - zur Erklärung bei **„Gesonderter Feststellung"** von Einkünften, die in Betriebsstätten etc. anfallen, die nicht vom Wohnsitzfinanzamt betreut werden, und bei **„Einheitlichen und gesonderten Feststellungen"** von Einkünften, die auf mehrere Personen (GbR, OHG, KG) aufzuteilen sind.
- **Anlage Vorsorgeaufwand** zur Erklärung von bestimmten Vorsorgeaufwendungen.
- **Anlage WA-ESt** beim Wegzug ins Ausland während des Jahres.

Die Vordrucke erscheinen durch die Vielzahl der gestellten Fragen und Beantwortungsfelder verwirrend. Es ist aber zu bedenken, dass die Vordrucke für jede Erklärungsvariante ein Beantwortungsfeld aufweisen müssen. Jeder Stpfl. braucht im Allgemeinen nicht in allen dieser Beantwortungsfelder Angaben zu machen.

Die zu machenden Angaben sollten aber über die Zahlenangabe im jeweiligen Feld hinaus durch selbst erstellte weitere formlose Unterlagen ergänzt werden, etwa

- Buchabschluss eines Unternehmens oder
- Zusammenstellung der Einkünfte aus Wertpapierbesitz,
- Errechnung von Pachteinkünften
- Aufführung der Gründe für eine geltend gemachte außergewöhnliche Belastung und
- andere zweckentsprechende Ausführungen,

damit Bearbeiter der Steuererklärung den erforderlichen Überblick ohne lästige Rückfragen gewinnen können.

Als Arbeitnehmer sollte man auch auf Zeiten einer Nichtbeschäftigung unter Angabe der erhaltenen Lohnersatzleistungen (Arbeitslosengeld) bei Abgabe der Erklärung hinweisen. Dadurch erspart man sich Rückfragen.

Alle Vordrucke und umfangreiche Erläuterungen finden sich auch kostenlos im Internet unter www.elster.de.

3.5.2 Die festzusetzende Einkommensteuer

Festzusetzende Einkommenssteuer

Die festzusetzende Einkommensteuer ist innerhalb eines Monats nach Bekanntgabe des Einkommensteuerbescheides zu zahlen, soweit sie nicht schon durch

- vierteljährliche Vorauszahlungen,
- Steuerabzugsbeträge (Lohnsteuer, Kapitalertragsteuer) oder
- Anrechnungsbeträge (Körperschaftsteuer)

gedeckt ist.

Bei Überzahlung wird der zu viel gezahlte Betrag erstattet.

Vorauszahlungen auf die laufende Einkommensteuer werden gleichzeitig mit der Steuerfestsetzung für das abzuschließende Jahr in Vierteljahresbeträgen, die jeweils am 10. März, 10. Juni, 10. September und 10. Dezember zu leisten sind, in einer Höhe auferlegt, die die voraussichtliche Steuer abdecken soll.

3.5.3 Errechnung der Einkommensteuer

Errechnung der Einkommenssteuer

Die Einkommensteuer wird in einem Vom-Hundert-Satz des zu versteuernden Einkommens errechnet.

Dabei wird nach ledigen Stpfl. (Grundtabelle) und zusammenveranlagten (§ 26 EStG) Verheirateten (Splitting-Tabelle) unterschieden.

Grundsätzlich werden **alle natürlichen Personen** einzeln zur Einkommensteuer herangezogen. Lediglich Eheleute, die beide unbeschränkt steuerpflichtig sind und im Kalenderjahr nicht dauernd voneinander getrennt gelebt haben, können nach § 26 Abs. 1 Satz 1 EStG zusammen veranlagt werden, wenn sie keine getrennte Veranlagung beantragen („Splitting").

Ehegatten-Splitting

Beim **„Splitting"** werden die für die Eheleute einzeln ermittelten Einkünfte zusammengerechnet. Die Einkommensteuer wird dann nach Abzug der gemeinsamen Sonderausgaben von der Hälfte des gemeinsamen zu versteuernden Einkommens errechnet und wieder verdoppelt. Dadurch wird eine geringere Steuerprogression erreicht.

3.5.3.1 Einkommensteuertarif (§ 32a EStG)

Zu versteuerndes Einkommen

Bemessungsgrundlage für die Einkommensteuer ist das zu versteuernde Einkommen. Für Alleinstehende ist die Grundtabelle und für Ehegatten, die zusammen veranlagt werden, die Splittingtabelle maßgebend.

Grundfreibetrag

Die vom BVerfG geforderte Regelung einer Freistellung des Existenzminimums von der Besteuerung hat der Gesetzgeber in Gestalt eines in die Einkommensteuertabelle integrierten Grundfreibetrags verarbeitet. Dieser Grundfreibetrag lehnt sich am Sozialhilfebedarf an, ohne mit ihm deckungsgleich zu sein. Der Grundfreibetrag beträgt im Jahr 2022 10.347,- €.

Der Steuertarif ist in der Steuertabelle progressiv aufgebaut, d. h. mit steigendem Einkommen steigt auch der Prozentsatz an zu zahlender ESt an.

Begünstigung thesaurierter Gewinne für Personenunternehmen

Nicht entnommene Gewinne bei Personenunternehmen

Nicht entnommene Gewinne aus LuF, Gewerbebetrieb und selbstständiger Arbeit werden auf Antrag nicht mit dem persönlichen Steuersatz des Gesellschafters, sondern mit einem ermäßigten Steuersatz von 28,25 % zzgl. Solidaritätszuschlag versteuert.

Für einen Mitunternehmer ist Voraussetzung der Steuerermäßigung, dass

- er zu mehr als 10 % am Gewinn der Personengesellschaft beteiligt ist oder
- sein Gewinnanteil mehr als 10.000,- € beträgt.

Dieses Wahlrecht steht einem Gesellschafter für jeden von ihm gehaltenen Mitunternehmeranteil zu. Der Antrag kann auf einen Teilbetrag beschränkt werden. Eine ermäßigte Besteuerung ist ausgeschlossen, soweit die dem Gesellschafter zuzurechnenden Einkünfte aus

- von vermögensverwaltenden Kapitalgesellschaften gezahlten erfolgsabhängigen Tätigkeitsvergütungen i. S. d. § 18 Abs. 1 Nr. 3 EStG oder
- Gewinnen, die mit dem ermäßigten Steuersatz nach § 34 Abs. 3 EStG oder unter Abzug des Freibetrags nach § 16 Abs. 4 EStG begünstigt besteuert werden,

stammen.

Als nicht entnommenen Gewinn definiert das Gesetz den Gewinn des Mitunternehmers nach Steuerbilanz, vermindert um den positiven Saldo aus Einlagen und Entnahmen des Wirtschaftsjahres.

Außerbilanzielle Zurechnungen wie z. B. nicht abzugsfähige Betriebsausgaben bleiben außer Betracht.

Soweit der Gesellschafter den begünstigt versteuerten Gewinn in späteren Jahren entnimmt, ist eine Nachversteuerung zu einem Steuersatz von 25 % vorzunehmen.

Einkünfte aus Kapitalvermögen werden nach § 20 EStG grundsätzlich unabhängig von deren Höhe mit 25 % pauschal versteuert. Den entsprechenden Steuerabzug - wobei hier noch die Kirchensteuer und der Solidaritätszuschlag zu berücksichtigen sind - haben die Banken vorzunehmen.

3.5.3.2 Kinderfreibetrag, Entlastungsbetrag für Alleinerziehende (§ 24b EStG)

Neben dem Grundfreibetrag für das Existenzminimum können noch zusätzliche Tariffreibeträge berücksichtigt werden.

Kinderfreibetrag

Solche Beträge ergeben sich vor allen Dingen aus § 32 EStG und haben mit dem sog. Familienleistungsausgleich (§ 31 EStG) zu tun.

3.5.3.3 Bedeutung des Familienleistungsausgleichs

Kindergeld

Das **Kindergeld**, dessen Höhe derzeit für das erste und zweite Kind seit 2021 219,- €, für das dritte Kind 225,- € und für das vierte und jedes weitere Kind 250,- € beträgt, ist ebenso wie der Kinderfreibetrag als **Steuervergünstigung** geregelt. Die Vorschriften finden sich in den §§ 31 und 62-78 EStG.

Das Kindergeld wird, soweit wie möglich, durch die Arbeitgeber bei der Lohn- und Gehaltszahlung ausgezahlt. Die Kindergeldkassen (Familienausgleichskassen) zahlen das Kindergeld nur noch an Eltern, die nicht Arbeitnehmer sind, aus. Die Kindergeldkasse setzt das Kindergeld wie bisher fest, zahlt aber nicht selbst aus, sondern stellt den Arbeitnehmern auf Antrag über das monatlich vom Arbeitgeber auszuzahlende Kindergeld eine Bescheinigung zur Vorlage bei diesem aus. Für jedes Kind muss die sog. Steuer-Identifikationsnummer (Steuer-IdNr.) vorliegen.

Der Kinderfreibetrag, der nur noch von wenigen Stpfl. in Anspruch genommen werden dürfte, hat hauptsächlich noch Bedeutung für die Zuschlagsteuern zur Einkommensteuer (Kirchensteuer und Solidaritätszuschlag).

Die Angabe zur Höhe des Kindergeldanspruchs in der Steuererklärung ist nur noch in Sonderfällen erforderlich (z. B. bei Leistungen für Kinder nach ausländischem Recht).

3.5.3.4 Progressionsvorbehalt (§ 32b EStG)

Progressionsvorbehalt

Bei Ermittlung des zu versteuernden Einkommens sind die nachstehenden **steuerfreien Einkünfte** einzuberechnen:

Steuerfreie Einkünfte

- Arbeitslosengeld
- Krankengeld
- Mutterschaftsgeld
- Arbeitslosenhilfe
- Entschädigung für Verdienstausfall
- Versorgungskrankengeld
- ausländische Einkünfte
- Altersübergangsgeld
- Vorruhestandsgelder
- Entschädigungen für Verdienstausfall
- ähnliche Zahlungen.

Der sich durch Zurechnung dieser Einnahmen zum Einkommen ergebende höhere durchschnittliche Steuersatz wird dann auf den steuerpflichtigen Anteil der Einkünfte angewendet. Obwohl die dem Einkommen zugerechneten Einnahmen steuerfrei bleiben, wird das zu versteuernde Einkommen mit dem Satz zur Einkommensteuer herangezogen, der sich ergäbe, wenn alle Einkünfte steuerpflichtig wären.

3.5.3.5 Tarifliche Steuervergünstigungen

Steuervergünstigungen

Tarifliche Steuervergünstigungen können unter bestimmten Voraussetzungen beispielsweise gewährt werden bei

- Veräußerungsgewinnen (§§ 16, 14-17 EStG)
- Einkünften, die sich auf einen mehrjährigen Zeitraum erstrecken (§§ 34 Abs. 3 EStG)
- Entschädigung für entgangene oder entgehende Einkünfte (§ 24 EStG)
- außerordentlichen Einkünften aus Land- und Forstwirtschaft und ausländischen Einkünften (§§ 34b-34e EStG)
- bei Mitgliedsbeiträgen und Spenden an politische Parteien und unabhängige Wählervereinigungen (§ 34g EStG).
- Alle Unternehmen, die Einkünfte am Gewerbebetrieb erzielen und der Gewerbesteuer unterliegen, werden durch das Steuersenkungsgesetz bei ihrer Einkommensteuer entlastet. Dabei wird die tarifliche Einkommensteuer des Unternehmens/Mitunternehmers um das 3,8-Fache des festgesetzten Gewerbesteuermessbetrages ermäßigt (§ 35 EStG). § 35 EStG mildert die Doppelbelastung der Gewerbetreibenden mit Einkommensteuer und Gewerbesteuer.

- Gemäß § 35a EStG wird eine Steuerermäßigung bei Aufwendungen für haushaltsnahe Beschäftigungsverhältnisse und für die Inanspruchnahme haushaltsnaher Dienstleistungen gewährt.
- Förderung von Handwerkerleistungen
  Nach der bisher geltenden Fassung des § 35a Abs. 2 EStG können für die Inanspruchnahme von Handwerkerleistungen 20% der Aufwendungen, maximal 4.000,- €, von der Steuerschuld abgezogen werden. Der Abzug ist dabei auf Arbeitskosten beschränkt.

Nach § 35 c EStG können für energetische Maßnahmen an einem zu eigenen Wohnzwecken genutzten eigenen Gebäude (begünstigtes Objekt) auf Antrag die tarifliche Einkommensteuer, vermindert um die sonstigen Steuerermäßigungen, im Kalenderjahr des Abschlusses der energetischen Maßnahme und im nächsten Kalenderjahr um je 7 Prozent der Aufwendungen des Steuerpflichtigen, höchstens jedoch um je 14.000,- € und im übernächsten Kalenderjahr um 6 Prozent der Aufwendungen des Steuerpflichtigen, höchstens jedoch um 12.000,- € für das begünstigte Objekt, vermindert werden.

Voraussetzung ist, dass das begünstigte Objekt bei der Durchführung der energetischen Maßnahme älter als zehn Jahre ist; maßgebend hierfür ist der Beginn der Herstellung. Energetische Maßnahmen im Sinne des Satzes 1 sind:

1. Wärmedämmung von Wänden
2. Wärmedämmung von Dachflächen
3. Wärmedämmung von Geschossdecken
4. Erneuerung der Fenster oder Außentüren
5. Erneuerung oder Einbau einer Lüftungsanlage
6. Erneuerung der Heizungsanlage
7. Einbau von digitalen Systemen zur energetischen Betriebs- und Verbrauchsoptimierung und
8. Optimierung bestehender Heizungsanlagen, sofern sie älter als zwei Jahre sind.

Zu den Aufwendungen für energetische Maßnahmen gehören auch die Kosten für Energieberater, die vom Bundesamt für Wirtschaft und Ausfuhrkontrolle (BAFA) als fachlich qualifiziert zum Förderprogramm „Energieberatung für Wohngebäude (Vor-Ort-Beratung, individueller Sanierungsfahrplan)“ zugelassen sind, wenn der Energieberater durch den Steuerpflichtigen mit der planerischen Begleitung oder Beaufsichtigung der energetischen Maßnahmen beauftragt worden ist.

Die tarifliche Einkommensteuer vermindert sich abweichend davon um 50 Prozent der Aufwendungen für den Energieberater. Die Förderung kann für mehrere Einzelmaßnahmen an einem begünstigten Objekt in Anspruch genommen werden; je begünstigtes Objekt beträgt der Höchstbetrag der Steuerermäßigung 40.000,- €.

Voraussetzung für die Förderung ist, dass die jeweilige energetische Maßnahme von einem Fachunternehmen ausgeführt wurde.

Die Steuerermäßigungen können nur in Anspruch genommen werden, wenn durch eine nach amtlich vorgeschriebenem Muster erstellte Bescheinigung des ausführenden Fachunternehmens nachgewiesen wird, dass die Voraussetzungen erfüllt sind.

Die Steuerermäßigung kann nur in Anspruch genommen werden, wenn der Steuerpflichtige das Gebäude im jeweiligen Kalenderjahr ausschließlich zu eigenen Wohnzwecken nutzt. Eine Nutzung zu eigenen Wohnzwecken liegt auch vor, wenn Teile einer zu eigenen Wohnzwecken genutzten Wohnung anderen Personen unentgeltlich zu Wohnzwecken überlassen werden.

Der Steuerpflichtige kann die Steuerermäßigung nicht in Anspruch nehmen, soweit die Aufwendungen als Betriebsausgaben, Werbungskosten, Sonderausgaben oder außergewöhnliche Belastungen berücksichtigt worden sind.

3.6 Lohnsteuer

Lohnsteuer

Als Erhebungsformen der Einkommensteuer unterscheidet man die

- veranlagte Einkommensteuer (Regelfall) und die „Quellensteuern"
- Lohnsteuer (Abzug vom Arbeitslohn)
- Kapitalertragsteuer (Abzug von Kapitalerträgen, Dividenden) und
- Zinsabschlagsteuer (Abzug von gutgeschriebenen Zinsen).

Lohnsteuer, Kapitalertragsteuer und Zinsabschlagsteuer werden nicht wie die eigentliche Einkommensteuer veranlagt, sondern von der auszahlenden Stelle (Arbeitgeber, Kapitalgesellschaft, Kreditinstitut) an das Finanzamt abgeführt. Die **Durchführung des Steuerabzuges** wird den Betroffenen regelmäßig

- vom Arbeitgeber,
- dem Kreditinstitut oder
- der Kapitalgesellschaft

zum Nachweis bei einem eventuell anschließenden Steuerverfahren (Veranlagung zur Einkommen- oder Körperschaftsteuer, Erstattungsantrag oder andere) bescheinigt.

Bei Arbeitnehmern finden sich die Beiträge z. B. auf der elektronischen Lohnsteuerbescheinigung.

3.6.1 Erhebung der Lohnsteuer

Die Lohnsteuer wird bei Lohn- und Gehaltszahlungen vom Arbeitgeber einbehalten und an das Finanzamt abgeführt.

Jedem Arbeitgeber sind für Zwecke des Lohnsteuerabzugs bestimmte gesetzliche Mitwirkungspflichten (§ 41-42f EStG) auferlegt.

Die ordnungsmäßige Beachtung dieser Pflichten wird durch den **Lohnsteueraußendienst** der Finanzämter ständig überwacht.

Bei Durchführung einer Einkommensteuerveranlagung wird die Summe der im Kalenderjahr einbehaltenen Lohnsteuer auf die festzusetzende Einkommensteuer angerechnet.

ELSTAM

Die Lohnsteuerkarte wurde bereits zum 1. Januar 2013 durch **E**lektronische **L**ohn**St**euer**A**bzugs**M**erkmale (ELStAM) ersetzt. Bei den ELStAM handelt es sich um die Angaben, die bislang auf der Vorderseite der Lohnsteuerkarte eingetragen waren (z.B. Steuerklasse, Zahl der Kinderfreibeträge, Freibetrag, Kirchensteuerabzugsmerkmal). Mit der erstmaligen Anwendung der ELStAM wurde das Lohnsteuerabzugsverfahren für alle Beteiligten vereinfacht.

Lohnsteuerfreibeträge

Die Lohnsteuerfreibeträge, die aus persönlichen Gegebenheiten heraus geltend gemacht werden können und die im Jahr insgesamt 600,- € übersteigen, können wie bisher beim Finanzamt beantragt werden. Diese werden durch die ELStAM berücksichtigt. Solche Freibeträge können geltend gemacht werden bei

- **Werbungskosten** bei den verschiedenen Überschuss-Einkunftsarten,
- **Sonderausgaben,**
- **außergewöhnlichen Belastungen,**
- **Verlusten aus anderen Einkunftsarten** (z. B. Gewerbe, Vermietung).

3.6.2 Lohnsteuerklassen

Bei der Lohnsteuerfestsetzung werden von vorneherein bestimmte Freibeträge berücksichtigt.

Die Freibeträge sind je nach Familienstand unterschiedlich hoch. Die Unterschiede im Abzug werden als Steuerklassen ausgedrückt:

Lohnsteuerklassen

Klasse I	Ledige und geschiedene Personen, verwitwete Stpfl., deren Ehegatte vor Beginn des Vorjahres verstorben ist.
Klasse II	Personen der Steuerklasse I, denen ein Haushaltsfreibetrag zusteht, weil in ihrer Wohnung mindestens ein Kind gemeldet ist, für das ihnen ein Kinderfreibetrag bzw. Kindergeld gewährt wird.
Klasse III	Verheiratete und auch eingetragene Lebenspartner, die unbeschränkt steuerpflichtig sind, wenn der Ehegatte oder der eingetragene Lebenspartner keinen Arbeitslohn bezieht oder für sein Arbeitsverhältnis Steuerklasse V gewählt hat, weil sein Ehegatte oder der eingetragene Lebenspartner höhere Einkünfte erzielt als er selbst.
Klasse IV	Verheiratete und auch eingetragene Lebenspartner, die unbeschränkt steuerpflichtig sind. Zu empfehlen Eheleuten, von denen jeder etwa gleich hohe Einkünfte erzielt.
Klasse IV	Verheirateter und auch eingetragene Lebenspartner, dessen Ehegatte höhere Einkünfte erzielt und deswegen Klasse III gewählt hat.
Klasse VI	Zusätzliche Lohnsteuerkarte für weitere Arbeitsverhältnisse eines Stpfl.

3.6.3 Lohnsteuertabellen

Die Tarife für die Lohnsteuerberechnung weichen von den Einkommensteuertabellen insoweit ab, als sie auch für **kürzere Zeiträume** als ein Jahr (Tag, Woche, Monat) aufgestellt werden.

Lohnsteuertabellen

Eine Reihe von Frei- und Pauschbeträgen ist in der Lohnsteuertabelle bereits eingearbeitet, damit die Lohnsteuer möglichst einfach erhoben werden kann. Es handelt sich um folgende Beträge:

- Grundfreibetrag
- Arbeitnehmer-Pauschbetrag für Werbungskosten
- Pauschbetrag für Sonderausgaben
- Vorsorgepauschale
- bei Steuerklasse II der Haushaltsfreibetrag.
- Der Freibetrag bei Versorgungsbezügen und Altersentlastungsbetrag wird ebenfalls berücksichtigt.

Sind Kinder bei der Steuerberechnung zu berücksichtigen, kommen in den Steuerklassen III und IV weitere nach Anzahl dieser Kinder gestaffelte Freibeträge in Betracht (§§ 32 und 39a EStG).

Solange der Arbeitnehmer dem Arbeitgeber zum Zweck des Abrufs der elektronischen Lohnsteuerabzugsmerkmale (§ 39e Abs. 4 Satz 1 EStG) die ihm zugeteilte Identifikationsnummer sowie den Tag der Geburt schuldhaft nicht mitteilt oder das Bundeszentralamt für Steuern die Mitteilung elektronischer Lohnsteuerabzugsmerkmale ablehnt, hat der Arbeitgeber die Lohnsteuer nach Steuerklasse VI zu ermitteln (§ 39c EStG).

Beschränkt Steuerpflichtige werden nach Steuerklasse I der Lohnsteuer unterworfen. Auf Antrag des Arbeitnehmers kann das Finanzamt bescheinigen, dass die Voraussetzungen zur Eintragung einer anderen Lohnsteuerklasse vorliegen (§ 39d EStG).

3.6.3.1 Pflichten des Arbeitgebers im Lohnsteuerabzugverfahren

Nach § 39b EStG hat der Arbeitgeber den Lohnsteuerabzug durchzuführen. Hierbei sind die Vorschriften des § 39b Abs.2 bis 6 EStG zwingend zu beachten. So ist beispielsweise nach § 39b Abs. 3 EStG für die Einbehaltung der Lohnsteuer von dem voraussichtlichen Jahreslohn auszugehen. Die Regelungen der § 39c, § 39e, § 39f, § 40 und § 40a EStG enthalten weitere Einzelheiten. Bezüglich der zwingend zu beachtenden Aufzeichnungspflichten im Bereich des Lohnsteuerabzugs ist auf § 41 EStG hinzuweisen. Die Lohnsteuer ist nach § 41a EStG beim Finanzamt anzumelden und an dieses abzuführen.

3.7 Zuschlagsteuern (§ 51a EStG)

Zuschlagsteuern

Zuschlagsteuern schließen an Einkommen- und Körperschaftsteuerzahlungen als Bemessungsgrundlage an. Kirchensteuer und Solidaritätszuschlag sind solche Zuschlagsteuern.

3.7.1 Solidaritätszuschlag

Solidaritätszuschlag

Der Solidaritätszuschlag wurde bis 2020 von

- natürlichen Personen, die zur Einkommensteuer, und
- Körperschaften, die zur Körperschaftsteuer

herangezogen werden, erhoben. Der Solidaritätszuschlag betrug 5,5 % der Bemessungsgrundlage.

Bemessungsgrundlagen des Solidaritätszuschlags waren Zahlungen von

- Einkommensteuer und
- Körperschaftsteuer.

Der **Solidaritätszuschlag** wurde wie die Einkommensteuer als Jahressteuer erhoben. Der Zuschlag wird auch von Steuervorauszahlungen und den – ebenfalls als Vorauszahlungen zu beurteilenden – Steuerabzugsbeträgen bei der Lohn-, Kapitalertrag- und Zinsabschlagsteuer berechnet.

Seit Januar 2021 wurde der Solidaritätszuschlag (Soli) für fast alle abgeschafft, wie im Koalitionsvertrag zugesagt: Für rund 90 Prozent derer, die ihn bisher auf ihre Lohn- oder Einkommensteuer zahlten, fällt er vollständig weg. Für weitere rund 6,5 Prozent entfällt der Zuschlag in Teilen. Im Ergebnis werden damit rund 96,5 Prozent der Zahlenden seit dem 01.01.2021 finanziell bessergestellt. Das stärkt kleinere und mittlere Einkommen, ihnen bleibt insgesamt mehr.

Konkret bedeutet das: Die Freigrenze von bisher 972,- € bzw. 1.944,- € (Einzel-/Zusammenveranlagung), bis zu der schon heute kein Solidaritätszuschlag anfällt, wird deutlich angehoben. Somit wird künftig kein Solidaritätszuschlag mehr erhoben, wenn die zu zahlende Lohn- oder Einkommensteuer unter 16.956,- € bzw. 33.912,- € (Einzel-/Zusammenveranlagung) liegt. Oberhalb dieser Grenze setzt eine sogenannte Milderungszone ein, in der der Solidaritätszuschlag nicht in voller Höhe erhoben, sondern schrittweise an den vollen Satz in Höhe von 5,5 Prozent herangeführt wird. Auf sehr hohe Einkommen (oberhalb der neuen Milderungszone) ist der bisherige Solidaritätszuschlag unverändert zu entrichten. Das ist der Fall, wenn das zu versteuernde Einkommen über 96.820,- € (Alleinstehende) bzw. 193.641,- € (Verheiratete) liegt.

Bei **Veranlagungen der Bemessungssteuern** oder auch bei Jahreslohnsteuerfestsetzung werden die auf den Zuschlag geleisteten Vorauszahlungen und einbehaltenen Abzugsbeträge auf den endgültigen Jahresbetrag des Solidaritätszuschlags in gleicher Weise angerechnet wie Einkommensteuervorauszahlungen, einbehaltene Abzüge für Lohn-, Kapitalertrag- oder Zinsabschlagsteuer, die vom Jahresbetrag der veranlagten Einkommensteuer abgesetzt werden.

Bei pauschaler Abgeltung der Einkommensteuer durch Steuerabzugsbeträge gelten diese Einkünfte auch für den Solidaritätszuschlag in entsprechender Weise mit der pauschalen Versteuerung als abgegolten (§ 51a EStG).

Der Solidaritätszuschlag ist eine eigenständige Steuer. Die enge Bindung an Einkommensteuer- und auch Körperschaftsteuer erfolgt aus Vereinfachungsgründen und ist in § 51a EStG geregelt. Derzeit wird die Abschaffung des Solidaritätszugschlags politisch diskutiert, bislang gibt es aber noch keinen verbindlichen Beschluss bzgl. der Abschaffung.

3.7.2 Kirchensteuer

Kirchensteuer

Die für die verschiedenen öffentlich-rechtlich anerkannten Religionsgemeinschaften erhobenen Beiträge zur Kirchensteuer werden in ähnlicher Weise wie der Solidaritätszuschlag berechnet. Dabei richten sich Bemessungsgrundlagen und Freigrenzen aber nach den Steuerordnungen der verschiedenen Religionsgemeinschaften.

4. Einkunftsarten des Einkommensteuergesetzes

4.1 Steuerliche Bedeutung der verschiedenen Einkunftsarten

4.1.1 Der Einkommensbegriff des EStG (§ 2 EStG)

Begriff des „Einkommens"

Das geltende Einkommensteuergesetz rechnet nicht alle Vermögensmehrungen dem Einkommen zu. Nur bestimmte abgegrenzte Einkünfte gehören zum Einkommen i. S. des EStG. Selbst die Einkunftsart „Sonstige Einkünfte" erfasst nicht alle übrigen Einkünfte, die durch die anderen Einkunftsarten nicht abgedeckt sind, sondern beschränkt sich auf bestimmte Einkunftsquellen.

Nicht zum Einkommen gehörige Vermögenszugänge sind beispielsweise

- Lotteriegewinne oder Wettgewinne im privaten Lebensbereich
- der Wertanstieg eines langjährig zum Vermögen gehörenden privaten Grundstücks
- Zuschussgewährung durch einen Freund
- Kursanstieg eines Wertpapiers
- Einnahmen aus Liebhaberei

4.1.2 Bedeutung der Zuordnung zu verschiedenen Einkunftsarten

Zugehörigkeit der Einkunftsarten

Die Zugehörigkeit zu Einkunftsarten gibt Antwort auf folgende Fragen:

- Unterliegt der Einnahmenzufluss überhaupt der Einkommensteuer?
- Handelt es sich um unbeachtliche Liebhabereieinnahmen?
- Wie sind die Einkünfte zu ermitteln – als Gewinn durch Bestandsvergleich oder mittels Überschussrechnung?
- Welche Pflichten sind zur Ermittlung der Einkünfte zu erfüllen?
- Welche Freigrenzen oder Freibeträge bestehen?
- Unterliegen die Einkünfte noch anderen Steuern (Gewerbesteuer)?

4.2 Gewinn-Einkünfte

4.2.1 Einkünfte, die als Gewinn ermittelt werden

Gewinn-einkünfte

Gewinne werden ermittelt bei folgenden Einkunftsarten:

	EStG	EStDV
Land- und Forstwirtschaft	§§ 13–14a	§ 51
Gewerbebetrieb	§§ 15–17	
selbstständige Arbeit	§ 18	

Die als Gewinne ermittelten Einkünfte gehen den übrigen Einkünften vor.

Ergebnisse wirtschaftlicher Aktivitäten, die in Zusammenhang mit unternehmerischen Betätigungen stehen, sind stets den in Betracht kommenden „Gewinn“-Einkünften, die den „Überschuss-Einkünften“ vorgehen, zuzuordnen.

Beispiele

Ein Unternehmer, der Teile eines privaten Mietshauses für seinen Betrieb nutzt, kann nicht an sich selbst Miete zahlen. Der betrieblich genutzte Teil des Grundstücks ist notwendiges Betriebsvermögen. Die ersparte Miete führt zu höheren Unternehmensgewinnen.

Ein Mitunternehmer, der als Arbeitnehmer in der gemeinsamen Personengesellschaft mitarbeitet und dafür Lohn bezieht, hat keine Einnahmen aus nichtselbstständiger Arbeit. Der Lohn ist Bestandteil seines Gewinnanteils an der Personengesellschaft.

4.2.2 Einkünfte aus Land- und Forstwirtschaft

Einkünfte aus Land- und Forstwirtschaft

Unter Land- und Forstwirtschaft fallen alle Einnahmen, die durch planmäßige Nutzung der Bodenkräfte und der Verwertung der dabei gewonnenen Erzeugnisse erzielt werden.

Zur Land- und Forstwirtschaft gehören auch Einkünfte aus unselbstständigen Nebenbetrieben (gewerblicher Art).

Beispiele

Das Sägewerk eines Waldgutes, die Kornbrennerei eines landwirtschaftlichen Gutes, die Blumenverkaufsstelle eines Blumenzuchtbetriebes u. a. m.

Die **Grenze zum Gewerbebetrieb** überschreitet eine Land- und Forstwirtschaft, wenn dauernd und nachhaltig fremde Erzeugnisse zugekauft werden. Einen Gewerbebetrieb nimmt man stets an, wenn der Zukauf 30% des Umsatzes übersteigt. Bei Zukäufen von weniger als 30%, aber mehr als 20% wird nach dem Gesamtbild der Verhältnisse jeweils entschieden, welche Einkunftsart gegeben ist.

Gewinne aus der Veräußerung land- und forstwirtschaftlicher Betriebe gehören ebenfalls zu den Einkünften aus Land- und Forstwirtschaft (§§ 14a, 16 EStG).

4.2.2.1 Kleinere landwirtschaftliche Betriebe

Aus Vereinfachungsgründen können kleinere landwirtschaftliche Betriebe ihre **Gewinne nach Durchschnittssätzen**, einer amtlichen, auf dem Einheitswert des jeweiligen Betriebs aufbauenden Schätzungsmethode ermitteln (§ 13a EStG).

4.2.2.2 Abgrenzung der Einkünfte aus Land- und Forstwirtschaft

Die Abgrenzung land- und forstwirtschaftlicher Einkünfte von den übrigen, insbesondere von den Einkünften aus Gewerbebetrieb, hat Bedeutung, weil

- land- und forstwirtschaftliche Einkünfte nicht der Gewerbesteuer unterliegen
- die Einkünfte aus Land- und Forstwirtschaft nur versteuert werden, soweit sie 900,- € bei Ledigen und 1.800,- € bei Verheirateten übersteigen, soweit die Summe die Einkünfte unter 30.700,- € bzw. bei zusammenveranlagten Eheleuten unter 61.400,- € bleibt (§ 13 (3) EStG)
- Verluste aus gewerblicher Tierhaltung weder mit anderen Einkünften ausgeglichen werden noch nach § 10d EStG beim Verlustausgleich abgezogen werden können.

Die Abgrenzung hat im Bereich des Handwerks fast nur für Gärtnereien bzw. für den Handel mit gärtnerischen Erzeugnissen Bedeutung.

4.2.3 Einkünfte aus Gewerbebetrieb (§§ 15–17 EStG)

Einkünfte aus Gewerbebetrieb

Gewerbliche Einkünfte sind von besonderer Bedeutung. Es fallen hierunter Einkünfte

- aus dem Betrieb eines gewerblichen Einzelunternehmens
- als Mitunternehmer einer gewerblich tätigen Personengesellschaft (GbR, OHG)
- aus dem Verkauf oder der Aufgabe
  - eines Gewerbebetriebes
  - eines gewerblichen Teilbetriebes

- eines Mitunternehmeranteils oder
- aus der Veräußerung von Anteilen an Kapitalgesellschaften bei wesentlicher Beteiligung.

Die Aufgabe des Unternehmens bzw. das Veräußerungsgeschäft können begünstigt versteuert werden.

4.2.3.1 Begriff des Gewerbebetriebes (§ 15 Abs. 2 EStG)

Gewerbebetrieb

Gewerbebetrieb ist eine

- auf eigene Rechnung
- selbstständig und auf eigene Verantwortung
- **nachhaltig** (mit Wiederholungsabsicht) und
- **mit Gewinnerzielungsabsicht** (nicht nur kostendeckend) durchgeführte **Beteiligung am allgemeinen wirtschaftlichen Verkehr**,
- die weder der Land- und Forstwirtschaft
- noch der selbstständigen Arbeit zuzuordnen ist.

Beteiligung am allgemeinen wirtschaftlichen Verkehr heißt, dass Gewerbetreibende ihre Leistungen gegen Entgelt einer unbestimmten Anzahl fremder Personen anbieten.

4.2.3.2 Ermittlung der Einkünfte aus gewerblicher Tätigkeit

Einkünfte aus gewerblicher Tätigkeit

Die Einkünfte aus gewerblicher Tätigkeit werden als Gewinne (Bestandsvergleich) oder Einnahmen-Überschuss-Rechnung ermittelt.

Dadurch werden auch die durch Zeitablauf anwachsenden stillen Reserven des Unternehmensvermögens (nominelle Wertsteigerung durch wirtschaftliche oder auch inflationäre Entwicklung) als Gewinn erfasst.

4.2.3.3 Folgen der Einordnung als gewerbliche Einkünfte

Gewerbliche Einkünfte werden grundsätzlich auch zur Gewerbesteuer herangezogen. Deshalb kann die Abgrenzung der Einnahmen aus gewerblicher Tätigkeit gegenüber anderen Zuflüssen von erheblicher steuerlicher Bedeutung sein.

Die Abgrenzung ist häufiger erforderlich gegenüber der einkommensteuerlich unbeachtlichen Liebhaberei, der Vermögensverwaltung oder zur selbstständigen Arbeit.

Vermögensverwaltungen, also Unternehmen, die nur ihr Vermögen verwalten (Grundstücks-, Beteiligungs- oder Wertpapierverwaltungen), erzielen Einkünfte aus

Kapitalvermögen oder Vermietung und Verpachtung. Bei diesen Überschusseinkünften sind Änderungen der Werte der verwalteten Objekte unbeachtlich, soweit nicht Spekulationseinkünfte (§ 23 EStG oder § 20 (2) EStG) vorliegen.

Beispiel

Eine Grundstücksverwaltungsgesellschaft verkauft ein viele Jahre in ihrem Eigentum stehendes Grundstück. Der Gewinn oder Verlust aus diesem Verkauf ist für Zwecke der Einkommensteuer unerheblich.

Unternehmen, die Gebäude nur zum Zwecke einer späteren Vermietung erstellen, sind **Vermögensverwaltungen** selbst dann, wenn sie im Interesse einer ordentlichen Verwaltung gelegentlich ein Grundstück veräußern.

Unternehmen, die Grundstücke mit der Zielsetzung bebauen, diese bei sich bietender Gelegenheit zu verkaufen, werden als **Gewerbebetriebe** beurteilt und besteuert. Man nimmt allgemein einen Gewerbebetrieb an, wenn innerhalb von etwa fünf Jahren vier Objekte veräußert wurden. Häufig ergibt sich schon aus dem Gesamtbild der Verhältnisse, dass ein Gewerbebetrieb vorliegt. Die Beurteilung baut auf einschlägiger Rechtsprechung auf.

Übt ein Stpfl. eine gewerbliche oder selbstständige Tätigkeit aus, die ihm bei Grundstücksgeschäften zugutekommt (Architekt, Bauunternehmer, Makler), so spricht zusätzlich eine gewisse Vermutung dafür, dass es sich um eine gewerbliche Tätigkeit handelt. Will er diese Vermutung widerlegen, so muss er überzeugend darlegen, dass er einzelne Grundstücke zum Zwecke privater Vermögensanlage erworben, bebaut oder veräußert hat.

4.2.3.4 Abgrenzung gegenüber der selbstständigen Arbeit

Abgrenzung gegenüber Einkünften aus selbstständiger Arbeit

Die Abgrenzung gegenüber Einkünften aus selbstständiger Arbeit hat Bedeutung für die Heranziehung zur Gewerbesteuer.

Im Allgemeinen ist durch Verwaltung und Rechtsprechung klargestellt, welcher Einkunftsart bestimmte Berufe zuzuordnen sind (vgl. § 18 Abs. 1 EStG); es treten aber immer wieder Zweifelsfälle auf.

Der **Übergang zur selbstständigen Arbeit** kann auch für Handwerksberufe in Betracht kommen. Das setzt aber voraus, dass das jeweilige Unternehmen in der gesamten Breite, also von der Ausbildung, vom tatsächlichen Berufsbild und von der Tätigkeit her, einem der im § 18 EStG aufgezählten Katalogberufe ähnlich ist. Aus dem Umfeld des Handwerks wurde von der Rechtsprechung nur wenigen Berufen der Übergang zur selbstständigen Arbeit bestätigt, z. B. den vereidigten Bauschätzer.

Die Ausübung einer Tätigkeit als **Kfz-Sachverständige**r wurde als dem Ingenieurberuf ähnlich nur anerkannt, wenn sich der Sachverständige im wesentlichen Teil seiner Arbeit zu Unfallursachen äußert. Ein **EDV-Berater**, der seinen Beruf ohne wissenschaftliche oder mathematisch-technische Ausbildung ausübt, ist gewerblich tätig.

Neben der wissenschaftlichen Grundlage für den Übergang zum selbstständigen Beruf kann auch eine Beurteilung als künstlerische Betätigung in Betracht kommen, beispielsweise bei Kunsthandwerkern, Modeschöpfern, Werbefotografen und Designern. Ausschlaggebend ist, dass die Leistungen deutlich über das hinausgehen, was durch meisterhafte Technik allein erreicht werden kann, und das Arbeitsergebnis die erforderliche künstlerische Gestaltungshöhe erkennen lässt. Das wird man nur mit entsprechender Sachkunde feststellen können, sodass es erforderlich werden kann, Sachverständigengutachten einzuholen.

Die Rechtsprechung fördert den Übergang zur freiberuflichen Tätigkeit nicht.

4.2.3.5 Gewerbliche Mitunternehmer (§ 15 Abs. 1 Nr. 2 EStG)

Mitunternehmer

Mitunternehmer sind Personen, die mit einem Unternehmer derart verbunden sind, dass sie gemeinsam das Unternehmerrisiko tragen und der **Betrieb zugunsten wie zuungunsten auf gemeinsame Rechnung geführt** wird. Es sind zumeist Gesellschafter von Personengesellschaften (GbR, OHG, KG), es können aber auch in anderer Art wirtschaftlich verbundene Personen Mitunternehmer sein.

Beispiele

Ein Darlehensgeber hat sich bei Vergabe eines größeren Darlehens bestimmte Rechte hinsichtlich der Unternehmensleitung ausbedungen, die ihm Mitunternehmereigenschaft verleihen.

Ein hoch qualifizierter Angestellter hat ein Mitspracherecht bei der Annahme von Aufträgen oder beim Eingehen von Verbindlichkeiten.

Stille Gesellschafter behalten sich häufig Rechte in einem Unternehmen vor, die die Vorschriften des BGB zur stillen Gesellschaft nicht mehr decken und durch die sie schon bürgerlich-rechtlich zu Gesellschaftern (§§ 705 ff. BGB), steuerlich aber immer zu Mitunternehmern werden.

Mitunternehmervergütung

Alle **Vergütungen an Mitunternehmer**, die von der Mitunternehmer-Gesellschaft geleistet werden, sind faktisch keine Betriebsausgaben der Mitunternehmerschaft, sondern Teile des Gesamtgewinnes der Gesellschaft und anteilig den Einkünften aus

Gewerbebetrieb des begünstigten Mitunternehmers zuzurechnen. Dabei ist es gleich, ob es sich um Entgelte für Arbeitsleistungen, Zinsen für die Hingabe von Darlehen oder Mieten/Pachten für Grundstücksüberlassungen oder andere Leistungen handelt.

Alle Wirtschaftsgüter, die eine Mitunternehmerschaft nutzt, rechnen zu ihrem **notwendigen Betriebsvermögen**, wenn sie entweder der Gesamthand (also der bürgerlich-rechtlichen Gesellschaft unmittelbar) oder einem einzelnen Mitunternehmer als rechtliches oder wirtschaftliches Eigentum zuzurechnen sind. Gegenstände, die nicht der Gesamthand, sondern nur einem Gesellschafter gehören, bezeichnet man als sogenanntes **„Sonderbetriebsvermögen"** dieses Mitunternehmers. Das Sondervermögen muss die Mitunternehmerschaft in Sonderbilanzen zu ihrer kaufmännischen Bilanz ausweisen.

Personengesellschaften

Personengesellschaften sind keine eigenständigen Steuersubjekte. Personengesellschaften und andere Mitunternehmerschaften werden aus Vereinfachungsgründen nur für Zwecke der

- Gewerbesteuer und
- Umsatzsteuer

wie eigenständige Steuerpflichtige selbst zur Besteuerung herangezogen.

Für die Einkommensteuer werden die Einkünfte dieser Gesellschaften **einheitlich und gesondert** durch das Betriebsfinanzamt festgestellt.

Bei der einheitlichen Gewinnfeststellung ermittelt das Finanzamt neben dem Gesamtgewinn des Unternehmens auch die Gewinnanteile der Mitunternehmer - einschließlich gewährter Sondervergütungen - und teilt diese den Wohnsitz-Finanzämtern der Beteiligten mit.

4.2.4 Einkünfte aus selbstständiger Arbeit (§ 18 EStG)

Einkünfte aus selbstständiger Arbeit

§ 18 EStG ist eine Spezialvorschrift zu § 15 EStG. Die in § 15 EStG genannten Voraussetzungen Selbstständigkeit, Nachhaltigkeit, Gewinnerzielungsabsicht und Beteiligung am allgemeinen wirtschaftlichen Verkehr müssen auch hier vorliegen. Ein Stpfl. übt grundsätzlich einen selbstständigen Beruf aus, wenn bei ihm die eigene Arbeitskraft und die geistige Leistung im Vordergrund steht, wie z. B. bei den Freiberuflern. Dadurch unterscheiden sie sich von den Gewerbetreibenden.

Zu den Einkünften aus selbstständiger Arbeit zählen:

1. Einkünfte aus freiberuflicher Tätigkeit,

2. Einkünfte der Einnehmer einer staatlichen Lotterie, sofern sie nicht Gewerbetreibende sind,
3. Einkünfte aus sonstiger selbstständiger Tätigkeit.

4.2.4.1 Einkünfte aus freiberuflicher Tätigkeit (§ 18 Abs. 1 Nr. 1 EStG)

Einkünfte aus freiberuflicher Tätigkeit

Eine freiberufliche Tätigkeit übt aus, wer selbstständig eine wissenschaftliche, künstlerische, schriftstellerische, unterrichtende oder erzieherische Tätigkeit oder einen in § 18 Abs. 1 Nr. 1 genannten Katalogberuf oder einen ähnlichen Beruf ausübt. Freiberuflich sind:

- medizinische Berufe: Ärzte, Zahnärzte, Tierärzte, Heilpraktiker, Dentisten, Krankengymnasten, Hebammen sowie ähnliche Berufe,
- (rechts- und steuer-)beratende Berufe: Rechtsanwälte, Notare, Patentanwälte, Wirtschaftsprüfer, Steuerberater, vereidigte Buchprüfer/vereidigte Bücherrevisoren, Steuerbevollmächtigte, beratende Betriebs- und Volkswirte sowie ähnliche Berufe,
- technische Berufe: Architekten, Ingenieure, Vermessungsingenieure, Baustatiker, Handelschemiker, Lotsen sowie ähnliche Berufe,
- Medienberufe: Dolmetscher und Übersetzer und die für Film/Fernsehen, Rundfunk, Internet, Zeitungen oder Zeitschriften arbeitenden Journalisten, Bildberichterstatter sowie ähnliche Berufe,
- Wissenschaftler und Erfinder,
- Künstler,
- Schriftsteller,
- Personen, die unterrichten bzw. erzieherische Tätigkeiten ausüben.

Der Freiberufler muss seine Leistung persönlich erbringen. Er darf sich hierbei auch fremder ebenfalls fachlich vorgebildeter Hilfskräfte bedienen. Es ist aber erforderlich, dass der Berufsträger aufgrund eigener Fachkenntnisse leitend und eigenverantwortlich tätig wird.

4.2.4.2 Einkünfte als Lotterieeinnehmer (§ 18 Abs. 1 Nr. 2 EStG)

Lotterieunternehmer

Lotterieeinnehmer fallen nur dann unter § 18 Abs. 1 Nr. 2 EStG, wenn es sich hierbei um die ausschließliche Tätigkeit handelt. Betreibt ein bestehender Gewerbebetrieb, z. B. ein Schreibwaren- und Tabakgeschäft, eine Lottoannahmestelle, liegt ein einheitlicher Gewerbebetrieb vor.

4.2.4.3 Einkünfte aus sonstiger selbstständiger Arbeit (§ 18 Abs. 1 Nr. 3 und Nr. 4 EStG)

Einkünfte aus sonstiger selbstständiger Arbeit

Die Aufzählung in Nr. 3 ist nur beispielhaft. Genannt werden die Vergütungen für Testamentsvollstreckung, für Vermögensverwaltung und für die Tätigkeit als Aufsichtsratsmitglied. Ähnliche Tätigkeiten, die ebenfalls unter § 18 Abs. 1 Nr. 3 EStG fallen, sind z. B. Tätigkeiten als

- Nachlasspfleger, Konkurs- bzw. Insolvenzverwalter, Zwangsverwalter, Vergleichsverwalter
- Verwaltungsrat- und Beiratsmitglied
- Hausverwalter.

Nach § 18 Abs. 1 Nr. 4 EStG werden noch Einkünfte eines Beteiligten an einer vermögensverwaltenden Gesellschaft unter bestimmten Voraussetzungen aus selbstständiger Arbeit erfasst.

4.2.4.4 Bedeutung der Abgrenzung der Einkünfte gemäß § 15 EStG zu § 18 EStG

Die Abgrenzung zwischen § 15 und § 18 EStG hat in der Einkommensteuer nur noch Bedeutung bei der Frage der Buchführungspflicht. Gewerbetreibende sind meistens buchführungspflichtig und haben daher Bilanzen zu erstellen. Entweder sind sie als Kaufleute buchführungspflichtig (vgl. §§ 1 HGB und 140 AO), oder ihr Gewerbebetrieb fällt unter eine der Grenzen des § 141 AO.

Die selbstständig Tätigen sind nicht buchführungspflichtig; auch wenn ihre Einkünfte noch so hoch sind.

Sie ermitteln ihre Einkünfte durch Einnahmen-Überschuss-Rechnung nach § 4 Abs. 3 EStG. In der Gewerbesteuerpflicht liegt die eigentliche Bedeutung der Abgrenzung zwischen § 15 und § 18 EStG. Nur der Gewerbetreibende unterliegt der Gewerbesteuerpflicht.

4.2.4.5 Abgrenzung der freiberuflichen Tätigkeit

Abgrenzung Selbstständigkeit – Nichtselbstständigkeit

Die Abgrenzung ist außer gegenüber den gewerblichen Einkünften auch im Hinblick auf nichtselbstständige Arbeit erforderlich.

Es sprechen für

Selbstständigkeit	Nichtselbstständigkeit
• Eigenverantwortlichkeit • Unternehmerrisiko • Unternehmerinitiative • Beziehungen zu verschiedenen Vertragsparteien	• persönliche Abhängigkeit • Weisungsgebundenheit • feste Arbeitszeiten • feste Bezüge • Urlaubsanspruch • Bezüge im Krankheitsfall • Überstundenvergütung für einfache Tätigkeit • kein Unternehmerrisiko • keine Unternehmerinitiative • Tätigkeit an einem bestimmten Ort • kein Kapitaleinsatz • Arbeitskraft, kein Arbeitserfolg geschuldet

Häufiger ist eine solche Abgrenzung, beispielsweise bei qualifizierter Lehrtätigkeit geringen Umfangs, erforderlich. Im Allgemeinen wird Freiberuflichkeit angenommen; geben Dozenten aber gegen Sondervergütung zusätzlichen Unterricht am eigenen Institut, so nimmt man nicht selbstständige Arbeit an.

Die Abgrenzung von Arbeitnehmer und Selbstständigen bereitet in der Praxis große Schwierigkeiten. Der Gesetzgeber hat dazu ein Gesetz zu Korrekturen in der Sozialversicherung und zur Sicherung der Arbeitnehmerrechte beschlossen. Ziel ist die Einbeziehung Scheinselbstständiger in die Sozialversicherungspflicht.

4.2.4.6 Veräußerung eines freiberuflichen Betriebes

Veräußerungen freiberuflicher Betriebe unterliegen dem § 16 EStG. Dadurch können Veräußerungsgewinne steuerlich begünstigt sein (§§ 18 Abs. 3, 16 EStG).

4.3 Überschuss-Einkünfte

4.3.1 Einkünfte, die als Überschuss ermittelt werden

Überschuss-Einkünfte

Überschüsse der Einnahmen über die Werbungskosten werden ermittelt bei Einkünften aus:

- nicht selbstständiger Arbeit,
- Kapitalvermögen (bei entsprechenden Anträgen im Rahmen des § 32d),
- Vermietung und Verpachtung,
- sonstigen Einkünften.

Diese Art der Einkünfteermittlung ist ein gegenüber der Gewinnermittlung bei den unternehmerischen Einkünften vereinfachtes Verfahren.

Die Überschuss-Einkünfte treten nur untergeordnet in Erscheinung, wenn die betreffenden Einnahmen nicht betrieblichen Einkünften aus Land- und Forstwirtschaft, Gewerbebetrieb oder selbstständiger Arbeit zugerechnet werden können.

Die Begriffe „Einnahmen“ und „Werbungskosten“ werden durch die §§ 8-9b EStG erläutert.

4.3.2 Einkünfte aus nicht selbstständiger Arbeit (§ 19 EStG)

Einkünfte aus nicht selbstständiger Arbeit

Ausgangsbasis der Einkünfte aus nicht selbstständiger Arbeit sind Arbeitsverhältnisse. Die Einkünfte aus nicht selbstständiger Arbeit unterliegen dem Lohnsteuerabzugsverfahren.

Die Einkunftsart erfasst

- Gehälter, Löhne, Tantiemen und andere Bezüge und Vorteile, die für eine Beschäftigung im öffentlichen oder privaten Dienst gewährt werden
- Ruhegelder, Wartegelder, Witwen- und Waisengelder und andere Bezüge und Vorteile aus früheren Dienstleistungen.

Die Einnahmen können in **Geld- oder Sachbezügen** bestehen.

Beispiele

Überlassung einer Wohnung, Gewährung von Verpflegung oder Kfz-Gebrauchsüberlassung.

Zur Bewertung der Sachbezüge wird auf Abschnitt 31 LStR verwiesen. Zu versteuernde Sachbezüge können nach § 40 EStG auch pauschal durch den Arbeitgeber versteuert werden. Die Sachbezüge bleiben steuerfrei, wenn sie 50,- € im Monat nicht übersteigen (Freigrenze - § 8 Abs. 2 EStG).

4.3.2.1 Aufmerksamkeiten des Arbeitgebers

Aufmerksamkeiten des Arbeitgebers

Unter den Begriff Aufmerksamkeiten fallen Sachleistungen des Arbeitgebers, die nach allgemeiner Auffassung üblich sind und beim Arbeitnehmer zu keiner wesentlichen Bereicherung führen. Sie sind kein Arbeitslohn und daher nicht steuerpflichtig, soweit sie den Betrag von 60,- € nicht übersteigen.

Aufmerksamkeiten sind z. B.:

- Geschenke (Blumen, Genussmittel, CD oder Buch) an den Arbeitnehmer oder dessen Angehörige;
- Getränke oder Genussmittel, die der Arbeitgeber im Betrieb unentgeltlich oder verbilligt überlässt,
- Teilnahme an einem geschäftlich veranlassten Essen, an dem auch betriebsfremde Personen teilnehmen, sowie
- Speisen, die der Arbeitgeber aus Anlass und während eines außergewöhnlichen Arbeitseinsatzes im Betrieb unentgeltlich oder verbilligt überlässt.

4.3.2.2 Steuerfreie Bezüge (§§ 3–3b EStG)

Die nachstehend aufgeführten Arbeitgeberleistungen sind ganz oder in bestimmten Grenzen steuerfrei.

Einzelheiten der gesetzlichen Regelungen sind dem EStG selbst, insbesondere aber den Abschnitten 4-30 der Lohnsteuerrichtlinien zu entnehmen:

Lohnsteuerfreie Bezüge sind vor allen Dingen:

Steuerfreie Bezüge

(1) Leistungen nach dem Arbeitsförderungsgesetz (Arbeitslosengeld, Ausfallgeld im Insolvenzfall, Wintergeld)

(2) Werden Übergangsgelder und Übergangsbeihilfen aufgrund gesetzlicher Vorschriften wegen Entlassung aus einem Dienstverhältnis nach dem 31.3.1999 gezahlt, können diese nicht mehr unbeschränkt, sondern nur noch begrenzt auf 10.800,- € bezogen werden.
Abschaffung des Freibetrags für Abfindungen und Übergangsgelder. Es besteht jedoch die Möglichkeit, dass diese Zahlungen als außerordentliche Einkünfte nach § 34 ermäßigt besteuert werden (sog. „Fünftel-Regelung“, wenn die entsprechenden Voraussetzungen vorliegen).

(3) Beihilfen und Unterstützungen wegen Bedürftigkeit innerhalb bestimmter Grenzen

(4) Beihilfen aus öffentlichen Mitteln für Zwecke der Erziehung, Ausbildung, Forschung, Wissenschaft oder Kunst

(5) Erstattung von Reisekosten, Umzugskosten und Mehraufwendungen bei doppelter Haushaltsführung außerhalb des öffentlichen Dienstes, in der Höhe, in der die Aufwendungen Werbungskosten sind

(6) Aufwandsentschädigungen bis zur Höhe von 3.000,- € für nebenberufliche Tätigkeiten als Übungsleiter, Ausbilder, Erzieher oder eine vergleichbare Tätigkeit, oder für die Pflege alter, kranker oder behinderter Menschen im Auftrag einer öffentlich-rechtlichen juristischen Person.

(7) Leistungen nach dem Altersteilzeitgesetz

(8) Werkzeuggeld, soweit die Entschädigungen die regelmäßige Absetzung für Abnutzung, die üblichen Betriebs-, Instandhaltungs- und Instandsetzungskosten sowie die Kosten der Beförderung der Werkzeuge zwischen Wohnung und Arbeitsstelle nicht übersteigen

(9) Überlassung typischer Berufskleidung

(10) Kaufkraftausgleich, der privaten Arbeitnehmern gewährt wird, wenn sie aus dienstlichen Gründen in das Ausland entsandt werden und dort für einen begrenzten Zeitraum ihren Wohnort oder gewöhnlichen Aufenthalt nehmen. Der Umfang der Steuerfreiheit bestimmt sich nach den für den öffentlichen Dienst gewährten Kaufkraftzuschlägen.

(11) Insolvenzversicherung

(12) Arbeitnehmer-Sparzulagen, Leistungen nach dem Arbeitssicherstellungsgesetz und anderen Gesetzen (Abschnitt 29 LStR).

Sachbezüge in Form von Produkten des Beschäftigungsunternehmens, die nicht nach § 40 EStG pauschal versteuert werden, werden mit 96% des Endpreises an betriebsfremde Personen bewertet. Die Vorteile aus diesen Bezügen sind steuerfrei, soweit sie insgesamt 1.080,- € im Jahr nicht übersteigen (§ 8 Abs. 3 EStG).

4.3.2.4 Werbungskosten bei den Einkünften aus nicht selbstständiger Arbeit

Werbungskosten bei Einkünften aus nicht selbstständiger Arbeit

Werbungskosten bei den Einkünften aus nicht selbstständiger Arbeit sind z. B. Aufwendungen nachstehender Art:

- Arbeitsmittel (Schreibtische, Drucker, Computer, Tablets, Werkzeuge) können bis zu 800,- € Anschaffungskosten (netto) für das einzelne Arbeitsmittel abgezogen werden. Bei höheren Anschaffungskosten als 800,- € ist die Verteilung der Beschaffungskosten auf die Jahre der voraussichtlichen Nutzung wie bei Gewinnermittlung erforderlich.
- Berufserkrankung
- häusliches Arbeitszimmer

unbeschränkter Abzug nur bei Arbeitszimmern, die Mittelpunkt der gesamten beruflichen Tätigkeit des Stpfl. Bilden;

- doppelte Haushaltsführung: Reisekosten, Mehraufwand für Verpflegung, für Unterkunftskosten und Heimfahren für 2 Jahre
- Aufwendungen für Wege zwischen Wohnung und erste Tätigkeitsstätte für einmalige tägliche Fahrt
- Reisekosten: Geltend gemacht werden können Fahrtkosten, Mehraufwand für Verpflegung (Einzelnachweis oder Pauschsätze), Übernachtungsgelder, Nebenkosten und Pauschsätze für Verpflegungsmehraufwand.
- Umzugskosten bei betrieblicher Veranlassung
- Beiträge zu Berufsverbänden
- typische Berufskleidung
- Fachliteratur, die ausschließlich der Berufsausübung dient
- Telefonanschluss und Telefongebühren bei ausschließlich beruflicher Nutzung

Werbungskosten

- Fortbildungskosten; Ausbildungskosten (erstmalige Berufsausbildung) gehören dagegen der privaten Lebenshaltung an und können ggf. nur als Sonderausgaben abgesetzt werden
- Führerschein, wenn dieser unmittelbar Voraussetzung für die Berufsausübung ist (z. B. Taxifahrer)
- Haftpflichtversicherungen, die ausschließlich das berufliche Risiko abdecken
- Kontenführungsgebühren, soweit das Konto ausschließlich als Gehaltskonto genutzt wird
- Prozesskosten, die unmittelbar mit dem Arbeitsverhältnis in Zusammenhang stehen
- Schadenersatzleistungen wegen Verletzung der Pflichten aus dem Arbeitsverhältnis
- Unfallkosten bei Fahrten mit eigenem Pkw, wenn sie beruflich veranlasst sind. Das kann selbst dann der Fall sein, wenn der Fahrer den Unfall leichtfertig oder vorsätzlich verursacht hat.
- Unfallversicherungen, die ausschließlich ein besonderes berufliches Risiko abdecken.

Für Werbungskosten, die der Arbeitnehmer im Rahmen seines Arbeitsverhältnisses aufwendet, wird bereits bei der Lohnsteuerfestsetzung ein in die Lohnsteuertabelle eingearbeiteter Werbungskosten-Pauschbetrag von 1.000,– € im Jahr berücksichtigt (§ 9a EStG). Ab 2022 beträgt der Betrag 1.200,– €.

Höhere Werbungskosten müssen in voller Höhe nachgewiesen werden.

4.3.3 Einkünfte aus Kapitalvermögen (§ 20 EStG)

Die Besteuerung privater Kapitaleinkünfte wird grundsätzlich aus der einheitlichen Besteuerung des Einkommens des Anlegers herausgelöst. Die privaten Kapitaleinkünfte werden gesondert mit einem Einkommensteuersatz von einheitlich 25%, zuzüglich Solidaritätszuschlag und ggf. Kirchensteuer belegt. Die Besteuerung erfolgt regelmäßig in Form des Kapitalertragsteuerabzugs mit abgeltender Wirkung (§ 43 Abs. 5 Satz 1 EStG). Deshalb müssen die Kapitaleinkünfte im Rahmen der Einkommensteuererklärung grundsätzlich nicht mehr angegeben werden. Soweit allerdings ein Steuereinbehalt nicht oder nicht in korrekter Höhe erfolgt ist, sind die Kapitaleinkünfte weiterhin im Rahmen der Einkommensteuerveranlagung zu erklären, unterliegen aber auch dann dem gesonderten Einkommensteuertarif von 25% (§ 32d Abs. 3 und 4 EStG).

Einkünfte aus Kapitalvermögen

Hinweis:

Um ggf. eine nachteilige Besteuerung zu vermeiden, kann im Rahmen der Einkommensteuerveranlagung durch das Finanzamt überprüft werden, ob sich die Anwendung des besonderen Einkommensteuertarifs von 25% für den Steuerpflichtigen nachteilig auswirkt, weil sein Einkommen einem geringeren individuellen Einkommensteuersatz unterliegt (sog. Günstigerprüfung, § 32d Abs. 6 Satz 1 EStG). Die Einkommensteuer auf Kapitaleinkünfte wird dann auf Basis dieses niedrigeren individuellen Einkommensteuertarifs festgesetzt; ein Differenzbetrag wird erstattet.

Günstigerprüfung

Gewinne aus der Veräußerung privater Kapitalanlagen zählen ebenso wie Stillhalterprämien bei Optionsgeschäften zu den steuerpflichtigen Kapitaleinkünften. Die besonderen Regelungen zu Finanzinnovationen werden somit hinfällig, da sowohl laufende Erträge als auch Wertsteigerungen von Kapitalanlagen in jedem Fall der Besteuerung unterliegen.

Werbungskosten im Zusammenhang mit Kapitaleinkünften können grundsätzlich nicht mehr steuermindernd geltend gemacht werden. Hier ist vielmehr als Abzugsbetrag einzig noch ein sog. Sparer-Pauschbetrag i. H. v. 801,- EUR (bzw. 1.602,- EUR bei zusammen zur Einkommensteuer veranlagten Ehegatten oder eingetragenen Lebenspartners) vorgesehen, der im Rahmen des Kapitalertragsteuerabzugs berücksichtigt wird, sofern der Gläubiger der Kapitalerträge dem Schuldner der Kapitalerträge bzw. der auszahlenden Stelle (z. B. dem konto- oder depotführenden Kreditinstitut) einen Freistellungsauftrag vorlegt (§ 44a Abs. 1 Nr. 1, Abs. 2 Satz 1 Nr. 1 EStG).

Praxis-Tipp

Um die vollständige Berücksichtigung des Sparer-Pauschbetrags im Rahmen des Kapitalertragsteuerabzugs sicherzustellen, sollte darauf geachtet werden, dass das Freistellungsvolumen passend zu den zu erwartenden Kapitalerträgen verteilt ist. Sollte der Sparer-Pauschbetrag nicht im Rahmen des Kapitalertragsteuerabzugs ausgeschöpft worden sein, kann dies noch im Rahmen der Einkommensteuererklärung nachgeholt werden (§ 32d Abs. 4 EStG).

Infolge der Herauslösung der Kapitaleinkünfte aus der allgemeinen Einkommensbesteuerung kommt es zugleich zu einer Isolierung etwaiger Verluste aus Kapitalanlagen, die grundsätzlich nicht mehr mit Einkünften anderer Einkunftsarten verrechnet werden dürfen. Verluste aus Aktienverkäufen dürfen nur noch mit Gewinnen aus Aktienverkäufen verrechnet werden (§ 20 Abs. 6 Satz 5 EStG). Andere negative Kapitaleinkünfte dürfen nur noch mit positiven Kapitaleinkünften - einschließlich Gewinnen aus Aktienverkäufen - verrechnet werden. Nicht ausgeglichene Verluste werden in das nächste Kalenderjahr vorgetragen (§ 20 Abs. 6 Sätze 2 und 3 EStG).

Negative Kapitalerträge sind von den Kreditinstituten im Rahmen der Berechnung der einzubehaltenden Kapitalertragsteuer zu berücksichtigen, d. h. ein Steuerabzug erfolgt erst, wenn die bei der auszahlenden Stelle erzielten positiven Kapitalerträge die negativen des Kapitalanlegers übersteigen (§ 43a Abs. 3 Satz 2 EStG). Verluste können nur mit positiven Kapitalerträgen, die bei einer anderen auszahlenden Stelle erzielt werden, verrechnet werden, wenn der Kapitalanleger bis zum 15.12. des laufenden Jahres eine Verlustbescheinigung beantragt (§ 43a Abs. 3 Sätze 4 und 5 EStG). In diesem Fall werden auf Antrag im Rahmen der Einkommensteuererklärung die positiven Kapitaleinkünfte um den bescheinigten Verlust gemindert (§ 32d Abs. 4 EStG). Eine Verlustverrechnung zwischen Ehegatten ist möglich. Demnach erfolgt die Verlustverrechnung beider Ehegatten mit Kapitalerträgen beider Ehegatten, die aus bei einem Kreditinstitut geführten Konten und Depots herrühren. Voraussetzung ist, dass die Ehegatten einen gemeinsamen Freistellungsauftrag erteilen (§ 43a Abs. 3 Satz 2 2. Halbsatz, § 52a Abs. 16 Satz 2 EStG n. F.).

4.3.3.1 Der Abgeltungsteuer unterliegende Kapitalerträge

Abgeltungsteuer

Die Abgeltungsteuer ist grundsätzlich auf im Privatvermögen erzielte Einkünfte aus Kapitalvermögen anzuwenden, die dem Gläubiger zufließen (§ 32d Abs. 1 Satz 1, § 52a Abs. 1 EStG). Dabei wird der Umfang der Kapitaleinkünfte in § 20 EStG deutlich erweitert, bestehende Regelungen werden modifiziert, insbesondere im Bereich der Finanzinnovationen.

Folgende im Privatvermögen erzielte Erträge sind u. a. den Kapitaleinkünften zuzurechnen:

Kapitaleinkünfte

- Dividenden und sonstige Bezüge aus Aktien (§ 20 Abs. 1 Nr. 1 EStG).

  Hinweis:
  Die Abgeltungsbesteuerung von Dividenden kann auf Antrag des Steuerpflichtigen vermieden werden, wenn er zu mindestens 25% an der ausschüttenden Kapitalgesellschaft beteiligt oder er bei einer Mindestbeteiligung von 1% beruflich für die ausschüttende Kapitalgesellschaft tätig ist. Durch die Ausübung der Option kann erreicht werden, dass tatsächlich angefallene Werbungskosten steuermindernd berücksichtigt werden - der Sparer-Pauschbetrag kann dann allerdings nicht mehr geltend gemacht werden. Die Einkünfte sind zu 60% steuerpflichtig und dem individuellen Einkommensteuersatz zu unterwerfen (§ 32d Abs. 2 Nr. 3 EStG).

- Bezüge aus der Auflösung von Körperschaften, die nicht in der Rückzahlung von Nennkapital bestehen (§ 20 Abs. 1 Nr. 2 EStG).
- Einnahmen aus typisch stillen Beteiligungen und aus partiarischen Darlehen (§ 20 Abs. 1 Nr. 4 EStG) sowie Gewinne aus der Veräußerung dieser Kapitalanlagen (§ 20 Abs. 2 Satz 1 Nr. 4 EStG).
- Zinsen aus Hypotheken und Grundschulden und Renten aus Rentenschulden (§ 20 Abs. 1 Nr. 5 EStG).
- Erträge aus Lebensversicherungen (§ 20 Abs. 1 Nr. 6 EStG) sowie Gewinne aus der Veräußerung von Ansprüchen auf eine Versicherungsleistung (§ 20 Abs. 2 Satz 1 Nr. 6 EStG).

  Hinweis:

  Erträge aus Lebensversicherungen

  Erträge aus Lebensversicherungen unterliegen seit dem 1. 1. 2009 nicht der Abgeltungsteuer, wenn die Versicherungsleistung nach Vollendung des 60. Lebensjahres und nach Ablauf von 12 Jahren nach Vertragsschluss ausgezahlt wird. In diesem Fall ist die Hälfte des Unterschiedsbetrags zwischen der Versicherungsleistung und den geleisteten Beiträgen dem individuellen Einkommensteuersatz des Anlegers zu unterwerfen (§ 20 Abs. 1 Nr. 6 Satz 2, § 32d Abs. 2 Nr. 2 EStG). Ab dem 1. 1. 2009 realisierte Gewinne aus der Veräußerung von Lebensversicherungsverträgen unterliegen der Abgeltungsteuer, wenn der Versicherungsvertrag nach dem 31. 12. 2004 abgeschlossen wurde. Darüber hinaus werden auch Gewinne aus Veräußerungen von vor dem 1. 1. 2005 abgeschlossenen Versicherungsverträgen als Kapitaleinkünfte erfasst, wenn deren Rückkauf nach dem am 31. 12. 2004 geltenden Recht steuerpflichtig gewesen wäre, z. B. weil die Mindestvertragsdauer von 12 Jahren nicht berücksichtigt wurde (§ 52a Abs. 10 Satz 5 EStG).

- Erträge aus sonstigen Kapitalforderungen jeder Art, z. B. Zinserträgen (§ 20 Abs. 1 Nr. 7 EStG).
  Hierbei ist es nicht erforderlich, dass zumindest eine Vergütung oder eine Kapitalrückzahlung zugesagt wurde. Ausreichend ist, dass ein Betrag tatsächlich gezahlt wird. Ebenso sind Gewinne aus der Veräußerung von diesen Kapitalforderungen als Kapitaleinkünfte zu erfassen (§ 20 Abs. 2 Satz 1 Nr. 7 EStG).

  Mit dem Jahressteuergesetz (JStG) 2010 wurde in § 20 Abs. 1 Nr. 7 EStG klargestellt, dass Erstattungszinsen nach § 233a AO Erträge aus sonstigen Kapitalforderungen sind. Die gesetzliche Klarstellung erfolgt als Reaktion auf das BFH-Urteil vom 15.06.2010 - VIII R 33/07. Die klarstellende Regelung ist in allen offenen Fällen anzuwenden (§ 52a Abs. 8 EStG).
- Vereinnahmte Stillhalterprämien bei Optionsgeschäften (§ 20 Abs. 1 Nr. 11 EStG).
- Gewinne aus der Veräußerung von Kapitalgesellschaftsanteilen (§ 20 Abs. 2 Satz 1 Nr. 1 EStG).
- Laufende Erträge und Gewinne aus der Veräußerung von Investmentfondsanteilen (§ 2 Abs. 1 Satz 1 InvStG, § 8 Abs. 5 Satz 1 InvStG).
- Gewinne aus der Veräußerung von Dividenden- und Zinsscheinen (§ 20 Abs. 2 Satz 1 Nr. 2 EStG).
- Gewinne aus Termingeschäften (§ 20 Abs. 2 Satz 1 Nr. 3 EStG).

4.3.3.2 Besteuerung von Aktiengewinnen

Aktiengewinne

Im Privatvermögen erzielte Gewinne aus der Veräußerung von Kapitalgesellschaftsanteilen sind generell - unabhängig von der Anlagedauer - in vollem Umfang als Kapitaleinkünfte einkommensteuerpflichtig und unterliegen der 25%igen Abgeltungsteuer. Im Gegenzug können damit aber auch anfallende Veräußerungsverluste unabhängig vom Zeitraum zwischen Erwerb und Veräußerung steuerlich abgezogen werden.

Allerdings gilt diese Neuregelung nicht für Gewinne aus Kapitalgesellschaftsanteilen, wenn die Beteiligung innerhalb der letzten 5 Jahre mindestens 1 % betragen hat. Diese werden gemäß § 17 EStG als gewerbliche Einkünfte behandelt und unterliegen zu 60 % dem individuellen Einkommensteuersatz des Kapitalanlegers.

Bei der Ermittlung des Gewinns (bzw. Verlustes) aus der Veräußerung von Kapitalgesellschaftsanteilen können im Rahmen der Kapitaleinkünfte die Transaktionskosten als Anschaffungsnebenkosten gewinnmindernd berücksichtigt werden (§ 20 Abs. 4 Satz 1, § 43a Abs. 2 Satz 2 EStG).

4.3.3.3 Nicht der Abgeltungsteuer unterliegende Kapitalerträge

Nicht in den Anwendungsbereich der Abgeltungsteuer fallen Kapitaleinkünfte, die Einkünften aus Land- und Forstwirtschaft, aus Gewerbebetrieb, aus selbstständiger Arbeit oder aus Vermietung und Verpachtung zuzurechnen sind (§ 20 Abs. 8, § 32d Abs. 1 Satz 1 EStG). In diesen Fällen unterliegen die Erträge aus Kapitalanlagen dem individuellen Einkommensteuersatz des Steuerpflichtigen. Beispielsweise zählen Zinseinnahmen auf Konten, die dem Betriebsvermögen eines Gewerbebetriebs zuzuordnen sind, zu den gewerblichen Einkünften und unterliegen folglich nicht der Abgeltungsteuer.

4.3.4 Einkünfte aus Vermietung und Verpachtung (§ 21 EStG)

Einkünfte aus Vermietung und Verpachtung

Unter diese Einkunftsart fallen Einkünfte aus

- Vermietung von unbeweglichen Vermögen, Grundstücken, Gebäudeteilen und
- Vermietung von Sachinbegriffen, insbesondere bei Verpachtung eines Gewerbetriebs im Ganzen, wenn die Betriebsaufgabe erklärt wurde,
- zeitlich begrenzter Überlassung von Rechten, insbesondere von schriftstellerischen, künstlerischen und gewerblichen Urheberrechten und gewerblichen Erfahrungen,
- Veräußerung von Miet- und Pachtzinsforderungen.

Diese Einnahmen werden nur dann bei dieser Einkunftsart erfasst, wenn sie nicht anderen, insbesondere Gewinneinkünften, zuzurechnen sind.

Einnahmen aus der **Vermietung einzelner Gegenstände** fallen nicht unter § 21 EStG. Gehören diese Einnahmen nicht ohnehin einer anderen Einkunftsart (Gewerbe) an, so sind solche Mieten als sonstige Einkünfte zu versteuern.

Einnahmen aus Vermietung und Verpachtung sind alle Geld- oder Sachleistungen eines Mieters oder Pächters.

Dazu gehören auch Zahlungen wegen übermäßiger Beanspruchung, vertragswidriger Vernachlässigung oder ungerechtfertigter Vorenthaltung des Miet- oder Pachtgegenstandes sowie Mietzuschüsse (vgl. Abschnitt 163 EStR).

Nicht zu den Einkünften gehören **Wertsteigerungen des Grundstücks** oder **Entschädigungen einer Gebäudeversicherung** zur Behebung eines eingetretenen Versicherungsschadens.

4.3.4.1 Werbungskosten bei den Einkünften aus Vermietung und Verpachtung

Werbungskosten bei Einnahmen aus Vermietung und Verpachtung

Als Werbungskosten bei Einkünften aus Vermietung und Verpachtung können abgezogen werden:

- Ausgaben für Reparaturmaßnahmen (Erhaltungsaufwand)
- Absetzungen für Abnutzung (AfA)
- außergewöhnliche Absetzungen für Abnutzung (Unwetterschäden etc.)
- erhöhte Abschreibungen aufgrund besonderer Vorschriften
- Grundbesitzabgaben an die Gemeindeverwaltung.

4.3.4.2 Abgrenzung von Erhaltungs- und Herstellungsaufwand

Erhaltungs- und Herstellungsaufwand

Die Unterscheidung beider Aufwandsarten ist von Bedeutung, weil der

- **Erhaltungsaufwand** als Reparaturmaßnahme im Jahr der Verausgabung sofort abzugsfähig ist, während der
- **Herstellungsaufwand** dem Gebäudewert zuzurechnen ist und nur über die Absetzung für Abnutzung steuermindernd abgesetzt werden kann.

Herstellungsaufwand liegt vor, wenn ein Gebäude durch die Aufwendungen

- in seiner Substanz vermehrt wurde,
- die Nutzungsdauer infolge der angefallenen Aufwendungen erheblich verlängert oder
- das Gebäude in seiner Wesensart verändert wurde (Umbau eines Bürotrakts zur Wohnung).

Herstellungsaufwand liegt auch vor bei Aufwendungen in nahem zeitlichen Zusammenhang mit dem Grundstückserwerb. Dieser **anschaffungsnahe Aufwand** wird ohne Rücksicht darauf, ob er im Einzelnen Herstellungs- oder Erhaltungsaufwand darstellt, den Anschaffungskosten des neu erworbenen Objekts zugerechnet.

Anschaffungsnaher Aufwand

Anschaffungsnaher Aufwand (§ 6 Abs. 1 Nr. 1a, § 9 Abs. 5 EStG, § 52 Abs. 16 u. 23a EStG)

Zu den Herstellungskosten eines Gebäudes gehören auch Aufwendungen für Instandsetzung/Modernisierung, die innerhalb von drei Jahren nach der Anschaffung des Gebäudes durchgeführt werden, wenn die Aufwendungen 15 % der Anschaffungskosten (ohne die in Rechnung gestellte USt) übersteigen. Zu diesen Aufwendungen gehören nicht die Aufwendungen für Erweiterungen i. S. d. § 255 Abs. 2 Satz 1 HBG sowie Aufwendungen für Erhaltungsaufwendungen, die jährlich üblicherweise anfallen.

4.3.4.3 Behandlung größeren Erhaltungsaufwands bei Gebäuden

Der Stpfl. kann größere Aufwendungen für die Erhaltung von Gebäuden, die im Zeitpunkt der Leistung des Erhaltungsaufwands nicht zu einem Betriebsvermögen gehören und überwiegend Wohnzwecken dienen, abweichend von § 11 Abs. 2 EStG auf 2 bis 5 Jahre verteilen. Dies ergibt sich aus § 82 b EStDV. Ein Gebäude dient überwiegend Wohnzwecken, wenn die Grundfläche der Wohnzwecken dienenden Räume des Gebäudes mehr als die Hälfte der gesamten Nutzfläche beträgt. Zum Gebäude gehörende Garagen sind ohne Rücksicht auf ihre tatsächliche Nutzung als Wohnzwecken dienend zu behandeln, soweit in ihnen nicht mehr als ein Pkw für jede in dem Gebäude befindliche Wohnung untergestellt werden kann. Räume für Unterstellung weiterer Kfz sind stets als nicht Wohnzwecken dienend zu behandeln (§ 82b Abs. 1 EStDV).

Wird das Gebäude während des Verteilungszeitraumes veräußert, ist der noch nicht berücksichtigte Teil des Erhaltungsaufwands im Jahr der Veräußerung als Werbungskosten abzusetzen. Das Gleiche gilt, wenn ein Gebäude in ein Betriebsvermögen eingebracht oder nicht mehr zur Einkünfteerzielung genutzt wird (§ 82b Abs. 2 EStDV).

Steht das Gebäude im Eigentum mehrerer Personen, so ist der Erhaltungsaufwand von allen Eigentümern auf den gleichen Zeitraum zu verteilen (§ 82b Abs. 3 EStDV).

4.3.4.4 Absetzungen für Abnutzung (AfA) für Gebäude im Privatvermögen

Absetzung für Abnutzung für Gebäude

Die AfA stellt eine Verteilung der Anschaffungs- oder Herstellungskosten eines Gebäudes (Wirtschaftsgut) auf die voraussichtliche Nutzungsdauer dar.

Die Anwendung höherer Abschreibungssätze kann nur in Ausnahmefällen in Betracht kommen, z. B., wenn unter Berücksichtigung aller tatsächlichen und wirtschaftlichen Umstände die Restnutzungsdauer weit weniger als 40 oder 50 Jahre beträgt. Die AfA innerhalb eines Jahres ist bei Immobilien zeitanteilig - nach Monaten - zu bemessen.

Nur der **Gebäudewert** kann abgeschrieben werden, nicht auch der Wert des Bodens. Wegen fehlender aussagekräftiger Unterlagen schätzt man den Gebäudewert in der Praxis nicht selten auf 80 % der gesamten Anschaffungskosten des Objektes.

Nachträgliche Herstellungskosten eines Gebäudes (Mansardenausbau) werden den abzuschreibenden Werten des Gebäudes zugerechnet.

Zuschüsse von Mietern oder anderen Interessenten zu den Herstellungskosten eines Gebäudes sind von den tatsächlichen Herstellungskosten abzusetzen. Der Eigentümer kann diese Beträge nicht abschreiben.

4.3.4.5 Degressive Gebäudeabschreibungen gem. § 7 Abs. 5 EStG

Degressive AfA

Bei Anwendung der degressiven AfA sind die Abschreibungsbeträge in den ersten Nutzungsjahren höher als in den späteren. Dadurch wird über eine Minderung der Einkommensteuer in den ersten Jahren die Finanzierung von Bauvorhaben erleichtert.

Die degressive AfA ist seit 2006 nur noch für Altfälle möglich. Dies bedeutet, dass das Gebäude vor dem 01.01.2006 oder früher angeschafft bzw. her- bzw. fertiggestellt wurde.

4.3.4.6 Außergewöhnliche Absetzungen für Abnutzung

Außergewöhnliche AfA

Außergewöhnliche Absetzungen für Abnutzung (aAfA) nach § 7 Abs. 1 Satz 5 EStG können neben der normalen - linearen oder degressiven - AfA sowohl aus technischen wie auch aus wirtschaftlichen Gründen vorgenommen werden, wenn ein außerordentlicher Substanzverlust eingetreten ist.

Technisch kann eine derartige Substanzminderung auf Brand, Unwetter, Zerstörung etc. zurückzuführen sein.

Wirtschaftliche Gründe können durch eine Veränderung maßgeblicher wirtschaftlicher Faktoren, die die Nutzbarkeit stark beeinträchtigen, herbeigeführt werden. Stets muss es sich um objektiv nachprüfbare Veränderungen handeln. Eine Minderung der Rentabilität allein reicht nicht, um eine außergewöhnliche Absetzung für Abnutzung zu begründen.

4.3.5 Sonstige Einkünfte (§§ 22–23 EStG)

Sonstige Einkünfte

Man gliedert diese Einkünfte in

- Einnahmen aus wiederkehrenden Bezügen (Renten und ähnliche Einnahmen), soweit diese nicht unter die Einkunftsarten 1–6 fallen,
- Spekulationsgeschäfte i. S. d. § 23 EStG,
- Einnahmen aus Leistungen, soweit sie nicht unter die Einkunftsarten 1–6 fallen und nicht Einkünfte aus wiederkehrenden Bezügen oder Spekulationsgeschäften sind und
- Abgeordnetenbezüge der verschiedensten Art.

Es ist unschwer zu erkennen, dass die 7. Einkunftsart eine gewisse Sammelfunktion für diejenigen Einkünfte hat, die durch die übrigen Einkunftsarten nicht erfasst werden.

Sonstige Einkünfte sind **nur Einnahmen privater Art**, die nicht in einem Betriebsvermögen anfallen. Es ist insbesondere bei wiederkehrenden Bezügen stets zu prüfen, ob sie nicht einer anderen Einkunftsart zuzuordnen sind.

4.3.5.1 Wiederkehrende Bezüge

Wiederkehrende Bezüge sind Einnahmen, die in Geld oder Geldeswert, ohne Raten zu sein, auf einem einheitlichen Entschluss oder Rechtsgrund beruhen und mit einer gewissen Regelmäßigkeit gewährt werden, jedoch der Höhe nach nicht stets gleich zu sein brauchen.

Wiederkehrende Bezüge

Wegen der unterschiedlichen steuerlichen Erfassung sind folgende Arten der wiederkehrenden Bezüge zu unterscheiden: Renten, Leibrenten, dauernde Lasten und sonstige wiederkehrende Bezüge:

- **Renten**
  Renten sind wiederkehrende Bezüge in Geld oder vertretbaren Sachen, die auf einem einheitlichen Stammrecht (Verpflichtungsgrund) beruhen, in gleichmäßigen Abständen und in gleicher Höhe wiederkehren und die mindestens 10 Jahre lang oder auf Lebenszeit einer Person geleistet werden.

- **Leibrenten**
  Leibrenten sind Renten, deren Dauer von der Lebenszeit einer Person abhängt und daher mit einem Wagnis verbunden sind.

- **Dauernde Lasten**
  Die einzelnen Bezüge müssen nicht in Geld oder vertretbaren Sachen bestehen. Zudem brauchen sie nicht regelmäßig in gleicher Höhe anzufallen, sodass dauernde Lasten auch in Dienstleistungen (Pflegeleistungen, Gewährung von Unterkunft und Verpflegung etc.) bestehen.

- **Sonstige wiederkehrende Bezüge**
  Sonstige wiederkehrende Bezüge sind keine Renten oder dauernde Lasten, weil sie nicht für mindestens zehn Jahre geleistet zu werden brauchen.

Leibrenten werden nur teilweise versteuert. Steuerlich erfasst wird nur der Ertragsanteil.

Der **Ertragsanteil** ist in einer Tabelle des § 22 EStG aufgeführt und errechnet sich im Einzelfall nach dem Alter des Rentenberechtigten bei Beginn der Rentenzahlungen.

Die **wiederkehrenden Bezüge, die nicht als Renten zu beurteilen sind**, werden dagegen mit dem vollen Wert versteuert. Das ist der Grund, warum es so wichtig ist, zwischen Leibrenten und anderen wiederkehrenden Bezügen zu unterscheiden.

Wenn die Bezüge (= Zuwendungen) zwar auch in wirtschaftlichem Zusammenhang mit einer Gegenleistung stehen, in erster Linie aber die Versorgung des Empfängers sicherstellen sollen, so kommt es darauf an, ob der **Unterhaltscharakter** der Zuwendung **oder** der Gesichtspunkt der **Gegenleistung überwiegt**.

Steht der Unterhaltscharakter im Vordergrund, so sind die Bezüge beim Empfänger nicht zu versteuern, und der Geber kann sie nicht abziehen. Ist dagegen der Aspekt der Gegenleistung wichtiger, so fallen die Bezüge unter § 22 EStG und sind vom Empfänger zu versteuern, der Geber kann sie demnach abziehen. Je nach Fall erfolgt der Abzug nach § 10 EStG (Sonderausgaben) oder nach § 9 EStG (Werbungskosten).

Die „Rentenbesteuerung" verursacht nicht zuletzt durch ihre wenig übersichtlichen Regelungen in der Praxis häufiger Schwierigkeiten.

Bei **Unterhaltsleistungen an einen geschiedenen oder dauernd getrennt lebenden und in einem Mitgliedsstaat der EU/EWR ansässigen Ehegatten** (begrenztes Real-Splitting) können Zahlungen bis zur Höhe von 13.805,– € jährlich gem. § 10 (1) Nr. 1 EStG vom Geber als Sonderausgabe abgesetzt werden, wenn einem entsprechenden Antrag des Gebers vom Empfänger zugestimmt wird.

Die Zustimmung des Empfängers hat zur Folge, dass dieser die Unterhaltsleistung als wiederkehrende Bezüge versteuern muss.

4.3.5.2 Einkünfte aus privaten Veräußerungsgeschäften (§§ 22 Nr. 2, 23 EStG)

Einkünfte aus privaten Veräußerungsgeschäften

Einkünfte aus privaten Veräußerungsgeschäften sind wie folgt zu versteuern:

1. **Grundstücke und grundstückgleiche Rechte (z. B. Erbbaurecht, Mineralgewinnungsrecht)**

   Veräußerungsgeschäfte bei Grundstücken und Rechten, die den Vorschriften des Bürgerlichen Rechts über Grundstücke unterliegen (z. B. Erbbaurecht, Mineralgewinnungsrecht), bei denen der Zeitraum zwischen Anschaffung und Veräußerung **nicht mehr als zehn Jahre** beträgt. Gebäude und Außenanlagen sind einzubeziehen, soweit sie innerhalb dieses Zeitraums errichtet, ausgebaut oder erweitert werden; dies gilt entsprechend für Gebäudeteile, die selbstständige unbewegliche Wirtschaftsgüter sind, sowie für Eigentumswohnungen und im Teileigentum stehende Räume.

Ausgenommen sind Wirtschaftsgüter, die im Zeitraum zwischen Anschaffung oder Fertigstellung und Veräußerung ausschließlich **zu eigenen Wohnzwecken** oder im Jahr der Veräußerung und in den beiden vorangegangenen Jahren zu eigenen Wohnzwecken genutzt werden.

2. Wertpapiere und weitere Veräußerungsfälle i. S. v. § 20 Abs. 2 EStG

Diese Veräußerungen sind unabhängig von der Haltedauer stets steuerpflichtig und unterliegen grundsätzlich der Abgeltungssteuer.

3. Übrige Wirtschaftsgüter

Übrige Wirtschaftsgüter

Veräußerungsgeschäfte bei anderen Wirtschaftsgütern, bei denen der Zeitraum zwischen Anschaffung und Veräußerung **nicht mehr als ein Jahr** beträgt. Bei Wirtschaftsgütern im Sinne von Nummer 2 Satz 1, aus deren Nutzung als Einkunftsquelle zumindest in einem Kalenderjahr Einkünfte erzielt werden, erhöht sich der Zeitraum auf zehn Jahre.

Als Anschaffung gilt auch die Überführung eines Wirtschaftsguts in das Privatvermögen des Steuerpflichtigen durch Entnahme oder Betriebsausgabe. Bei unentgeltlichem Erwerb ist dem Einzelrechtsnachfolger für Zwecke dieser Vorschrift die Anschaffung oder die Überführung des Wirtschaftsguts in das Privatvermögen durch den Rechtsvorgänger zuzurechnen. Die Anschaffung oder Veräußerung einer unmittelbaren oder mittelbaren Beteiligung an einer Personengesellschaft gilt als Anschaffung oder Veräußerung der anteiligen Wirtschaftsgüter. Als Veräußerung im Sinne des Satzes 1 Nr. 1 gilt auch

- die Einlage eines Wirtschaftsguts in das Betriebsvermögen, wenn die Veräußerung aus dem Betriebsvermögen innerhalb eines Zeitraums von zehn Jahren seit Anschaffung des Wirtschaftsguts erfolgt ist und
- die verdeckte Einlage in eine Kapitalgesellschaft.

Einkünfte aus privaten Veräußerungsgeschäften liegen aber nicht vor, wenn die vorgenannten Veräußerungen **im Rahmen einer anderen Einkunftsart** erfolgen.

Beispiel

Veräußerungsgeschäfte mit Wertpapieren eines Betriebsvermögens, wie das vor allem bei Banken, aber auch bei größeren Unternehmen der Fall ist. Der Gewinn oder Verlust aus Veräußerungsgeschäften ist der Unterschied zwischen Veräußerungspreis einerseits und den Anschaffungs- oder Herstellungskosten und den Werbungskosen andererseits. Die Anschaffungskosten sind um die AfA während der Besitzzeit zu mindern.

Gewinne bleiben steuerfrei, wenn der aus privaten Veräußerungsgeschäften erzielte Gesamtgewinn im Kalenderjahr weniger als 600,- € (= Freigrenze) betragen hat. Verluste dürfen nur bis zur Höhe des Gewinns, den der Steuerpflichtige im gleichen Kalenderjahr erzielt hat, ausgeglichen werden; diese dürfen nicht nach § 10 d EStG abgezogen werden. Diese Verluste mindern Veräußerungsgewinne jeder Art i. S. v. § 23 Abs. 1 EStG aus dem Vorjahr und späteren Jahren.

4.3.5.3 Einkünfte aus Leistungen (§ 22 Nr. 3 EStG)

Einkünfte aus Leistungen

Einnahmen aus Leistungen unterschiedlicher Art sind als sonstige Einkünfte zu erfassen, wenn sie nicht unter eine andere Einkunftsart fallen.

Der Begriff „Leistung" wird von der Rechtsprechung weit ausgelegt. Sie kann in einem Tun, Dulden oder Unterlassen bestehen.

Beispiele

Vermietung einzelner beweglicher Sachen, gelegentliche Vermittlung von Rechtsgeschäften, Vereinnahmung von Schmiergeldern, Einkünfte aufgrund von Erpressungen, Entgelt für ein bindendes Grundstücks-Kaufangebot, Entgelt für Verzicht auf den gesetzlich vorgeschriebenen Grenzabstand im Baurecht.

4.3.5.4 Leistungen aus Altersvorsorgeverträgen

Die Besteuerung der Leistungen aus dem Altersvermögensgesetz (AVmG) ist in § 22 Nr. 5 EStG geregelt.

4.3.5.5 Werbungskosten bei sonstigen Einkünften

Werbungskosten bei sonstigen Einkünften

Werbungskosten werden vielfach nur als Kontoführungsgebühren anfallen. Sie können aber auch sehr vielgestaltig und von verschiedenster Art sein, wenn z. B. Tätigkeiten von Rentenberatern, Steuerberatern, finanzmathematischen Gutachtern u. a. m. zu berücksichtigen sind.

Bei wiederkehrenden Bezügen wird ein Werbungskostenpauschbetrag von 102,- € im Jahr gewährt. Dieser Pauschbetrag steht bei Zusammenveranlagung jedem Ehegatten mit Einkünften aus wiederkehrenden Bezügen gesondert zu.

5. Körperschaftsteuer

Die **Körperschaftsteuer** (KSt) ist die Steuer auf das Einkommen von inländischen juristischen Personen wie beispielsweise Kapitalgesellschaften, Genossenschaften oder Vereinen. Die KSt ist somit gleichsam die Einkommensteuer der juristischen Personen. Sie beträgt 15% des zu versteuernden Einkommens. Auf Basis der Steuerbilanz wird durch verschiedene Korrekturen, welche die Steuergesetze vorgeben, das maßgebliche Einkommen ermittelt. Es muss jährlich mit der Körperschaftsteuererklärung beim zuständigen Finanzamt gemeldet werden. Die Körperschaftsteuer ist (leider) nicht die einzige Unternehmensteuer. Sie wird vor allen Dingen durch die Gewerbesteuer ergänzt.

Körperschaftsteuer

5.1 Besteuerung von Körperschaften und ihren Anteilseignern

Der Körperschaftsteuersatz beträgt 15% und gilt für alle Körperschaften unabhängig davon, ob die Gewinne ausgeschüttet oder einbehalten werden. Die Dividenden (Gewinnausschüttungen) werden, wenn der Anteilseigner die Beteiligung im Betriebsvermögen hält, danach nur zu 60% in die Bemessungsgrundlage für die persönliche Einkommensteuer dieser Anteilseigner, die natürliche Personen sind, einbezogen. Soweit der Anteilseigner eine natürliche Person ist, die die Anteile im Privatvermögen hält, greift grds. bzgl. der Dividende die 25 %ige Abgeltungssteuer.

Körperschaftsteuersatz

5.1.1 Besteuerung der Körperschaft

- **Einkommensermittlung**

Die Einkommensermittlung hat sich gegenüber dem bisherigen Verfahren grundsätzlich nicht geändert. Als Ausnahme ist die Vorschrift des § 8b KStG zu nennen. Diese Vorschrift wird an die international üblichen Standards für die Gesellschafter-Fremdfinanzierung angepasst. Des Weiteren wird die Regelung des § 8b KStG an den Wegfall des Vollanrechnungsverfahrens angepasst und zwar:

a) Ausschüttungen zwischen Körperschaften sind grundsätzlich steuerfrei.
Nach § 8b Abs. 1 KStG werden Ausschüttungen zwischen Körperschaften nicht besteuert (sog. allgemeine Dividendenfreistellung), um eine Mehrfachbelastung in einer Beteiligungskette zu vermeiden: Es findet über § 8b (5) KStG ggf. nur eine Besteuerung von 5 % statt. Es bleibt somit in Beteiligungsketten so lange bei einer Körperschaftsteuerbelastung von 15%, bis der Gewinn die Ebene der Körperschaften verlässt und am Ende an eine natürliche Person ausgeschüttet wird. Erst dann werden diese Ausschüttungen beim Anteilseigner im Rahmen seiner Einkommensteuer mit seinem individuellen Einkommensteu-

Ausschüttungen

ersatz besteuert. Diese Regelung gilt jedoch nur soweit die die Ausschüttung empfangende Gesellschaft zu Beginn des Jahres mit mind. 10 % am Kapital der ausschüttenden Gesellschaft beteiligt ist. Für einen Anteilszukauf im Laufe des Jahres ist § 8b Abs. 4 S. 6 KStG zu beachten.

Veräußerungen

b) Veräußerungsgewinne zwischen Körperschaften sind grds. steuerfrei.
Nach § 8b Abs. 2 KStG sind Gewinne aus der Veräußerung von Anteilen, die eine Kapitalgesellschaft an einer anderen Kapitalgesellschaft hält, auf der Ebene der empfangenen Gesellschaft steuerfrei (ggf. bis auf 5%). Folgende Veräußerungsgewinne sind danach steuerfrei:

- Anteilsveräußerungen oder verdeckte Einlagen
- Auflösung der Beteiligungsgesellschaft
- Herabsetzung des Nennkapitals der Beteiligungsgesellschaft
- Wertaufholung auf den Beteiligungsansatz nach § 6 Abs. 1 Nr. 2 Satz 3 EStG.

Der Veräußerungsgewinn ist allerdings insoweit steuerpflichtig, als in früheren Jahren eine bei der Einkommensermittlung zu berücksichtigende Teilwertabschreibung vorgenommen wurde. Voraussetzung für die Steuerfreiheit ist, dass die Anteile zum Zeitpunkt der Veräußerung mindestens seit einem Jahr (Behaltefrist) ununterbrochen zum Betriebsvermögen der Kapitalgesellschaft gehört haben. Veräußerungen innerhalb dieser Behaltefrist sind steuerpflichtig.

- **Steuersatz**

Der Körperschaftsteuersatz beträgt 15%. Sie kann im Gegensatz zum bisherigen Vollanrechnungsverfahren nicht auf die festzusetzende Einkommensteuer des Anteilseigners angerechnet werden. Dieser Steuersatz ist endgültig und wird nicht mehr durch Gewinnausschüttungen verändert.

5.1.2 Besteuerung eines Anteilseigners, der ein natürliche Person ist

- **Gewinnausschüttungen**

Besteuerung von Anteilseignern

Die von den Anteilseignern bezogenen Gewinnausschüttungen unterliegen nach § 20 Abs. 1 Nr. 1 EStG der Einkommensteuer.

Die Ausschüttungen werden, soweit die Beteiligung im Privatvermögen gehalten wird, grds. mit dem 25 %igen Steuersatz erfasst.

Sofern die Beteiligung an der ausschüttenden Körperschaft in einem Betriebsvermögen gehalten wird, ist bei der Besteuerung der Ausschüttung das Teileinkünfteverfahren (§ 3 Nr. 40, § 3c EStG) zu beachten. Danach bleiben 40 % der Ausschüttung steuerfrei und 60 % unterliegen der Besteuerung.

- **Veräußerungsgewinne**
  a) Anteilsveräußerungen aus dem Privatvermögen

  Nach § 17 EStG werden Veräußerungsgewinne (bei einer Beteiligung von mindestens 1 %) sowie nach § 20 Abs. 2 EStG (privates Veräußerungsgeschäft) aus der Veräußerung von Anteilen an Kapitalgesellschaften einkommensteuerlich erfasst. Diese Veräußerungsgewinne werden gemäß § 3 Nr. 40 EStG auch nach dem Teileinkünfteverfahren besteuert bzw. unterliegen dem Abgeltungssteuersatz von 25 % plus SolZ.

  b) Anteilsveräußerungen aus dem Betriebsvermögen
  Grundsätzlich werden Anteilsveräußerungen aus dem Betriebsvermögen heraus als gewerbliche Einkünfte (§§ 15, 16 EStG) einkommensteuerlich erfasst. Auch hier werden 60 % des Veräußerungsgewinns nach § 3 Nr. 40 EStG nach dem Teileinkünfteverfahren besteuert.

6. Gewerbesteuer

Gewerbesteuer

Nach § 1 GewStG ist die Gewerbesteuer (GewSt) eine **Gemeindesteuer**. Historisch wurde sie nach dem sog. „Äquivalenzprinzip" als Ausgleich für die Lasten gerechtfertigt, die Gewerbebetriebe der Gemeinde zumuten. Eine Durchbrechung dieses (mittlerweile ohnehin überholten) Grundsatzes beinhaltet § 6 Gemeindefinanzreformgesetz, wonach die Gemeinden einen Teil ihres Gewerbesteueraufkommens an das Land und den Bund abführen müssen. Auf Basis dieses Äqivalenzprinzips wurde die Gewerbesteuer als **Objekt- oder Realsteuer** konzipiert, die losgelöst von den persönlichen Verhältnissen des Steuerschuldners an das Objekt - den Gewerbebetrieb - anknüpft.

Als Rechtsgrundlagen der Gewerbesteuer sind neben dem Gewerbesteuergesetz die

- Gewerbesteuerdurchführungsverordnung und
- Gewerbesteuerrichtlinien

zu beachten.

Die GewSt wird von den Gemeinden erhoben und festgesetzt. Auch über Stundung und Erlass entscheiden die Gemeinden; vgl. R 1.1. und R.1.2. Abs.1 Satz 2. Die Idee der Steuersatzautonomie der Gemeinden wurde durch § 16 Abs.4 GewStG, also den Mindesthebesatz von 200 %, eingeschränkt.

Die Feststellung der Besteuerungsgrundlagen und die Festsetzung des sog. Steuermessbetrages obliegt den Finanzämtern; vgl. R.1.2. Abs.1 Satz 1.

Gewerbesteuererklärung

Dies bedeutet, dass Gewerbetreibende beim zuständigen Betriebsfinanzamt eine **Gewerbesteuererklärung** abzugeben haben. Das Finanzamt ermittelt aufgrund dieser Erklärung die Besteuerungsgrundlagen und hält das Ergebnis im sog. **Steuermessbescheid** fest. Dieser wird in doppelter Ausführung an die Gemeinde übersandt. Die Gemeinde multipliziert den Steuermessbetrag mit ihrem sog. Hebesatz und erhält so die Gewerbesteuerschuld. Diese Berechnung hält die Gemeinde im **Gewerbesteuerbescheid** fest und übersendet anschließend den Gewerbesteuerbescheid zusammen mit einem Exemplar des Steuermessbescheides an den Gewerbetreibenden.

Gewerbesteuerbescheid

6.1 Berechnung der Gewerbesteuer

Zur Berechnung der Höhe der Gewerbesteuer ist folgendes Schema zugrunde zu legen:

Gewerbesteuerberechnung

Gewinn oder Verlust nach einkommensteuerlichen Regelungen, aber modifiziert durch § 7 GewStG + Hinzurechnungen (§ 8 GewStG)
= Summe des Gewinns und der Hinzurechnungen ./. Kürzungen (§ 9 GewStG)
= maßgebender Gewerbeertrag (§ 10 GewStG) ./. Gewerbeverlust (§ 10a GewStG, Verlustvortrag) Aufrundung auf volle 100,- € ./. Freibetrag (§ 11 Abs.1 GewStG)
= Gewerbeertrag diesen multipliziert mit der Steuermesszahl nach § 11 Abs. 2 GewStG von 3,5 % ergibt den
Steuermessbetrag diesen multipliziert mit dem Hebesatz der Gemeinde (§ 16 Abs.1 GewStG) ergibt die
Gewerbesteuerschuld

6.2 Gewinn und Verlust als Ausgangsgröße des Gewerbeertrags

Gewerbeertrag

Nach § 7 Abs.1 GewStG ist der Gewerbeertrag der nach den Vorschriften des Einkommensteuergesetzes oder des Körperschaftsteuergesetzes zu ermittelnde Gewinn aus dem Gewerbebetrieb, der bei der Ermittlung des Einkommens für den dem Erhebungszeitraum (§ 14) entsprechenden Veranlagungszeitraum zu berücksichtigen ist.

Eher wissenschaftliche Bedeutung hat die Feststellung, dass der für die Einkommensteuer und/oder Körperschaftsteuer ermittelte Gewinn keine Bindungswirkung für die Gewerbesteuer hat. Die ESt- bzw. KSt-Bescheide sind keine Grundlagenbescheide i. S. v. § 171 Abs. 10 AO. Dies stellt H 7.1 „Eigenständige Ermittlung des Gewerbeertrags" und R 7.1. Abs. 2 klar. In der Praxis wird der Gewinn für die Abgabe der Gewerbesteuererklärung wohl nicht erneut nach den ESt- bzw. KSt-Vorschriften (noch einmal) ermittelt.

Da als Besteuerungsgut prinzipiell die objektive Ertragskraft eines laufenden Gewerbebetriebs erfasst werden soll, wird diese Ausgangsgröße zum einen durch gesetzliche Hinzurechnungen (§ 8 GewStG) und Kürzungen (§ 9 GewStG) korrigiert. So soll beispielsweise für die Gewerbesteuer keine Rolle spielen, wer den Gewerbebetrieb betreibt bzw. ob er mit Eigen- oder Fremdkapital finanziert ist. Da die gezahlten Fremdkapitalzinsen den Gewinn aber vermindert haben, werden sie zumindest teilweise bei der Ermittlung des Gewerbeertrags hinzugerechnet. Weiter soll es für den Gewerbeertrag keine Rolle spielen, ob der Betrieb mit eigenen Anlagegütern wirtschaftet oder ob er diese geleast bzw. gemietet oder gepachtet hat. Die im Vergleich zur AfA höheren Mietzahlungen mindern den Gewinn. Da sich dieser Unterschied bei der Gewerbesteuer aber nicht auswirken soll, werden die Miet-, Leasing- und/oder Pachtzahlungen bei der Ermittlung des Gewerbeertrags wieder hinzugerechnet.

Daneben gibt es noch allgemeine Modifikationen, die je nach Rechtsform des Unternehmens unterschiedlich ausgestaltet sind und sich auf den Gewerbeertrag nach § 7 GewStG auswirken.

6.3 Hinzurechnungen und Kürzungen

6.3.1 Allgemeines

Hinzurechnungen und Kürzungen

Der nach § 7 GewStG anzusetzende „Gewinn" umfasst nach Vorstellung des Gesetzgebers nur teilweise die Ertragskraft des Unternehmens, sodass bei der Ermittlung des Gewerbeertrags Korrekturen vorzunehmen sind. Diese Hinzurechnungen und Kürzungen sollen zu einer „Objektivierung" der Erträge führen.

Zu Hinzurechnungen und Kürzungen kann es in folgenden Fällen kommen:

- Der Betrieb hat Fremdkapital aufgenommen oder WG gepachtet bzw. gemietet.
- Der Betrieb ist an einem anderen Gewerbebetrieb beteiligt.
- Im Betriebsvermögen befindet sich Grundbesitz.
- Dem Betrieb entnommene Mittel wurden gespendet.
- Der Betrieb unterhält Betriebsstätten im Ausland.

Durch die Hinzurechnungen sollen Beträge, die nach Einkommens- bzw. Körperschaftssteuerrecht gewinnmindernd behandelt wurden, als Bestandteile des Gewerbeertrags der Gewerbesteuer (wieder) unterworfen werden. Aus diesem Grund ist es wichtig zu beachten, dass **Hinzurechnungen nur für Beträge in Betracht kommen, soweit diese Beträge bei der Ermittlung des Gewinns abgesetzt wurden (vgl. § 8 GewStG).**

Mit Gewinn ist hier der steuerliche Gewinn gemeint.

Wenn beispielsweise Vergütungen, die Personengesellschaften an ihre Gesellschafter für die Überlassung von WGs zahlen, zwar das handelsrechtliche Ergebnis der Gesellschaft mindern, sind sie aber nach § 15 Abs. 1 Nr. 2 EStG im steuerlichen Gewinn der Gesellschaft enthalten. Aus diesem Grund können diese Zahlungen nicht zu Hinzurechnungen führen, da sie bei der Ermittlung des Gewinns nicht abgesetzt wurden.

Auch die folgenden Vorgänge führen zu keiner Minderung des Gewinns und können somit nicht Gegenstand einer Hinzurechnung sein:

- Gewinnbeteiligungen von atypischen stillen Gesellschaftern
- nach § 4 Abs. 4a EStG nicht abzugsfähige Schuldzinsen
- unter die Zinsschranke des § 4 h EStG i. V. m. § 8a KStG fallende nicht abzugsfähige Zinsaufwendungen
- als verdeckte Gewinnausschüttungen behandelte Zinsaufwendungen.

6.3.2 Hinzurechnungen von Finanzierungsanteilen (§ 8 Nr. 1 GewStG)

Bei der Gewerbebesteuerung soll es unerheblich sein, ob ein Betrieb mit eigenem oder mit fremdem Geld arbeitet. Unterstellt man, ein Betrieb würde ausschließlich mit Eigenkapital arbeiten und einen Gewinn von 200.000,- € erzielen, würde dieser, wenn alternativ Fremdkapital aufgenommen worden wäre, geringer ausfallen. Die Aufnahme von Fremdkapital (z. B. Darlehen, Einräumung einer typischen stillen Beteiligung) führt zwangsläufig zu höheren Betriebsausgaben und somit zu einem geringeren Gewinn. Will man fremd- und eigenkapitalfinanzierte Betriebe gleich behandeln, muss man die Aufwendungen für das Fremdkapital dem Gewinn wieder hinzurechnen.

Nach § 8 Nr. 1 GewStG sollen sämtliche Entgelte für Geld- und Sachkapitalüberlassungen Gegenstand einer Hinzurechnung sein. Bei einzelnen Arten von Geschäftsvorfällen (z. B. Mieten, Pachten, Leasingraten, Lizenzgebühren) wird der Finanzierungskostenanteil fiktiv unterstellt. Systematisch wird aus den in § 8 Nr. 1 GewStG aufgelisteten Buchstaben a) bis f) eine Summe gebildet, davon ein Freibetrag i. H. v. 200.000,- € abgezogen und dann eine entsprechende Hinzurechnung vorgenommen.

Somit ergibt sich folgendes **Berechnungsschema für eine Hinzurechnung nach § 8 Nr. 1 GewStG:**

Berechnungsschema für Hinzurechnungen

§ 8 Nr.	**Fiktiver Finanzierungsanteil**	**Gegenstand der Hinzurechnung**	
1 a)	100 %	**Kapitalüberlassung** Entgelte für Schulden	____________€
1 b)		Renten und dauernde Lasten	+ ____________€
1 c)		Gewinnanteile typischer stiller Gesellschafter	+ ____________€
1 d)	20 %	**Mobilienüberlassung** Miet- und Pachtzinsen für bewegliche WG des Anlagevermögens	+ ____________€
1 e)	50 %	**Immobilienüberlassung** Miet- und Pachtzinsen für unbewegliche WG des Anlagevermögens	+ ____________€
1 f)	25 %	**Rechteüberlassung** Aufwendungen für Konzessionen und Lizenzen	+ ____________€
= Gesamtbetrag ./. Freibetrag			= ____________€ ./. 200.000,- € = ____________€
soweit positiv, dann 25 % (Hinzurechnungsbetrag)			= ____________€
soweit negativ, ist der Hinzurechnungsbetrag			0,- €

6.3.3 Grundbesitz

Grundbesitz unterliegt der Grundsteuer. Die Grundsteuer ist bereits eine Objektsteuer. Das GewStG möchte vermeiden, dass Grundbesitz mit einer zweiten Objektsteuer (Gewerbesteuer) belastet wird.

Grundbesitz

Vereinfachend unterstellt das GewStG, dass betrieblicher Grundbesitz den Gewinn des Betriebs erhöht hat. Der fiktiv angenommene Betrag wird bei der Ermittlung der Gewerbesteuer gekürzt.

§ 9 Nr. 1 GewStG verlangt für eine Kürzung i. H. v. 1,2 % des maßgeblichen Einheitswerts, dass

- zu Beginn des Kalenderjahres sich im ertragsteuerlichen Betriebsvermögen ein Grundstück befindet und
- es sich um ein Grundstück im Inland handelt, das nicht von der Grundsteuer befreit ist.

Beispiel

Doris D. betreibt in Fellbach auf einem eigenen Geschäftsgrundstück eine Damenschneiderei. Der Einheitswert des Grundstücks beträgt 100.000,- €.

Lösung

Der Kürzungsbetrag beträgt 1.680,- €, nämlich 1,2 % vom 140 %igen Einheitswert.

Wie aus der Lösung ersichtlich ist, kann es sein, dass nicht der 100 %ige Einheitswert, sondern ein anderer als Kürzungsgrundlage dient. Von Bedeutung hierfür sind die Art und die Lage des Grundstücks. Würde es sich beispielsweise um ein von einer GmbH land- und forstwirtschaftlich genutztes Grundstück handeln, beträgt die Kürzung lediglich 1.200,- € (1,2 % vom 100 %igen Einheitswert).

6.3.4 Zuwendungen zur Förderung steuerbegünstigter Zwecke

Zuwendungen zur Förderung steuerbegünstigter Zwecke sollen sich steuermindernd auswirken. Das GewStG sieht deshalb eine Kürzung dieser Aufwendungen innerhalb von Höchstbeträgen vor.

Im Gegensatz zu Einzelunternehmen und Personengesellschaften haben sich bei Kapitalgesellschaften derartige Zuwendungen (§ 9 Abs. 1 Nr. 2 KStG) bereits auf das Einkommen ausgewirkt. Der abgezogene Betrag muss zum Zwecke der Gleichbehandlung zunächst wieder **hinzugerechnet** (§ 8 Nr. 9 GewStG, R 8.5 S.3 GewStR) werden. Danach erfolgt bei allen Unternehmensformen eine Kürzung im Rahmen des § 9 Nr. 5 GewStG.

Beispiel

A betreibt ein Einzelunternehmen. In 2012 hat er vom betrieblichen Bankkonto folgende Spendenüberweisungen getätigt:

- Spende an die evangelische Kirche 12.000,- €
- Spende für mildtätige Zwecke 1.000,- €
- Parteispende 2.000,- €
- Spende an die katholische Kirche 1.800,- € (Überweisung vom privaten Girokonto).

Der in 2012 erzielte Gewinn beträgt 50.000,- €, der Umsatz liegt bei 500.000,- € und die Gesamtaufwendungen für Löhne und Gehälter betragen 80.000,- €.

Lösung

Die Parteispende und die vom privaten Konto geleistete Spende bleiben unberücksichtigt.

1. Begünstigte Zuwendung (12.000,- € + 1.000,- € = 13.000,- €)
2. Höchstbetrag

20% des Gewinns (= 10.000,- €), minimal aber 4 Promille von 500.000,- € + 80.000,- € = 2.320,- €, somit 10.000,- €.

Der abzugsfähige Betrag beläuft sich auf 10.000,- €. Der Spendenvortrag beläuft sich auf 3.000,- €.

7. Erbschaft- und Schenkungsteuer

7.1 Steuerpflicht bei Erbschaft und Schenkung

Erbschaft und Schenkung

Das Erbschaftsteuergesetz (ErbStG) besteuert den Erwerb von Vermögenswerten ohne Gegenleistung. Dem ErbStG unterliegen neben dem Erwerb von Todes wegen auch Schenkungen unter Lebenden.

Zur Heranziehung zur Erbschaftsteuer müssen sowohl

- die persönliche Steuerpflicht wie auch
- die sachliche Steuerpflicht beachtet werden.

Die **persönliche Steuerpflicht** unterscheidet zwischen

- unbeschränkter und
- beschränkter Steuerpflicht.

Die **sachliche Steuerpflicht** (§ 1 ErbStG) erstreckt sich auf

- Erwerb von Todes wegen (Erbfall)
- Schenkungen unter Lebenden
- Zweckzuwendungen und
- Besteuerung des Vermögens von Stiftungen im Abstand von 30 Jahren.

Die Besteuerung von Zweckzuwendungen und Stiftungsvermögen sind für den hier verfolgten Zweck weniger interessant. Sie werden daher vernachlässigt. Zur Heranziehung zur Erbschaftsteuer muss das erworbene Vermögen die jeweils in Betracht kommenden Freibeträge übersteigen.

Der Erbschaftsteuer unterliegen nicht nur natürliche Personen, sondern auch Körperschaften.

Da das BVerfG Teile der Erbschaftssteuer für verfassungswidrig erkärt hat und dem Gesetzgeber bis spätestens 30.06.2016 eine Frist zur Änderung gegeben hat, sind im Bereich der Erschafts- und Schenkungssteuer noch einige Änderungen zu erwarten.

7.1.1 Persönliche Steuerpflicht (§ 2 ErbStG)

Man unterscheidet die unbeschränkte und die beschränkte Steuerpflicht.

7.1.1.1 Unbeschränkte Steuerpflicht

Unbeschränkte Steuerpflicht

Der unbeschränkten Steuerpflicht unterliegen

- Erwerber, wenn der Erblasser zur Zeit des Vermögensübergangs den Wohnsitz oder gewöhnlichen Aufenthalt im Inland hatte (soweit es sich um Körperschaften handelt, auch Sitz oder Geschäftsleitung) und
- Erblasser oder Schenker deutscher Staatsangehörigkeit, die zwar im Ausland wohnen oder sich dort dauernd aufhalten, dieser Auslandsaufenthalt vor dem Steuerfall aber nicht länger als 5 Jahre angedauert hat.

Die unbeschränkte Erbschaftsteuerpflicht erfasst grundsätzlich **alle vererbten oder geschenkten Vermögensteile in der ganzen Welt**. Einschränkungen können sich durch Doppelbesteuerungsabkommen ergeben. Muss aufgrund eines Vermögenserwerbs in einem anderen Land eine der Erbschaftsteuer entsprechende Steuer gezahlt werden, so kann diese von der deutschen Erbschaftsteuer abgesetzt werden.

7.1.1.2 Beschränkte Steuerpflicht

Die beschränkte Steuerpflicht tritt ein, wenn weder Erblasser oder Schenker noch Erwerber zur Zeit des Erbfalls (Schenkung) Inländer waren, die erworbenen Vermögenswerte aber zum Inlandsvermögen (§ 121 BewG) zu rechnen sind.

Beschränkte Steuerpflicht

7.1.2 Sachliche Steuerpflicht

7.1.2.1 Erwerb von Todes wegen (§ 3 ErbStG)

Erwerb von Todes wegen liegt vor bei Vermögenserwerb infolge **gesetzlicher Erbfolge oder gewillkürtem Vermögensübergang** (Vermächtniseinsetzung, Erbvertrag), Annahme einer Erbschaftsauflage und Erhebung von Pflichtteilansprüchen.

Sachliche Steuerpflicht

7.1.2.2 Gesetzliche Erbfolge

Hat der Erblasser keine rechtsgültigen Verfügungen über das hinterlassene Vermögen getroffen, tritt die gesetzliche Erbfolge ein. Das hinterlassene Vermögen geht mit dem Erbfall auf die Verwandten und ggf. auch auf den noch lebenden Ehegatten über. Bevorzugt bedacht werden im Erbgang die Verwandten der absteigenden Linie (Nachkommen). Die näheren Verwandten schließen die entfernteren aus. Bei Verwandten gleichen Grades wird das Vermögen unter diesen aufgeteilt. Das BGB teilt die Erben nach Ordnungen auf. Die Vorschriften ergeben sich aus den §§ 1974 ff. BGB.

7.1.2.3 Schenkungen unter Lebenden

Vermögenswerte Vorteilszuwendungen, die von einer Person an eine oder mehrere andere Personen übertragen werden, bezeichnet das Gesetz als Schenkungen unter Lebenden.

Schenkungen unter Lebenden

Schenkungen unter Lebenden sind in § 7 ErbStG detailliert aufgeführt. Schenkungen sind demnach:

- freigiebige Zuwendungen, durch die die bedachte Person bereichert wird
- was infolge Vollziehung einer von dem Schenker angeordneten Auflage oder infolge Erfüllung eines Rechtsgeschäftes unter Lebenden ohne entsprechende Gegenleistung erlangt wird
- was jemand durch Genehmigung einer Schenkung an Dritte erlangt oder zur Erlangung der Genehmigung freiwillig übertragen erhalten hat
- die Bereicherung, die ein Ehegatte bei Vereinbarung der Gütergemeinschaft (§ 1415 BGB) erfährt
- was als Abfindung für einen Erbverzicht (§§ 2346, 2352 BGB) gewährt wird

- Erwerbungen durch vorzeitigen Erbausgleich (§ 1934d BGB)
- was ein Vorerbe dem Nacherben mit Rücksicht auf die angeordnete Nacherbschaft vor ihrem Eintritt herausgibt
- der Übergang von Vermögen aufgrund eines Stiftungsgeschäftes unter Lebenden
- was bei Aufhebung einer Stiftung oder bei Auflösung eines Vereins, dessen Zweck auf die Bindung von Vermögen gerichtet war, erworben wurde
- die Abfindung für aufschiebend bedingte, betagte oder befristet erworbene Ansprüche (soweit es sich nicht um einen Fall des § 3 (2) Nr. 5 ErbStG handelt) vor dem Zeitpunkt des Eintritts der Bedingung oder des Ereignisses
- Erwerbe bei Beendigung einer Zugewinngemeinschaft durch Tod eines Ehegatten oder Ausgleich unter lebenden Ehegatten.

Die Steuerpflicht einer Schenkung wird nicht dadurch ausgeschlossen, dass sie zur Belohnung oder unter einer Auflage gemacht oder in die Form eines lästigen Vertrages gekleidet wird.

7.2 Die Höhe der Steuern

Steuerhöhe

Die Steuerhöhe richtet sich nach dem Verwandtschaftsgrad zum Erblasser und der Höhe des steuerpflichtigen Erwerbs. Ehegatten, Kinder und sonstige Personen der Steuerklasse I werden durch erheblich höhere Freibeträge und durch niedrige Steuersätze besonders von der Erbschaftsteuer verschont. Diese Verschonung geht auf Kosten der Steuerklassen II und III.

7.3 Die Steuerklassen (§ 15 ErbStG)

Im Hinblick auf § 15 Abs. 1 ErbStG unterteilen sich die einzelnen Steuerklassen wie folgt:

Steuerklassen

Steuerklasse I:

1. Ehegatten und Lebenspartner
2. Kinder und Stiefkinder
3. Abkömmlinge der in Nummer 2 genannten Kinder und Stiefkinder
4. Eltern und Voreltern bei Erwerben von Todes wegen.

Steuerklasse II:

1. Eltern und Voreltern, soweit sie nicht zur Steuerklasse I gehören
2. Geschwister
3. Abkömmlinge ersten Grades von Geschwistern
4. Stiefeltern
5. Schwiegerkinder

6. Schwiegereltern
7. geschiedene Ehegatten und Lebenspartner einer aufgehobenen Lebenspartnerschaft.

Steuerklasse III

Alle übrigen Erwerber und die Zweckzuwendungen.

7.4 Persönliche Freibeträge

Persönliche Freibeträge

Der Ehegattenfreibetrag ist in § 16 Abs. 1 Nr. 1 ErbStG, der Freibetrag für Kinder bzw. für Kinder verstorbener Kinder in § 16 Abs. 1 Nr. 2 ErbStG geregelt. Für Enkel, deren Elternteil noch lebt, ergibt sich der Freibetrag in Höhe von 200.000,- € aus § 16 Abs. 1 Nr. 3 ErbStG und für die übrigen Personen der Steuerklasse I (z. B. Eltern bei Erwerb von Todes wegen) aus § 16 Abs. 1 Nr. 4 ErbStG.

Der Freibetrag für Erwerbe der Steuerklasse II ist in § 16 Abs. 1 Nr. 5 ErbStG enthalten. Demnach ergibt sich folgende Übersicht:

	Freibetrag
Ehegatten	500.000,- €
Eingetragene Lebenspartner/innen	500.000,- €
Kinder/Stiefkinder	400.000,- €
Enkel, wenn der Elternteil bereits vorverstorben	400.000,- €
Enkel, wenn der Elternteil noch lebt	200.000,- €
Sonstige Personen der Steuerklasse I	100.000,- €
Personen der Steuerklasse II, III	20.000,- €
Beschränkt Steuerpflichtige	2.000,- €

7.5 Sachliche Steuerbefreiungen

Sachliche Steuerbefreiungen

Die Freibeträge bei der Übertragung von Hausrat im Rahmen der Steuerklasse I liegt gem. § 13 Abs. 1 Nr. 1a ErbStG bei 41.000,- €. Der Freibetrag gem. § 13 Abs. 1 Nr. 1b ErbStG für den Erwerb der übrigen beweglichen Vermögensgegenstände durch Steuerpflichtige der Steuerklasse I beträgt 12.000,- €. Die beiden Freibeträge sind auch auf eingetragene Lebenspartner/innen anzuwenden.

Der Freibetrag des § 13 Abs. 1 Nr. 1c ErbStG für Hausrat und sonstige beweglichen Vermögensgegenstände durch Personen der Steuerklasse II und der übrigen Personen der Steuerklasse III beträgt ebenfalls 12.000,- €.

Der Freibetrag nach § 13 Abs. 1 Nr. 9 ErbStG für die Pflege einer Person beträgt 20.000,- €.

Die Versorgungsfreibeträge für Ehegatten und Lebenspartner gem. § 17 Abs. 1 und 2 ErbStG betragen für Ehegatten 256.000,- € und für Kinder je nach Alter bis zu 51.200,- €.

7.6 Steuersätze gem. § 19 Abs. 1 ErbStG

Die Erbschaftsteuer wird nach folgenden Prozentsätzen erhoben:

Steuersätze

Wert des steuerpflichtigen Erwerbs (§ 10 ErbStG) bis einschließlich ... Euro	Prozentsatz in der Steuerklasse		
	I	II	II
75.000,-	7	15	30
300.000,-	11	20	30
600.000,-	15	25	30
6.000.000,-	19	30	30
13.000.000,-	23	30	50
26.000.000,-	27	40	50
über 26.000.000,-	30	43	50

Härteregelung

Es besteht eine Härteregelung nach § 19 Abs. 3 ErbStG für Fälle, in denen der steuerpflichtige Erwerb die vorherige Tarifstufe nur geringfügig überschreitet. Danach wird der Unterschied zwischen der Steuer, die sich bei Anwendung des maßgeblichen Steuersatzes auf den steuerpflichtigen Erwerb ergäbe, und der Steuer, die sich bei Anwendung des vorhergehenden Steuersatzes auf den Betrag der Tarifstufe ergäbe, nur insoweit erhoben, als er

a) bei einem Steuersatz bis zu 30 % aus der Hälfte,
b) bei einem Steuersatz über 30 % aus drei Vierteln

des die Wertgrenze übersteigenden Betrags gedeckt werden kann.

Beispiel

Der steuerpflichtige Erwerb beträgt 320.000,- €. Der Erwerber gehört zur Steuerklasse I.

Steuer ohne Härteausgleich (320.000,- € × 15 % =) 48.000,- €

Nach § 19 Abs. 3 ErbStG jedoch höchstens

Steuer auf die vorherige Wertstufe (300.000,- € × 11 %) 33.000,- €

+ 50 % der Differenz des Erwerbs zur letzten Tabellenstufe	
50 % × (320.000,- € ./. 300.000,- €)	10.000,- €
Erbschaftsteuer insgesamt	43.000,- €
Steuerersparnis durch Härteausgleich	**5.000,- €**

Die Grenzwerte können aus nachfolgender Tabelle entnommen werden.

Härteausgleich

Wertgrenze in Euro	**Härteausgleich bei Überschreiten der letztvorhergehenden Wertgrenze bis**		
in Steuerklasse	**I**	**II**	**III**
75.000,-			
300.000,-	82.600,-		
600.000,-	334.200,-		
6.000.000,-	677.400,-		
13.000.000,-	6.888.800,-	10.799.900,-	10.799.900,-
26.000.000,-	15.260.800,-		
über 26.000.000,-	29.899.900,-		

8. Umsatzsteuer

8.1 Allgemeines – Mehrwertsteuer und System

Umsatzsteuer

Die **Umsatzsteuer** zählt zu den indirekten Steuern, da sie nicht vom Verbraucher direkt, sondern auf dem Weg über einen Unternehmer erhoben wird. Diese Steuer wird auch als **Mehrwertsteuer** bezeichnet. Sie wird in der Regel vom Verkäufer eines Produktes oder einer Dienstleistung an das Finanzamt abgeführt. Seit dem 1. Januar 2007 **beträgt der Steuersatz** in Deutschland 19 Prozent, der ermäßigte Steuersatz liegt bei 7 Prozent.

Aufgrund der Corona-Pandemie kam es für den Zeitraum vom 01.06.2020 bis zum 31.12.2020 zu einer Absenkung dieser Beträge auf 16 Prozent bzw. 5 Prozent.

Auf der Internetseite des Bundeszentralamtes für Steuern (www.bzst.de) kann ein Merkblatt über Umsatzsteuersätze in den übrigen Mitgliedstaaten heruntergeladen werden.

Die gesetzlichen Regelungen zur Umsatzsteuer finden sich im UStG und in der MwSt-SystRL.

Umsatzsteuerverfahren

Die **Umsatzsteuer** gilt als eine Verbraucherabgabe. Da es aber technisch nicht möglich wäre, die **Umsatzsteuer** vom Endverbraucher zu erheben, obliegt die Abführung der **Umsatzsteuer** dem Unternehmer, der ein Produkt oder eine Dienstleistung verkauft und damit einen Umsatz ausführt. Verfahrenstechnisch wird die USt durch Veranlagung erhoben (Veranlagungssteuer). Der Unternehmer hat nach Ablauf des Besteuerungszeitraums eine Jahreserklärung abzugeben, in der er die zu entrichtende Steuer bzw. den Erstattungsbetrag selbst zu ermitteln und zu berechnen hat (Prinzip der Selbstberechnung). Innerhalb des Besteuerungszeitraums hat der Unternehmer monatlich oder vierteljährlich wieder nach dem Prinzip der Selbstberechnung eine Umsatzsteuervoranmeldung auf elektronischem Weg zu erstellen.

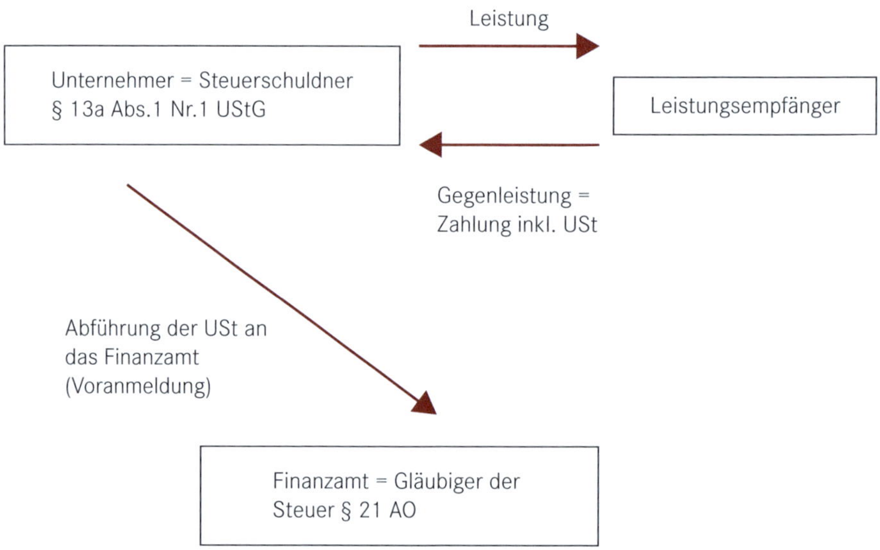

Mehrwertsteuer

Die Umsatzsteuer wird gemeinhin auch als Mehrwertsteuer bezeichnet. Die Bezeichnung findet sich zwar nicht im Gesetz, verdeutlicht aber das System der Umsatzsteuer sehr gut.

Die USt wird auf allen wirtschaftlichen Leistungsstufen erhoben (sog. Allphasensystem). Der Unternehmer ist verpflichtet, bei steuerpflichtigen Umsätzen die auf den Nettobetrag ermittelte Umsatzsteuer an das Finanzamt abzuführen. Es ist ihm jedoch - von einigen Ausnahmen abgesehen - gestattet, die Umsatzsteuer, die andere Unternehmer ihm in Rechnung gestellt haben, als sog. Vorsteuer abzuziehen (sog. Vorsteuerabzug). Nur diese Differenz hat der Unternehmer dann tatsächlich an das Finanzamt abzuführen (sog. Zahllast). Durch dieses Zusammenspiel der Umsatzsteuer und des Vorsteuerabzugs wird wirtschaftlich gesehen nur der durch den jeweiligen Unternehmer geschaffene Mehrwert besteuert.

Beispiel

A betreibt einen Betonhandel und verkauft für 535,50 € Beton an den Großhändler B. Der Großhändler B verkauft die Ware an den Baustoffhändler C für 803,25 €. C verkauft den Beton an den privaten Endverbraucher für 1.071,- €.

Umsatzsteuerberechnung

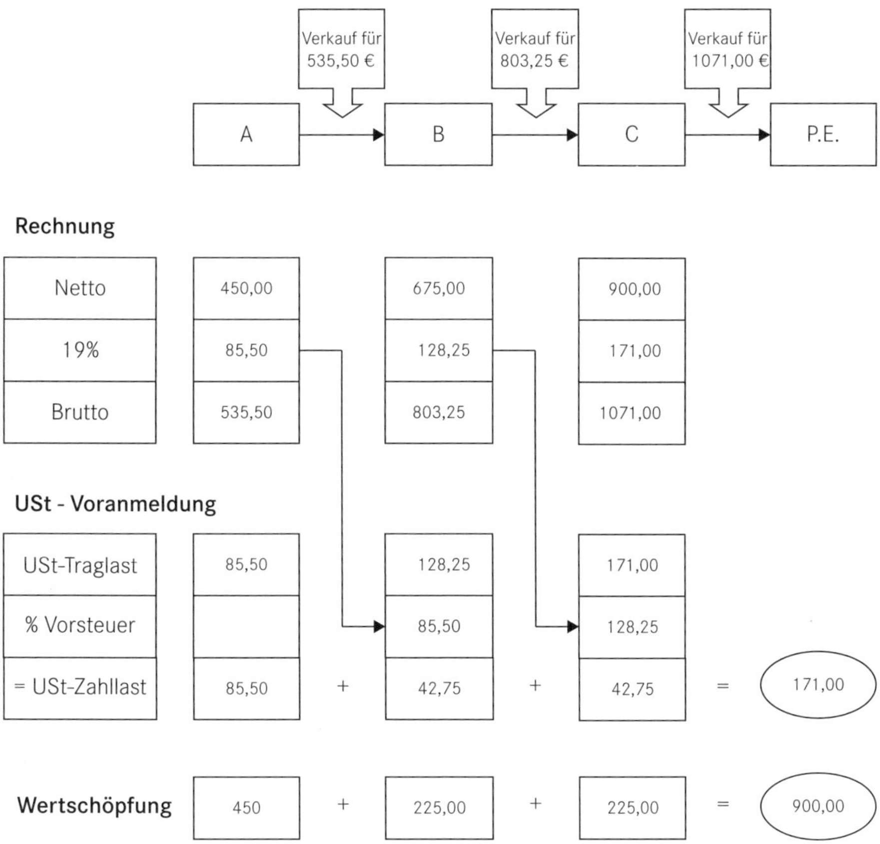

Wertschöpfung

Die Übersicht zeigt, dass auf sämtlichen Produktions- bzw. Handelsstufen ein Wert von 900,- € geschaffen wurde und der Fiskus somit 171,- € Umsatzsteuer vereinnahmt hat. Verdirbt die Ware bei C oder wird sie dort zerstört, so hat C zwar keinen Ausgangsumsatz und nimmt daher keine Umsatzsteuer ein, er kann aber dennoch die Vorsteuer in Höhe von 128,25 € abziehen. Er enthält vom Finanzamt eine Steuererstattung i. H. v. 128,25 €. Die endgültige Steuereinnahme entfällt aber. Es ist letztlich auch kein Mehrwert geschaffen worden.

8.2 Umsatzsteuerliche Begriffe

8.2.1 Unternehmer und sog. Kleinunternehmer

Kleinunternehmerregelung

Nach § 2 Abs.1 S. 1 UStG ist ein Unternehmer jeder, der eine gewerbliche oder berufliche Tätigkeit selbstständig ausübt. Als Unternehmer kommen somit natürliche Personen (z. B. Einzelkaufmann) oder auch juristische Personen (z. B. GmbH) in Betracht. Die Tätigkeit des Unternehmers muss nachhaltig und mit Einkunftserzielungsabsicht selbstständig ausgeübt werden. Für den Begriff des Unternehmers im Umsatzsteuerrecht spielt es somit auch keine Rolle, ob die Tätigkeit im einkommensteuerlichen Sinne zu Einkünften nach § 18 EStG oder nach § 15 EStG führt. Ein selbstständig tätiger Rechtsanwalt oder Arzt ist somit genauso ein Unternehmer i. S. d. § 2 UStG wie ein selbstständig tätiger Bäcker oder Autohändler.

Ein Angestellter kann aber als solcher kein Unternehmer sein, somit auch keine Umsatzsteuer in Rechnung stellen oder einen Vorsteuerabzug haben.

Vereinfachung im Umsatzsteuerrecht

Die sog. **Kleinunternehmerregelung** nach § 19 UStG ist eine Vereinfachungsregelung im Umsatzsteuerrecht, die Unternehmern mit niedrigen Umsätzen ein Wahlrecht gewährt, weitgehend wie Nichtunternehmer behandelt zu werden. Der Kleinunternehmer unterliegt dennoch dem Umsatzsteuergesetz; insoweit **entsteht** (§ 38 AO) auch die Umsatzsteuer, allerdings wird die Steuer durch das Finanzamt nicht **erhoben** (§ 218 ff. AO). Im Wesentlichen können Kleinunternehmer daher auf den Ausweis der und die Abführung von Umsatzsteuer verzichten, sind dann aber auch nicht zum Vorsteuerabzug aus Rechnungen anderer Unternehmer berechtigt.

Durch die beschriebene Kleinunternehmerregelung haben solche Unternehmer einen leichten Wettbewerbsvorteil, deren Kunden nicht vorsteuerabzugsberechtigt sind. Da der Endverbraucher Bruttopreise (inklusive Umsatzsteuer) vergleicht, könnte der Kleinunternehmer die Ersparnis durch die Nichtabführung der Umsatzsteuer an den Kunden weitergeben und entsprechend billiger anbieten. Werden in erster Linie Umsätze mit vorsteuerabzugsberechtigten Unternehmen getätigt, würde sich für einen Kleinunternehmer, der im Wesentlichen Dienstleistungen erbringt, wirtschaftlich nichts ändern.

Unternehmern, die vorwiegend Leistungen für vorsteuerabzugsberechtigte Unternehmen erbringen, kann der Verzicht auf die Kleinunternehmerregelung Vorteile bringen. Denn dann kann der Vorsteuerabzug geltend gemacht werden. Bei Anschaffungen muss der Unternehmer dadurch nur den Nettobetrag des erworbenen Gegenstandes finanzieren.

Kleinunternehmer ist, wer

Kleinunternehmer

- im vorangegangenen Kalenderjahr einen Umsatz zzgl. Umsatzsteuer von **nicht über 22.000,– €** hatte und
- im laufenden Kalenderjahr einen voraussichtlichen Umsatz zzgl. Umsatzsteuer von **nicht über 50.000,– €** hat.

Bei der Ermittlung der Umsatzgrenzen von 22.000,- € und 50.000,- € ist zu beachten, dass in den 22.000,- €/50.000,- € Umsatzsteuer enthalten ist. Die Kleinunternehmerregelung ist keine Steuerbefreiungsvorschrift; die eigentlich darauf entfallende Umsatzsteuer wird vielmehr wie gesagt von den Finanzämtern nur nicht erhoben.

Beispiel

U. handelt mit selbstbedruckten T-Shirts. Um die 22.000-Euro-Grenze nicht zu überschreiten, darf sein Jahresumsatz nicht mehr als 22.000,- € betragen. Er erhält Einnahmen von insgesamt 24.000,- €. Diese setzen sich aus dem Verkauf der T-Shirts in Höhe von 21.000,- € und Umsätzen von Wirtschaftsgütern des Anlagevermögens (Hilfsgeschäft) durch den Verkauf seines betrieblich genutzten Computers in Höhe von 3.000,- € zusammen.

Lösung:

Die Finanzverwaltung betrachtet die Umsätze von 24.000,- € als Bruttoumsätze. Die steuerbaren Umsätze sind allerdings umsatzsteuerlich als Nettoumsätze definiert. Deshalb muss aus den Umsätzen von 24.000,- € die Umsatzsteuer durch den Faktor 1,19 (in der Regel der Hauptsteuersatz von 19 %) herausgerechnet werden.

Steuerbare Umsätze 24.000,- € (= 21.000,- € + 3.000,- €) : 1,19 = 20.168,- € (netto)

abzgl. bestimmte steuerfreie Umsätze = 0

abzgl. bestimmte steuerfreie Hilfsumsätze = 0

= Gesamtsumme 20.168,– €

abzgl. Hilfsgeschäft = 3.000,- € : 1,19 = 2.521,- € (netto)
= Umsatz gem. § 19 Abs. 1 S. 2 Umsatzsteuergesetz = 17.647,- €
zzgl. (fiktiv) darauf entfallende Umsatzsteuer = 17.647,- € x 0,19 = 3.353,- €

= Bruttoumsatz 20.168,– € < 22.000,– €.

Wurde die Umsatzgrenze von 22.000,- € im Vorjahr überschritten, so kann die Kleinunternehmerregelung im Folgejahr nicht mehr angewendet werden, unabhängig davon, ob im laufenden Jahr die 50.000-Euro-Grenze eingehalten wurde. Wurde hingegen die Umsatzgrenze von 22.000,- € im vorangegangenen Vorjahr nicht überschritten, darf zusätzlich im laufenden Jahr die Umsatzgrenze von 50.000,- € nicht überschritten werden. Dies erfolgt allerdings anhand einer Prognoseentscheidung. Bei der Grenze von 50.000,- € kommt es darauf an, ob der Unternehmer diese Bemessungsgröße **voraussichtlich** nicht überschreiten wird. Ist danach ein **voraussichtlicher** Umsatz zzgl. Umsatzsteuer von nicht mehr als 50.000,- € zu erwarten, ist dieser Betrag auch dann maßgebend, wenn der tatsächliche Umsatz des Kalenderjahres die Grenze von 50.000,- € überschreitet. Der Unternehmer hat dem Finanzamt auf Verlangen die Verhältnisse darzulegen, aus denen sich ergibt, wie hoch der Umsatz des laufenden Kalenderjahres voraussichtlich sein wird.

8.2.2 Rechnung und die Aufbewahrungspflichten

Aufbewahrungspflichten

Eine Rechnung ist nach § 14 Abs. 1 UStG jedes Dokument, mit dem über eine Lieferung oder sonstige Leistung abgerechnet wird, gleichgültig, wie dieses Dokument im Geschäftsverkehr bezeichnet wird.

Nach § 31 Abs. 1 UStDV kann eine Rechnung **aus mehreren Dokumenten** bestehen, aus denen sich die nach § 14 Abs. 4 UStG geforderten Angaben insgesamt ergeben. In einem dieser Dokumente sind das Entgelt und der darauf entfallende Steuerbetrag jeweils zusammengefasst anzugeben und alle anderen Dokumente zu bezeichnen, aus denen sich die übrigen Pflichtangaben nach § 14 Abs. 4 UStG ergeben. Die Angaben müssen leicht und eindeutig nachprüfbar sein. Als Rechnung ist auch ein Vertrag anzusehen, der die erforderlichen Rechnungsangaben enthält. Rechnungen sind **auf Papier** oder vorbehaltlich der Zustimmung des Empfängers auf **elektronischem Weg** zu übermitteln. Zu beachten ist, dass Rechnungen somit auch **keine handschriftliche Unterschrift** erfordern.

Für Umsätze, die seit dem 1. Juli 2011 ausgeführt werden, wurden die bis dahin geltenden strengen Anforderungen durch das im November 2011 in Kraft getretene Steuervereinfachungsgesetz rückwirkend gelockert. Rechnungen können seit diesem Zeitpunkt ohne größere Hürde elektronisch versandt werden, z. B. per Mail, gegebenenfalls mit pdf- oder Textdatei, per Serverfax oder auch als Web-Download. Stimmt der Rechnungsempfänger der elektronischen Übermittlung zu, sind spezielle technische Übermittlungsverfahren nicht mehr erforderlich. Allerdings ist zu beachten, dass die „Echtheit der Herkunft, die Unversehrtheit des Inhalts und die Lesbarkeit der Rechnung gewährleistet" sein müssen. Hierunter versteht man die Sicherstellung der Identität des Rechnungsstellers, der Unverändertheit der Rechnungsangaben während der

Übermittlung und die Erkennbarkeit „fürs menschliche Auge“. An die Erfüllung dieser Kriterien werden keine überzogenen Anforderungen gestellt. Digitale Signaturen können so zwar weiterhin, müssen aber definitiv nicht weiter angewendet werden. Die Verwaltung lässt es in einem Erlass beispielhaft zu, dass verlässliche innerbetriebliche Kontrollverfahren in der einfachsten Form auch durch einen manuellen Abgleich der Rechnung mit der Bestellung und gegebenenfalls dem Lieferschein erfolgen können. Neue Aufzeichnungs- und Aufbewahrungspflichten werden hierdurch nicht statuiert.

Führt ein Unternehmer eine Lieferung oder sonstige Leistung an einen **anderen Unternehmer** für dessen Unternehmen oder an eine juristische Person ohne Unternehmereigenschaft aus, ist er nach § 14 Abs. 2 Nr. 2 UStG verpflichtet, **innerhalb von sechs Monaten** nach Ausführung der Leistung eine Rechnung auszustellen. Die Pflicht zur Rechnungserteilung gilt auch für Gutschriften im umsatzsteuerlichen Sinn (umgekehrte Rechnung), das heißt Gutschriften, die vom Leistungsempfänger z. B. für eine Handelsvertreterleistung ausgestellt werden.

Die Einhaltung der folgenden Pflichtangaben des § 14 Abs. 2 UStG ist erforderlich, damit der Vorsteuerabzug gewährt wird.

Pflichtangaben für Eingangsrechnungen

Die Eingangsrechnung hat gemäß § 14 Abs. 4 in Verbindung mit § 14a Abs. 5 UStG folgende Angaben zu enthalten:

- vollständiger Name und vollständige Anschrift des leistenden Unternehmers und des Leistungsempfängers;
- finanzamtsbezogene Steuernummer oder Umsatzsteueridentifikationsnummer (USt-IdNr.);
- Ausstellungsdatum der Rechnung – im Falle der Berichtigung gilt das Datum, an dem die Rechnung berichtigt wird;
- fortlaufende Rechnungsnummer;
- Menge und handelsübliche Bezeichnung der gelieferten Gegenstände oder die Art und den Umfang der sonstigen Leistung;
- Zeitpunkt der Lieferung bzw. sonstigen Leistung;
- nach Steuersätzen und -befreiungen aufgeschlüsseltes Entgelt für die Lieferung oder sonstige Leistung;
- im Voraus vereinbarte Minderungen des Entgelts;
- anzuwendender Steuersatz sowie der auf das Entgelt entfallenden Steuerbetrag;
- im Falle einer Steuerbefreiung ist ein Hinweis auf die Steuerbefreiung erforderlich (z. B. „Innergemeinschaftliche Lieferung“).

Ggf. Hinweis auf die Steuerschuld des Leistungsempfängers (Reverse-Charge-Verfahren), beispielsweise bei Bauleistungen sowie bei Werklieferungen eines im Ausland ansässigen Unternehmers (Einzelheiten siehe § 13 b UStG).

Für Rechnungen, deren Gesamtbetrag **150,– €** nicht übersteigt, gelten nach § 33 UStDV einige Erleichterungen.

Bewirtungskosten

Werden **Bewirtungskosten** aus betrieblichem Anlass als Betriebsausgaben geltend gemacht, wird als Nachweis nur eine Rechnung anerkannt, die **maschinell erstellt und registriert** (Registrierkasse) wurde. Aus der Rechnung müssen sich Name und Anschrift der Gaststätte sowie der Tag der Bewirtung ergeben. Die Rechnung muss auch den Namen des bewirtenden Steuerpflichtigen enthalten; dies gilt nicht, wenn der Gesamtbetrag der Rechnung 100,– € nicht übersteigt. Allerdings ist der Nachweis der Höhe und der betrieblichen Veranlassung der Aufwendungen durch schriftliche Angaben zu Ort, Tag, Teilnehmer und Anlass der Bewirtung sowie Höhe der Aufwendungen für den Abzug der Bewirtungsaufwendungen als Betriebsausgaben gesetzlich vorgeschrieben. Bei Bewirtungen in einer Gaststätte genügen neben der beizufügenden Rechnung Angaben zu dem Anlass und den Teilnehmern der Bewirtung. Die für den Vorsteuerabzug bei der Umsatzsteuer ausreichende Angabe „Speisen und Getränke" und die für die Bewirtung in Rechnung gestellte Gesamtsumme sind für den Betriebsausgabenabzug nicht ausreichend.

Ein Unternehmer hat nach § 14b UStG ein Doppel der Rechnung, die er selbst oder ein Dritter in seinem Namen und für seine Rechnung ausgestellt hat, sowie alle Rechnungen, die er erhalten oder die ein Leistungsempfänger oder ein Dritter in dessen Namen und für dessen Rechnung ausgestellt hat, **zehn Jahre** aufzubewahren, wobei eine elektronische oder bildliche Speicherung bei Vernichtung der Originalrechnung unter bestimmten Voraussetzungen möglich ist. Bei elektronisch übermittelten Rechnungen hat der Unternehmer auch die Nachweise über die Echtheit und Unversehrtheit der Daten aufzubewahren. Bei einem **Verstoß** können **bis zu 5.000,– €** Bußgeld verhängt werden (§ 26 a Abs. 1 Nr. 2, Abs. 2, 2. Halbsatz UStG).

Aufbewahrungsfrist

Private (auch Unternehmer, die Leistungen für ihren nicht unternehmerischen Bereich verwenden), die aufgrund des am 1. August 2004 in Kraft getretenen „Gesetzes zur Intensivierung der Bekämpfung der Schwarzarbeit und damit zusammenhängender Steuerhinterziehung" von Unternehmern für eine steuerpflichtige Werklieferung oder sonstige Leistung im Zusammenhang mit einem Grundstück eine Rechnung erhalten haben, sind verpflichtet, diese Rechnung, einen Zahlungsbeleg oder eine andere beweiskräftige Unterlage **zwei Jahre** lang aufzubewahren. Bei einem **Verstoß** können **bis zu 500,– € Bußgeld** verhängt werden (§ 26 a Abs. 1 Nr. 3, Abs. 2, 1. Halbsatz UStG).

Aufbewahrungspflicht

Auf diese neue Aufbewahrungspflicht der Privatperson ist in der Rechnung hinzuweisen, beispielsweise durch einen Zusatz: „Der Rechnungsempfänger ist verpflichtet, die Rechnung zu Steuerzwecken 2 Jahre lang aufzubewahren."

Zu beachten ist hier darüber hinaus, dass der im Inland oder in einem der in § 1 Abs. 3 UStG bezeichneten Gebiete ansässige Unternehmer alle Rechnungen im Inland oder in einem der in § 1 Abs. 3 UStG bezeichneten Gebiete aufzubewahren hat. Handelt es sich um eine elektronische Aufbewahrung, die eine vollständige Fernabfrage (Online-Zugriff) der betreffenden Daten und deren Herunterladen und Verwendung gewährleistet, darf der Unternehmer die Rechnungen auch im übrigen Gemeinschaftsgebiet aufbewahren. Es ist jedoch dem Finanzamt schriftlich mitzuteilen, wenn die Rechnungen nicht im Inland aufbewahrt werden.

IV. Handwerks- und Gewerberecht

Verf.: Bernd-Michael Hümer

1. Grundsätze des Gewerberechts

1.1 Gewerberecht und Gewerbeordnung

Gewerbeordnung – Kernelement des Wirtschaftsrechts

Die Gewerbeordnung (GewO) regelt die Zugangsvoraussetzungen für eine gewerbliche Tätigkeit. Sie ist das Kernelement unseres öffentlichen Wirtschaftsrechts. Sie steht in der Nachfolge der früheren Gewerbeordnungen wie die „Preußische Allgemeine Gewerbeordnung" von 1845 oder die „Gewerbeordnung des Norddeutschen Bundes" von 1869, die in den folgenden Jahren auch in den weiteren Staaten des deutschen Reiches eingeführt wurde. Neben den allgemeinen Bestimmungen enthält sie umfangreiche gesetzliche Regelungen zum „Stehenden Gewerbe", untergliedert in „Allgemeine Erfordernisse", „Erfordernis besonderer Überwachung oder Genehmigung" und „Umfang, Ausübung und Verlust der Gewerbebefugnisse". Darüber hinaus zum „Reisegewerbe" sowie zu „Messen, Ausstellungen und Märkten". Im Titel VII. des Gesetzes geht es um Arbeitnehmer, hierzu gibt es Bestimmungen zu allgemeinen arbeitsrechtlichen Grundsätzen, zur Befugnis und Führen des Baumeistertitels und zur Gewerbeaufsichtsbehörde. Die Titel X. und XI. behandeln die Straf- und Bußgeldvorschriften sowie die Bestimmungen zum Gewerbezentralregister. Neben der Organisation und der Zuständigkeit sind die Eingriffsbefugnisse der öffentlich-rechtlichen Aufgabenträger umfänglich geregelt.

Das Gewerberecht ist dem Öffentlichen Recht zuzuordnen, es gehört zum Besonderen Verwaltungsrecht. In der weiteren Verästelung wird es dem Wirtschaftsverwaltungs- bzw. dem Öffentlichen Wirtschaftsrecht zugeordnet. Kerngedanke des Gewerberechtes ist es, die von der gewerblichen Tätigkeit ausgehenden Gefahren abzuwehren für die Allgemeinheit, für die öffentliche Sicherheit und Ordnung und ganz speziell für die Nutzer und Beschäftigten eines Gewerbebetriebs.

Das Gewerberecht unterliegt aber auch der zum Teil rasanten Veränderung in unserer Gesellschaft. Hieraus können sich immer wieder neue Gefahren und Anforderungen ergeben, die es vor einem überschaubaren Zeitraum überhaupt noch nicht gab. Als Beispiele stehen Onlineauktionen, Schaustellungen von Personen, Makler, Bauträger, Baubetreuer oder Immobiliardarlehnsvermittler. Auch durch das Internet und die digitalen Medien bzw. Plattformen (Social Media) haben sich neue und vielfältige Geschäftsfelder ergeben mit zuvor nicht bekannten Verbreitungsmöglichkeiten. Dies zeigt deutlich, dass das Gewerberecht von ökonomischen, aber auch von ökologischen, sozialen, kulturellen oder auch technischen Veränderungen betroffen und beeinflusst wird. Hier ist der Gesetzgeber aufgefordert zu handeln, er muss sich mit den neuen Gefährdungslagen auseinandersetzen und sachgerechte Lösungen finden.

1.2 Der Grundansatz der Gewerbefreiheit (§ 1 GewO)

Seit ihrer Neubekanntmachung vom 26. Juli 1900 hat die Gewerbeordnung im Grundsätzlichen bis heute Bestand. Der Grundsatz der Gewerbefreiheit hat nach wie vor einen ganz hohen Stellenwert, er steht weiterhin am Anfang des Gesetzes. Danach ist der Betrieb eines Gewerbes jedermann gestattet, soweit nicht durch dieses Gesetz Ausnahmen oder Beschränkungen vorgeschrieben oder zugelassen sind, § 1 Abs. 1 GewO.

Gewerbebegriff – keine Legaldefinition

Der Gesetzgeber hat keine Legaldefinition zum Begriff „Gewerbe" vorgenommen. Der Gewerbebegriff hat sich dadurch und folgerichtig in der Rechtsprechung und der Literatur gebildet unter Beachtung der vom Gesetzgeber vorgenommenen Ausgrenzungen bestimmter Teilbereiche. Nicht zugehörig zum Anwendungsbereich der Gewerbeordnung sind die Urproduktion, die freien Berufe und die Verwaltung des eigenen Vermögens:

> „... jede erlaubte, auf Gewinnerzielung gerichtete und auf Dauer angelegte selbstständige Tätigkeit, ausgenommen Urproduktion, freie Berufe und die bloße Verwaltung eigenen Vermögens."

Die Ausgrenzungen aus dem Anwendungsbereich sind in § 6 Abs. 1 GewO detailliert genannt. Keine Anwendung findet das Gesetz beispielsweise auf die Fischerei, die Erziehung von Kindern gegen Entgelt, das Unterrichtswesen, auf die Tätigkeit der Patent- und Rechtsanwälte, Notare, vereidigte Buchprüfer, der Steuerberater oder auf die Tätigkeit der Prostituierten.

Dem Bereich der Gewerbsmäßigkeit wurde zugeordnet:

- die Absicht, Gewinne zu erzielen,
- die Dauerhaftigkeit und die Nachhaltigkeit,
- die Selbstständigkeit,
- erlaubte Tätigkeiten.

1.3 Gewerbenebenrecht

Aus dem Kern: weitere Gesetze

Immer wieder sind im Laufe von vielen Jahren Regelungen aus der Gewerbeordnung ausgewandert. Beispiele: Gaststättengewerbe – Gaststättengesetz; Handwerk – Handwerksordnung; Güterverkehr – Güterkraftverkehrsgesetz und Personenbeförderung – Personenbeförderungsgesetz. Begonnen hat dies bereits ab den 1950er-Jahren, das Gesetz zur Ordnung des Handwerks ist 1953 in Kraft getreten. Für verkehrsgewerberechtliche Regelungen steht das Jahr 1961, 1970 für das Gaststättengesetz. Oftmals ergänzen die Spezialregelungen die Regelungen der Gewerbeordnung. Teilweise ersetzen aber die speziellen Gesetze auch die früheren gesetzlichen Bestimmungen in der Gewerbeordnung. Die früheren Titel VI. Innungen, Innungsausschüsse, Handwerkskammern, Innungsverbände, §§ 81–104 n und VII. Handwerksrolle §§ 104 o–104 u sind in der Gewerbeordnung weggefallen.

In der Gewerbeordnung sind letztendlich drei Gewerbearten übrig geblieben: das stehende Gewerbe, das Reisegewerbe und das Marktgewerbe.

1.4 Stehendes Gewerbe (§§ 14–52 GewO)

Zum „Stehenden Gewerbe" hat der Gesetzgeber ebenfalls keine gesetzliche Begriffsbestimmung definiert, es kann nur über die Negativabgrenzung definiert werden:

> Stehendes Gewerbe ist alles, was nicht Reise- oder Marktgewerbe ist.

Gewerbe-Anmeldung

Titel II der Gewerbeordnung regelt umfänglich das stehende Gewerbe. Die Allgemeinen Erfordernisse legen in § 14 GewO nur eine bloße Anzeigepflicht in Form der Gewerbe-Anmeldung fest. Die Anmeldung erfolgt durch den Vordruck „Gewerbe-Anmeldung" nach § 14 GewO, er ist bei der Gemeinde abzugeben. Die Anzeigepflicht gilt für den Betriebsbeginn, die Gründung von Zweigniederlassungen, die Betriebsverlegung, die Änderung des Betriebsgegenstandes und auch die Betriebsaufgabe.

Innerhalb von drei Tagen bescheinigt die Behörde den Empfang der Anzeige und stellt den Gewerbeschein aus. Ist für die Ausübung eines Gewerbes eine Erlaubnis, Genehmigung, Konzession oder Bewilligung (Zulassung) erforderlich, so kann das Gewerbe nur mit dieser Zulassung betrieben werden. An dieser Stelle wird dazu auf § 15 und die §§ 29 ff GewO verwiesen.

Die Daten aus der Gewerbeanzeige werden regelmäßig den Industrie- und Handelskammern und den Handwerkskammern übermittelt. Die berufsständischen Selbstverwaltungen prüfen anhand der Gewerbeanzeige und der übermittelten Daten, ob der oder die Anzeigende (Gewerbe-Anmeldung, Gewerbe-Ummeldung, Gewerbe-Abmeldung) zugehörig zu ihrer Kammer wird oder ist. Existenzgründern des Handwerks sei an dieser Stelle empfohlen, sich bereits im Vorfeld einer geplanten Existenzgründung mit der für sie zuständigen Handwerkskammer in Verbindung zu setzen. Der erste Kontakt kann eine handwerksrechtliche aber auch eine betriebswirtschaftliche Beratung zur geplanten Existenzgründung sein. Die Beratungsleistungen der

Kammern sind sehr vielschichtig, der Bogen kann sich spannen bis zu einer vollumfänglichen Beratung im Starter-Center der Handwerkskammer, vergleiche hierzu Abschnitte 2.9.1 und 2.9.2.

Der Gesetzgeber hat auch umfangreich den Bereich Gewerbeuntersagung geregelt. Dies kann aufgrund von Unzuverlässigkeit erfolgen, § 35 GewO. Unzuverlässig ist demnach, wer nach dem Gesamteindruck seines Verhaltens keine Gewähr dafür bietet, dass er das von ihm betriebene Gewerbe in Zukunft ordnungsgemäß betreiben wird. Hier spricht man von einer typisierten Gefahrenprognose, sie muss sich auf Tatsachen stützen. Ein Urteil zur Unzuverlässigkeit stützt sich beispielsweise auf fehlende Sachkunde oder fehlende wirtschaftliche Leistungsfähigkeit, auf die Begehung einschlägiger Straftaten oder auf die beharrliche Verletzung relevanter Rechtsvorschriften.

1.5 Reisegewerbe

Die §§ 55 bis 61a der Gewerbeordnung (GewO) regeln das Reisegewerbe. Danach betreibt ein Reisegewerbe, wer gewerbsmäßig ohne vorherige Bestellung außerhalb seiner gewerblichen Niederlassung oder ohne eine solche zu haben,

1. Waren feilbietet oder Bestellungen aufsucht (vertreibt) oder ankauft, Leistungen anbietet oder Bestellungen auf Leistungen aufsucht oder
2. unterhaltende Tätigkeiten als Schausteller oder nach Schaustellerart ausübt.

Wer ein Reisegewerbe betreiben will, bedarf der Erlaubnis, § 55 Abs. 2 GewO.

Reisegewerbekarte

Der Nachweis ist die Reisegewerbekarte. Die Reisegewerbekarte kann inhaltlich beschränkt, befristet erteilt und mit Auflagen verbunden werden.

Die Reisegewerbekarte kann auch versagt werden, § 57 GewO. Sie ist zu versagen, wenn Tatsachen die Annahme rechtfertigen, dass der Antragsteller die für die beabsichtigte Tätigkeit erforderliche Zuverlässigkeit nicht besitzt.

1.6 Marktgewerbe

Das Marktgewerbe regelt Titel IV der Gewerbeordnung „Messen, Ausstellungen, Märkte". Relevanz für die Handwerksunternehmen und -betriebe haben Messen und Ausstellungen. Groß- und Wochenmärkte betreffen das Handwerk kaum, zumal der Wochenmarkt regelmäßig auch auf Lebensmittel, Getränke, selbstgewonnene Erzeugnisse des Weinbaus, Produkte des Obst- und Gartenbaues, der Land- und Forstwirtschaft sowie auf rohe Naturerzeugnisse beschränkt ist.

Nach § 64 GewO ist eine **Messe** eine zeitlich begrenzte und regelmäßig wiederkehrende Veranstaltung. Eine Vielzahl von Ausstellern zeigen das wesentliche Angebot eines oder mehrerer Wirtschaftszweige und vertreiben überwiegend nach Muster an gewerbliche Wiederverkäufer, gewerbliche Verbraucher oder Großabnehmer.

Eine **Ausstellung** ist eine zeitlich begrenzte Veranstaltung, auf der eine Vielzahl von Ausstellern ein repräsentatives Angebot eines oder mehrerer Wirtschaftszweige oder Wirtschaftsgebiete ausstellt und vertreibt oder über dieses Angebot zum Zwecke der Absatzförderung informiert, § 65 GewO.

2. Handwerksrecht

2.1 Zum Begriff „Handwerk“

Dynamischer Handwerksbegriff

Das Gesetz zur Ordnung des Handwerks, die Handwerksordnung (HwO), ist ein Bundesgesetz. Es ist bereits im September 1953 in Kraft getreten und ist seither rund 60-mal durch Gesetze und Verordnungen in einzelnen Bestimmungen geändert worden. Das Gesetz hat noch nie verbindlich festgelegt, was Handwerk ist. Dies ist folgerichtig, da das Handwerk immer wieder Veränderungen unterliegt, dem es Rechnung tragen muss. Man spricht hier von einer dynamischen Fortentwicklung, die jederzeit möglich sein muss. Hätte der Gesetzgeber den Begriff „Handwerk“ mit einer Legaldefinition umschrieben und diese festgestellt, so hätte er die stetige Fortentwicklung dieses Wirtschaftsbereiches entscheidend begrenzt. Kein Handwerksbetrieb sieht heute mehr so aus wie vor zehn, 15 oder 20 Jahren. Die Mikroelektronik, das Internet samt den digitalen Medien und Plattformen und die Digitalisierung haben die handwerkliche Produktion, das Handwerksbüro und die Abläufe in den Betrieben maßgebend verändert.

Die Handwerksordnung mit ihren gesetzlichen Bestimmungen war seit Mitte der 60er-Jahre rund 30 Jahre lang fast unverändert geblieben. Im Laufe dieser Zeit wuchs ein großer Reformstau an. Dieser wurde durch die großen Handwerksnovellen zum 1. Januar 1994 und 1. April 1998 erst einmal „abgearbeitet“. Die weitere große Handwerksnovelle vom 1. Januar 2004, hat ganz wesentlich die Strukturen des Wirtschaftsbereiches Handwerk verändert. Nur noch 41 der vormals 94 Gewerbe, die dem Handwerk zugehörig sind, blieben meisterpflichtig. Der Gesetzgeber unterscheidet seit diesem Zeitpunkt zwischen den Gewerben, die als **zulassungspflichtige Handwerke** oder die als **zulassungsfreie Handwerke** betrieben werden können. Auf den Handwerksbegriff hatte dies alles keine Auswirkung, die **Umschreibung des Begriffs Handwerk** finden wir heute in § 1 Abs. 2 und in § 18 Abs. 2 Satz 1 des Gesetzes:

§ 1 Abs. 2 HwO: Ein Gewerbe ist ein **zulassungspflichtiges Handwerk**, wenn es handwerksmäßig betrieben wird und ein Gewerbe vollständig umfasst, das in der Anlage A aufgeführt ist, oder Tätigkeiten ausgeübt werden, die für dieses Gewerbe wesentlich sind (wesentliche Tätigkeiten).

§ 18 Abs. 2 Satz 1 HwO: Ein Gewerbe ist ein **zulassungsfreies Handwerk** im Sinne dieses Gesetzes, wenn es handwerksmäßig betrieben wird und in der Anlage B Abschnitt 1 zu diesem Gesetz aufgeführt ist.

Der Gesetzgeber verzichtet weiterhin darauf, besondere Merkmale festzulegen. Beispiele hierfür könnten Umsatz, Bilanzsumme, Beschäftigte oder auch die Unternehmensleitung sein. Es gibt keinen statischen, sondern einen dynamischen Handwerksbegriff, künftigen Entwicklungen kann damit Rechnung getragen werden.

2.2 Charakteristische Merkmale für das Handwerk

- hoher Anteil von Fachkräften
- Flexibilität – das Handwerk kann auf individuelle Kundenwünsche rasch eingehen, Umsetzung durch differenzierte Angebote – individuelle Lieferungen und Leistungen
- schnelle Anpassung an veränderte Marktlagen und technische Entwicklungen
- der Bogen der Tätigkeiten reicht von der reinen Dienstleistung bis zur serienmäßigen Herstellung von Produkten und bis hin zum „künstlerisch schaffenden" Handwerker
- Bedarfsdeckung für private Verbraucher, Industrie, Handel und öffentliche Hand
- keine Begrenzung der Betriebsgröße (Beschäftigte oder Umsatz)
- enge Verzahnung und Partnerschaft mit den anderen Wirtschaftsbereichen, insbesondere auf den Gebieten der Zulieferung und der Serviceleistung.

Der Betriebsinhaber arbeitet aufgrund der Betriebsgrößen des Handwerks meist mit. Bei den zulassungspflichtigen Betrieben bedarf es eines Handwerksmeisters als Betriebsinhaber oder Betriebsleiter, dieser ist meist Techniker und Kaufmann zugleich.

2.3 Volkswirtschaftliche Bedeutung des Handwerks

Die Bedeutung des Handwerks wächst. Die Bevölkerung erkennt zunehmend, welch wichtigen Beitrag Handwerkerinnen und Handwerker leisten. Das hat eine vom Zentralverband des Deutschen Handwerks (ZDH) beim Meinungsforschungsinstitut Forsa in Auftrag gegebene Befragung „Bild des Handwerks bei den Bürgern 2021" ergeben. Die Ergebnisse wurden im 1. Quartal 2022 veröffentlicht. Die Bürger wissen mittlerweile auch über die Nachwuchssorgen, die Rohstoffknappheit und den Fachkräftemangel des Handwerks Bescheid. Sie erkennen immer stärker die gesellschaftliche Rolle dieses Wirtschaftszweiges und die guten beruflichen Perspektiven. Danach halten 87 Prozent das Handwerk für wichtig oder sehr wichtig. Sie wissen, dass die Auftragslage in vielen Gewerken ausgezeichnet ist, gleichzeitig sehen sie sorgenvoll auf den Handwerkermangel (44 Prozent). Für 30 Prozent war erkennbar, dass die Nachwuchssorgen der Betriebe auch ein Problem für die Bürger und deren Versorgung sind. Gute Zukunftsaussichten im Handwerk sehen 82 Prozent, 85 Prozent der Befragten vertreten die Meinung, dass Arbeitsplätze im Handwerk sicher sind.

Die volkswirtschaftliche Bedeutung zeigt die große Wirtschaftsleistung, beachtenswert ist auch die Integrationsleistung dieses Wirtschaftsbereiches. Die berufliche Integration von jungen Menschen ist gesamtwirtschaftlich sehr bedeutend.

Wirtschafts- und Integrationsleistung des Handwerks

Das Handwerk in der Bundesrepublik Deutschland im Jahr 2020:

- erarbeitet 8 % der Bruttowertschöpfung
- hat 29 % aller Betriebe
- beschäftigt rund 13 % aller Erwerbstätigen
- bildet 28 % aller Auszubildenden aus.

Ob für Privatverbraucher, Industrie, Handel oder die öffentliche Hand – das deutsche Handwerk bietet ein breites, differenziertes und qualitativ hochwertiges Angebot an Waren und Dienstleistungen an. Mit Flexibilität und Kreativität erfüllt es individuelle Kundenwünsche.

2.3.1 Handwerk in Zahlen

Der Zentralverband des Deutschen Handwerks (ZDH) veröffentlicht laufend die statistischen Werte zum Handwerk. Danach gab es Ende 2020 insgesamt **1.019.700 Betriebe**. Seit 2016 bis zum aktuellen statistischen Wert verteilen sich die Betriebe wie folgt:

Über 1 Mio. Betriebe

	2016	**2017**	**2018**	**2019**	**2020**
Anlage A	579.600	574.400	568.900	565.600	688.800
Anlage B1	239.000	244.300	250.200	260.600	161.600
Anlage B2	180.700	181.300	182.600	185.800	169.300
Summe	999.300	1.000.000	1.001.700	1.012.000	1.019.700

Sofort fallen die erheblich veränderten Zahlen des Jahres 2020 gegenüber den Vorjahreszahlen auf. Die Veränderungen gehen zurück auf die letzte große Handwerksnovelle vom 14. Februar 2020. Bundestag und Bundesrat haben im Dezember 2019 entschieden, für zwölf bis dahin zulassungsfreie Handwerke (Anlage B 1) wieder die Meisterpflicht einzuführen. Daneben wurden die Bestatter und die Holz- und Bautenschützer von den handwerksähnlichen Gewerben (Anlage B 2) den zulassungsfreien Handwerken zugeordnet (siehe Ziffern 2.5 und 2.6 Novellen zur Handwerksordnung 2004 und 2020).

Die zulassungspflichtigen Betriebe hatten stets die mit Abstand höchsten Betriebszahlen, vor der Novelle 2020 war aber ein steter Rückgang zu verzeichnen. Auf die Betriebe der Anlage A entfallen 67,6 Prozent (2020) im Jahr zuvor waren es 55,9 Prozent. Den zulassungsfreien Handwerkern gehören jetzt noch 15,8 Prozent und den handwerksähnlichen Gewerben 16,6 Prozent aller Betriebe an. Das Handwerk ist der vielseitigste Wirtschaftsbereich, er bildet mit seinen gut einer Million kleinen und mittleren Betrieben das Kernstück der deutschen Wirtschaft.

Erwerbstätige und Umsatzstrukturen

Die hohen Beschäftigtenzahlen und der Anteil der Bruttowertschöpfung sind weitere volkswirtschaftliche Kennzahlen, die die Bedeutung des Handwerks eindrucksvoll untermauern.

Über 5,5 Mio. Beschäftigte

	2016	2017	2018	2019	2020
Beschäftigte	5.620.200	5.651.600	5.669.300	5.672.300	5.616.700
+/- Vorjahr	+ 0,4 %	+ 0,6 %	+ 0,3 %	+ 0,1 %	- 1,0 %
Umsatz (Mrd. €)	561	581	612	640	654
+/- Vorjahr	+ 3,1 %	+ 3,6 %	+ 5,3 %	+ 4,6 %	+ 2,2 %

Das Handwerk zeigt sich einmal mehr als arbeitsintensiver und stabilisierender Wirtschaftsfaktor. Fast 5,62 Millionen Menschen arbeiten im Handwerk und damit bald jeder achte Beschäftigte in Deutschland. Die Beschäftigtenzahlen sind stabil und belastbar. Der wirtschaftliche Aufwärtstrend in den vergangenen Jahren lässt sich an der Anzahl der Betriebe sowie deren Umsätze gut ablesen. Auch die Anzahl der Beschäftigten stieg seit 2016 leicht an. Im ersten Jahr der Pandemie konnte das hohe Beschäftigungslevel nicht voll gehalten werden, der Rückgang im Jahr 2020 betrug rund ein Prozent. Das Handwerk war schon immer, auch in Krisenzeiten, ein verlässlicher Arbeitgeber. Personaltrennung ist bei der ganz überwiegenden Anzahl aller Betriebe erst die allerletzte Möglichkeit. Sie kommt erst dann in Betracht, wenn alle anderen Maßnahmen bereits ausgeschöpft wurden. Die Zuwächse bei den Beschäftigtenzahlen erfolgten auch aufgrund der sehr guten konjunkturellen Entwicklung.

In den Jahren 2012 und 2013 musste das Handwerk noch mit Umsatzeinbrüchen kämpfen. Dies waren teilweise noch Auswirkungen der Finanz- und Wirtschaftskrise des Jahres 2009. Erfreulich ist nunmehr der Zuwachs von 18,8 % in den letzten fünf

Jahren, rund 654 Milliarden Euro (ohne Umsatzsteuer.) erreichte der Umsatz im Jahr 2020. Die Bruttowertschöpfung des Handwerks betrug 252 Mrd. €, was bezogen auf die Bruttowertschöpfung der Gesamtwirtschaft einem Anteil von 8,3 Prozent entspricht.

Handwerksbetriebe nach Beschäftigtengrößenklassen

Anzahl der Mitarbeiter	Betriebe in Prozent
bis 5 Mitarbeiter	59,2%
5-9 Mitarbeiter	20,6%
10-19 Mitarbeiter	11,6%
20-49 Mitarbeiter	6,1%
50 und mehr Mitarbeiter	2,5%

80 Prozent der Betriebe haben bis zu 9 Mitarbeiter

Bezogen auf den vom ZDH veröffentlichten letzten Jahreswert, gehören rund 80 Prozent der Betriebe in die Größenklasse bis zu 9 Mitarbeiter. Interessant ist, dass die Betriebe mit bis zu 5 Mitarbeitern nur jeden achten Mitarbeiter des Handwerks beschäftigten, die Betriebe mit bis zu 9 Mitarbeitern, das sind exakt 79,8 Prozent aller Betriebe, haben insgesamt nur 26,6 Prozent aller Beschäftigten. Bei den größten Betrieben des Handwerks, das sind 2,5 Prozent aller Betriebe, sind knapp 39 Prozent aller Mitarbeiter des Handwerks beschäftigt. Die kleineren Betriebsgrößen sind für die vielfach als Personengesellschaft oder Familienbetrieb geführten Unternehmen oftmals ein Vorteil, im Vergleich mit großen und sehr großen Unternehmen werden aber in vielen Bereichen die größenbedingten Nachteile schnell sichtbar. Die Nachteile verstetigen sich auf Themen aus den Bereichen der Betriebswirtschaft sowie auf Rechts- oder Steuerfragen. Weitere Felder sind die Berufsausbildung (Berufsorientierung, Ausbildungsberatung, Prüfungen), Umweltschutz-, Digitalisierungs- oder Innovationsthemen oder technische Fragestellungen bis hin zum weiten Feld der Internationalisierung und des Exports. Um diese Nachteile auszugleichen, hat der Gesetzgeber den Beratungs- und Förderbereich der Handwerksorganisationen übertragen, sie beraten, helfen, fördern und unterstützen ihre Mitgliedsbetriebe.

2.3.2 Die Ausbildungsleistung des Handwerks

Die demografische Entwicklung unseres Landes zeigt längst mehr als deutliche Spuren bei den Ausbildungszahlen des Handwerks. Es geht schon seit vielen Jahren um das Thema: Wie gelingt es dem Handwerk, eine ausreichend große Anzahl junger Menschen für eine Ausbildung im Handwerk zu gewinnen? Nachdem immer weniger junge Leute für einen Start ins Berufsleben zur Verfügung stehen, wird der Kampf um den nächsten Auszubildenden immer härter. Das Handwerk kämpft nicht mit Bandagen, nein, dem Wirtschaftsbereich geht es darum, ständig durch eine große Transparenz und Offenheit für eine Ausbildung in den sehr interessanten Berufen des Handwerks zu werben. Auch am Image des Handwerks wird seit Jahren intensiv gearbeitet.

	2016	2017	2018	2019	2020
Auszubildende	362.800	365.200	368.100	369.100	363.400
+/- Vorjahr	-0,4%	+0,6%	+ 0,8 %	+0,3%	-1,5 %
neu abgeschlossene Lehrverträge	137.700	139.900	140.600	138.800	130.100
+/- Vorjahr	+0,1%	+1,6 %	+ 0,5 %	-1,3 %	-6,3 %

Die beachtlich anmutende Imagekampagne des Handwerks, sie läuft seit 2010, weist seit Jahren auf die hervorragenden Ausbildungs- und Karrieremöglichkeiten im Handwerk hin. Diese trägt seit 2016 für die Ausbildung im Handwerk wahrnehmbare Früchte. Die Ausbildungszahlen haben sich in 2016 mit rund 363.000 verstetigt, bei den neu abgeschlossenen Ausbildungsverträgen ergab sich bis 2018 eine ganz leichte Steigerung. Dieses zarte Pflänzchen zu schützen und weiterzuentwickeln ist in den Jahren 2017 und 2018 sehr gut gelungen. Sowohl die Ausbildungszahlen insgesamt, als auch die neu abgeschlossenen Ausbildungsverträge, wiesen erfreuliche Zuwachszahlen aus. Die Imagekampagne spricht mit ihrem Auftritt, #Einfachmachen, ganz gezielt die Jugend mit ihrer Medienkompetenz an. Ab 2019 zeigt bei den neu abgeschlossenen Verträgen die Entwicklung in die andere Richtung.

Sehr hohe Ausbildungsleistung in hervorragender Qualität

Der mengenmäßige Beitrag des Handwerks zur Qualifizierung Jugendlicher ist nach wie vor sehr groß. Die Ausbildungsleistung ist deutlich überproportional zur Wirtschaftsleistung des Wirtschaftssektors. Die Quantität der Ausbildungsleistung des Handwerks wird weithin anerkannt. Oftmals werden aber Qualitätsunterschiede gegenüber einer industriellen Ausbildung vermutet. Dabei wird beispielsweise unterstellt, dass höhere Ausbildungskosten eine bessere Ausbildungsqualität garantieren. Das Bundesinstitut für Berufsbildung (BIBB) hat dies detailliert anhand der Indikatoren „Leistungsgrad der Auszubildenden", „Abbruchquote", „Prüfungserfolg" und „Übernahmequote" untersucht und dabei festgestellt, dass es keinen signifikanten Zusammenhang zwischen den Ausbildungskosten und der „Qualität" einer Ausbildung gibt. Bei der kritischen Einschätzung der handwerklichen Ausbildungsqualität handelt es sich nur um eine Annahme, nicht um eine Tatsache.

Die Qualifikation im Handwerk ist sehr entscheidend. Es ist ein Wesensmerkmal des Handwerks, dass es durch den hohen Ausbildungsstand seiner Beschäftigten geprägt wird. Eine Strukturumfrage des Zentralverbands des deutschen Handwerks (ZDH) erbrachte folgende beachtenswerte Ergebnisse: Etwa 13,8 % der im Handwerk tätigen Personen haben die Meisterprüfung, regelmäßig sind dies die Betriebsinhaber. Meisterinnen und Meister sind aber auch oft in größeren Betrieben angestellt. Weitere 40,6 % der Beschäftigten sind Gesellen oder Gesellinnen bzw. technische Fachkräfte. Dies unterstreicht die dominierende Stellung der qualifizierten Facharbeiter. Demgegenüber liegt der Anteil der An- und Ungelernten mit rund 20,7 % sehr viel niedriger. Bei etwa 10,2 % der Beschäftigten handelt es sich um kaufmännische Fachkräfte, bei 7 % um Lehrlinge. Die Hoch- oder Fachhochschulabsolventen haben dagegen mit lediglich 3 % eine untergeordnete Bedeutung. Auf die sonstigen Beschäftigten entfallen 4,7 %.

2.4 Handwerksnovellen 1994 und 1998

Das Bundesgesetz blieb fast 30 Jahre lang in seinen Grundbestandteilen unverändert. In vielen Handwerksbereichen hatten sich zwischenzeitlich die technischen und wirtschaftlichen Gegebenheiten stark verändert. So haben nicht nur neue Techniken Einzug in die Betriebe gehalten, enorm gestiegen sind die Kundenanforderungen in Richtung Informations- und Serviceleistungen. Auftraggeber erwarteten zunehmend die **Komplettleistung „aus einer Hand“**. Wie können die Möglichkeiten zur „Leistung aus einer Hand“ verbessert werden, war die Kernfrage. Zusätzlich ging es darum, den Zugang zur Handwerksausübung zu erleichtern. Mit dem neu eingefügten § 7 a HwO konnte demjenigen eine Ausübungsberechtigung für ein anderes Gewerbe oder für wesentliche Tätigkeiten dieses Gewerbes erteilt werden, der bereits ein Handwerk betreibt und für die beantragte zusätzliche Berechtigung die hierfür erforderlichen Kenntnisse und Fertigkeiten nachweist.

Tätigkeiten in anderen Handwerken sollten dann erlaubt werden, wenn sie das Leistungsangebot des bisherigen Handwerks wirtschaftlich ergänzen. Daneben blieben weiterhin solche Arbeiten erlaubt, wenn ein technischer oder fachlicher Zusammenhang mit der eigenen Tätigkeit vorhanden ist. Mit der Neuformulierung des § 7 Abs. 1 HwO war beabsichtigt, dass verwandte Handwerke künftig unter erleichterten Voraussetzungen festgestellt werden konnten. Letztendlich ging es noch um die Verbesserung der Mitwirkungsrechte der Arbeitnehmer und um die Umsetzung von Datenschutzregelungen.

Unangetastet blieb in der Handwerksnovelle 1994 und 1998 der Große Befähigungsnachweis. Die Politik anerkannte zum wiederholten Male, dass mit der handwerklichen Meisterprüfung **(Großer Befähigungsnachweis)** ein notwendiges Fundament vorhanden ist, auf dem sich die handwerkliche Leistungsfähigkeit und Leistungskraft im Wettbewerb beweisen kann. Die handwerkliche Meisterprüfung ist daneben Garant für die qualifizierte Ausbildung des Nachwuchses für das Handwerk und die übrige gewerbliche Wirtschaft. Damit hat der Gesetzgeber auch die immer großen und enormen Ausbildungsleistungen anerkannt. Von diesen Leistungen haben die anderen Wirtschaftsbereiche wie Industrie, Handel oder öffentliche Hand gleichermaßen profitiert.

94 Handwerksberufe

Bei der Novelle 1994 wurde noch die Anlage A zur HwO ausgeklammert. Sie wurde in einem mehrjährigen Prozess überarbeitet und trat dann im April 1998 in Kraft. Die ehemaligen 125 Handwerksberufe der Anlage A wurden reduziert auf 94 Handwerksberufe, die sieben Handwerksgruppen zugeordnet waren. Die Verringerung erfolgte, da der Gesetzgeber zahlreiche Handwerke zusammengefasst hat. Dadurch wurden größere Möglichkeiten für mehr Leistungen aus einer Hand geschaffen. Nicht mehr zeitgemäße Gewerbebezeichnungen wurden ersetzt. Berufsbezeichnungen und Berufswirklichkeit kamen wieder zusammen. Der bis dahin geltende Grundsatz „Ausübungsberuf ist gleich Ausbildungsberuf“ galt nicht mehr. Zu den **94 Vollhandwerken in der Anlage A** ist der Gerüstbauer als neues Handwerk hinzugekommen. Sechs bisherige Vollhandwerke wurden in die Anlage B, den handwerksähnlichen Gewerben, übergeführt: Bürsten- und Pinselmacher, Stricker, Handschuhmacher, Gerber, Steindrucker und Schlagzeugmacher.

Novelle 1998 – wichtige Zusammenlegungen (Beispiele)

bis 31. März 1998	**ab 1. April 1998**
Maurer/Beton- und Stahlbetonbauer/ Betonstein- und Terazzohersteller	Maurer und Betonbauer
Maschinenbaumechaniker/Werkzeugmacher/Dreher/Feinmechaniker	Feinwerkmechaniker
Gas- und Wasserinstallateure/ Zentralheizungs- und Lüftungsbauer	Installateure und Heizungsbauer
Herrenschneider/Damenschneider/ Wäscheschneider	Damen- und Herrenschneider

2.5 Novelle zur Handwerksordnung 2004

Die Handwerksnovelle war eingebettet in die Gesamtreform „Agenda 2010". Diese Agenda steht für große Reformen zum Arbeitsmarkt und in der Sozialgesetzgebung. Als dritter großer Block wurde das gesetzliche Fundament des Handwerks in Angriff genommen. Die Bundesregierung beabsichtigte mit den Änderungen, den Zugang zur selbstständigen Handwerksausübung zu erleichtern und den europäischen Entwicklungen Rechnung zu tragen. Mit der vom Bundestag und dem Bundesrat im Dezember 2003 verabschiedeten Handwerksnovelle gingen mehrmonatige und oft sehr strittig geführte Diskussionen in der Politik und mit dem Handwerk zu Ende. Die Politik verabschiedete sich von dem bis dahin vollumfänglich geltenden Großen Befähigungsnachweis. Nur noch **41** der bisher 94 **Handwerke** verblieben als Handwerke, bei denen der **Meisterbrief Voraussetzung für die Selbstständigkeit** ist.

Meisterprüfung und Selbstständigkeit – gekoppelt an zwei Kriterien

Der Gesetzgeber legte als erstes Kriterium die **Gefahrgeneigtheit** eines Handwerks zugrunde. Nur wenn bei einem Handwerk die Gefahrgeneigtheit bejaht wurde, verblieb es in der Zuordnung zur handwerklichen Meisterausbildung und Meisterprüfung. Die zentrale Frage war: Kann von dem Handwerk eine Gefahr für Leib, Leben oder Sachen ausgehen? Mit einem zweiten Kriterium, es galt der Ausbildungsleistung einzelner Handwerke, hat der Gesetzgeber auf Drängen der Handwerksorganisation nochmals anerkannt, dass über das Qualifikationsinstrument Meisterprüfung die entscheidenden Impulse zur **Nachwuchssicherung** der gesamten gewerblichen Wirtschaft gegeben werden. Über dieses zweite Kriterium verblieb es beim Friseur und beim Maler und Lackierer bei der handwerklichen Meisterqualifikation für den Start in die berufliche Selbstständigkeit.

2.5.1 Selbstständig – neue Möglichkeiten

Der Gesetzgeber hat mit der Handwerksnovelle 2004 die bis dahin geltenden Hürden für die Selbstständigkeit im Handwerk viel tiefer gesetzt, teilweise auch ganz entfernt. So wurden die Möglichkeiten, sich im Handwerk selbstständig zu machen, erleichtert und auch erweitert. Weggefallen ist beispielsweise die mehrjährige Gesellentätigkeit als Voraussetzung für die Zulassung zur Meisterprüfung.

Mit dem neu geschaffenen § 7 b HwO kann auch der Meisterzwang bei 35 der zulassungspflichtigen Handwerke unterlaufen werden. Für qualifizierte Gesellen ist diese Regelung geschaffen worden. Danach können Handwerker mit bestandener Gesellenprüfung eine Ausübungsberechtigung für zulassungspflichtige Handwerke erhalten, wenn sie in dem zu betreibenden Handwerk oder in einem mit diesem verwandten Handwerk eine Tätigkeit von insgesamt sechs Jahren ausgeübt haben, und davon vier Jahre in leitender Stellung. Der Gesetzgeber hat festgelegt, wann von einer leitenden Stellung ausgegangen werden kann, und auch zur Nachweispflicht Ausführungen gemacht.

Gilt nicht für ...

Diese Möglichkeit besteht nicht für die Schornsteinfeger, von der Gruppe der Gesundheitsgewerbe wurden Augenoptiker, Hörakustiker, Orthopädietechniker, Orthopädieschuhmacher und Zahntechniker ausgenommen.

Zulassungspflichtiges Handwerk – keine wesentlichen Tätigkeiten

Tätigkeiten, die in einem Zeitraum von bis zu drei Monaten erlernt werden können oder eine längere Anlernzeit verlangen, aber für das Gesamtbild des betreffenden zulassungspflichtigen Handwerks nebensächlich sind, sind keine wesentlichen Tätigkeiten eines zulassungspflichtigen Handwerks. Mit dieser gesetzlichen Festlegung, § 1 Abs. 2 HwO, ist der Versuch des Gesetzgebers sichtbar, nicht wesentliche Tätigkeiten für zulassungspflichtige Handwerke zu präzisieren. Gleichzeitig erfolgt aber auch eine Zuordnung all derjenigen Selbstständigen zum Handwerk, die eine nicht wesentliche Anlerntätigkeit ausüben und über eine Gesellenausbildung oder vergleichbare Qualifizierungsbausteine verfügen.

2.6 Novelle zur Handwerksordnung vom 14. Februar 2020

Das Kernelement der Novelle war, es ist Artikel 1 des Vierten Gesetzes zur Änderung der Handwerksordnung und anderer handwerksrechtlichen Vorschriften, die Meisterpflicht für zwölf Gewerke der Anlage B 1 wieder einzuführen. Gleichzeitig wurden die bislang in der Anlage B 2 zur Handwerksordnung als handwerksähnliches Gewerbe geführten Bestatter sowie Holz- und Bautenschutz in die Anlage B 1 (zulassungsfreie Handwerke) überführt.

Die Handwerksorganisation hat die Zielsetzung des Gesetzgebers, die Meisterpflicht in zwölf Gewerken wieder einführen zu wollen als starkes Signal für Qualität und Qualifikation im Handwerk bezeichnet, das in mehrfacher Hinsicht sinnvoll ist. Zukunftssicherung und nachhaltige Unternehmensentwicklung im Handwerk werden so auf einer breiteren Basis möglich. Ausbildung und Wissenstransfer an die nächste Generation werden gestärkt. Seit der Novelle 2004 war es in einigen Gewerken besonders augenfällig zu Fehlentwicklungen gekommen: weniger Ausbildung, Fachkräfte und Qualität, schneller vom Markt verschwindende Betriebe und infolgedessen ein geringerer Gewährleistungs- und Verbraucherschutz.

Der Gesetzgeber hatte erkannt, dass seit der Novelle 2004 sich das Berufsbild und auch der Schwerpunkt der praktischen Berufsausübung einzelner zulassungsfreier Handwerke weiterentwickelt und verändert haben. Diese Veränderungen waren so wesentlich, dass sie eine Reglementierung und Ausübung der betroffenen Handwerke zum Schutz von Leben und Gesundheit sowie der Wahrung von Kulturgütern und immateriellem Kulturerbe im Sinne eines Wissenstransfers erforderlich machten. Gleichzeitig hatten sich seit 2004 in den zwölf zurückgeführten Handwerken in besonderem Maße gezeigt, dass immer weniger ausgebildet wird und deshalb fast schon zwangsläufig auch weniger Meisterprüfungen abgelegt werden. Auch im Interesse einer geordneten Weitergabe von Kenntnissen und Fertigkeiten auf die nächste Generation war es daher erforderlich, eine Wiedereinführung der Meisterpflicht in Erwägung zu ziehen.

Die zwölf zurückgeführten Handwerke sind neu in die Anlage A, zulassungspflichtige Handwerke, unter den Ziffern 42 - 53 aufgenommen worden. Die Handwerke wurden in der Anlage B 2, zulassungsfreie Handwerke gestrichen, bei den betroffenen Ziffern ist dies mit „entfällt“ vermerkt. Neu aufgenommen wurden unter den Ziffern 54 und 55 bei der Anlage B 2 die Holz- und Bautenschützer und die Bestatter.

2.7 Anlagen zu dem Gesetz zur Ordnung des Handwerks (Handwerksordnung)

2.7.1 Zulassungspflichtige Handwerke (Anlage A)

Meisterprüfung – Voraussetzung für die Selbstständigkeit

Die Anlage A ist das Verzeichnis, das die in der Meisterpflicht verbliebenen Gewerbe umfasst. Sie können als zulassungspflichtige Handwerke betrieben werden (§ 1 Abs. 2 HwO):

1 Maurer und Betonbauer
2 Ofen- und Luftheizungsbauer
3 Zimmerer
4 Dachdecker
5 Straßenbauer
6 Wärme-, Kälte- und Schallschutzisolierer
7 Brunnenbauer
8 Steinmetzen und Steinbildhauer
9 Stuckateure
10 Maler und Lackierer
11 Gerüstbauer
12 Schornsteinfeger
13 Metallbauer
14 Chirurgiemechaniker
15 Karosserie- und Fahrzeugbauer
16 Feinwerkmechaniker
17 Zweiradmechaniker
18 Kälteanlagenbauer
19 Informationstechniker
20 Kraftfahrzeugtechniker
21 Landmaschinenmechaniker
22 Büchsenmacher
23 Klempner
24 Installateur und Heizungsbauer
25 Elektrotechniker
26 Elektromaschinenbauer
27 Tischler
28 Boots- und Schiffbauer
29 Seiler
30 Bäcker
31 Konditoren
32 Fleischer
33 Augenoptiker
34 Hörakustiker
35 Orthopädietechniker
36 Orthopädieschuhmacher
37 Zahntechniker
38 Friseure
39 Glaser
40 Glasbläser und Glasapparatebauer
41 Mechaniker für Reifen- und Vulkanisationstechnik
42 Fliesen-, Platten- und Mosaikleger
43 Betonstein- und Terrazzohersteller
44 Estrichleger
45 Behälter- und Apparatebauer
46 Parkettleger
47 Rollladen- und Sonnenschutztechniker
48 Drechsler (Elfenbeinschnitzer) und Holzspielzeugmacher
49 Böttcher
50 Glasveredler
51 Schilder- und Lichtreklamehersteller
52 Raumausstatter
53 Orgel- und Harmoniumbauer

2.7.2 Zulassungsfreie Handwerke (Anlage B Abschnitt 1)

Selbstständig ohne Meisterprüfung

Die Anlage B Abschnitt 1 ist das Verzeichnis, das die Gewerbe umfasst, die als zulassungsfreie Handwerke betrieben werden können (§ 18 Abs. 2 HwO). Nachdem die Ziffer 22 weggefallen ist, ehemals Weber, und durch die Handwerksnovelle 2020 zwölf Gewerke in Anlage A zurückgeführt und zwei weitere Gewerke aus der Anlage B Abschnitt 2 übergeführt wurden, sind es noch 42 Gewerbe:

1 entfällt
2 entfällt
3 entfällt
4 entfällt
5 Uhrmacher
6 Graveure
7 Metallbildner
8 Galvaniseure
9 Metall- und Glockengießer
10 Schneidwerkzeugmechaniker
11 Gold- und Silberschmiede
12 entfällt
13 entfällt
14 Modellbauer
15 entfällt
16 Holzbildhauer
17 entfällt
18 Korb- und Flechtwerkgestalter
19 Maßschneider
20 Textilgestalter (Sticker, Weber, Klöppler, Posamentierer, Stricker)
21 Modisten
22 (weggefallen)
23 Segelmacher
24 Kürschner
25 Schuhmacher
26 Sattler und Feintäschner
27 entfällt
28 Müller
29 Brauer und Mälzer
30 Weinküfer
31 Textilreiniger
32 Wachszieher
33 Gebäudereiniger
34 entfällt
35 Feinoptiker
36 Glas- und Porzellanmacher
37 Edelsteinschleifer und -graveure
38 Fotografen
39 Buchbinder
40 Drucker
41 Siebdrucker
42 Flexografen
43 Keramiker
44 entfällt
45 Klavier- und Cembalobauer
46 Handzuginstrumentenmacher
47 Geigenbauer
48 Bogenmacher
49 Metallblasinstrumentenmacher
50 Holzblasinstrumentenmacher
51 Zupfinstrumentenmacher
52 Vergolder
53 entfällt
54 Holz- und Bautenschützer (Mauerschutz und Holzimprägnierung in Gebäuden)
55 Bestatter

2.7.3 Handwerksähnliche Gewerbe (Anlage B Abschnitt 2)

Ebenfalls in § 18 Abs. 2 HwO hat der Gesetzgeber festgelegt, was ein handwerksähnliches Gewerbe ist. Zum einen muss es handwerksähnlich betrieben werden und zum anderen in der Anlage B Abschnitt 2 zum Gesetz enthalten sein.

Wie beim Handwerk hat der Gesetzgeber es auch bei den handwerksähnlichen Gewerben vermieden, zum handwerksähnlichen Gewerbe eine Legaldefinition festzulegen. Die Festschreibung eines Begriffs birgt die Gefahr in sich, Einzelfälle zu schematisieren. Erneut wurde der Weg über eine Liste gewählt, zugehörig sind die Gewerbe, die in der Anlage B Abschnitt 2 enthalten sind. Wenn eines der enthaltenen Gewerbe in einer handwerksähnlichen Betriebsform ausgeübt wird, so handelt es sich um einen handwerksähnlichen Betrieb.

52 handwerksähnliche Gewerbe

Insgesamt gibt es 52 handwerksähnliche Gewerbe. Aus Platzgründen sind nachstehend nur einige wenige genannt. Diese und die vorgenannten zulassungspflichtigen und zulassungsfreien Handwerke stehen im Internet zur Verfügung, beispielsweise auf den Internetseiten des Bundesministeriums für Wirtschaft und Klimaschutz. Das Ministerium kann durch Rechtsverordnung die Anlage B sowie auch die Anlage A der HwO ändern.

Handwerksähnliche Gewerbe (Auszug)

1 Eisenflechter

5 Fuger (im Hochbau)

13 Tankschutzbetriebe (Korrosionsschutz von Öltanks für Feuerungsanlagen ohne chemische Verfahren)

14 Fahrzeugverwerter

15 Rohr- und Kanalreiniger

24 Einbau von genormten Baufertigteilen (z. B. Fenster, Türen, Zargen, Regale)

37 Änderungsschneider

40 Gerber

42 Speiseeishersteller (mit Vertrieb von Speiseeis mit üblichem Zubehör)

45 Schnellreiniger

48 Kosmetiker

52 Klavierstimmer

2.8 Die Handwerksorganisation

2.8.1 Struktur

Basis der Handwerksorganisation

Die HwO ist die einheitliche Grundlage für das Handwerk. Der Gesetzgeber hat die Handwerksinnungen und die Handwerkskammern zu den zwei tragenden Grundformen der Handwerksorganisation bestimmt. Damit hat er dem fachlichen und auch dem gesamthandwerklichen Bereich erste Priorität eingeräumt.

Die Organisation des Handwerks ist im vierten Teil der HwO gesetzlich geregelt. Die §§ 52 bis 116 HwO sind vier Abschnitten zugeordnet. Erster und vierter Abschnitt: Handwerksinnungen und Handwerkskammern, zweiter und dritter Abschnitt: Innungsverbände und Kreishandwerkerschaften.

Der Gesetzgeber hat den **Innungen, Kreishandwerkerschaften** und **Handwerkskammern** gesetzliche Aufgaben übertragen, sie sind deshalb **Körperschaften des öffentlichen Rechts**. Eine Körperschaft des öffentlichen Rechts ist ein Verband mit vielen Mitgliedern (natürliche und juristische Personen). Sie dient sowohl den öffentlichen Interessen als auch den Interessen ihrer Mitglieder. Es hängt jeweils vom Zweck ab, was dabei im Vordergrund steht.

Handwerksinnungen

Inhaber von Betrieben des gleichen zulassungspflichtigen oder zulassungsfreien Handwerks oder des gleichen handwerksähnlichen Gewerbes oder solcher Handwerke oder handwerksähnlicher Gewerbe, die sich fachlich oder wirtschaftlich nahestehen, können zur Förderung ihrer gemeinsamen gewerblichen Interessen innerhalb eines bestimmten Bezirks zu einer Handwerksinnung zusammentreten. Der Gesetzgeber hat den Innungen eine Vielzahl von gesetzlichen Aufgaben übertragen, hierzu wird auf §§ 54 ff. HwO verwiesen. Sie hat insbesondere die Aufgabe, die gemeinsamen gewerblichen Interessen ihrer Mitglieder zu fördern.

Kreishandwerkerschaften

Kreishandwerkerschaften werden von Handwerksinnungen gebildet, die ihren Sitz in einem Stadt- oder Landkreis haben. Deshalb gehört es neben den globalen Aufgabenstellungen, wie Gesamtinteressen des selbstständigen Handwerks in ihrem Bezirk wahrzunehmen, zu den vordringlichsten Aufgaben der Kreishandwerkerschaften, die Handwerksinnungen bei der Erfüllung ihrer Aufgaben zu unterstützen. Vielfach führen Kreishandwerkerschaften die Geschäfte von Innungen. Nach § 87 Ziff. 5 HwO haben die Kreishandwerkerschaften die Geschäfte der Handwerksinnungen auf deren Ansuchen zu führen.

Handwerkskammern

Die Handwerkskammern werden wegen Ihrer vielfältigen Aufgabenstellungen und besonderen Bedeutung unter Abschnitt 2.9 gesondert erörtert.

2.8.2 Übersicht über die deutsche Handwerksorganisation

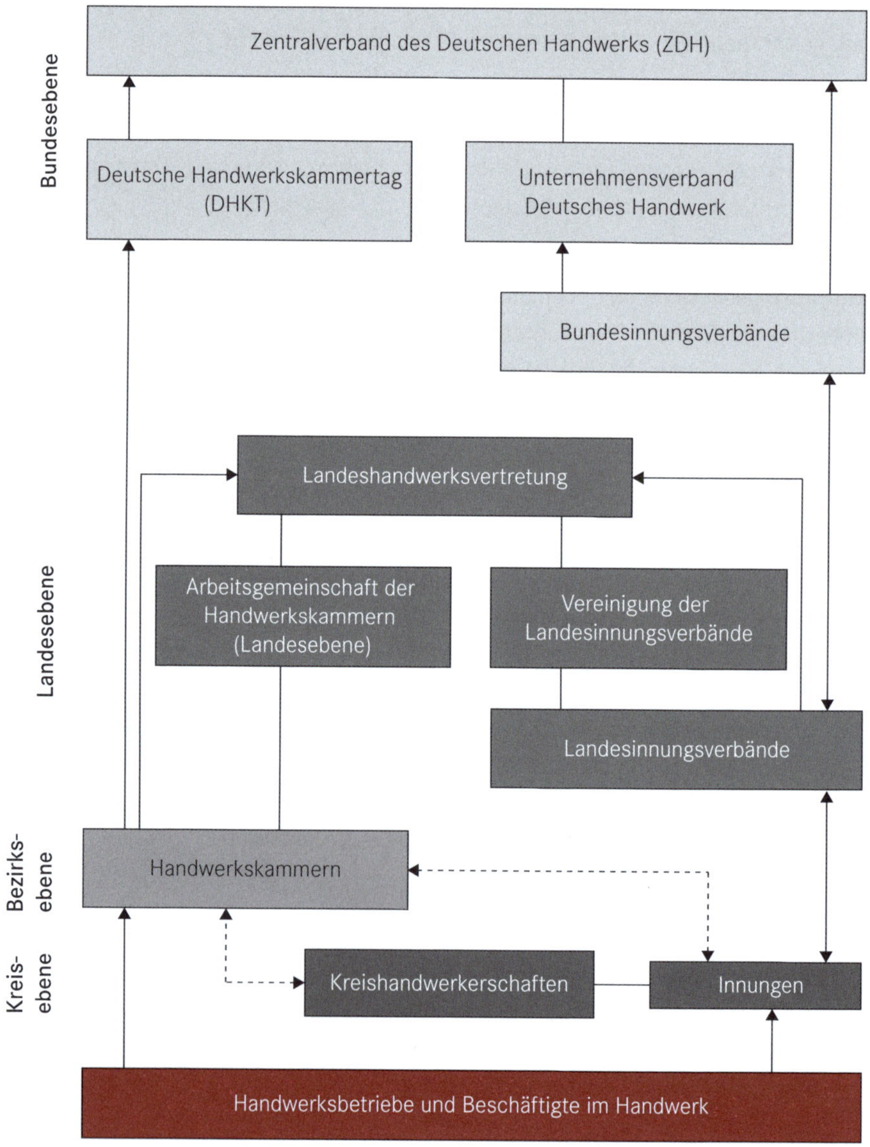

2.9 Handwerkskammern

2.9.1 Aufgaben

Umfassende Aufgaben, drei Säulen zuordenbar

Zur Vertretung der **Interessen des Handwerks** wurden die Handwerkskammern errichtet, § 90 Abs. 1 HwO. Ihr gehören die Inhaber eines Betriebs eines Handwerks und eines handwerksähnlichen Gewerbes des Handwerkskammerbezirks an, ebenso ihre Mitarbeiter (Gesellen, andere Arbeitnehmer und Lehrlinge). Dies ist ein wesentlicher Unterschied zu den Handwerksinnungen, die reine Unternehmenszusammenschlüsse sind. Der Gesetzgeber hat auch bei den Kammern eindeutig die Mitgliedschaft geregelt.

Die Handwerkskammern gehören zur Gruppe der **berufsständischen Selbstverwaltung**. Sie nimmt eine besondere Stellung im Verwaltungsgefüge ein. Die Selbstständigkeit ist bei ihr gegenüber dem Staat sowohl institutionell als auch materiell am stärksten ausgeprägt. Sie steht fast stärker im gesellschaftlichen als im hoheitlichen Bereich und zeigt daher auch Züge verbandsmäßiger Tätigkeit.

Der Gesetzgeber hat den Handwerkskammern umfangreiche **gesetzliche Aufgaben** übertragen, § 91 HwO. An dieser Stelle werden nur einige ganz zentrale und wichtige gesetzliche Aufgaben genannt, im Übrigen erfolgt der Verweis auf die gesetzlichen Bestimmungen:

- die Interessen des Handwerks zu fördern, § 91 Abs. 1 Ziff. 1 HwO
- Führen der Handwerksrolle, § 91 Abs. 1 Ziff. 3 i. V. m. § 6 HwO
- Regeln der Berufsausbildung, Vorschriften hierfür erlassen, ihre Durchführung überwachen und Führen einer Lehrlingsrolle, § 91 Abs. 1 Ziff. 4 i. V. m. §§ 41, 41 a und 28 HwO
- Gesellen- und Meisterprüfungsordnungen für einzelne Handwerke zu erlassen, § 91 Abs. 1 Ziff. 5 und 6 HwO
- Sachverständige bestellen und vereidigen, § 91 Abs. 1 Ziff. 8 HwO
- Aufsicht über die Handwerksinnungen und die Kreishandwerkerschaften führen, §§ 75 und 89 Abs. 1 Ziff. 5 HwO.

Die dritte Säule neben der Interessenvertretung (umfängliche Lobbyarbeit) und den gesetzlichen Aufgaben sind die vielfältigen **Beratungs- und Förderangebote**, auf die ihre Betriebe und deren Beschäftigte stets zurückgreifen können. Die Handwerkskammern beschäftigen qualifizierte Mitarbeiter. Sie beraten und helfen, sie sind oft die Problemlöser für die Betriebe und ihre Beschäftigten. Zu unterschiedlichen Bereichen sind im Anschluss nur Schlagworte genannt, hinter allem und jedem verbirgt sich eine Vielzahl an Kommunikation und Beratungsleistungen:

Recht: Handwerksrechtliche Beratung, Rechtsberatung, Vermittlungsstelle bei Streitigkeiten, Handelsregisterrecht, Mahnverfahren, Sachverständigenwesen, VOB und Bauleitplanung, Versicherungsrecht, Sonderzulassungen, Betriebsregister, unerlaubte Handwerksausübung, Starter-Center und einheitlicher Ansprechpartner.

Beratung – zentraler Förderbereich

Berufsbildung: Berufsorientierung, Berufsbildungsrecht, Ausbildungsberatung, Prüfungswesen, Leistungswettbewerbe des Handwerks, Stiftung für Begabtenförderung, Anerkennung ausländischer Abschlüsse, Fachkräftesicherung.

Bildungsakademien: überbetriebliche Ausbildung, technische und kaufmännische Weiterbildung, handwerkliche Kompetenzzentren.

Unternehmensservice: betriebswirtschaftliche-, technische-, Energie- und Umweltberatung, Personalentwicklungs- und Digitalisierungsberatung, Technologieberatung und Förderung, Betriebsbörse, Beratung von der Existenzgründung bis hin zur Betriebsübergabe, Nachfolgeberatung und Inklusionsberatung. Berufsqualifikationsfeststellungsgesetz (Kompetenzvalidierung, Nachqualifizierung und betriebliche Integration).

Handwerk international: Markterschließung, außenwirtschaftliche Beratung, nationale, europäische und internationale Projekte.

Zum umfassenden Aufgabenspektrum der Handwerkskammern wird auf deren Internetseiten verwiesen, z. B. www.hwk-stuttgart.de

2.9.2 Starter-Center

Ein mögliches Beispiel aus den umfangreichen Aufgabenstellungen einer Handwerkskammer ist ein Beratungsgespräch im Starter-Center.

Handlungssituation (Fallbeispiel)

Friseurmeisterin Anna Schneider hat ihre handwerkliche Meisterausbildung bei der Handwerkskammer für Oberfranken in Bayreuth mit Erfolg abgelegt. Sie hat jüngst geheiratet und plant für den kommenden Monat einen Wohnortwechsel nach Böblingen, Baden-Württemberg. Sie möchte sich neben ihrer versicherungspflichtigen Beschäftigung bei einem Autohersteller nebenberuflich als mobile Friseurin selbstständig machen. Sie möchte einen Beratungstermin im Starter-Center der Handwerkskammer vereinbaren und erwartet zu folgenden Fragen entsprechende Antworten:

1. Kann sie sich als mobile nebenberufliche Friseurin selbstständig machen?
2. Welche gesetzlichen Bestimmungen gelten für sie mit welchen Konsequenzen?

3. Kann sie ihre Freundin anstellen, die vor einem Jahr ihre Gesellenprüfung im Friseurhandwerk abgelegt hat? (Lösungen nachfolgend)

- **Aufgaben**

Die Starter-Center beraten neutral, umfassend, kompetent und kostenlos. Dieser **Service für Existenzgründer und Betriebsnachfolger** wird als einheitlicher Ansprechpartner wahrgenommen, ein Rundum-Service für den Betrieb. Ohne diese Dienstleistung stünden künftige Betriebsinhaber einer Vielzahl von Behörden und Ämtern gegenüber. Nicht nur die Handwerkskammer wäre Ansprechpartner, auch das Gewerbeamt, die Berufsgenossenschaft, die Arbeitsagentur für Arbeit, die Sozialversicherungsträger, das Finanzamt u. a. m.

Erfolgreich durch den Bürokratiedschungel ist das Motto. Ohne diesen Service gäbe es eine Vielzahl von Ansprechpartnern und auch unübersichtliche Informationen und unklare Zuständigkeiten mit langen Verfahrensdauern und hohen Zeitaufwänden.

Beim künftigen Betriebsinhaber liegt die Geschäftsidee, den Überblick über die behördlichen Notwendigkeiten haben die Berater der Kammer. Sie begleiten mit ihrem Service die erste Idee bis hin zum ersten Arbeitstag. Sie bieten eine umfassende Information über alle Stationen auf dem Weg in die Selbstständigkeit. Sie sind vernetzt und pflegen eine enge Zusammenarbeit mit allen beteiligten Institutionen.

Für die oben angeführte Handlungssituation kommt es auf die Unterscheidung zwischen Reisegewerbe (siehe oben Abschnitt 1.5), und nebenberuflicher Handwerkstätigkeit an.

Es ist eine Existenzgründung im handwerklichen Nebenberuf. Als mobile Friseurin unterliegt Anna Schneider damit nicht den Beschränkungen wie das Reisegewerbe. Sie darf werben, eine Internetplattform für ihren Betrieb eröffnen, Termine vereinbaren und vieles mehr.

Bei einer Existenzgründung im Nebenberuf erfolgt die Beratung zum Thema „Vereinfachte Buchführung" und über den Freibetrag in Sachen Umsatzsteuer. Starter-Center sind regelmäßig so ausgestattet, dass die Kunden alle PC-Schritte an einem zur Verfügung stehenden Sichtgerät verfolgen können, die Positionen und Schritte werden im Gespräch entwickelt.

Im Programm „Gründungsmanager" werden alle einmalig eingetragenen Daten und Informationen auf alle relevanten Vordrucke übertragen. Die Kunden erhalten am Ende des Beratungsgesprächs die weitergehenden Informationen. Im Einzelnen: Gewerbeanmeldung, Anmeldung für den Rentenversicherungsträger, steuerliche Erfassung bei der Finanzverwaltung mit Ausfüllhilfen, Anmeldung bei der Berufsgenossenschaft (BG) für Gesundheitsdienst und Wohlfahrtspflege (Friseurhandwerk). Als zusätzlicher Service auch die Meldung für die Bundesagentur für Arbeit, das Merkblatt zur Krankenversicherung, ein Merkblatt zu der baurechtlichen Zulässigkeit in unterschiedlichen Baugebieten nach dem Bauplanungsrecht und eine Adressliste zu allen Ansprechpartnern. Das Eintragungsformular „Handwerksrolle der Handwerkskammer" verbleibt bei der Handwerkskammer.

- **Existenzgründer und Mitarbeiter**

Beschäftigt der Existenzgründer eigene Mitarbeiter, so erhält er von der Bundesagentur für Arbeit seine Betriebsnummer, die er für die Anmeldung seiner Mitarbeiter bei der Rentenversicherung benötigt. Bei der BG ist zu beachten, dass in vielen Gewerken der Unternehmer selbst nicht versicherungspflichtig wird, die Arbeitnehmer aber pflichtversichert sind, z. B. Stuckateure. Zusätzlich gibt es weitere Ausnahmen von der Versicherungspflicht: Beschäftigungsumfang kleiner als 10 Stunden/Woche, kein fester Firmensitz, keine mitarbeitende Familienangehörige.

- **Existenzgründer und Rentenversicherungspflicht**

Betriebsgründer in einem zulassungspflichtigen Handwerk sind grundsätzlich in der Rentenversicherung pflichtversichtert. Jungunternehmer können sich in den ersten drei Kalenderjahren nach dem Jahr der Aufnahme ihrer selbstständigen Tätigkeit für den sogenannten halben Regelbeitrag entscheiden. Der Beitrag basiert auf dem Beitragssatz von 18,6 Prozent und der Bezugsgröße (Beitragsbemessungsgrenze), beispielhaft West: 7.050,- €. Die Bezugsgröße wird jährlich für West und Ost neu festgesetzt. Der halbe Regelbeitrag beträgt in den alten Bundesländern 305,97 € und 292,50 € in den neuen Bundesländern. Selbstständige können grundsätzlich die Pflichtversicherung beantragen. Für versicherungspflichtige Selbstständige beträgt der Regelbeitrag monatlich 611,94 €, West. Alle vorgenannten Werte, Prozent und Eurobeträge, haben Gültigkeit im Jahr 2022.

Allen Existenzgründern und künftigen Selbstständigen wird dringend empfohlen, sich zum Thema Rentenversicherung kompetente Beratung einzuholen. Kann der Beratungsbedarf im Starter-Center einer Handwerkskammer nicht vollumfänglich abgearbeitet und zufriedenstellend erledigt werden, so empfiehlt sich zu diesem ganz wichtigen und komplexen Themenbereich eine persönliche Beratung bei der Deutschen Rentenversicherung. Die erste Kontaktaufnahme geht einfach: online, per E-Mail oder auch telefonisch. Bei der Beratung können dann Themen wie „Pflichtbeiträge wie lange?", „Anrechnung von Vorzeiten", „Selbstständig – wie die Versicherung schützt", „Fortführung der Pflichtversicherung" u.a.m. behandelt werden.

Antworten zum Fallbeispiel

Frage 1: Ja, Existenzgründung im handwerklichen Nebenberuf. Sie unterliegt nicht den Beschränkungen des Reisegewerbes.

Frage 2: Die ganz unterschiedlichen Themenbereich einer Existenzgründung sind im Beratungsgespräch vollumfänglich erörtert worden. Frau Schneider erhält zu allen relevanten Bereichen qualifizierte Auskünfte und umfangreiches Informationsmaterial, ausgefüllte Vordrucke für Behörden etc. Damit ist sie in der Lage, alle weiteren Bereiche erfolgreich zu bewältigen.

Frage 3: Sie hat grundsätzlich die Möglichkeit, Mitarbeiter einzustellen. Die Voraussetzungen hat sie mit ihrer bestandenen Meisterprüfung erfüllt.

2.10 Abschließende Betrachtung

Das Handwerk hat eine hohe volkswirtschaftliche Bedeutung. Das unterstreichen nachdrücklich die Betriebs- und Beschäftigtenzahlen und auch die Bruttowertschöpfung des Handwerks. Der Wirtschaftsbereich ist ein großer Stabilisator für unsere Gesellschaft und den Staat. Seine Beiträge zum Steuer- und Sozialversicherungsaufkommen, und damit auch zum sozialen Frieden in unserem Land, können nicht hoch genug eingeschätzt werden. Das Handwerk hat schon immer eine immense Ausbildungsleistung erbracht, viele weitere Wirtschaftsbereiche profitieren davon. Die demografische Entwicklung stellt auch den Wirtschaftsbereich Handwerk vor große und immer wieder auch neue Herausforderungen. Es geht um den Nachwuchs, es geht um die Fachkräfte der Zukunft. Ein fordernder und schwieriger Bereich, den die Handwerksorganisation mit ihrer frischen Imagekampagne „DAS HANDWERK - DIE WIRTSCHAFTSMACHT. VON NEBENAN." seit ein paar Jahren intensiv bearbeitet (www.handwerk.de).

Die gesetzlichen Vorschriften bilden die Grundlage dafür, dass der Wirtschaftsbereich relativ gut erreichbar ist. Hohes handwerkliches Können wird weiterhin nachgefragt und geschätzt. Es ist auch die Basis, um dem Handwerk seinen heutigen Stellenwert zu sichern. Der Bedarf an handwerklichen Gütern und Dienstleistungen wird auch künftig von den weiteren Wirtschaftsbereichen einschließlich der öffentlichen Hand und insbesondere auch von der privaten Kundschaft nachgefragt werden. Das Handwerk hat als vielseitigster Wirtschaftsbereich hierfür die richtigen Antworten.

Die Autoren

Reinhard Ens, Vizepräsident des Arbeitsgerichts Stuttgart i. R., hat an den Universitäten Freiburg, München und Berlin Jura studiert und sich seit seinem Zweiten Staatsexamen kontinuierlich mit dem Arbeitsrecht beschäftigt: Er war zunächst als „frischgebackener" Assessor beim Deutschen Gewerkschaftsbund im Rechtsschutz tätig und sodann nach seiner Ernennung zum Richter ab 1981 zuerst beim Arbeitsgericht Ulm bzw. ab 1982 beim Arbeitsgericht Stuttgart eingesetzt. Hier war er schließlich von 1994 bis zum Eintritt in seinen Ruhestand im Juli 2010 der stellvertretende Gerichtsleiter.

Neben seiner richterlichen Tätigkeit war er immer wieder als Referent u. a. bei der Schulung von Betriebsräten bzw. von ehrenamtlichen Richtern eingesetzt. Seit vielen Jahren ist er Dozent für das Fach „Arbeitsrecht" für verschiedene Studiengänge der Bildungsakademie der Handwerkskammer Region Stuttgart. Nicht zuletzt der Studiengang des „Staatlich anerkannten Betriebswirts des Handwerks" stellte und stellt für ihn eine Aufgabe dar, die er vor allem deshalb schätzt, weil die Kommunikation über Arbeitsrecht außerhalb der Schranken des Gerichts auch ihm stets Lernerfolge vermittelte und vermittelt.

Bernd-Michael Hümer, Dipl.-Verwaltungswirt (FH), war 40 Jahre in der Handwerksorganisation tätig, zuletzt als stellvertretender Hauptgeschäftsführer der Handwerkskammer Region Stuttgart und Leiter des Geschäftsbereiches Zentrale Dienste (Finanzmanagement, Gebäude und Haustechnik und Informations- und Kommunikationstechnik). Nebenberuflich hatte er 15 Jahre lang die Geschäftsführung des Bundesverbandes der Betriebswirte des Handwerks inne.

Rund drei Jahrzehnte lang war er Lehrbeauftragter des Studienganges zum Betriebswirt des Handwerks der Handwerkskammer. An der Dualen Hochschule Baden-Württemberg hatte er jahrzehntelang einen Lehrauftrag im Studienbereich Wirtschaft, BWL-Handwerk. In der Handwerksorganisation war er auf Bundes- und Landesebene in vielen Bereichen und Ausschüssen tätig.

Bernd-Michael Hümer ist seit Anbeginn Mitherausgeber der Reihe „Führungswissen für kleine und mittlere Unternehmen" und auch der nachfolgenden Reihe von Holzmann Medien, „Kompetenzen zum Erfolg". Er ist auch Autor und Mitherausgeber der Weiterbildungsreihe von Holzmann Medien zum/zur „Geprüfte/n kaufmännische/n Fachwirt/in nach der Handwerksordnung".

Jörg Knies, Prof. Dr., geb. 1972 hat Rechtswissenschaften an der Universität Konstanz, Heidelberg und Cardiff (Wales) studiert und ist derzeit als Professor an der Hochschule für öffentliche Verwaltung und Finanzen in Ludwigsburg tätig.

Als Fachbereichsleiter für Ertragssteuern hält er überwiegend Vorlesungen im Bereich der Einkommensteuer und des Internationalen Steuerrechts. Des Weiteren unterrichtet er an zahlreichen Weiterbildungsinstitutionen und Kammern und ist als Gutachter für Steuerberater und Rechtsanwälte tätig.

Tobias Scheel, Prof. Dr. iur, geb. 1974 in Stuttgart, ist Professor für Wirtschaftsrecht an der Dualen Hochschule Baden-Württemberg (DHBW) am Standort Stuttgart. Nach Ablegung des Ersten Juristischen Staatsexamens in Konstanz und des Zweiten Juristischen Staatsexamens in Stuttgart arbeitete er zunächst als Zivilrichter beim Landgericht Stuttgart. Es folgte die Promotion an der Friedrich-Alexander-Universität Erlangen-Nürnberg mit einer Dissertation zu einem öffentlich-rechtlichen Thema während seiner Zeit als wissenschaftlicher Mitarbeiter an der Universität Hohenheim. Daneben war bzw. ist er als Dozent für ein führendes juristisches Repetitorium sowie für die Württembergische Verwaltungs- und Wirtschafts-Akademie tätig. Im Rahmen seiner Professur an der DHBW hält er u. a. Vorlesungen im Wirtschaftsrecht im Studiengang BWL-Handwerk. Seine Lehr- und Forschungsschwerpunkte liegen im Bürgerlichen Recht, im Zivilprozessrecht sowie im Medienrecht.

Stichwortverzeichnis

A

B

D

E

F

G

H

I

K

L

R

S

W

Z